艽野尘梦

合编全本

陈渠珍/著
任乃强/原注
任新建/补注、导读
田均耕 陈元吉/译

巴蜀书社

图书在版编目（CIP）数据

艽野尘梦：合编全本 / 陈渠珍著；任乃强原注；任新建补注、导读；田均耕，陈元吉译．—成都：巴蜀书社，2023.5

ISBN 978-7-5531-1845-1

Ⅰ.①艽… Ⅱ.①陈… ②任… ③任… ④田… ⑤陈… Ⅲ.①西藏-地方史-史料 Ⅳ.①K297.5

中国版本图书馆 CIP 数据核字（2022）第 236209 号

QIUYE CHENMENG：HEBIAN QUANBEN

艽野尘梦：合编全本

陈渠珍著 任乃强原注 任新建补注、导读 田均耕 陈元吉译

策划编辑	施　维
责任编辑	张琳婉　王　楠
出　　版	巴蜀书社
	成都市锦江区三色路238号新华之星A座36层　邮编：610023
	总编室电话：（028）86361843
网　　址	www.bsbook.com
发　　行	巴蜀书社
	发行科电话：（028）86361847
印　　刷	四川省南方印务有限公司
版　　次	2023年5月第1版
印　　次	2023年5月第1次印刷
成品尺寸	152mm×215mm
印　　张	25.75
字　　数	515千
书　　号	ISBN 978-7-5531-1845-1
定　　价	68.00元（软精装）

旧版书影　《艽野尘梦》陈渠珍像，民国二十六年版

旧版书影　《艽野尘梦》封面，民国二十六年版

芄野塵夢自序

大地河山一虛妄境界耳非宇宙真實之本體也虛妄云者有成與毀也皆相對者也惟無成與毀者乃爲絕對斯卽真實本體也故相對爲假絕對爲真卽假卽真卽真卽假莊子一書破對待明本體卽真見假也孔子删詩訂禮爲萬世立人極卽假見真也故假爲差別界之假有凡一切事物之有形者皆是也惟聖與哲知其有知其假而又知有所由有假所由假故因有因假而建立一切法大而修齊治平之道小而卜筮星相之術皆於是乎著焉

乾父坤母人身亦一小天地耳惟能返觀內心者能洞見乎吾身之本原而一一證之於宇宙之本體則凡吾身之所有皆宇宙之所有也卽人心以見天心因天心以明人心而天人相與之妙氣機感應之神皆因真因假而顯現焉卜筮星相者亦因假以見真者也惟中人不可以語上乃設爲陰陽五行雜以方術訣要又繫之以圖式以示其當然之迹後之人苟能循是以求之則凡世運之隆替國家之治亂以及

旧版书影　《芄野尘梦・自序》，民国二十六年版

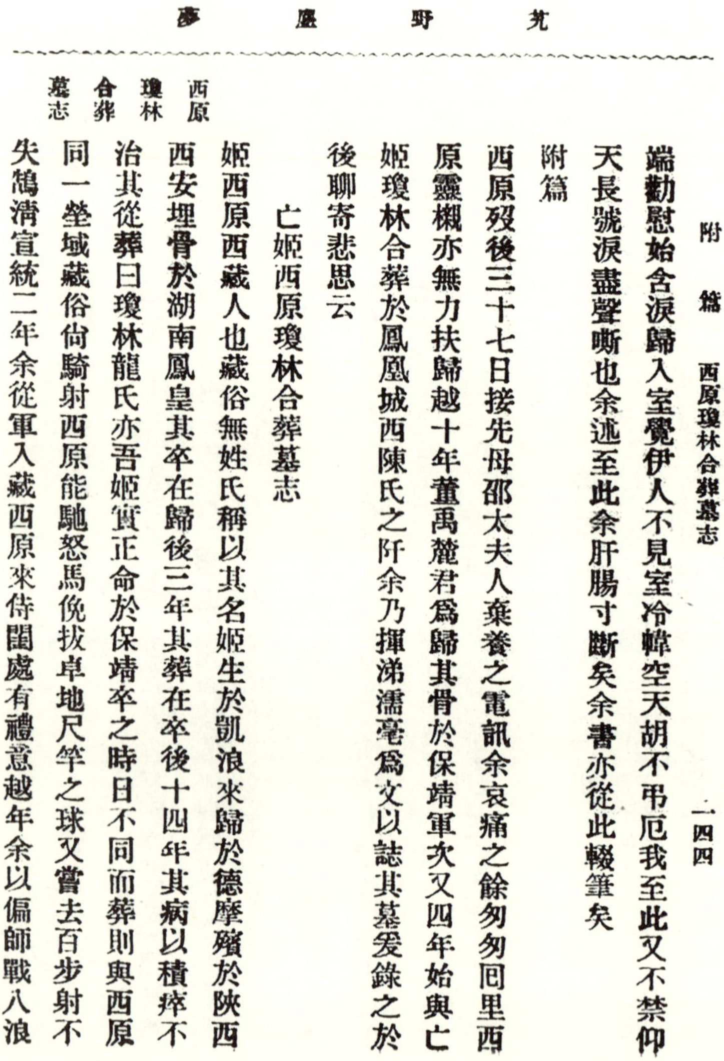

端勸慰始含淚歸入室覺伊人不見室冷幃空天胡不弔厄我至此又不禁仰天長號淚盡聲嘶也余述至此余肝腸寸斷矣余書亦從此輟筆矣

附篇

西原歿後三十七日接先母邵太夫人棄養之電訊余哀痛之餘匆匆回里西原靈櫬亦無力扶歸越十年董禹麓君爲歸其骨於保靖軍次又四年始與亡姬瓊林合葬於鳳凰城西陳氏之阡余乃揮涕濡毫爲文以誌其墓爰錄之於後聊寄悲思云

亡姬西原瓊林合葬墓志

姬西原西藏人也藏俗無姓氏稱以其名姬生於凱浪來歸於德摩殯於陜西西安埋骨於湖南鳳皇其卒在歸後三年其葬在卒後十四年其病以積瘁不治其從葬曰瓊林龍氏亦吾姬實正命於保靖卒之時日不同而葬則與西原同一塋域藏俗尙騎射西原能馳怒馬俛拔卓地尺竿之球又嘗去百步射不失鵠淸宣統二年余從軍入藏西原來侍閨處有禮意越年余以偏師戰八浪

西原
瓊林
合葬
墓志

旧版书影　《艽野尘梦・附篇》，民国二十六年版

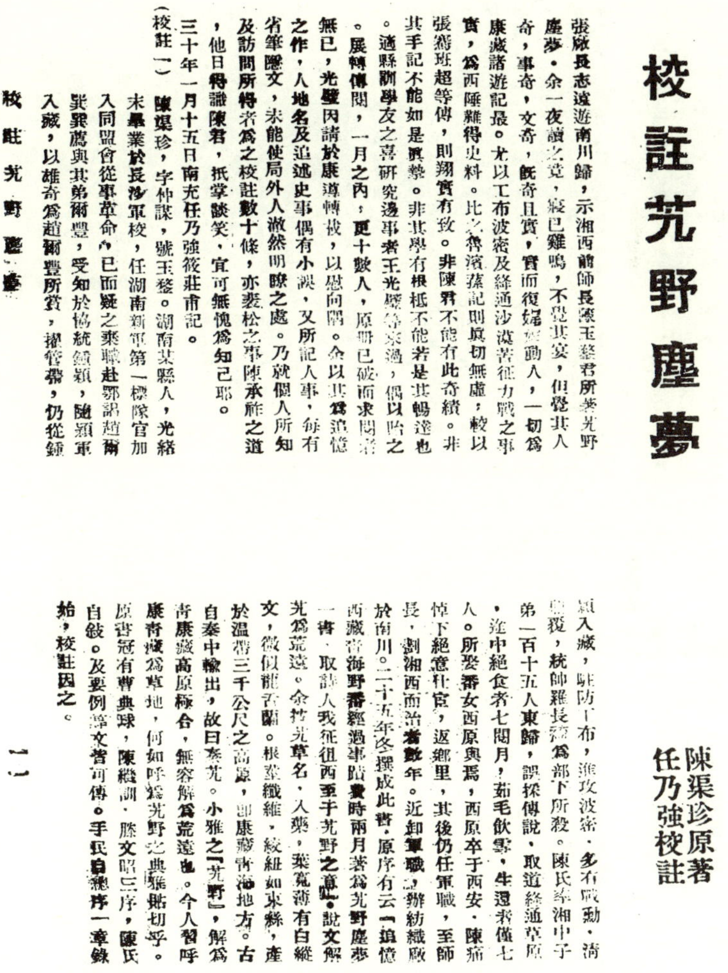

校註艽野塵夢

張敞長志遠遊南川歸，示湘西前師長陳玉鍪君所著艽野塵夢。余一夜讀之竟，寢已雞鳴，不覺其宴，但覺其人奇，事奇，文奇，既奇且實，實而復婉[illegible]動人，一切為康藏諸遊記最。尤以工布波密及絳通沙漠苦征力戰之事實，為西陲難得史料。比之[illegible]濱孫記則真切無虛；較以張騫班超等傳，則翔實有致。非陳君不能有此奇績。非其手記不能如是真摯。非其學有根柢不能若是其暢達也。適縣訓學友之喜研究邊事者王光璧等索過，偶以眙之。展轉傳閱，一月之內，更十數人，原冊已破而求閱者無已，光璧因請於康導轉載，以慰向隅。余以其為追憶之作，人地名及追述史事偶有小誤，又所記人事，每有省筆隱文，未能使局外人澈然明瞭之處。乃就個人所知及訪問所得者為之校註數十條，亦裴松之筆陳承祚之道，他日得識陳君，抵掌談笑，宜可無愧為知己耶。

三十年一月十五日南充任乃強筱莊甫記。

（校註一）陳渠珍，字仲謀，號玉鍪。湖南某縣人，光緒末畢業於長沙軍校，任湖南新軍第一標隊官加入同盟會從事革命，已而疑之乘職赴鄂謁趙爾巽。巽薦與其弟爾豐，受知於協統鍾穎，隨穎軍入藏，以雄奇為趙爾豐所賞，擢管帶，仍從鍾

校註艽野塵夢

陳渠珍原著
任乃強校註

穎入藏，駐防工布，進攻波密，多有戰勳。清[illegible]覆，統帥羅長裿為部下所殺。陳氏率湘中子弟一百十五人東歸，誤採傳說，取道絳通草原，途中絕食者七閱月，茹毛飲雪，生還者僅七人。所娶番女西原與焉，西原卒于西安，陳痛悼下絕意仕宦，返鄉里，其後仍任軍職，至師長，劃湘西而治者數年。近卸軍職，設辦紡織廠於南川。二十五年冬撰成此書，原序有云『追憶西藏青海野番經過事蹟，費時兩月著為艽野塵夢一書，取詩人我征徂西至于艽野之意也』。說文解艽為荒遠。余按艽草名，入藥，葉寬薄有白縱文，微似龍膽。根鬚纖維，絞紐如束絲，產於溫帶三千公尺之高原，即康藏青海地方。古自秦中輸出，故曰秦艽。小雅之『艽野』，解為青康藏高原極合，無容解為荒遠也。今人習呼康青藏為草地，何如呼為艽野之典雅貼切乎。原書冠有曹典球，陳繼訓，滕文昭三序，陳氏自敘。及要例尊文皆可傳。手民自總序一章錄始，校註因之。

〔二〕

旧版书影　《艽野尘梦·弁言》，《康导月刊》连载本

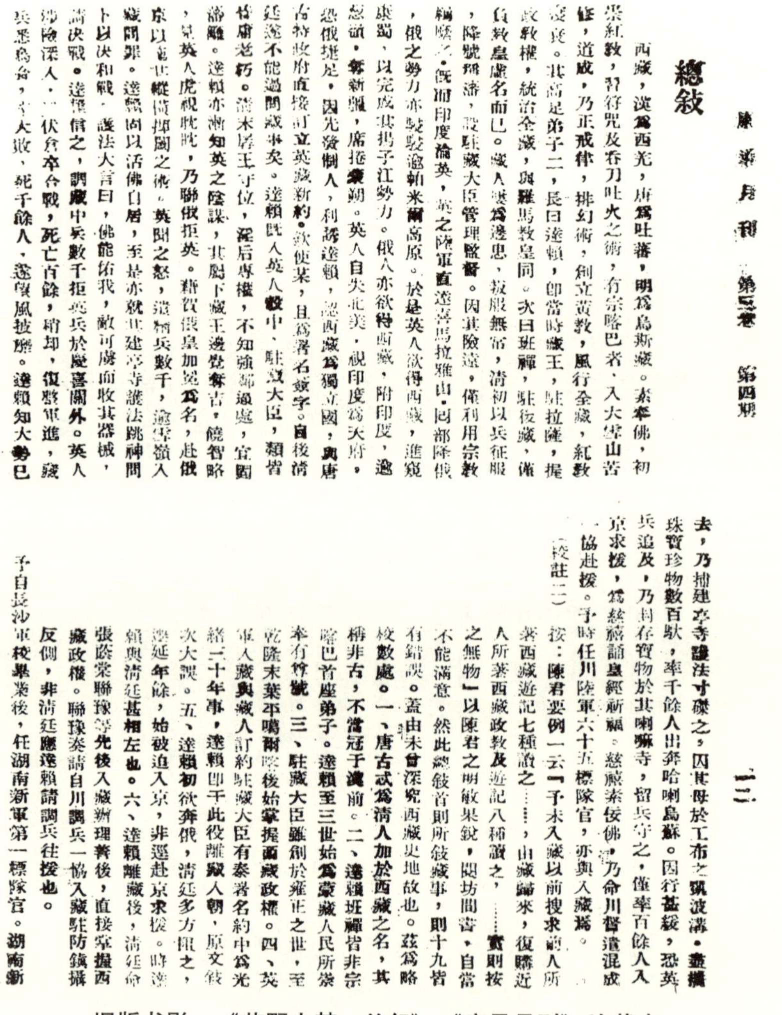

康導月刊　第五卷　第四期

一二

總敘

西藏，漢爲西羌，唐爲吐蕃，明爲烏斯藏。素奉佛，初崇紅教，習符咒及吞刀吐火之術，有宗喀巴者，入大雪山苦修，道成，乃正戒律，排幻術，創立黃教，風行全藏，紅教遂衰。其高足弟子二，長曰達賴，即當時藏王，駐拉薩，握政教權，統治全藏，與羅馬教皇同。次曰班禪，駐後藏，僅負教皇虛名而已。藏人屢爲邊患，叛服無常，清初以兵征服，降號稱藩，設駐藏大臣管理監督。因其險遠，僅利用宗教羈縻之。既而印度淪英，英之陸軍直達喜馬拉雅山。回部降俄，俄之勢力亦駸駸逾帕米爾高原。於是英人欲得西藏，進窺康蜀，以完成其揚子江勢力。俄人亦欲得西藏，附印度，遏忽諭，奪新疆，席捲蒙朔。英人自失北美，視印度爲天府，恐俄捷足，因先發制人，利誘達賴，認西藏爲獨立國，與唐古特政府直接訂立英藏新約。欽使某，且爲署名簽字。自後清廷遂不能過問藏事矣。達賴既入英人彀中，駐藏大臣，類皆昏庸老朽。清末若王守位，淫后專權，不知強鄰逼處，宜固藩籬。達賴亦漸知英之陰謀，其慰下藏王邊覺奪吉，饒智略，見英人虎視眈眈，乃聯俄拒英。藉賀俄皇加冕爲名，赴俄京以奮世縱橫捭闔之術。英聞之怒，遣精兵數千，逾雪嶺入藏問罪。達賴尚以活佛自居，至是亦就世建亭寺護法跳神間卜以決和戰。護法大言曰，佛能佑我，敵可屠而收其器械，請決戰。達賴信之，調藏中兵數千拒英兵於慶喜關外。英人涉險深入，□伏倉卒合戰，死亡百餘，稍卻，復整軍進，藏兵悉爲奔，乃大敗，死千餘人，遂望風披靡。達賴知大勢已去，乃捕建亭寺護法寸磔之，因其母於工布之噶波溝，盡攜珠寶珍物數百馱，率千餘人出奔哈喇烏蘇。因行甚緩，恐英兵追及，乃封存寶物於其喇嘛寺，留兵守之，僅率百餘人入京求援，爲慈禧誦皇經祈福。慈禧素佞佛，乃命川督遣混成一協赴援。予時任川陸軍六十五標隊官，亦與入藏焉。

（校註二）按：陳君要例一云「予未入藏以前搜求前人所著西藏遊記七種讀之……，由藏歸來，復購近人所著西藏政教及遊記八種讀之，……實則按之無物」以陳君之明敏果銳，閱坊間書，自當不能滿意。然此總敘首則所敘藏事，則十九皆有錯誤。蓋由未曾深究西藏史地故也。茲爲略校數處。一、唐古忒爲清人加於西藏之名，其稱非古，不當冠于漢前。二、達賴班禪皆非宗喀巴首座弟子。達賴至三世始爲蒙藏人民所崇奉有尊號。三、駐藏大臣雖創於雍正之世，至乾隆末葉平廓爾喀後始掌握西藏政權。四、英軍入藏與藏人訂約駐藏大臣有泰署名約中爲光緒三十年事，達賴即于此役離藏入朝，原文敘次大誤。五、達賴初欲奔俄，清廷多方阻之，遷延年餘，始被迫入京，非逕赴京求援。時達賴與清廷甚相左也。六、達賴離藏後，清廷命張蔭棠聯豫等先後入藏辦理善後，直接掌握西藏政權。聯豫奏請自川調兵一協入藏駐防鎮攝反側，非清廷應達賴請調兵往援也。

予自長沙軍校畢業後，任湖南新軍第一標隊官。湖南新

旧版书影　《艽野尘梦·总叙》，《康导月刊》连载本

出版说明

徒步万里，她舍身相护，伴他走出无人荒原；时隔廿载，他梦牵魂绕，忆她几度肝肠寸断，这就是凤凰三杰之一、湘西传奇将领陈渠珍与藏族姑娘西原之间刻骨铭心的传奇爱情。

20年后（1936年），他为她写下了惊心动魄、荡气回肠、让阅者无不动容的私家军旅笔记——《艽野尘梦》。然成书之初，这本旷世奇作有如沉泽之珠，仅在很小的范围流传，知者甚少，直到4年以后，才遇到了“知己”而大放异彩。

1940年，同样与藏族姑娘结为连理的任乃强教授（中国藏学与格萨尔学的开拓者与奠基人），从老友处获《艽野尘梦》一书，即“一夜读之竟”，盛赞其“人奇、事奇、文奇”（《弁言》），力荐于《康导月刊》连载。为推广此书，任乃强又作《弁言》一篇，“校注数十条”（下称原注），遂使本书大行于世，感动了万千读者。2019年至2021年，任乃强之子任新建（当代著名藏学家、四川省社科院康藏学科首席专家），“以继先父推广此书之夙愿”（《导读》），运用藏学研究的新成果、新材料，为本书写下《导读》一万余字，并对原注未及注释解读的有关西藏地理、民俗、历史、宗教、文化知识和原著记载错误，新作补注约八十条（含《导读》注释）。自此，国内著名的两位藏学大家先后为《艽野尘梦》这一奇书，留下了具有权威性和学术性的研究成果和较为完备、准确的注本。昔者，三苏共著《易传》，传为美谈；今者，任氏父子相继，共注一书，应为这一文坛佳话之遗绪。

在《艽野尘梦》面世70余年后，陈渠珍的女儿陈元吉偕丈夫田均耕先生，费却十年心力，精心整理、补齐以往各版本缺失之章节，并感受着与父亲相同的喜悦与疼痛，洒着父亲曾经流淌过的热泪，将《艽野尘梦》译为优美流畅而感人至深的白话文本。跨越悠悠岁月，在遭际苦难中顽强而生的父女终又相逢于一书，堪称人间感慨系之的奇事佳话。

今天能够将陈渠珍《艽野尘梦》原著及《附篇》，陈元吉、田均耕译文，任乃强原注，任新建《导读》与补注四者合编为全本，可谓因缘际会，殊为难得之盛事，堪称《艽野尘梦》出版史上的里程碑。作为今后不可复制的珍贵版本，《艽野尘梦》合编全本相较于以往诸本，具有版本完整、注释权威、解说严谨、受众更广等优点。

第一，原著及《附篇》以中国国家图书馆藏民国二十六年版为底本，原注以学术性和权威性较高的《康导月刊》连载本为底本，参照1982年重庆出版社本及其他各本认真比对校勘，去讹存正，使版本质量得以提升完善。

第二，陈元吉、田均耕先生首次将以往各本均未收录、具有十分珍贵史料价值的《附篇》和《康导月刊》连载时删去的《自序》《要例》等重要章节整理补齐，使原作终于成为完帙。另外，以往之出版者或对原注加以删改，或另作新注，“故目前流行于世的，实非此书的全貌”（《导读》）。本次出版，任新建先生对原注作了校补整理，恢复了原貌，因此本书弥补了以往众本的重大缺佚。

第三，陈元吉、田均耕先生对父作的再度创作，使《艽野尘梦》及其《附篇》首次有了由子女亲译的白话文译本。这个译本晓畅精炼，充满了真情实感，译出了父作的神韵，它既是女儿对父亲思念和致敬的结晶，也为不通文言文的读者打开了阅读之门，大大拓展了本书的读者群体。

第四，任新建先生的补注（包括对《附篇》的新注），纠正了已有解读不准确、不专业，甚至以讹传讹之弊。特别是他为《艽野尘梦》撰写的《导读》，条分缕析、高屋建瓴，系统运用史学、藏学、宗教学、地理学等相关研究成果，全面评介了本书所涉及的重大历史背景和事件，准确解读了本书人物面对纷乱时势不得不然的遭际和命运。所以，《导读》有如识途老马，不但是读懂本书不可多得的良师，而且也是近年来《艽野尘梦》研究成果中的翘楚。循着《导读》的引领走进《艽野尘梦》一书，可以大为提升阅读本书的广度和深度，更深切地体会书中之三味。

清末，国势衰微，英俄觊觎西藏，而英军更于 1888 年和

1904 年两次侵入亚东和江孜等地。1909 年，陈渠珍奉命率部入藏抗英，经“苦征力战”（《弁言》），维护了西藏的安定和国家的统一，与藏族人民建立了深情厚谊，并与西原谱写了感天动地的爱情传奇。后因辛亥革命爆发，川军哗变，陈氏不得已率领部从 115 人穿越青藏高原无人区，徒步万里，历时七月，绝盐、绝粮、绝火、绝水，终日奔走于“风饕雪虐、沙飞石走”（陈继训《序》）的荒原，来到西宁时仅剩 7 人，回家途经西安时更痛失至爱西原，其“所述行役之艰，遭逢之惨，令人不忍卒读”（曹典球《序》）。本书主人公所具有的爱国亲民、汉藏一家的情怀和百折不挠、鼓勇益进之精神，传承着中华民族优良的精神特质，感动并鼓舞着一代又一代的读者。

《艽野尘梦》自 1982 年重庆出版社出版后，40 年来已有多家出版社出版，其对极端困境下人性善恶生动、真切、准确、深刻的描写，对历代读者产生着持续而强烈的吸引力和感染力。本次出版《艽野尘梦》的合编全本，第一次将原著文本整理完备，第一次将原著（包括《附篇》）、译文、原注、《导读》与补注合编为一书，成为该书面世以后不可多得的佳本，可为读者提供更多的帮助和选择。

谨此说明。

施　维

2023 年 4 月 6 日

目　录

译　文

前　言

《艽野尘梦》是先父陈渠珍追忆自己1909—1912年赴藏抗英、奋勇作战，在兵变后率部走出羌塘高原的经历。先父在《自序》中说，“犹忆壮岁，从军塞外，入死出生，危于腊左，险于昌都，几败波密，殆死青海，九不死亦居六七矣。往事回溯，痛彻于心……费时两月著为《艽野尘梦》”，“亦自伤身世之艰难也”。每当我读到这些文字时，就会想起先父异乎寻常、复杂曲折和命运多舛的一生，不禁心酸掩卷涕泣，发出“父命诚苦矣”之叹！

先父陈渠珍，原名陈开琼，号玉鍪，1882年9月11日出生于湘西凤凰县。七岁入私塾，十四岁就读于本县名儒聂简堂学馆，十六岁进沅州府校经堂，十七岁考取秀才。本拟以科举入仕途，可是清政府腐败无能，国事日危，“庚子之变，外人盛倡瓜分之议”，先父“痛心国事”，以为国家兴亡，匹夫有责：“大丈夫应立功异域，尽忠报国，何苦于笔砚中寻章摘句，数黑论黄耶?”遂决然投笔从戎。此时，“恰好省城有招考将弁学生的布告到县”，先父即考入湖南武备学堂①。在革新思潮的影响下，先父在武备学堂加入了同盟会，毕业后先分配到宁乡当见习教官，半年后就任湖南新军第一标队官。时逢孙中山先生领导的革命运动在各地风起云涌，先父便与王玉林、印农夫、林修梅等人秘密集会，酝酿新军联合发动武装起义，后因清政府疯狂捕杀革命党人，先父不得不离开新军转回凤凰。

先父居家不久，深感若长此以往，如坐井底，将会一事无成。时值英军入侵西藏，“达赖逃到北京向清廷乞援”②，他得知消息后，就与戴德滋、黄汉章、林修梅等四人相约投奔赵尔巽。赵任湖南巡抚时，“锐意兴学练兵”，先父等“皆受其陶铸者也”，故经其介绍去四川，找他弟弟川滇边务大臣赵尔丰，始任第六十五标队官。先父原本“深慕古人立功异域之风，也想到藏有所建树”③，到职后收集西藏史地民情资料，拟就西征抗英计划，深受协统钟颖赏识。在进兵昌都、收服工布、进攻波密、退兵鲁朗时，先父不顾个人安危，屡立战功。

辛亥革命爆发的消息传入西藏，引发了部队骚动，新军统帅罗长裿被部下残杀后，先父被推上了西藏革命军总指挥的位置，但所属各部实权却被哥老会掌握，部队各行其是，军纪涣散，如同乌合。面对当时波诡云谲的局势，先父果断决定，率湘黔籍士兵与马夫、随从等一百一十五人经青海返回内地。在归途中，由于误入藏北羌塘草原，他们只得翻越唐古拉山，过通天河，再到昆仑山口，进入青海，前后费时七个多月，其中有五个多月完全断粮，两个月绝火。他们在“一望平沙无垠，

① 陈元吉编：《陈渠珍遗著·自传》，湖南人民出版社 2008 年版，第 3 页。

② 同上。

③ 同上。

踪迹杳然的沙漠”中，披雪踏冰，顶风沐雨，忍饥挨饿，茹毛饮血，与狼争食。士兵“日有死亡……生者亦不自保。每见僵尸道旁，唯有相对一叹而已”。全队除杨兴武等十人先行探路未归，两人在走出羌塘后投靠喇嘛寺外，到达青海西宁时只剩下先父夫妇（先父在入藏不久与藏女西原结缘）和七名士兵。先父在西原时时关心、处处呵护下，才得以生还。孰知在他俩到达陕西西安，等待家里汇兑旅费时，西原却不幸染天花逝世。面对爱姬遽然而去，先父悲痛难已，“不禁仰天长号，泪尽声嘶”①，肝肠寸断，落魄归乡。

回到家乡的先父一度心灰意懒，不问世事，只是埋首经史之中。后经新任湘西镇守使田应诏三番五次的鼓励与延请，先父才重新振作精神，为桑梓效力：“军门不弃珍樗栎庸才……听从驱使，愿效犬马之劳。”② 可是，树欲静而风不止。不久，他被人诬陷是杀害罗长裿的凶手之一而被押解至北京。先父才过鬼门关又进阎王殿，不禁悲愤交加，所幸经过法庭侦讯，终于宣布无罪开释。

先父在镇守使署任参谋时，专门谋划军事。他倾力创办军校，培养干部，整顿绿营，理政安民，使湘西面貌日新月异，也因此担任过很多重要职务：湘西巡防各军统领、靖国联军军长、湖南第一区警备司令、湘西屯边使、北伐军左翼军事总指挥、国民革命军十九独立师师长、湘西镇守使、新三十四师师长、沅陵行署主任、湘西绥靖公署主任、新六军军长、国民革命政府中将高参、川黔湘鄂边区绥靖公署副司令官、湖南省和平自救运动委员会副主任等，时称“湘西王”。

---

① 鲁岚：《湘西统领陈渠珍》，中国文艺出版社 2001 年版，第 19 页。

② 同上。

先父好学博识，崇尚孔孟，喜读老庄，兼通百家，治学严谨，既能融会贯通，又能在实践中扬长避短，赋予新意。他所作《军人良心论》就是一部兵家克敌制胜与儒家仁义治军相结合的著作。在这本书里，他提出了“乾父坤母”“民胞物与”“我军对于人民，宜亲之如家人，爱之如骨肉”等观点。在当时军阀纷争，相互攻讦对方为匪的时代，他认为军人要讲良心，军人的“良心以‘善’为体，以‘仁’为用……仁要利己利人，能利己利人是良心”，军人“不但要利己利人，还要进一步杀身成仁”。先父还提出了“有良心的人拿枪才是军人，没有良心的人拿枪便是土匪”的观点，把孔子的仁、孟子的义、子思的诚、老庄的自然，以及儒家的中庸、佛家的慈悲都运用得恰到好处。

先父生在湘西，长在湘西，热爱湘西，多次离开湘西又回到湘西。为了拥抱这块热土，他不顾个人安危，闯过无数次惊涛骇浪，历经坎坷。在军阀混战的民国初期，国无宁日，民不聊生，他力拒别人劝他率兵逐鹿中原的建议，却以“保境安民，人不犯我，我不犯人为职志”，实行地方自治；以“稀有的人格精神”缔造湘西大家庭，致力于湘西的政治、军事、经济、教育、文化全方位的改革和建设，推动了湘西工业文明的进程，使湘西一度实现了“道不拾遗，夜不闭户”、百业兴盛的局面。先父在湘西创造的这一历史功绩，如今尚在人们口中流传。美国研究沈从文的专家金介甫、白保罗等人来湘西调查后，称他是“有高尚传统道德”的“政治革新家”①。享誉世界的著名画家黄永玉老先生则称他是“卓越的文学家、政治

① 鲁岚：《湘西统领陈渠珍》，中国文艺出版社 2001 年版，第 19 页。

家、军事家”[①]。

先父热爱湘西、眷念湘西，以建设湘西为职志，但他又顾全大局，服从国家安排，曾亲率或派遣湘西子弟参加护国、护法、北伐、抗日等国内国际战争。先父同情中国共产党，在蒋介石命令各地军阀“剿共”时期，他冒着风险“阳奉阴违”，“通共”“资共”，并与共产党合作抗日。他善于审时度势，常于绝境中出奇制胜，化险为夷；他横跨军政工商四界，能随机应变，行行做得风生水起；他在抗英赴藏及回归途中，虽然多次遇险、命悬一线，但因其坚忍果敢，终于得以生还；他虽屡受政敌无端加害，被迫离乡背井，从工经商，但他能识时达变，有退有进，屡仆屡起。最后先父在自己拥抱了三十多年的土地上和平起义，走上光明大道，为湘西乃至湘黔边区人民作出了重大贡献，成为了毛主席、周总理等党和国家领导人很重视的一位爱国将领，受到党和国家的尊重，被增选为全国政协委员，还被任命为湖南省人民政府委员。

先父撰著的《艽野尘梦》及其《附篇》，因事系人，因人系情，因情见景，情景交融，不仅文字优美动人，而且内容丰富翔实，既有惊心动魄的战斗过程，又有古老淳朴的民俗风情；既有绮丽壮美的边疆风光，又有缠绵悱恻的柔情蜜意；既有汉藏相亲的真情厚义，也有云谲波诡的险恶政局；既有在身陷绝境中的人性善恶，又有坚忍不拔、死里求生的生命张力。从这些人物身上，我们可以看到一种沧桑的痛楚与严峻，一种人性的挣扎与复活，一种难以磨灭的良知与责任，一种负载着时代错误与灵魂困惑的无奈与伤感。

更加感人肺腑的是先父与藏女西原的旷世恋情，西原对他

① 黄永玉：《寥天一庐祭》（陈渠珍墓志铭）。

的真诚关爱，无处不在，无时不有。在路迷粮断、饥寒交迫、疾病滋生的危急中，天天都有士兵倒在路上，先父脚也被冻烂了，西原白天扶着他走路，夜里把他的脚抱在怀里，用按摩和体温来帮助他舒筋活血。当连日风雪，大地冰封，断粮数日，饥肠难耐时，西原从怀里取出仅有的一小块干骡肉递给先父，先父接过吃下一半，将另一半捧还给她，西原含泪说："我能耐饥，可数日不食，君不可一日不食。我万里从君，可无我，不可无君。"这发自肺腑的至爱至诚，怎能不使先父刻骨铭心、情透"五内"！数十年后，先父在撰写《亡姬西原、琼林合葬墓志》时，对"亡姬西原茹万苦百艰，敢犯壮夫健男窘步攒肘之奇险，从容以护予者"的恩情，仍念念不忘。

本书《附篇》收录了先父对《艽野尘梦》中有关重要人物所作的《墓志》和轶闻逸事，展示了更为完整的时代和人文背景，丰满了人物形象，对阅读本书具有重要的参考价值。如在《赵尔丰轶事》中，对赵尔丰在康藏地区治军理政的功过是非，对藏区历史悠久的风物特色及其与全国各民族水乳交融的历史，都有翔实的记述，为读者提供了十分重要的政治、历史、文化、军事、经济等背景资料。

先父的《艽野尘梦》及其《附篇》，让读者时悲时喜、时爱时恨，激情难抑，荡气回肠。因此，著名藏学家任乃强先生读后说："但觉其人奇、事奇、文奇，既奇且实，实而复娓娓动人，一切为康藏诸游记最……比之《鲁宾孙漂流记》则真切无虚，较以张骞、班超等传，则翔实有致。"但此前出版社在出版此书时，并未收入《附篇》，不免有遗珠之憾！

《艽野尘梦》已经有多家出版社出版，受到各方的热情赞誉。可是由于先父行文半文半白，尤其是大量使用了古语、成语和掌故，使今天的读者难以顺畅阅读。如故剑重逢（结发夫妻久别重逢）、桑间濮上之行（男女幽会活动）、款段而来（骑在马上慢慢地走来）、信日（两天）、彳亍（小步走）、沮洳（低湿泥泞的地方）、税驾（解驾停车，休息之意）等词汇，就像鲜美鱼羹中夹杂的碎骨断刺，影响了畅享本书的快乐。

为了完整而通俗地介绍先父的《艽野尘梦》，我和丈夫田均耕先生，经多年推敲打磨，将原著及《附篇》译为白话文，以期方便读者。我们翻译的原则是，在忠于原著的前提下，不拘泥于字句的解释，力争译出原著的本意、内涵和神韵，因此，采取了意译和直译两种方法，谨此说明。原著《总序》涉及佛学、道学、儒学的哲学问题，难以准确地译为白话，为避免错误、误导读者，故略去不译，谨致歉。

本书的出版，要感谢国家一级编剧张丹宁老师把先父的原著改编为电影剧本，并热情向各方推荐此书；要感谢《艽野尘梦》的最早的价值发现者和研究注释者、中国著名藏学家任乃强先生，是他率先注释，并向读者推介此书；要感谢任乃强先生的哲嗣、知名藏学家、四川省康藏学科首席专家任新建先生对本书及其《附篇》的勘误、补注和导读，为读者提供了极好的引导；要感谢四川巴蜀书社原首席编辑施维编审将原著、译文、原注、补注、导读融为一书的策划构思和张琳婉、王楠两位年轻编辑为书稿所作的细致校改和付出的辛勤劳动，最后衷心地感谢拿起这本书的每一位读者！

陈元吉

2021 年 9 月 10 日于长沙

导读

西藏以其独特的地理环境和宗教文化，历来被视为“秘境”。20世纪以来，国内外都兴起了“西藏热”，在学术界，藏学成为风靡世界的一门显学，愈来愈受到世界的重视；在出版界，关于西藏历史、文化、宗教、民俗的图书，也吸引着无数人的目光。在这些图书中，有一些记述在西藏亲历亲闻的自传作品，特别受到读者的青睐，《艽野尘梦》就是其中一部脍炙人口的佳作。

《艽野尘梦》作者陈渠珍，一生极富传奇：清末投笔从戎，赴藏戍边，历经艰险，九死一生；民国时，叱咤风云，雄据湘西数十年，人称“湘西王”。《艽野尘梦》是他写的一部回忆录，详实地记述了他1909年至1912年间，随军进藏、腊左探险、收服工布、征讨波密、遭遇兵变、羌塘历险的一段奇特经历；真实地反映了清末民初时，在帝国主义觊觎与内地革命风暴冲击下西藏政局的风云变幻；生动地描绘了当时西藏、西康地方的山川风物、社会民情、民族关系，以及他接触到的赵尔丰、钟颖、罗长裿、联豫、林修梅和西藏地方政府官吏等众多历史人物形象。书中最震憾人心的是他在辛亥兵变后，率一百一十五人返乡，迷途于藏北无人区近七个月，茹毛饮血，几濒绝境，最后仅以七人生还的非常历程，以及藏族姑娘西原与他患难与共、生死相依的旷世绝恋。本书宏大的历史背景，奇特惊险的情节，加上生动隽永的文笔，读来惊心动魄，如临其境；掩卷感慨万千，久久萦怀。

原书写成于 1936 年，当时作者受湖南军阀何键排挤，赋闲于长沙，追怀往昔，写成此书。因印数不多，仅在小范围内传播，故知者甚少。1940 年，先父任乃强教授任西康通志馆筹备主任，为编撰《西康通志》，正致力于康藏史料的搜集和研究。恰逢老友川康毛纺厂厂长张志远从南川考察回康，将在南川时陈渠珍所赠《艽野尘梦》一册转送于他。先父一见此书就被其“人奇，事奇，文奇，既奇且实，实而复娓娓动人”所吸引，“一夜读之竟”，盛赞此书“为康藏诸游记最”，是“西陲难得史料”。为将此书推介出去，先父遂商请《康导月刊》刊载。《康导月刊》是当时西康省一家综合性刊物，主要刊载有关西康的时政和文论，篇幅有限。在先父的极力推荐下，主编才允诺腾出篇幅，以一年时间陆续刊载。考虑到此书为追忆之作，涉及的人名、地名、史事或有小误或“省笔隐文”，为便于读者了解，先父又对全书进行了校订和标点，撰写了六十条注释，手绘了两幅有关地图，并写了一篇高度评价此书的弁言，送交一并刊出。《康导月刊》刊出后，此书开始在西南地区有了较多传播，尤其在当时内迁四川的各大学和国内边疆学、藏学研究者中颇有影响。但因为时值抗战，刊物发行不广，国内外许多人虽有闻而未得见，先父每以为憾。故 1982 年，先父在应四川社科院和西藏社科院之邀，主持川边历史资料整理工作时，又将此书纳入首批《川边历史资料丛书》，交重庆出版社出版。

其后，又推荐给西藏人民出版社出版。此书自此才被推广于国内外。因此，一般认为先父是此书价值的最早发现者和大力推介者，也是此书最早的研究者和注释者。

近年来，随着藏学的发展和西藏旅游热，此书的热度日增，多家出版社争相出版，市场上出现了多个版本，网络上也有许多解读、评介、注释之作。但《康导月刊》所刊的先父校注本，因其学术性与权威性，仍为最流行的版本。

不过，许多人不知道，当年《康导月刊》刊载时，限于篇幅，删去了原书之自序、要例和附录；重庆出版社出版时，编辑对原书及先父校注之文亦略有删改，故目前流行于世的，实非此书的全貌。此外，由于书中涉及的历史背景较为复杂，有些事件和人物的记述历来就有歧说疑义，有些地方先父未及注释，坊间、网上的一些评介和解读，亦往往有不准确、甚至以讹传讹之处，书中的一些僻典，对于现今读者之阅读亦有不便。

有鉴于此，2019 年在开始重新整理、编辑陈渠珍先生之女陈元吉提供的原书（包括《附篇》）及译作之际，巴蜀书社原首席编辑施维编审邀我写一篇导读，对书中所涉史事及其背景作一介绍，澄清网传的一些讹误，并在先父校注之基础上，增添一点补注，以便读者阅读。自思虽有续貂之嫌，然以继先父推广此书之夙愿，未敢辞也。考虑到现今网络资讯发达，查找生词典故比较容易，故补注主要就先父注释未及的有关历史、人物、地理等专业性较强之处作注，对书中文言生词与典故，非太晦涩者外，一般不注。

为了帮助读者了解《艽野尘梦》的历史背景，兹先就书中涉及的“川军入藏”“征讨波密”“辛亥兵变”等西藏近代史上三大事件作一介绍：

（一）川军入藏的历史背景与经过

西藏自古是中国的一部分。自元代起，中央政府均采取“修其教而不易其俗，齐其政而不易其宜”的“因俗而治”方针，委任其宗教领袖为西藏地方统治者，在西藏实行“政教合一”的制度。到了清代，中央进一步加强对西藏的治理，不但继承了元、明尊崇藏传佛教的政策，扶持当时在藏、蒙民族中最具影响的格鲁派（俗称“黄教”）首领达赖、班禅为西藏的宗教统治者，还加强了对西藏地方的行政管理，设立了驻藏大臣①，建立了一整套管理西藏事务的规章、制度。

在清朝前期，西藏并不实行“政教合一”制度，达赖、班禅只管宗教事务，西藏的行政事务是由清廷册封为汗王的和硕特蒙古顾始汗及其子孙管理②。康熙五十六年（1717），蒙古准噶尔部派大将策凌敦多布率兵六千侵入西藏，杀顾始汗之孙拉藏汗，占据西藏。康熙五十九年（1720），清廷派三路大军入藏，逐去准噶尔，设五噶伦分理前、后藏政务。雍正五年

---

① 清朝自雍正五年开始设置驻藏办事大臣，正副各一人。后副大臣改名驻藏帮办大臣。宣统二年，废帮办大臣一职，改设左、右参赞各一人。

② 和硕特是卫拉特蒙古（元明时称为瓦剌）四部之一（其他三部是准噶尔、杜尔伯特、土尔扈特），明代游牧于天山南北。明末，在首领顾始汗率领下，进入青海，打败却图汗，占据青海。后又入康区，消灭白利土司顿月多吉，占有康区大部，设营官于康区征收赋税以养青海之众。继而应四世班禅、五世达赖之请，进军西藏，杀藏巴汗，占据西藏，尊奉黄教，以西藏赋税供养达赖、班禅，由自己及子孙和亲信管理藏政。清顺治时，向清投诚，被封为“遵行文义敏慧顾始汗”。清廷委任其掌管藏政，作为屏藩。

（1727），前藏噶伦阿尔布巴作乱。清廷派兵入藏平定后，封平乱有功的后藏噶伦颇罗鼐为郡王，令其总理藏政。同时，设立驻藏大臣两名，监督藏务。乾隆十五年（1750），颇罗鼐之子珠尔墨特叛乱，驻藏大臣遭杀害。在清军尚未到达前，七世达赖噶桑嘉错出面平乱，迅速稳定了局势，使清廷感到有让达赖参与藏政治理的必要，才明令让达赖参与西藏的政务管理，从此形成驻藏大臣与达赖、班禅共同管理西藏事务的格局。不过，按照乾隆五十八年（1793）颁布的《钦定二十九条章程》规定，驻藏大臣虽与达赖、班禅政治地位平等，但诸凡西藏地方的行政、人事、军事、财政、外交、司法等重要政事之权，均归驻藏大臣掌握。驻藏大臣还拥有主持、监督达赖、班禅转世灵童金瓶掣签之权和直接向皇帝上奏折之权（达赖、班禅要奏事，必须交驻藏大臣转奏）。因而驻藏大臣的行政权力，实际上高于达赖、班禅。

道光以后，清朝日渐衰败，驻藏大臣又多为庸懒贪鄙之辈，放松了一些固有权力，达赖才开始较多干预政务。到十三世达赖时，清政府已摇摇欲坠。在俄、英等国的引诱、挑唆下，达赖感到“朝廷不可恃”，逐渐揽政擅权，控制噶厦①，与驻藏大臣的矛盾逐渐增多起来。随着英军的入侵，这一矛盾进而激化。

西藏在地缘上既是我国的西南屏障，又是东亚与中亚、南

---

① 噶厦，即原西藏地方政府，于乾隆十五年正式设立。例设噶伦四人理事，由三俗一僧组成，首席噶伦称为“司伦”，相当于地方政府主理。噶厦下设两大部门：一为“译仓”秘书处，由达赖直管，掌管达赖印信，管理寺庙、僧官等宗教事务；一为“仔康”审计处，管理地方财政和俗官、贵族等事务。清代规定西藏地方的日常行政事务由噶伦拟定后，呈送驻藏大臣和达赖喇嘛批准施行。噶伦的任免由驻藏大臣和达赖共同提名，由驻藏大臣奏请朝廷批准，达赖不能直接任命。

亚、西亚的“大陆桥”，战略地位十分重要。19 世纪下半叶，英、俄两国在亚洲的争夺加剧，乘清政府衰败之机，相继把侵略的魔爪伸入西藏。沙俄利用宗教关系，派遣间谍德尔智潜伏于十三世达赖喇嘛身旁充当经师，千方百计引诱达赖亲俄，企图控制西藏，作为其南下印度洋、西向中东扩张的通道；英国在占领印度，控制尼泊尔、不丹、锡金诸国后，进而图谋将西藏从我国分裂出去，成为其与俄国争霸亚洲的“缓冲地”和窥伺中国西南地区的“跳板”。1888 年，英国以边界纠纷和通商为名发动战争，侵入西藏亚东地区。1904 年，英国再次兴兵大举侵入西藏。达赖聚兵于江孜坚决抗敌，请求清政府派军支援。驻藏大臣有泰畏敌怯战，阻止达赖抗战。软弱的清政府，亦希望通过外交途径阻敌，未派兵入藏。达赖与驻藏大臣及清廷的矛盾由是加剧。最终，英军依靠快枪重炮，在血洗江孜后，长驱直入拉萨，胁迫西藏地方政府签订了非法的“拉萨条约”。

十三世达赖喇嘛在英军进入拉萨前夕，出走库伦（今蒙古国乌兰巴托），企图寻求沙俄的支援。清政府处罚达赖，撤销了其名号。派张荫棠为钦差，入藏查办，整顿藏事，推行练兵、开矿、修路、兴学、经商等新政，以巩固在藏统治；同时，派擅长外交的唐绍仪为专使，与英进行谈判，坚持不承认“拉萨条约”，维护主权。

十三世达赖到库伦后，派人请求俄援，但时值沙俄在日俄战争中失败，自顾不暇。在求俄援助未遂，又与库伦的哲布尊丹巴活佛产生了矛盾的情况下，走投无路的达赖经清廷派员劝导，于光绪三十四年（1908）转而进京觐见光绪与慈禧，请求仍维护其在藏的地位。清廷为稳定西藏，优渥对待达赖，不但恢复了他的名号，并予以加封和厚赏，命其回藏，与驻藏大臣一同维护好西藏的安定。但达赖与驻藏大臣联豫不睦，对联豫在西藏推行的新政更有疑虑，在归途中滞迟不前 ，直到宣统元年（1909）十月才回到拉萨。途中不断指使噶厦抵制联豫的新政，反对赵尔丰入藏。

联豫为军机大臣那桐之舅，曾随薛福成出使过欧洲，为人小有才而气量狭，光绪三十二年（1906）继张荫棠为驻藏帮办大臣，宣统元年（1909），因新任驻藏大臣赵尔丰未能入藏履任，才被提升为驻藏大臣①。联豫所行的新政，即张荫棠在藏时提出的练兵、开矿等举措，但才开始小规模试行，即因达赖遥令“噶厦事事阻扰”而难以进展。联豫认为：“西藏之事，不用压力，则一事均不能办……若不及时以兵力慑服，则将来更无从措手。”遂奏请朝廷派兵入藏，以资震慑。

清代前期，为了巩固对西藏的主权，曾五次派兵入藏，消弭西藏的外患和内乱（康熙五十七年、五十九年，两次派大军入藏驱逐侵藏的准噶尔②；雍正五年，派兵入藏平定阿尔布巴之乱；乾隆十五年，派兵入藏平息珠尔墨特之乱；乾隆五十三年，派大军入藏反击廓尔喀的侵略）。乱定后，派兵驻戍，驻戍西藏的军队最多时有三千多人。乾隆平定廓尔喀入侵后，西藏局势保持长期安定，考虑到戍藏士兵的耗费太大（养一兵相当于内地养七兵），清廷决定将驻戍前、后藏的军队削减到六百人，加上驻藏大臣的卫队和各塘汛的兵丁等，总共一千人左

---

① 赵尔丰于光绪三十四年（1908）被任命为驻藏大臣兼边务大臣，但西藏上层以其压制宗教为由，竭力反对赵入藏。清廷为避免西藏局势震荡，于宣统元年（1909）正月免去赵驻藏大臣之职，仍专任边务大臣，升联豫为驻藏大臣，另派熟悉外交的温宗尧为驻藏帮办大臣，襄助联豫。

② 康熙五十七年（1718），康熙获悉准噶尔侵入西藏，曾派将军额伦特侍卫色楞率兵两千至黑河讨伐，因轻敌，中伏大败。故又于五十九年命皇十四子允禵和海兰察率三路大军进击，将准噶尔逐出了西藏。

右，西藏地方的防卫力量，改以编练当地土兵（藏军）来补充。这些土兵分防全藏各地，统归驻藏大臣节制，驻藏大臣每年都要巡阅、点验这些土兵。但到了清代后期，官员怠政，大权旁落，巡阅虚设，土兵多被达赖通过噶厦掌控。因而，当此外敌入侵，达赖“又生外心”之际，这种在藏驻兵太少的状况，已危及主权，于是决定调川军两千名入藏。

早在张荫棠筹办藏事时，就提出西藏要增兵三千名以固国防的计划，其中一千名由内地调派驻戍，另两千名在藏招募训练而成。清政府批准了此计划，已令联豫在藏编练土兵，但派兵入藏之事，则因顾虑达赖作梗，尚未及行。此时达赖已朝觐归服，联豫又催请派兵入藏，清廷认为：“今日藏地情形，介在强邻之间，意存首鼠观望，必须设法经营，以保边圉。……但无兵不能弹压，多兵亦不相宜。”①

四川由于毗连西藏，又人多粮足，有清一代始终被作为治理西藏的后方基地。凡是戍藏的军兵和驻藏大臣以下的官员，都是从四川调派，西藏所需的钱粮和日用品亦由四川调拨供应，甚至有关西藏的重大事项，也须由驻藏大臣与四川总督、成都将军会商办理。故接联豫所奏后，清廷即与川督赵尔巽和联豫磋商，几经商议，最后决定从四川新编陆军第三十三混成协中抽调官兵组成入藏部队，以钟颖为统领，率师进藏。

陈渠珍由湘入川后，被委任为第三十三混成协六十五标的队官（连长），驻防雅州百丈驿（在今四川省雅安市名山区）。这里是川藏大道的要冲，也是汉藏茶马贸易的重要关隘，进出

---

① 西藏自治区社会科学院、四川省社会科学院合编：《近代康藏重大事件史料选编·第一编·军机处致川督、驻藏大臣电》，西藏古籍出版社 2001 年版。

西藏和川边（康区）的商人、官员、兵员都要在此停留，故陈渠珍在此获得的西藏信息较多，于西藏情势有一定研究。闻钟颖将率军入藏，陈渠珍即拟了一份《西征计划书》呈送于钟。钟阅后甚为赞赏，遂调他为入藏川军第三营的督队官（副营长），一同进藏。《艽野尘梦》的故事，即由此展开。

关于川军进藏的时间，最初准备按张荫棠的建议，在达赖朝觐返藏时（宣统元年初）与他一同入藏，这样既可彰显朝廷声威，又可避免途中阻碍。但因这支川军当时尚在编练中，来不及与达赖同行，故直至宣统元年（1909）七月，才从成都出发入藏。

这支入藏川军是清末仿效西方的新建陆军①，虽然名为一协（旅），实际只是一标（团），计有步兵三营，骑兵一营，工程兵、炮兵、军乐队各一队，共一千七百人。全军装备精良，配有法国造管退炮十六门，机关枪二十四挺和长途电话、渡江铁驳等当时最先进的装备。军官多为到国外学习过军事的留学生和国内各武备学堂的毕业生，但士兵则多为新募的市井流民和破产农民，其中不少人是“袍哥”，江湖习气重，且训练未精，纪律松弛，军事素养较低。

统领钟颖，字毂明②，满洲正黄旗人。其父晋昌，娶咸丰帝之妹，官至盛京副都统，因支持义和团被贬戍藏边，行至成都，慈禧授意川督将他留置怡养，并将其子钟颖以候补知府衔

---

① 甲午战争后，清政府感到旧军不堪用，下令编练新军，依照西式的军制训练和装备，聘德国人为教习，称为“新建陆军”。其编制为每省一镇，每镇辖二协。因编练新军花费甚大，有的省是先编练成一混成协，以后再扩为一镇。四川先编练的是第三十三混成协，钟颖率其中一部入藏后，四川继续编练新军，至清末编成一镇，称为“暂编陆军第十七镇”。

② 毂明，有的文献中写为“鼓明”。考，应为“毂明”。

派放四川。时钟颖年仅十八岁，到川先后充任武备学堂、兵工厂、造币厂督办和新编陆军第三十三混成协之协统，在成都凤凰山编练新军。入藏川军组成后，钟颖被任命为统领。钟本纨绔子弟，年少又毫无作战经验，清廷为什么竟将这一重任交给他呢？有传说称是因川军入藏有六十万军费，钟颖与联豫二人密议瓜分此款，故由联豫通过军机大臣那桐，推荐钟颖统兵入藏。不过，从当时情势来看，入藏路远艰苦，掌控军心至为关键。清廷委任钟颖率军入藏，固与联豫、那桐的推荐有关，也应与这支新军是钟颖负责编练，他熟知官兵情况，能掌控这支部队有关。然而，四川总督赵尔巽还是担心钟颖“少不更事，毫无经验”，虑其不能应付藏军阻击，故请其弟川滇边务大臣赵尔丰护送川军入藏。

赵尔丰为清末干吏，光绪三十二年（1906）被任命为川滇边务大臣①。因在川边推行“改土归流”成效显著，清廷于光绪三十四年（1908）擢升他为驻藏大臣兼边务大臣，并调其兄赵尔巽为四川总督，以图将川、边、藏三地联成一体，形成“固川、经边、保藏”的整体治藏格局。但西藏地方政府上层对赵尔丰的强悍作风十分忌惮，怕赵主持藏政后危及他们的利益，故连续以“西藏僧俗公禀”呈奏，强烈要求免除赵尔丰驻藏大臣之职。噶厦甚至调集民兵，布署于金沙江西岸，声言阻赵进藏。联豫当时正代理驻藏大臣，亦不愿赵尔丰入藏夺其位，故在上奏中着意渲染藏方对赵尔丰的仇恨，称其入藏可能激发冲突，引起西藏动荡。清廷为藏事稳定计，只好命赵尔丰“择

---

① 川滇边，在清末是一个相当于省的行政区域专称，设置有川滇边务大臣，管辖包括今四川甘孜州、西藏昌都地区、云南迪庆州等地方（后来因故，迪庆地区实未纳入川滇边务大臣管辖之地）。

地暂住，以待后命”。到宣统元年（1909），又撤销了赵尔丰驻藏大臣的任命，命其专任边务大臣。川军入藏时，赵尔丰正在德格进行“改土归流”，与得到噶厦支持的德格土司之弟昂翁降白仁青作战。接到赵尔巽要他护送川军之电后，即开始筹划，首先是选定川军入藏的路线。

清代由川入藏大道，分为南、北两路。

南路，由打箭炉（康定）向西，经河口（雅江）、理塘、巴塘，过金沙江，经左贡、乍丫（察雅）到察木多（昌都），沿途设有粮台和塘铺、驿站。因此，凡驻藏官吏、军队的来往和公文传递、粮秣输輓都经由此路，故通称此路为“官道”。

北路，由打箭炉向西北，经道孚、炉霍（霍尔章古）、甘孜、德格，过金沙江，经江达，至察木多。这一路没有供应食宿的塘铺、驿站，故官员、军旅一般不走此路。不过，此路多草原，适宜牦牛驮队行走，且沿途设有几个汛，有兵巡防匪患，故川藏贸易的商旅大多取道此路，因而此路被称为“商道”。

南、北二路至察木多汇合后，又分为“硕达洛松大路”和“三十九族小路”两道至拉萨。大路，由硕般多、达隆宗（边坝）、洛隆宗，经拉里、工布江达、墨竹工卡，到拉萨；小路，由类乌齐，经三十九族地区①、拉里，至拉萨。

川军入藏，按惯例本应由南路官道进军，但赵尔丰此时在德格“改土归流”，边军大部集中于北路，且沿路的甘孜、炉霍、道孚各县已被改流设治，社会安稳，夫马柴草征集容易。川军若由北路进，不但沿途供应易于保障，且便于赵尔丰就近

---

① 三十九族地区，包括今西藏丁青、巴青、比如、索县等县。是清雍正平定青海罗卜藏丹津之乱后，从原“玉树七十九族”中划归西藏的三十九个部落，故称为三十九族，直属于驻藏大臣。

掌握进军情况，确保护送之责，故赵尔丰与赵尔巽商议，令川军从北路进藏。

路线选定后，赵尔丰即令沿途各县准备好粮草，磨制了十万斤糌粑作干粮，并赶制了两千套棉衣，以供应川军。因为沿途早已安排好供应，所以川军才能在物质匮乏、气候严酷的高原上，一路颇为顺利地到达察木多。

钟颖率大军至察木多后，闻藏军在恩达聚阻，迟疑不进。陈渠珍自告奋勇，孤身前往侦察，不幸被俘，靠机智才得脱身。清廷闻报，电命赵尔丰"督催川军前进"。赵率军三营，冒雪从德格赶赴察木多，布署战斗。在击溃恩达藏军后，赵尔丰命川军从三十九族小路进，以避免与藏军交锋，自率边军由大路进，相继击破聚集工布江达、堆达、乌斯江等处之藏军，直抵拉萨附近的墨竹工卡。赵尔丰本想乘势进兵拉萨，将西藏改流设省①，但清廷顾虑藏局震荡，外人干涉，听从了联豫之请，令赵军撤回丹达山以东（因此缘故，后来筹建西康省时，将西康省的省界定为"西起丹达山"）。

由于小路无藏兵阻挡，加之赵尔丰此前已招抚三十九族总百户丹珍汪都，命他准备柴草迎接，故川军一路顺畅无阻。宣统二年（1910）正月初三日，川军前锋马队抵达拉萨。当时正值"传召"② 期间，街上人员众多。联豫卫队素来骄横，在迎接川军途中鸣枪示威，打死了一名僧官，打伤几名喇嘛。刚回

---

① 见西藏自治区社会科学院、四川省社会科学院合编：《近代康藏重大事件史料选编·第一编·赵尔丰致赵尔巽电》。

② 传召，藏语称为"默郎钦波"，是藏传佛教格鲁派祖师宗喀巴创立的大法会，于每年藏历正月新年期间在拉萨举行，届时西藏和青、川、甘、滇各藏区的僧尼均来赴会。传召期间，拉萨治安由三大寺接管，噶厦派员协助维持秩序。

藏不久的十三世达赖担心联豫报复迫害，遂于当晚逃离拉萨，投印请求英人保护①。

川军抵藏后，分为三处驻防：统领及第一营、炮队、工程队等驻拉萨。第二营驻江孜，防守后藏地区。第三营驻工布江达，防守前藏地区。陈渠珍驻工布两年，善抚民情，优待喇嘛，颇得人心。广久营官彭错敬佩陈渠珍，将侄女西原嫁与了他，由此演绎了一段可歌可泣的藏汉爱情。

清末川军入藏，是清政府在强敌环伺、国力衰败之情势下，为维护国家主权所做出的一次重大努力，对于巩固当时国家主权有着一定的作用。但清政府的腐朽衰败，英帝的挑唆破坏，达赖的疑惧和抵制，联豫、钟颖等的无能和内斗，以及辛亥鼎革大环境的影响等因素，使它远未达到派遣的初衷。且这支川军士兵训练不精，纪律松弛，在入藏之初，即有“自从盘古到如今，从未见过兵送兵”之谣，讥讽其要护送才能入藏。在征讨波密之役中，又暴露出其战斗力低下的问题。后来这支川军在辛亥时哗变，引起拉萨骚乱，更产生了恶劣的影响，给国家和西藏地方造成了严重损害，更是始料不及的。

---

① 达赖在宣统元年（1909）十月回到拉萨后，与联豫发生一些矛盾，关系很紧张，故暗中下令限制给联豫衙门的柴草供应。在川军抵拉萨前夕，达赖惧怕联豫报复，主动邀请帮办大臣温宗尧到布达拉宫面谈，允三事：“一、撤回阻击川军的藏军。二、渥荷朝廷封赏，咨请奏谢。三、仍尊重联大臣，一切供应照常规复。”温宗尧对达赖予以慰勉，提出回应四条：“（1）川军到日，自必申明纪律，维护安宁秩序，不骚扰地方。（2）诸事均和平办理。（3）达赖固有教权不加侵损。（4）决不杀害喇嘛，以昭信守。”双方气氛融洽，表现了改善关系的愿望。但温宗尧将议定各条交给联豫审核时，联豫竟删去“诸事和平办理”一条，并不肯会衔。致使达赖惴惴不安，担心川军到达后会遭报复。待见川军刚到，联豫之卫队即开枪伤人，更加恐惧，故于当晚即外逃。

（二）征讨波密的缘由与经过

波密，又称“波窝”，位于西藏东南部，今属西藏林芝地区。其境东北接昌都，西北接工布，南接墨脱、珞瑜地区，气候温和，森林茂密，被称为“高原江南”。全境传统上分为上中下三区，以噶朗为中心。波密古代曾为吐蕃的一部分，吐蕃崩溃后，波密成为部落分立的“化外之域”。明末清初，和硕特蒙古顾始汗及其子孙统治西藏时，将其纳入管辖。清康熙五十九年（1720），驱逐准噶尔后，波密为前藏噶伦阿尔布巴①的领地。清雍正五年（1727），阿尔布巴作乱被诛，中波密头人尼玛结布乘机脱离西藏地方政府，自立为王，是为第一代“噶朗王”（汉文史料中译为“甘南木第巴”，或称之为“波密总管”“波密土王”）。清道光时，驻藏大臣其拜曾派兵征讨，使其投诚。但因地势边远，道路险阻，并未设治管理，故被称为“野番”。

宣统元年（1909），赵尔丰率军至昌都后，波密土王白马策翁（书中作白马青滃）惧怕其兵威，派人请降，表示愿归边务大臣管理，而不愿归噶厦管辖。因当时边、藏界线未定，赵只厚赏其使，令其回去候命。

川军进藏后，清廷将边务大臣与驻藏大臣所管地界作了重

① 阿尔布巴为工布地区贵族领主。康熙五十九年（1720），清廷派大军入藏驱逐准噶尔，阿尔布巴因配合清军有功，被封为贝子，任噶伦，分管前藏地区。雍正五年（1727），阿尔布巴争权，联合噶伦隆布鼐杀死首席噶伦康济鼐，引发前、后藏之间战争，史称“阿尔布巴之乱”。清廷派大军入藏平定，杀阿尔布巴等，任命平乱中有功的后藏噶伦颇罗鼐总理藏务。

新划分：丹达山以东，原属西藏管辖的察木多、乍丫（察雅）、类乌齐、洛隆宗、硕般多等地，划归边务大臣管辖；丹达山以西，仍归驻藏大臣管辖。波密按理应属西藏管，但波密并未向西藏地方政府投诚。联豫恐赵尔丰奏请波密归边，故派陈渠珍部驻防工布，“为招抚波番计”。陈渠珍派人前往招抚，噶朗王“抗不就抚”。联豫遂决定派兵进讨，乘机收服波密，于是令钟颖率军往征。

由于联豫急于征服波密，进军计划未周，敌情不明，投入兵力不足，钟颖所率仅陈渠珍步兵一营和张鸿升马队一营①。部队进至八浪登、纳衣当噶即遭惨败，官兵死亡三百余人。陈渠珍作为前锋，陷于包围，多亏西原相救，才免丧命。诚如赵尔丰批评联豫这次用兵所说：“试问波密地方辽广，道路险远，人民犷悍，悉为‘野番’。以区区两营，数千里长征，能攻克否？诚为儿戏！”②

首次征波惨败后，联豫将责任归于钟颖，以心腹罗长裿取代钟颖为征波统帅，将拉萨的川军亦调往归其指挥。钟颖虽尚存统领之名，实已无兵权。钟与联、罗由此不和。

罗长裿，字退斋，号申田，湖南湘乡人。进士出身，工诗文，曾任翰林。本为文人，却欲效其祖罗泽南③，建功于军事。他先在赵尔丰处任军职，郁郁不得志，后托钟颖推荐于联豫。联豫慕其名，奏调其入藏，颇为重用，先委为练兵处总办，继又擢升为左参赞，倚为臂膀。罗长裿在赵尔丰军中有年，深知

---

① 原调有炮队，但因道路险峻，无法运到前方，亦撤回拉萨。

② 见西藏自治区社会科学院、四川省社会科学院合编：《近代康藏重大事件史料选编·第一编·赵尔丰致赵尔巽电》。

③ 罗泽南，湖南双峰人，是曾国藩湘军之重要将领，亦是著名的理学家、文学家。

边军高原作战能力强，故接手征波军事之后，即请求赵尔丰派边军支援。赵尔丰因波密战事“事关全局”，即派副将凤山率军四营，分从硕般多、桑昂（察隅）和察木多三路进军，与罗长裿所部夹击波密①。为防止波密土王外窜，赵尔丰又派统领张继良率两营继进，填防昌都以西各要道。在边藏两军的合攻下，波密大败，白马策翁率数骑逃入白马岗（墨脱）。边军派类乌齐的吉仲喇嘛（即诺那活佛）说服白马岗头人，擒杀白马策翁，以首级来降。波密遂平定。

波密平定后，罗长裿仿效赵尔丰在川边的办法，将波密地方分置为冬九、彝贡、波密三县，设理事官管理。但随即发生兵变，罗被杀，征波之军全撤回拉萨，白马策翁余部又重新占据波密。1912 年，尹昌衡西征，至工布江达时，又曾拟将波密收归川边，设县治理，亦未果。直到 1923 年，波密才重新被纳入西藏地方政府管理。西藏地方政府沿用了罗长裿对波密的行政区划，在波密地区设置三个宗（县）。1959 年，西藏民主改革后，改为波密县，隶属林芝专区。

（三）辛亥兵变与罗长裿被戕事件

辛亥革命时，入藏川军发生哗变，罗长裿在兵变中被杀，这两起事件，均与袍哥有关。由于当时情况混乱，关于这段历史，有许多不同的记载和传说。近几十年来，随着有关档案、资料的发掘和藏学研究的发展，整个事件的史实已较清楚。只在罗长裿被杀一案方面，仍有些迷雾未尽。

---

① 罗长裿所率除陈渠珍、张鸿升营外，还有原驻拉萨的一营和土兵营（管带谢国梁）以及炮队，共四个半营的兵力。

袍哥，即哥老会，是明末清初兴起的一个民间秘密结社组织，活跃于长江流域。在四川的哥老会被称为“袍哥”，入会者称为“在袍”，取《诗经·秦风》“岂曰无衣，与子同袍”之义。又因其初以“反清复明”“驱满兴汉”为号召，故又称“汉留”。清末时，袍哥已遍及于全川城乡各地，成为半公开组织，声势和影响都很大，成员多为市井流民和乡镇农民。入藏川军的士兵和下级军官中，本有不少袍哥，入藏后发展更多。到辛亥革命前夕，95%的官兵都加入了袍哥①。袍哥有自己的组织和帮规②，故而在川军中形成了一套在军事系统之外的组织系统。在军纪之外，另行有袍哥的帮规。钟颖对军中袍哥一直采取姑息拉拢的态度，因而颇受军中袍哥势力的拥戴。征波之役，联豫以罗长裿取代钟颖，军中袍哥本就为之不平，加上罗长裿恃才高傲，治军严刻寡恩，又克扣兵饷，重用同乡，憎恶袍哥，因而军中士兵、袍哥对他颇有怨愤。平定波密后，罗长裿发现军中袍哥势力膨胀，决意捕杀军内袍哥首领以肃军纪，更埋下了被戕的祸端。

1911 年夏，四川保路风潮兴起。9 月 7 日成都发生镇压请愿群众血案后，同盟会遣党人分道四出，联络成都附近各路袍哥，组成“保路同志军”，围攻成都，全川各地纷纷响应。消息传到拉萨，军中袍哥开始骚动。当时军队大都被派往波密，拉萨只有联豫卫队 80 人和川军后勤、炮队等百余人。按三年换防的旧例，大都即将退役返川，加之欠饷迟迟未到，人心本就

① 见尚秉和：《民元藏事纪略·西藏篇》。

② 袍哥组织分为五堂（仁、义、礼、智、信）、十排（头排称为“舵把子”），主持堂口。三排（称为当家三爷）、五排（称为管事五爷），分管内外事务。立有帮规帮法，犯者由帮内管事者处理。

浮动，听到消息后，更忧无法得饷返家，群情汹汹。袍哥首领叶纶三、严步云等乘机煽惑说：“以勤王为名劫钦差，取库饷回川，不但无罪，而且有功。”众兵相信其说，遂将联豫劫持到札什城兵营，打出“勤王”大旗，推书记官李治平、范金为总参谋，抢劫兵备处军械粮饷及驻藏大臣官署库房，并向噶厦索借返川旅费。

时任造币厂总办的钟颖闻讯，率亲兵十多人赶往劝说，趁机擒杀叶、李等乱首，迎联豫回到官署。但军心已乱，政令不行。10月10日，武昌起义成功，通电全国。江孜驻军得到消息，率先打出革命旗号，到拉萨索饷返川。联豫将印信交钟颖，逃到哲蚌寺避匿。袍哥乘势组成“大同保障总公口”，下辖二十四个公口，推举联豫秘书何光燮与卫队长郭元珍、马队管带汪文铭①等组成“公议局”，接管藏中军政。钟颖也“出重资加入袍哥”，被“公议局”委任为军事部长。消息传到波密，征波军中袍哥立即串联起事，夺取军权，逐杀平日仇视之军官。

在波密，罗长裿最早从驻藏大臣衙门的亲信处得到武昌革命的消息。罗长裿怕袍哥作乱，密召心腹同乡商议，准备擒杀军中袍哥首领。但他尚未及动手，军中已得拉萨消息，开始哗变。罗长裿怕袍哥报复，仓皇随陈渠珍部撤退往工布江达。途中知陈渠珍与袍哥交好，托故不随陈行。陈渠珍赠以衣食，并派一班兵护送罗长裿。但罗素为军中袍哥所恨，加之行囊中又有不少在波密缴获的金银宝物，故于途中被袍哥乘乱杀害。因为杀害罗长裿的凶手赵本立等三人是陈渠珍的兵，赵本立还是陈渠珍营的司务长，故当时川军中多传说是陈蓄意杀罗（罗的

---

① 郭元珍系袍哥龙头大爷，汪文铭亦为袍哥首领，汪初被推为议长，后因众不服，被另一袍哥首领张谋替换。

亲信同乡周逊，即一直这样认定)①。值此鼎革之际，陈渠珍既不愿与联豫、钟颖为伍，又不敢开罪闹事的袍哥，处境本就困难，现在又背上杀死上司之嫌，处境更加险恶。故不愿去拉萨，也不敢回四川，只好回湘西老家。又因传言赵尔丰已命边军在察木多阻截，故不敢走察木多大路，而选择了穿越羌塘无人区，走青海、甘肃之路，并让周逊负罗长裿骸骨先行，以送罗回湘安葬作离藏之掩护。不意九死一生到达兰州后，周逊却向甘肃督军控告其杀罗。陈虽得辩白，仍不免使本来欲重用陈渠珍的甘肃督军态度变得冷淡，陈只得离兰州回乡。陈回到湘西后，幸得湘西镇守使田应诏的赏识，委以重任。但民国三年(1914)，周逊又鼓动罗长裿之子向大总统袁世凯控告，说钟颖指使陈渠珍杀死其父。陈再次遭牵连，被拘押到京受审。在对质时，钟颖否认自己谋杀罗长裿，而指陈渠珍为主使杀罗之人。陈与钟素来交好，本以为钟会为其辩护，却反遭钟诬害，气愤不已。后来，还是联豫作证时，举出赵本立杀害罗长裿后去拉萨，被钟颖提升为管带之证，让法庭认定钟颖为杀罗主使者，陈才洗去冤屈，被判无罪。最后，高等军事法庭判钟颖有造成西藏变乱和谋杀罗长裿二大罪，处以死刑。

钟颖被处死后，其妻田氏及其故旧部属纷纷呈文为其申冤，辑成《弥天冤案录》一册印行，提出了罗长裿案的许多疑点和

① 据《藏事纪闻》《钟颖疑案》等记载，罗长裿曾处分过陈渠珍，在征波密中对陈的首功不赏，而赏给亲信周春林等。周逊以此疑陈报复杀罗。

反驳指控钟颖的证据①。结合有关史料看，罗长裿本身一些作为，在兵变中自有致死之由，不一定是有人蓄谋所为。陈渠珍对钟颖被定为杀罗主谋本来亦不认同，曾在致钟颖之兄钟岳的信中说钟“无其事，实在冤”②。故钟颖是否主使杀罗，仍是疑案。因而在《艽野尘梦》中，作者对这一背景和经过写得比较模糊，其中的风波也不愿过多提及。

征波密之军回到拉萨后，各营军官均换为袍哥（陈渠珍营先后由袍哥张子青、赵本立任管带）。袍哥各公口之间争权夺利，互斗不断。军士以索饷返川为名到处抢劫，军纪荡然不存。12 月，军饷解到，发放完后，骚乱仍不止。1912 年 3 月，江孜驻军和公议局派援江孜的潘文华营，在英员的“调停”下，率先以枪械换取旅费，经印返川。在拉萨的公议局，因图谋色拉寺的金银财物，借口该寺未支应部队乌拉，向该寺发起进攻。色拉寺系拉萨三大寺之一，在藏传佛教中很有影响。寺有僧侣五千五百人，其中僧兵五百人，武器甚多，墙垣高厚。激战两天，进攻失败，但劫寺的行为已在僧民中造成极坏影响。在英国支持下，达赖亲信达桑占东乘机组织民军，围攻驻军，拉萨全城陷于战火之中。公议局遭众责难而解散，联、钟重出掌权，处死了何、郭等祸首，袍哥势力稍敛。但乱局已成，战祸漫延，联豫既不能掌控军队，又与钟颖不和，只想早日离藏脱身，听任局势恶化。钟颖在军中尚有一定威信，组织军队与藏军对垒，

---

① 罗长裿之子罗春驭辑罗有关文电，题名《泣血辑存》，控告钟颖等杀害其父。钟颖妻也收集川军和边军军官、藏中商民、赴藏调查员等为钟辩冤之文和她的申冤书辑为《弥天冤案录》（又名《钟颖疑案》）一册。西藏社科院西藏汉文文献编辑室 1992 年曾将两书一并印行，可资读者对照参考。

② 见《钟颖疑案》中钟妻田氏的诉状。

战斗持续数月，双方互不能胜。经尼泊尔驻藏专员两次调停，于7月30日达成停战协议四条：川军全部退伍由印出藏，枪弹交尼泊尔专人之手封存，钦差及粮台、夷情各官照旧驻藏，留卫队枪九十支。北京政府闻讯，任命钟颖为西藏办事长官，令联豫回京汇报藏情。联豫于1912年9月离拉萨，取道亚东回京。川军大部亦离拉萨，准备由印回川，只留下三百人在拉萨。联豫及大部川军走后，西藏上层一些人在英国挑拨教唆下，不承认钟颖的办事长官身份，以“钦差和陆军既已出藏，统领也应离藏”为由，重新发起攻击。钟颖率众坚持到11月，终因粮尽无援，在尼泊尔专员调停下，交出剩余武器，率部离开拉萨。钟颖到亚东后又留驻了四个多月，等候北京政府拨款处理滞留后藏的数百名军士。直到次年4月，才离藏由印回京。至此，入藏川军全部离藏。

当西藏变乱发生时，全国各地纷纷要求北京政府派兵援藏。1912年5月，大总统袁世凯令川、滇两军援藏。8月下旬，四川都督尹昌衡率领的西征军前锋已到工布江达，本可直趋拉萨，解藏中之围。但袁世凯迫于英国压力，电令尹昌衡停止前进，遂使钟军无援，最终撤离。

从以上史实可知，清末民初的西藏变乱，是内外诸因素交织而成的。令人慨叹的是，在辛亥革命中，四川的袍哥站在了革命的前列，对革命多所贡献，而在西藏的袍哥，则成为乱藏之先锋。先称“勤王”，后称“革命”，而其行动实只为捞取钱财，直至“劫掠如匪”，挑起藏乱。联豫、钟颖等官员，庸碌苟且，平时失职养患，临乱放纵无措，为英国和分裂势力提供了挑拨离间的机会。袁世凯为称帝，屈服于英国压力，放弃援藏，误国误民。钟颖虽有治军失职、纵容袍哥、酿成大乱之罪，但最后离藏弃守，实因袁不派援兵所致，故袁杀钟亦有推卸己责之意。藏中骚乱始于联豫卫队，公议局的头目均是联之亲信，联豫罪责并不亚于钟颖。但因其是那桐之舅，而那桐是袁世凯的恩人，故联受袁保护，没有被追究责任。

在《艽野尘梦》中，作者以自己亲历亲闻，记述了这三大事件的情况，有许多正史未载的珍贵资料，但也有一些作者不全清楚或难以明言之处。读者在阅读此书时，倘能参阅有关历史，相信更能体会在风云变幻中作者的感受和无奈，更能了解此书的意旨和价值。是以不避其赘，爰为导读。

任新建

2021 年 1 月 16 日

弁 言

张厂长志远游南川归，示湘西前师长陈玉鍪君所著《艽野尘梦》。余一夜读之竟，寝已鸡鸣，不觉其晏，但觉其人奇、事奇、文奇，既奇且实，实而复娓娓动人，一切为康藏诸游记最。尤以工布、波密及绛通沙漠苦征力战之事实，为西陲难得史料。比之《鲁滨孙飘流记》，则真切无虚；较以张骞、班超等传，则翔实有致。非陈君不能有此奇迹，非其手记不能如是真挚，非其学有根柢不能若是畅达也。适县训学友之喜研究边事者王光璧等来过，偶以贻之。展转传阅，一月之内，更十数人，原册已破，而求阅者无已。光璧因请于《康导》转载，以慰向隅。余以其为追忆之作，人名、地名及追述史事偶有小误；又所记人事，每有省笔隐文，未能使局外人澈然明了之处，乃就个人所知及访问所得者为之校注数十条，亦裴松之事陈承祚之道。他日得识陈君，抵掌谈笑，宜可无愧为知己耶。

1941 年 1 月 15 日

南充任乃强筱庄甫记

艽野尘梦序

清光绪之末，英俄争霸于亚洲，南北分进，尤以英人凭借身毒①将越须弥山窥我西藏之计为烈。侵哲孟雄②，辟大吉岭③，已骎骎长驱直入我前后藏之宝库矣。革命军兴，有志之士咸欲犯流沙，逾雪山，以与吐蕃民族相周旋，而坚其尊夏攘夷之志，其用心亦良苦矣。

陈君玉鋆，振奇之杰也④，曾毕业长沙军校，任湖南新军第一标队官，加入同盟会，从事于民族革命。旋入川，为西藏之行，规画藏事，当道礼重⑤。适清祚初覆⑥，局势混沌，归途中梗，进退维谷，绕道北上，率所部一百十五人，自西藏江达，

---

① 身毒：即身毒国，《史记》对印度的译名。

② 哲孟雄：锡金的古称，位于喜马拉雅山南麓。

③ 大吉岭：今为印度西孟加拉邦大吉岭区首府，位于喜马拉雅山麓区的大吉岭-加拉帕哈尔山脉。

④ 振奇之杰：指有影响力的非凡之人。王通《中说·天地》："或问扬雄、张衡，子曰：'古之振奇人也。其思苦，其言艰。'"

⑤ 当道礼重：指陈渠珍受到钟颖的赏识。

⑥ 清祚初覆：指清帝在辛亥革命后退位，清朝灭亡。

行荒原瀚海万余里，凡七阅月，始至西安，生还者仅七人，君其一也。呜呼壮哉！

右所录《艽野尘梦》，为君事后追忆之作，所述行役之艰，遭逢之惨，令人不忍卒读。

余维大地山河自开辟至今，所通之道路，所垦之田亩，所建之宫室，皆人类与自然相竞争以成之者也。惟其险者已为前人所辟易，而后之人仅就其夷者以宴乐而苟安，于是中原沃土遂成为群饕争食之场，而四裔边陲则视为无足重轻，相率规避而不之顾。彼外人者，则往往挟其新锐之气，垂涎域外，日事探检，得寸进尺，未尝告劳，故国势之削弱阽危，其所由来者渐矣①。荒远略，营近利，此清之所以亡也。环顾天下，如君之赴险趋危，眷恋国土，虽九死而不悔者，能有几人哉！昔张骞使西域，从行者百余人，归途仅存其二，然经时逾十三年，君行仅七阅月，而同人之难不减张骞。余又知君之中心惨怛，过于乘槎万里者②多矣。君智深勇沈，而性情恳挚，卓然有古人之风。世变方亟，尤赖边材，矍铄此翁，倘亦据鞍顾盼，请从伏波③游乎？余虽衰老，亦愿执鞭以随其后，藏事又其缓焉者也。

丁丑季春月愚弟曹典球拜识

---

① 其所由来者渐矣：指人事的结果都有其起因及发展变化的过程，语出《易·坤·文言》：“积善之家必有余庆，积不善之家必有余殃。臣弑其君，子弑其父，由所由来者渐矣，由辨之不早辨也。”

② 乘槎万里者：代指出使西域各地的张骞。槎：木筏。杜甫《有感》：“乘槎断消息，无处觅张骞。”

③ 伏波：东汉名将马援封伏波将军，曾平定交趾。

艽野尘梦序

纪行之作，莫先于李习之《来南录》、欧阳公《于役志》①。自是以往，踵袭者伙，大率赢记邮程，靡关宏旨，且多骚人迁客，或远道星轺②，舟车闲暇，寄情楮墨③者之所为。若夫军务旁午，随时随地，纪事周翔，盾鼻④余沈，采藻斐然，足备史氏之摭取者，盖不数数睹焉。

吾宗玉鍪师长，儒而侠者也。自长沙军校竟业后，于湘，于川，于西藏，娄绾兵符，名勣茂著，而迩年驻摩湘西綦久……威耆德绥，桑梓尤受赐不訾。嗜书史，虽戎马苍黄，不废翰札。适来省门，出视所著《艽野尘梦》，嘱序。“艽野尘梦”

---

① 李翱《来南录》，见《李文公集》卷十八；欧阳修《于役志》，见《文忠集》卷一百二十五。

② 星轺（yáo）：轺，使者所用的车，借指出使。

③ 楮（chǔ）墨：即纸墨，借指作诗绘画。楮，落叶乔木，树皮可造纸。

④ 盾鼻：盾牌把手，古人常以之磨墨。《资治通鉴》梁武帝太清元年条：“（荀济）常谓人曰：‘会于盾鼻上磨墨檄之。’”

者，盖取“我征徂西，至于艽野”① 诗意，追述其廿年前西征时经历行实汇辑而成。

观其由川入藏，深入工布、波密屯军，余二稔②，辛亥国变，乃遵哈喇乌苏河，度酱通沙漠，循冈天削山，北出通天河盐淖，取道青海，跻陇阪而归。足迹所踔，目耳所听觏③，凡山川之坑塞，户口之强弱，原隰之瘠肥，矿产之盈朒，宗教之派别，生计之昌敝，政治之良窳，回藏“野番”之种族棼杂，风雪雨雷节气寒燠之错迕，男女饮食服御之异趋，语言文字之钩辀诘屈，奇禽怪兽、古木嘉卉之色色形形，不可辨识。幽而鬼神之情状，明而氓萌之情伪，以及其他有系于国若民与兵家害利者，辄博稽而缕载之。于戏，何其都④也。后有从事于是邦者，得其书而妙用之，裨补宁浅尠⑤哉！向所谓足备史氏之摭取者，殆无逾于此。

抑闻君偕其姬人西原，自藏启行时从人百十有五，及至西宁存者七，以较班超使西域丧其官属三十六人，危苦殆有过之。当其迷道戈壁，徒步万里，阅时七月，初则绝盐，即而绝粮，终且岌岌乎几水火并绝，昕夕⑥驰驱于风饕雪虐、沙飞石走、狼嗥虎啸之中，渴则敲冰而饮，饥则猎野兽而生啖，侍者殒亡，枕藉荒凉，惨栗自诡，决无生理。然终不少懈鼓勇益进，竟安

---

① 我征徂西，至于艽野：出自《诗经·小雅·北山之什》。

② 二稔：稔，古时谷一熟为年，此指二年。

③ 觏（gòu）：遇见。

④ 都：美也，盛也。此为丰富之意。

⑤ 尠（xiǎn）：同“鲜”，少也。

⑥ 昕：《说文》：“昕旦明日将出也。”此指早晨。昕夕，犹朝夕。

全入玉门，于以知天下辽阔峻极难臻之境，苟非惑且惧而选耎①自沮，未有不能造其极者。而君生平备尝险阻，往往艰贞壁立，千折不挠，独决于一往。披览兹编，窃惊叹其坚毅之操，诚不可及已。虽然此犹已陈之迹耳，方今海疆未靖，正志士枕戈系楫之时，坚毅如君，其树立伟伟，可惊且叹，将不一再而遂止也。爰缀言于其简，耑以为之券。

清赐进士出身度支部主事军饷司司长

出使俄国参赞长沙陈继训撰

---

① 选耎（ruǎn）：指怯懦不前。唐周繇《嘲段成式》：“报仇慚选耎，存想恨逶迟。”耎，柔弱。

艽野尘梦叙

曩①余与玉公师长②，聚首长沙，彼此年方弱冠。玉公西蜀之行，余初尼③之，盖以友朋聚处难合易离，矧以瞿塘滟滪④，长江天险，人生贵适志耳，远涉风涛胡为？而玉公志在万里，曾不为余言动，即而自武昌溯夷陵，上三峡，入夔门，历千余里竟达锦城。人歌蜀道难，公直坦然处之，盖其毅力坚定，勇气富于侪辈，故能慷慨长往，而不疑不惧也。

公之入川也，初任陆军六十五标队官，隶协统钟颖部。时英人谋藏急，清廷方遣混成一协援藏，公上“西征计划书”，

---

① 曩（nǎng）：往昔、从前。《说文》：“曩，曏也。”《尔雅·疏》：“在今而道既往，或曰曩，或曰曏。”

② 玉公，指陈渠珍，陈号玉鍪，曾任国民革命军第十九独立师师长，新三十四师师长。

③ 尼，此指阻止。《尔雅·释诂》：“尼，定也。注曰：‘尼，止也。止亦定也。’”

④ 滟滪：即滟滪堆，古时船家视为畏途，故称“犹豫石”，又名“燕窝石”，1959 年被炸前，立于瞿塘峡口。《水经注》：“白帝城西有孤石，冬出水二十余丈，夏即没，秋时方出。”

于藏事规画颇详，钟颖大赞赏，促之入藏。于是初进兵昌都，继收抚工布，终于波密之苦战，其中以腊左一役为险，以石门、八浪登之战为烈。

当是时，公已晋职管带，声威啧啧，遍于藏之南北部矣。讵武昌军兴，汉家光复，蜀中险远，军府新辟，江湖游侠日事纷扰，兵烽炽于锦江，杀机深于玉垒①，川局始紊。康藏介在西陲，遂亦闻风响附，残杀相寻。

公见藏事不可为，乃率百余人由江达取道青海归。方其仆仆于酱通大漠、通天河间，冰雪满地，尘沙蔽天，四顾苍茫，道路莫辨，数千里人踪罕逢，烟火灭没，日向往于冈天削而不可得，粮秣即尽，则猎取野兽以为食。夜宿冰天雪地中，风号于上，狼伺于侧，前路即渺茫无涯，从士复死亡日众。至是生还之望几绝，穷途险状一身备尝，凡公所遇，可谓极人世之至艰危矣。卒能奋一往直前之精神，置死生祸福于度外，遂由柴达木而青海，而达西宁矣。

公自江达启行，为辛亥仲冬，抵西宁日，为壬子孟秋。异域归来，国易共和，于是由西宁经兰州入长安，循关中以归，迄今二十又五年。回首前尘，有如梦寐，公恐其久而忘也，去秋来长沙，乃追忆往事，编著成书，命曰《艽野尘梦》。人生本幻境，其猝然而遇，适然而合，皆若莫之致而致。

考公此役，始经蜀道，可谓难矣，继入康藏为尤难，始在波密，可谓险矣，继过酱通，为尤险，行万里路，历时八阅月，劳筋骨，饿体肤，夷然不以动其心，坚忍耐劳，历尽诸艰，卒以获济。自是以后，治军湘西，驰驱二十年，终不能舍一

---

① 玉垒：即玉垒山，位于成都西北之都江堰市，此代指成都。

“苦”字，别有所持守，曾湘乡①谓“扎硬寨打死仗”者，庶几近之。

而西原氏始终相从于荒凉旷邈之乡，患难与共，尤可考见天地生人，凡有血气，莫不各有真挚之天性，情之所发，初不以汉番而或异也。

公之辍笔于此，其殆惓怀于西方旧雨②，为人世稀有之因缘，昙花一现，遽归泡影，得无情感于衷，为“艽野一梦”之终结欤？虽然廿载以还，悠悠身世，沈沈长夜，公之梦又奚若也。

是书中多可惊、可喜、可哀、可乐之事。观其万里投荒，险阻艰难、山穷水尽之余，终有柳暗花明一日，则知天下无不可处之境，果能持以毅力，出以淡然，尽有无入而不自得之乐。即取边疆之故事胜迹，喇嘛之教旨宏规，番族之人情风俗，蛮方之山水异物，偕二三友朋，清夜良辰，资为茶前酒后之谈助，亦津津有余味焉。

忆余与公别于长沙，在清光绪丙午之年，岁月不居，已越三十一载，昔日少年，垂垂老矣，兹叙公书，盖不胜今昔沧桑之慨云。

中华民国二十六年清明日

同邑滕文昭叙　长沙

---

① 曾湘乡：指曾国藩，其为湖南长沙府湘乡县人。

② 旧雨：原代指旧友，典出杜甫《秋述》，此指西原。

自　序

大地河山，一虚妄境界耳，非宇宙真实之本体也。“虚妄”云者，有成与毁也，皆相对者也，惟无成与毁者，乃为绝对，斯即真实本体也。故相对为假，绝对为真，即假即真，即真即假。《庄子》一书，破对待明本体，即真见假也；孔子删诗订礼，为万世立人极，即假见真也，故假为差别界之假有，凡一切事物之有形者皆是也。惟圣与哲知其有，知其假，而又知有所由有，假所由假，故因有因假而建立一切法，大而修齐治平之道，小而卜筮星相之术，皆于是乎著焉。

乾父坤母，人身亦一小天地耳。惟能返观内心者，能洞见乎吾身之本原，而一一证之于宇宙之本体，则凡吾身之所有，皆宇宙之所有也。即人心以见天心，因天心以明人心，而天人相与之妙、气机感应之神，皆因真因假而显现焉。卜筮星相者，亦因假以见真者也。惟中人不可以语上，乃设为阴阳五行，杂以方术诀要，又系之以图式，以示其当然之迹。后之人苟能循是以求之，则凡时运之隆替、国家之治乱，以及一家之盛衰、一身之荣辱、一事一物之利害得失，莫不如响斯应，毫厘不爽，非偶然也。

命相之说，世皆以迷信目之，而不知其认科学为真实，斯则迷信之尤者。佛言欲解念定慧，彼西洋哲学，犹止跻于佛家之第二阶段。宫墙外望，安知大道，其科学之浅肤，更无论矣。余中年后，究心斯道，略有所见，始知命相之说之非虚也，特精此者，十不一遇焉。年来习闻长沙吴竟成君精命相，今秋来省，酹酢纷繁，一日偕老友滕文卿过紫荆街，见东向一宅，高悬“吴竟成寓”四字，忽忆旧闻，相偕入访。竟成问庚甲已，手书目注久之，向余言曰：“怪哉！此命打不死，杀不死，骂不死，穷不死，饿不死，跑不死，累不死，苦不死，气不死。”言不死者九，而无一不中予怀。余命诚苦矣！复谈予四十年来之经过，又若身亲而目击焉。竟成操术亦神矣哉！不觉为之竦然。

犹忆壮岁，从军塞外，入死出生，危于腊左，险于昌都，几败波密，殆死青海，九不死亦居六七矣。往事回溯，痛彻于心，爰追忆西藏、青海“野番”经过事迹，费时两月，著为《艽野尘梦》一书，取诗人“我征徂西，至于艽野”之意，亦自伤身世之艰难也。……则余之九不死，斯尽之矣。嗟呼！风声既济，众窍为虚，兹篇之作，亦自鸣其调之刁刁者耳。世有知者，或不笑为小鸟之斗鸣，则幸甚矣。

中华民国丙子年除夕

陈渠珍自序于长沙寥天一庐

［原注·一］ 陈渠珍，字仲谋，号玉鍪，湖南某县人。光绪末毕业于长沙军校，任湖南新军第一标队官，并加入同盟会，从事革命活动。已而疑之，弃职

赴武昌谒赵尔巽。巽荐与其弟尔丰，拨入川军籍，受知协统钟颖。随协统钟颖军入藏，过川边，以雄奇为赵尔丰所赏，擢管带，仍从钟颖入藏。驻防工布，进攻波密，多有战勋。清鼎覆，统帅罗长裿为部下所杀，陈氏率湘中子弟一百十五人东归。误采传说，取道绛通草原，途中绝食者七阅月，茹毛饮雪，生还者仅七人，所娶藏女西原与焉。西原卒于西安，陈痛悼下绝意仕宦，返乡里。其后仍任军职，至师长，据湘西数年……而后……卸军职，办纺织厂于南川。1936 年冬撰成此书，原序有云："追忆西藏青海经过事迹，费时两月，著为《艽野尘梦》一书，取诗人'我征徂西，至于艽野'之意。"《说文》解"艽"（qiú）为荒远。余按，"艽"（jiāo）草名，入药为"秦艽"，其叶宽、薄有白纵纹，微似龙舌兰，根茎纤维绞纽如束丝，故曰"艽"。产于海拔三千米之高原，即康藏、青海地方，古自秦中输出，故曰"秦艽"。《小雅》之"艽野"，解为青康藏高原极合，无容解为荒远也。今人习呼康青藏为草地，何如呼为"艽野"之典雅贴切乎。

[补注] 陈渠珍（1882—1952），祖籍湖南麻阳，后迁入凤凰。16 岁入沅水校经堂读书，曾考取秀才。1906 年，毕业于湖南武备学堂。1913 年，自西藏返乡后，受湘西镇守使田应诏赏识，任中校参谋。1918 年，任湘西护法军第一路军参谋长兼第一梯团长，继任代理第一路军司令，自此执掌湘西军政近 20 年。陈平时极爱读书，有儒将之风，以曾国藩、王守仁自许。

主政期间奖掖生产，推行湘西地方自治，称雄一方，人称“湘西王”。1935 年，陈渠珍的部队被湖南省主席何键收编，以“省政府委员”的空衔迁住长沙。1938 年被蒋介石召见，委为中将参议，设计委员会委员，羁留于四川南川县，其间曾兴办实业，建“三一纺织厂”。抗战胜利后，返回凤凰，赋闲于家。1949 年 5 月重被起用，任湘鄂边区绥靖副司令和沅陵行署主任。1949 年 10 月，率部起义，被任命为湖南省人民政府委员。1952 年病故于凤凰。

要　例

一、余未入藏以前，搜求前人所著西藏游记七种，读之茫然不解所谓也。由藏归来，复购近人所著西藏政教及游记八种，读之又若千篇一律也。前之记述，皆西藏数百年前相传神话，证以余之所见所闻，则十无一二可征信焉；近之记述，又皆抄袭康藏各机关之档案册籍汇集成篇，率于藏事无深刻之观察，故虽言之成文，实则按之无物。

二、自来游西藏者，皆遵驿路而行，即由打箭炉、巴塘、里塘、昌都、硕板多、江达、墨竹工，入拉萨；或由印度，经大吉岭、亚东关、江孜，入拉萨。凡西藏之北部，如类乌齐、三十九族等，已绝少行人，而南部之工布，地势僻远，更为游人所不至。进而如波密，不独无汉人足迹，即素号统治全藏之达赖，亦未能以一介之使深入其地。再进而为“野番”，则自古声教未通之地也。其人野居而穴处，饥餐而渴饮，地尽荒远，民犹太古，虽犷悍如“波番”，亦不敢越雷池一步，其他游人更无论矣。故遍观新旧舆图，不仅于工布、波密、“野番”之山川地名完全错误，即驿路以外南北各部之山川地名，亦错误百出也。大抵一般游历西藏者，皆足不出拉萨，行不离驿路，见闻所囿，记述舛误，有由来矣。

三、巴颜喀喇山为青海西境三大山之一，乃昆仑之北支，亦即长江、黄河所发源。按之新旧舆图，其山脉起于帕米尔之东，经新疆入青海，沿西藏之北，以抵昌都西境，一若由藏入青必经之大山也。乃余出藏时，过江达行一日，即分道北向，经哈喇乌苏入酱通沙漠，辗转过盐海，以达青海，行数千里平原大漠，未尝经过大山。虽途中时有山邱，亦高不过二三丈而已，始终不知舆图中所谓巴颜喀喇山者何在。究之此山，发见于何时何地？是谁身历其境而目击其山？自有西藏舆图以来，即有此山之名，亦可怪矣！意者康地与新疆各有大山逶迤入青海，两山间一片荒漠，人迹罕至，研究舆地者无法征实，遂以臆测之，以为两大山遥遥相对，势必衔接为一；抑或以江河导源于此，两水之间必有大山，遂错误至此。夫河有伏流，岂山亦有伏脉耶？此则匪夷所思矣。

四、余驻军工布、波密将及两载，凡此两地之偏陬僻壤皆所亲历。乃一阅近时西藏舆图，关于工布、波密之山川地名，则颠倒错讹至不可以究诘。偶有一二近似之地名，又东西易位，南北易方，亦不知当时何所根据而胡乱填写如此。如所载工布之屈罗、次拉、路萨等地，然工布实无此近似之地名。他如腊左，则误为腊谷；鲁朗在东，而又误列在北。又如波密之冬九，与东珠宗实为一地，而误立两名；彝贡在汤买之北，则误北以为南。他如龙勒、喀普、岳董、定坝皆非波密所有之地名，而任意填写如此，更可怪也！昔人谓古书不可尽信，余谓边区舆图更不可信也。

五、余由川入藏，以至工布，均有极详细之日记及经过地之略图。迨纳衣当噶退兵时，部队越山走，行李沿大道行，余之日记置行李箱中，途次为对河伏兵猛射，驼牛受伤坠崖，行李箱遂失之矣。至由藏归来，取道青海，一片荒漠，无人烟无地名，故只能分段叙其概要，不能分日分地详细纪述。

六、余窜身青海，因道路迷失，步行万余里，历时七阅月，其间绝食五月，绝火二月，从人一百一十有五，沿途死亡几尽，生还者仅七人而已。是篇之作，盖亦余一生之痛史也！所经千险百艰，虽时逾念载，亦未尝不时时盘旋于脑海之中，惟事涉奇离怪诞者不记也，事涉私人隐恶者不记也。故篇中所记虽一事一物之微，亦必力求平实，而不敢漫作溢美溢恶之词，以求快意也。

七、本书取材悉就身所经历，及目见耳闻之所及，核实记述，绝不抄袭任何书籍，凑集成篇。故关于西藏之宗教、政治、文化、经济、交通等，不能分门别类作整个之记述，亦不得已也。

总　叙

西藏，古唐古特之一种，汉为“西羌”，唐为“吐蕃”，明为“乌斯藏”。素奉佛，初崇红教，习符咒及吞刀吐火之术。

［补注］ 唐古忒，又作“唐古特”，系蒙语。本为元代蒙古人对党项人及西夏的称谓，清代初期借用为对西藏、青海等地藏族的称谓。

有宗喀巴者，入大雪山苦修，道成，乃正戒律，排幻术，创立黄教，风行全藏，红教寖衰。其高足弟子二：长曰达赖，即当时藏王，驻拉萨，握政教权，统治全藏，与罗马教皇同；次曰班禅，驻后藏，仅负教皇虚名而已。

［补注］ 宗喀巴（1357—1419），藏传佛教格鲁派（黄教）创立者。本名罗桑扎巴，因生于青海湟中县，这一带地方藏名“宗喀”，故称其为“宗喀巴”（藏语义为“宗喀地方的人”）。一世达赖是宗喀巴最

小的弟子根敦珠巴，一世班禅是宗喀巴的另一个弟子克珠杰。

藏人屡为边患，叛服无常。清初，以兵征服降，号称“藩”，设驻藏大臣管理监督，因其险远，仅利用宗教羁縻之。既而印度沦英，英之陆军直达喜马拉雅山；回部降俄，俄之势力亦骎骎逾帕米尔高原。于是，英人欲得西藏，进窥康蜀，以完成其扬子江势力；俄人亦欲得西藏，拊印度，逾葱岭，夺新疆，席卷蒙朔。

英人自失北美，视印度为“天府”，恐俄捷足，因先发制人，利诱达赖，认西藏为独立国，与唐古特政府直接订立“英藏新约”。钦使某，且为署名签字。自后清廷遂不能过问藏事矣。

［补注］ 此说有误。1904年英军在荣赫鹏率领下侵入拉萨，强迫留守的西藏地方政府上层与其签定城下之盟—《拉萨条约》九条。十三世达赖在英军入城前四天已逃出拉萨，赴库伦，并未与英签订此约。清政府指该约为非法，坚决不予承认，严令驻藏大臣有泰不得在约书上签字，急命张荫棠为钦差大臣赴西藏查办，又派唐绍仪为专使，与英会谈，申明中国政府的严正立场，坚决维护主权。张荫棠在藏查处了有泰和一批西藏地方官员，推行练兵、开矿、兴学等新政，稳定了西藏政局，深为西藏僧俗悦服敬爱，藏人甚至将喜爱的一种花命名为“张大臣花”。张荫棠调走后，联豫继任驻藏帮办大臣、驻藏大臣，管理藏政。达赖虽暗中指使阻扰其新政实施，但亦不敢公然反对。光

绪三十四年，达赖进京朝觐接受封赏，谢恩回藏，虽与联豫有些芥蒂，但直至辛亥革命，清廷一直管理着西藏政务，并不存在《拉萨条约》后“清廷不能过问藏事”的情况。

达赖既入英人彀中，驻藏大臣类皆昏庸老朽，清末孱王守位，淫后专权，不知强邻逼处，宜固藩篱。达赖亦渐知英之阴谋，其属下藏王边觉夺吉，饶智略，见英人虎视眈眈，乃联俄拒英，借贺俄皇加冕为名赴俄京，以施其纵横捭阖之术。

［补注］ 边觉夺吉，即厦扎·边觉多吉（1860—1919），西藏地方政府噶伦，1902年起任司伦（首席噶伦）。早期亲俄，教唆达赖联俄抗英，后受英国拉拢，成为西藏上层中“亲英派”的代表人物。1913年率西藏代表团参加“西姆拉会议”，私自在英方拟定的非法的麦克马洪线上代表西藏画押。后被撤去司伦之职，抄没家产。

英闻之怒，遣精兵数千，逾雪岭入藏“问罪”。达赖固以活佛自居，至是亦就其建亭寺护法跳神问卜，以决和战。护法大言曰：“佛能佑我，敌可虏而收其器械，请决战。”达赖信之，调藏中兵数千拒英兵于庆喜关外。英人涉险深入，遇伏仓卒合战，死亡百余，稍却复整军进，藏兵悉乌合，卒大败，死千余人，遂望风披靡。

达赖知大势已去，乃捕建亭寺护法寸磔之，囚其母于工布之凯浪沟，尽携珠宝珍物数百驮，率千余人出奔哈喇乌苏。因行甚缓，恐英兵追及，乃封存宝物于其喇嘛寺，留兵守之，仅率百余人入京求援，为慈禧诵皇经祈福。慈禧素佞佛，乃命川督遣混成一协赴援。予时任川陆军六十五标队官，亦与役入藏焉。

［原注·二］ 按：陈君《要例·一》云："余未入藏以前，搜求前人所著西藏游记七种读之……由藏归来，复购近人所著西藏政教及游记八种读之……实则按之无物。"以陈君之明敏果锐，阅坊间书，自当不能满意，然此《总叙·首则》所叙藏事，则十九皆有错误，盖由未曾深究西藏史地故也。兹为略校数处：(1) 唐古忒为清人加于西藏之名，其称非古，不当冠于汉前。(2) 达赖、班禅皆非宗喀巴首座弟子。达赖至三世始为蒙、藏人民所崇奉，有尊号。(3) 驻藏大臣虽创于雍正之世，至乾隆末叶平廓尔喀后，始掌握西藏政权。(4) 英军入藏，强与藏人订约，驻藏大臣有泰署名约中，为光绪三十年事，达赖即于此役离藏入朝，原文叙次大误。(5) 达赖初欲奔俄，清廷多方阻之，迁延年余，始被迫入京，非迳赴京求援。时达赖与清廷甚相左也。(6) 达赖离藏后，清廷命张荫棠、联豫等先后入藏办理善后，直接掌握西藏政权。联豫奏请自川调兵一协入藏驻防，镇慑反侧，非清廷应达赖请，调兵往援也。

余自长沙军校毕业后，任湖南新军第一标队官。湖南新军，创自湘督端方，以旧有巡防军改编为一、二两标，士皆椎愚，将校多出身行伍。独予队兵卒，新募自宁乡，皆青年学子及茂才廪膳生。其时革命思潮已萌芽于内地，湖南民气尤激昂。革命先进，迭遭失败，知非联络军队不足以颠覆满清，乃设同盟会支部于长沙。余鉴于清政不纲，外侮凭陵，方醉心于政治革命，窃幸所部皆青年俊秀，乃于军事训练外，授以国文、史地、测算诸科，期年之后，思想为之一变，且大半加入同盟会，尝秘密集会于天心阁。士气日张，泛驾跅驰之行不可复制。

[补注] 泛驾跅驰之行，指狂放不羁，难以约束之行为。典出《汉书·武帝纪》："夫泛驾之马，跅驰之士，亦在御之而已。"

余既怀古人勿撄人心之戒，以为从此鼓励激荡，清政可复，然偾骄之祸，收拾綦难，则始于救国者，必终于误国。因是，决计解职归里。

越年，同学友约赴鄂，谒鄂督赵尔巽。尔巽在清疆吏中最明达，抚湘时，锐意兴学练兵，余等皆受其陶铸者也。其弟赵尔丰督川，将有川边之行，亟需材。尔巽为资遣入蜀，至成都，尔丰疑湘人皆革命党，不即擢用。未几，尔巽移督川，尔丰授川边大臣，任命余为六十五标队官，隶协统钟颖部，旋分防百丈邑。

军余多暇，知英人谋藏急，部下有自藏归者，辄从问藏中山川风俗，参以图籍，深悉藏情。适钟颖奉旨援藏，予见猎心喜，上"西征计划书"，于藏事规划颇详尽。钟颖大加称赏，立召余回成都，委援藏军一标三营督队官。予以眷属浮寓成都，留无依，归无资，送无人，力辞不就。管带林修梅力劝不已。钟颖复馈多金，优给月廪。予感其意，遂行。

[原注·三] 清末兵制，省约驻军一协，设协

统。协辖三标，设标统。标辖三营，设管带，犹今营长也。营辖四连，设队官。连辖九棚，设哨官，每棚有兵夫共十八名。百丈驿属名山县，原作“邑”，误。驿当藏蜀冲途，陈之研究藏事，基于此战也。〇钟颖，字鼓明，正黄旗人。父晋昌，尚咸丰妹，官至盛京副都统，以附义和团罪，谴戍西藏军台。行至成都，托病，经川督锡良奏留养病，实慈禧后密旨也。颖与同治帝为表兄弟，故邀慈禧宠眷。光绪三十一年密诏假协统衔，于凤凰山训练新军，时年仅十八耳。新军成，钟为协统，率之入藏。时宣统元年也，年二十二。〇钟颖协下，乐山王方舟（陵基）任参谋长，荣县王伯樵任秘书长。其三标统，一由颖自兼，一为刘介堂，一为陈庆。〇林修梅，湖南人，时任陈庆标下第三营管带。后随征入藏，至昌都，解职归。与石青阳等奔走革命，在广东有声。陈渠珍，初任其营督队官，犹营副也。后代林为管带。其后，林在广东，陈在湘西，始终不协。

[补注] 林修梅（1880—1921），湖南安福人，林伯渠堂兄。1903 年考入长沙陆军武备学堂，1906 年入日本陆军士官学校，加入同盟会，毕业后任湖南新军炮兵营长。与陈渠珍同入川，同入藏。在昌都被赵尔丰撤职后，仍在军中。曾上《治藏策》等建议，赵尔丰疑其为革命党，终不用。乃辞职由海道回内地，投奔革命。参加护国讨袁战争，历任护国军湖南总司令部参谋长、湘军旅长、代理零陵镇守使、湘西靖国军总司令等职，一度与陈渠珍部作战。后任孙中山总

统府代理参军长。1921 年病逝。

时革命思潮遍于中国南部。四川僻在边隅，一年之中，捕拿革命党，破获机关之事时有所闻。青年志士，亦渐染革命思潮，群起作排满运动。余入藏之心虽决，时侄方大病，妻年少，凄凉异地，形影相吊，闻余将出塞，均痛哭牵衣。余至是亦觉儿女情长，英雄气短。顾钟颖遇我厚，又念革命潮流，终难避免，异日茫茫禹域，谁是乐郊。且余在军未尝他务，而川当局犹以革命党目之，久客他乡，殊非长策。西藏地僻远，而俗椎鲁，借此从戎之机，漫作避秦之游，亦计之得也。乃百计安慰家小，摒挡家事，挥泪而行，时宣统元年秋七月既望也。

第一章　成都至察木多

援藏军出师计划，经长时期之筹备，颇极周密。讵一经开拔，障碍横生，尤以夫役一事，最为骚扰。军队所至，四出拉夫，人民逃避一空。三营殿后，夫役多逃亡，行李沿途遗弃，虽出重资，不能雇一夫。纪律废驰，非复从前节制之师矣。读唐人应役出塞诸诗，苍凉悲壮，非身历其境者，不知其言之酸而词之切也。

自成都四日而至雅州，风景与内地同。至是以后气象迥殊，山岭陡峻，鸟道羊肠，险同剑阁而荒过之，沿途居民寥寥。师行七月，时方盛暑，身着单服，犹汗流不止。过雅州，则寒似深秋，均着夹衣。愈西愈冷，须着西藏氆子衣矣。

过大相、小相、乌鸦、飞越诸岭，皆重峰叠嶂，高峻极天，俯视白云，盘旋足下。大、小相岭，相传为诸葛武侯所开凿，故名。经虎耳崖，陡壁悬崖，危坡一线，俯视河水如带，清碧异常，波涛汹涌，骇目惊心，道宽不及三尺，壁如刀削。予所乘马，购自成都，良骥也，至是遍身汗流，鞭策不进。盖内地之马，至此亦不堪矣。

［补注］ 大相岭，位于荥经、汉源之间，是秦汉以来川西通往大渡河、安宁河一带笮、邛等民族地区的要道，也是历史上“南方丝绸之路”和川藏茶马古道的要冲。岭上山道崎岖陡险。汉代称此山为“邛徕山”，意为邛人经此山来归附汉室。三国时诸葛亮南征，曾经过此山，后人为纪念他，遂改称此山名为“丞相岭”，别名“相公岭”，简称“相岭”。又为与凉山州喜德、越西间的另一“丞相岭”相区别，将此山称为“大相公岭”（简称“大相岭”），而将后者称为“小相岭”。陈氏以大小相岭相连，盖误记也。〇飞越岭，在汉源、泸定间。由汉源翻飞越岭，即到清代防守大渡河地区的军事重镇化林坪，由化林坪沿大渡河东岸北上，经虎耳崖险道，径至泸定桥。过桥，经烹坝、瓦斯沟、日地、柳杨等即至打箭炉（康定）。清代由川入藏的官兵和粮饷均由此路。运茶入打箭炉的背夫，常年跋涉于大相、飞越岭上，至今路石上仍痕迹斑斑。

行六日至泸定桥，为入藏必经之道，即金沙江下流也。夹岸居民六七百户。河宽七十余丈，下临洪流，其深百丈，奔腾澎湃，声震山谷。以指粗铁链七，凌空架设，上覆薄片，人行其上，咸惴惴焉有戒心。又行二日至打箭炉。

登大、小相岭，相传不能交言，否则神降冰雹。予过大相岭时，竭蹶至山顶，见清果亲王摩崖题碑诗，上为雪所掩，以马挝拨之，有句曰：“奉旨抚西戎，冬登丞相岭，古人名不朽，千载如此永。”盖景仰先贤，亦自诩也。同辈回顾，予犹未至，大声呼唤，有应声而呼者，众声交作，天陡变，阴云四起，雹落如拳粗。予急奔下山，后来者多为雹伤。盖雾罩山头，阴寒凝聚，一经热气冲动，雹即随之降落，亦物理使然也。

打箭炉，为川藏交通枢纽地。相传为诸葛武侯南征时，遣郭达于此设炉造箭，故名。其地三面皆山，终日阴云浓雾，狂风怒号，气候冷冽异常。山巅积雪终年不化，三伏日亦往往着棉袷焉。驻打箭炉数日，官兵内着皮袄，外着毪子大衣，犹不胜其寒矣。予尝戏谓“内地冬寒，寒由外入；病疟发寒，寒由内出；塞外之寒，寒生肌肤”，亦事实也。

一入炉城，即见异言异服之喇嘛，填街塞巷，闻是地有喇嘛寺十二所，喇嘛二千余人。居民种族尤杂，有川人、滇人、陕人、土人、回人，又有英、法各国传教士甚多。土人迷信喇嘛教，家有三男必以二人为喇嘛，甚或全为喇嘛者。盖喇嘛据有最大势力，能支配一切，一为喇嘛，身价即等于内地之科第，故人人以得喇嘛为荣也。

[原注·四]　“打箭炉”三字，系藏语“打折多”之译音。明初即有此译称，清乾隆时，始有人捏造武侯遣将军郭达造箭于此之说，世多仍之，荒谬之甚矣。余另有辨。其地才高于海面二千六百米，较巴塘、雅江、甘孜、道孚等处为低，但以四围雪山环抱，阴湿多风之故，反较巴塘、雅江、甘孜、道孚等处为寒。打箭炉号称八大喇嘛寺，当时尚存七所：安雀寺、南摩寺，皆黄教；夺吉村寺，红教，三寺最大。夷龚寺、撒迦寺、俄巴寺、杜渣寺，皆小寺，寺僧亦各只十余人。撒迦教（花教）或红教，旧曾有白教（噶举）寺，在白土坎，后毁，改为关帝庙。今康师校址

是也。康熙时，跑马山有大白教寺，因作乱被毁，今为南摩寺分院，不在八大寺之列。兹云“十二寺”，盖追忆，未确也。

康藏一带，气候酷寒，仅产麦稞，故僧俗皆以糌粑为食，佐以酥茶，富者间食肉脯，以麦粉制为面食者甚少也。糌粑制法，以青稞炒熟，磨为细粉，调和酥茶，以手搏食之。酥茶者，以红茶熬至极浓，倾入长竹筒内，滤其滓，而伴以酥油及食盐少许，用圈头长棍上下搅之，使水乳交融，然后盛以铜壶，置火上。食糌粑时，率以此茶调之，且以之为日常饮料。藏民嗜此若命，每饮必尽十余盏。予初闻此茶，腥臭刺鼻，同人相戏，盛为酒筵，约以各饮一盏，不能饮者罚如其数。予勉呷一口，即觉胸膈作逆，气结而不能下，自认罚金，不敢再饮矣。

藏民男子皆衣宽袍大袖之衣，腰系丝带，头戴呢帽，或裹绒巾，足着毽子长靴。女子衣长衫，毽裙，系腰带，头戴八柱，足履蛮项。

喇嘛服饰，因阶级而异。上焉者内着衬衣，外缠红黄哔叽，帽为桃形，靴为红呢，手捻佛珠，口诵佛号。其下，则粗毽披单，交缚上体而已。藏民住宅，皆为层楼，上中层住人，下层豢养牲畜。屋顶扁平，或上覆泥土，室内及墙壁彩绘山水人物。若喇嘛寺，则楼高有至十层者，金碧辉煌，极为壮丽。

我军由川出发时，达赖喇嘛适由北京返藏，途次，得其藏王厦札密报，谓：“英兵已退，川军大至，恐不利，宜制止之。”达赖既向清廷求援，又不便反覆，乃密令厦札发藏兵万人扼要拒之。川边大臣赵尔丰知其谋，乃自率兵八营，由大道进，令我军由北路进，会师于昌都。

[**原注·五**] 按此所谓藏王厦扎，谓噶伦也。当时误称噶伦为藏王者，似以其握政权故。达赖虽出亡在外，噶伦在藏者，仍每事请示于其行宫。联豫虽主藏政，令教多格不行，故请派兵入藏镇慑。达赖被放回藏，行至甘青境，闻川军入藏消息，即令噶伦派兵抗阻，与此文所谓“求援”“反复”者不合。〇又其时赵尔丰方在德格平降白仁青之乱，办理改流，迄闻乍丫等处番民抗拒川兵，虑钟军新成，士未习战，故令其改由北道随边军前进，避免与藏军冲突。

全军集中打箭炉待命，约一周，钟统领始至。又准备三日，即出发。由打箭炉出关，即属川边境。其入藏大道，经巴塘、里塘、昌都、恩达、硕板多、丹达、拉里、江达，至拉萨，此为川藏驿路，逐站人户甚多；又出关，行一日，由折多塘北向，经长春坝、霍尔章谷、甘孜、曾科、岗拖，至昌都，或由岗拖，直趋类乌齐、三十九族，至拉里，为北路，道路荒僻，尝行一二日无人烟。

[**补注**] 丹达，指丹达山，清代于此设丹达塘，是入藏大道上行旅必歇息之处。后来西康建省，即以此山为西康、西藏分界线。山上有著名的丹达大王庙，传说其神为入藏某军官殁于此之英魂所变，能保佑行人，故行旅过此人必祭祷。〇拉里，即今嘉黎县。〇江达，当时西藏有两个江达县，此指工布江达。另一江达（西康建省时改名“同普”，以与工布之江达区别）在金沙江西岸，与四川甘孜州德格县隔江相望。〇霍尔章谷，即今炉霍县，又作“霍尔章古”。

藏地行军，动需乌拉驮运，又须二三日一换，故无乌拉，即不能行一步。盖弹药粮秣，行李乘骑，每营须二千余头之多，悉取给于沿途藏人。长途行军，决非内地夫役力所能任，即内地之马，一入藏地，亦不堪用矣。赵尔丰以陆军初入藏，情形不熟，恐猝遇战，乌拉不继，故令我军走北路，为策安全也。

我军由炉出发之日，适雨雪交作，寒风刺骨，军队与乌拉，恒混杂而行。此路名虽驿站，半为山径，砂砾遍地，雪风眯目，时登时降，军行甚苦，沿途绝少居民，抵哲多塘宿营，已晚七时矣。天黑路滑，部队零落而至，士兵喧呼声与牛马嘶鸣声，直至夜半始止。官兵咸缩瑟战慄，不胜其凄楚焉。

由哲多塘经长春坝、道坞、霍尔章谷，至甘孜一带，沿途均有村落，居民数十户、数百户不等。途中亦时有小村落及喇嘛寺。此二十余日中，天色晴霁，道路皆沿山腹或山沟行，甚平夷。犹忆第一日由炉出发，官兵饱受风雪之苦，佥以此去苦寒，必更有甚于此者。殊次日，天忽晴霁，沿途风清日暖，细草如茵，两面高峰直耸，山巅积雪，横如匹练。有时出岫白云，与摩天积雪，共为一色，凝眸远望，奇趣横生，几忘塞外行军之苦。

余任督队官，每日必于黎明前率通事藏人及各队设营官兵，乘马先行。一日，将抵长春坝时，天和春软，周道如砥 ，一望平原无际。藏人扬鞭策马，疾驰如飞，群马奔逐，勒之不能止。余马术未精，身重腿轻，左右倾簸，几跌下，勉驰至宿营地，已汗流浃背，腿痛不能行矣。

[原注·六] 原书屡言“长坝春”，皆误作“长春坝”。此追忆之误也。长坝春，为康定县上木雅乡农村名。藏语呼农村曰“宗”，此云“长坝宗”，汉语

转讹为“长坝春”也。自折多塘至道孚，沿途皆牧场，惟此与泰宁为农村，故皆为替换乌拉要地。此书未言“泰宁”者，清末北道乌拉，自折多塘至长坝春为一站，长坝春至上八美为一站，上八美至少乌石为一站，少乌石至道孚可抃为一站，其道不出泰宁。1918 年以后，上下八美、少乌石三村差民逃尽，改由泰宁喇嘛寺支差，差路始绕由泰宁。

一日，行抵道坞，天尚早，因偕同人闲步近郊，有民舍十余家散居疏林间，草美而细，风景如画。

[补注] 道坞，即今道孚县。位于鲜水河谷，气候较温和，地势平旷，是康巴重要产粮区。

林外一沟，宽四五尺，碧水清浅，鱼多而巨，往来游跃。余等正苦无肴，将取而食之，又疑此地居人甚多，岂无网罟，何鱼之繁殖如是。询之通事，始悉藏人死后，不用棺封土掩，其上者，延喇嘛讽经，寸磔其尸，以饲雕鸟，为天葬；其次，以火焚之，为火葬；下焉者，投尸水滨，任鱼鳖食之，为水葬，故藏人无食鱼者。余等闻之，乃止。

[原注·七] 藏俗，火葬为上，喇嘛乃得行之；天葬为次，一般平民用之；水葬最下，罪人及贫民用之。原书所记，微有差误。〇又藏俗，忌杀小生命，故鸡、鱼、野鸟之类，例不诛杀。喇嘛之教曰：凡生命皆不可杀。但藏地粮实缺乏，不能不屠牲畜以维持人之生命，故戒行僧侣，亦得食肉，惟不可亲手屠杀

及亲见其死。屠杀之事，另以“卑贱之人”专司之。如属业屠之人，在西藏社会中为最贱者，谓其死后必入地狱。所屠亦仅限于牛之一种，因杀一牛，可以维持多人生命，故其罪小。若屠杀小生命如鸡、鱼等，则牺牲多数生命，以维持少数生命，其罪更大。至于猎取野兽，捕捞鱼类，则其人之贱且恶，更甚于屠。此乃藏人不渔不猎，鱼鸟繁殖之原因，非因食死尸而恶之也。

霍尔章谷，居民百余户，已“改土归流”，设理事官于此，汉人甚多。我军出关后，沿途所见，皆赭面左衽之藏民；所食，则酥油、糌粑、奶酱。荒山野户，又无蔬菜可购，竟日疲劳，不获一饱。出发时，原拟多带食品，因林修梅力言不可，致途次食不甘味，至以为苦。至是，始有物可市。共购猪一头，鱿鱼数斤，切碎拌豆豉炒之，分盛两桶，载之以行。修梅犹啧有烦言，余等亦不之顾。然以后每餐，修梅则较他人食为多，其馋酸真可鄙也。

[原注·八] 霍尔章谷，即今炉霍县也，原霍尔章谷土司驻地。光绪初，川督鹿传霖讨平瞻对之乱，倡议改流。时章谷土司故绝，遂以兵威收抚其地，置炉霍屯。其后清廷根据藏人请求，仍以瞻对归藏，罢改流议。惟炉霍屯因章谷土司已绝，竟设流官未废。其地在北道开市，汉人市场此为最早，故有百物可购也。炉霍屯至 1913 年改县，未曾经过设理事官阶段。此云“设理事官”者误。

途次，见乌拉千百成群，尚未注意。至霍尔章谷换乌拉，先日傍晚尚未齐。夜半，闻四野声喧，视之，乃藏民送乌拉牛马至矣。漫山遍野而来，不下数千。余方虑明晨掉换乌拉，驼装捆载，不知费时几许，迨次晨起视，则一人挟一驼，置牛背上，每驼重逾百斤，竟能举重若轻。约一时许，而二千余驼粮弹捆载已毕，身手敏捷，诚非汉人所及。因见藏民体力之强，不觉健羡无已。无怪唐代屡为边患，郭马名将，尚不敢言战而言和也。

[原注·九] 郭马指郭子仪和马璘，当唐肃、代之际，安史之乱未平，吐蕃、回鹘屡次联兵寇扰陇西诸郡，数犯京畿。关陇诸镇，竭全力以备御之，虽屡获捷书，而寇终不可制。不得已而出于和，订立盟约。事具《唐书·吐蕃传》。

每日宿营后，牛马拥挤坪中，藏民卸装，更为迅速。驼牛二千余头，不及一小时，即卸毕矣。藏民扬声，驼牛四散，满山满谷，到处龁青。迨黄昏前后，藏民呼哨一声，但见山头群牛攒动，皆争先恐后，戢戢归来，勿烦驱策。藏民即就平地立椿，系长绳，排列为若干行。长绳中系无数短绳，拴于牛蹄，牛倚绳，或立或卧，秩然不乱。犹忆一日中夜起溲，弥望白雪，不见一牛，大异之。询之卫兵，始知牛卧雪中，雪罩牛身，望之似无数雪堆，隐约坪中，非转侧雪落，不知其为牛也。

甘孜、曾科、麦削、岗拖一带，嶂峦横亘，冰雪满山。每从山腹过，山水泻冰，宽恒至十数丈，人马通过，须先凿道敷土，方免倾踣。谷底溪流，亦凝结成冰，牛马数千踏冰过，冰破碎声闻数里。时已暮秋，天候日加寒冷，大雪纷降，朔风怒号，人马牲畜，灿若银装。余有句云：“冰敲马蹄铃声细，雪压枪头剑气寒。”亦纪实也。

［补注］ 曾科，又作甑科，今白玉县赠科乡。○麦削，今德格县麦宿镇。

自麦削以西，河深流急，无舟楫，无津梁，故军队渡河，皆用皮船。船以野藤为干，以牛革为衣，其形椭圆，如半瓜；其行轻捷，似飞燕，凌波一叶，宛转洪涛，浪起如登山邱，浪落如堕深谷。临岸遥观，若将倾覆焉。乃方沉于浪底，又涌现于涛头，俨若飓风时际，立黄鹤楼看轻舟冲浪，同一怵目惊心也。幸河幅不宽，波澜甚小，舟子一人，摆双桨，坐后梢，顺水势，乘浪隙，斜行疾驶，瞬息即登。

皮船大者，载重四百斤，小者载二百余斤。小船以一革制成，大船则用二革，其结缝处时时以酥油涂之，以防渗漏。军队渡河时，先渡辎重，再渡官兵。船小而少，每渡一河，须延数日，计余一营人，渡河已费三日之久。沿途河流甚多，故行军稽延甚久也。惟藏地牛马皆能泅水，每渡河时，先纵一牛过河，系于彼岸，然后纵马牛入水，不待驱策，皆攒望彼岸之牛而群集焉。

余渡岗拖河时，宿江干数日，见山中贝母鸡数十成群，飞行地上，闻味极佳，因约同人携枪入山击之，日必获数头。就江干去皮骨，取肉切为小块，拌胡豆酱炒食之，味鲜美，远非家禽所及也。

［补注］ 岗拖，即岗托，系金沙江东岸的渡口。此处的“岗拖河”，是指金沙江岗托渡口的一段河面。

藏地行军，不苦于行路难，而苦于起床太早。盖自甘孜而后，沿途居民渐少，赵尔丰所定程途，又恒远至百二十里以上，非竟日趱行，即无宿站，无宿站，即无藏官预备燃料，不能炊爨也，故起床不能不早。且行军均自带帐幕，到地架设，出发撤卸。

藏地几于无日无雪，一入夜半，雪满帐幕，次晨早起，须先撤帐去雪以火烘之，方能驼载。最苦者，天犹未明，帐幕已撤，雪风削面，鹄立旷野中以候。烘帐幕，上驼牛，约须一小时半之久，手足僵冻，战慄呻吟，其痛苦诚非语言所能形容也。行五十余日，始至昌都。

[原注·十] 按通常行程，北道按站行，十七日可至昌都。只甘孜渡雅砻江，岗拖渡金沙江，两次须以皮船，以各耽延三日计，亦仅二十三四日耳。再以炉霍、甘孜等处勾留一二日估计，三十日必能到达。此云五十余日，或是因故稽延，或是误记。〇此行路线，系自甘孜大金寺进打火沟，至甑科（属白玉县，原书作“曾科”），经麦学（属德格县，原书作“麦削”）、八邦寺至岗拖河。未由雀儿山大道，缘赵尔丰尚在德格虑支差难也。岗拖至昌都，则循同普（江达）大路。此路自卡工以西，直至昌都，皆无农地，需野宿三日。原书无记载，缘自卡工以西皆牧场，由纳夺土司支差，一直送至昌都，故既无留滞，亦无风物勾留。达赖所调阻路藏军，皆在南路，故钟颖军能直抵昌都无阻。

第二章　腊左探险

昌都，一名察木多，为打箭炉至拉萨之中心地，有居民六七百户，大小喇嘛寺甚多。汉人居此者亦不少，设有军粮府治理之。我军至此，已困惫不堪矣。

是时，赵尔丰驻更庆，侦知厦札遣其堪布某，率藏兵万人，进驻恩达。适钟颖由甘孜单骑往见，（赵）遂令大军暂集中昌都，细侦番情，以待后命。

[补注]　堪布，是藏语译音，原指经过长期修学、精通佛教经典、具有主持受戒资格的喇嘛（上师），后作为主持藏传佛教寺庙或寺中各学院（扎仓）者的称呼。原西藏地方政府的僧官多有从寺院堪布中选任的，本书所述的堪布登珠（邓珠），即为噶厦的僧官。〇恩达，在今类乌齐县桑多镇，地势险要，为藏东军事重地。1909年，赵尔丰改流时，曾于此设恩达厅。

既而钟颖号令全军，选将校侦探前往侦查，数日无应之者。时尔丰方以援藏军皆学生，不晓军事为言，余甚耻之，因力请其行。林修梅亦怂恿之，为咨请军粮府，给马牌，余乃轻装携通事张应明前往。

应明年五十余，乃川人，流寓藏土日久，经商业，熟谙番情。是日，由昌都出发。稍迟，过西藏桥，行三里许，有群鸦千百遮道飞鸣，应明马惊而坠，余亦下马步行，驱散群鸦，牵马而进。初以藏地多鸦，不虞其有他也。

[原注·十一] 此章为作者西征最惊险事，亦其最得意事，但所述地名，与今地名多有未合。兹特补注当时地理情势如次：时西藏承达赖密谕，派色拉寺堪布名登珠（原书失名）者，征调硕般多、洛隆宗、边坝三区民兵约万人，拒川军于恩达（当时公文称硕洛边三区为“洛隆三边”，藏人则称之为“硕达罗松”，其后尹昌衡请置“硕督县”者是也），恩达在瓦合大山之东岸，登珠驻节于此。沿恩达河而东十余里至“梭罗坝”（原书作“林多坝”者是也），又数里至“甲木桥”（原书作“并达桥”者是也），又十里至“纳贡塘”（原书称为“腊左”者是也），此一带地区皆庄房密布，藏军驻守于此。自纳贡塘上纳贡山，山高四千余米，逾山约四十里为浪荡沟，原书作“腊左塘”，盖误记也。自浪荡沟沿河而下，六十里过俄洛桥（番名西藏桥），至昌都。自昌都至恩达，旧作两站。浪荡沟设有塘兵，恩达设有汛官，皆由打箭炉阜和协派遣。此次藏军东来，目的仅在拒阻川军，未敢公然与清廷相抗，故恩达汛官仍与登珠相处无间，而

浪荡沟之塘兵，亦未为藏军所劫。不过自浪荡沟以西，不容汉军往来侦察而已。○于时赵尔丰已定乡城，平德格，威名远震，藏军畏之。陈渠珍之冒险深入，竟获生还者，实由此故。附绘昌都至恩达略图以便参考。

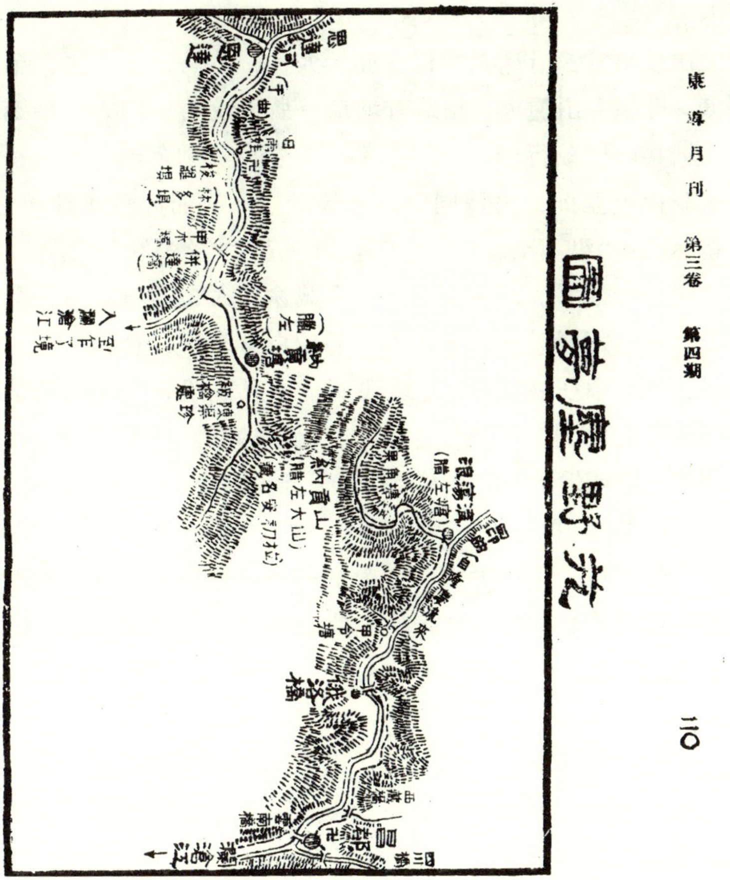

任乃强手绘《艽野尘梦》地图，《康导月刊》连载本

行三十里至俄洛桥，驻有边军一哨。哨官邓某，川人，武备生未卒业者，招待极殷勤，以时已不早，具餐留宿。余亦欲一询前方敌况，遂宿其营，饭后，共话川事，甚欢洽。且知藏兵屯恩达，其先头部队抵林多坝，逻骑出没于距此三十里之腊左塘，戒勿冒险前往。余虽感其意，然以任务所在，不能中道而返。

次晨出发，沿途无居民，亦无人迹，策马行三十里，至腊左塘，即腊左山麓也。是地有塘房一所，设塘兵四人。余抵地时，塘兵已捆载行李，将回昌都，甚仓皇。见余至，大惊，为言番骑夜夜至此，力请同回。余颇厌之。应明亦言不能再进。予奋然曰："纵不至腊左，亦宜登山一望。"遂决然上山。

山高十余里，纡曲而上，冰雪载途，人马颠蹶者再，牵马步行，亦屡蹶屡憩。将至山颠，遥望白雾溟濛，疑为烟尘。至山颠，则空中狂飙怒号，卷雪飞腾，寒风砭肌骨，人马气结不能呼吸，遽昏倒。幸余神志尚清，有顷即醒，强起牵马，再扶应明起。应明愀然曰："不听吾言，徒自苦耳。果何所见？"余曰："子勿尔。既至此，必往腊左一观。"因鼓勇下山。应明不得已，随之行。沿途颠蹶，几为马所伤。行约八九里，始下至平地，已薄暮矣。幸雪光掩映，沿小溪行二三里至腊左，隐约见民舍二十余户，散居两岸，家家闭户，悄无人声，以箠挝门，无应之者。

后至一家楼下，一老人出，具言："藏兵离此仅十余里，逻骑夜夜至此，居民皆逃避，余病不能行，是以留。"应明问余如何，余指对岸傍山一室可投宿，遂牵马过溪，止宿其家。登楼，推门入，楼高仅齐人，系马楼下，余择楼上较宽一室下榻焉。燃洋烛，略食烧饼。应明劝勿燃烛，因移烛室隅，取板覆之。推窗望月，月色明朗，照耀冰雪，倍觉清寒，因思稍憩后，即登山眺望，且避番骑之来。倘能登高一览前方形势及番兵所在，亦不负此一行耳。

正凝思间，忽闻铃声自远来，知番骑已至，急下楼，翻着白羊裘，伏山麓大石后。未几，见番骑数十，从容进至对岸民房，按户以马鞭敲之，操番语问有汉奸否？勿得藏匿。未过溪，即向腊左山去。约一时许，仍回，敲门问如前，即回。余以为从此无事，入室休息。应明继至，蹙眉而言曰："险哉！几不免矣。"余因戏之曰："尚未，尚未。明日将携汝至前方，一观其究竟。"语未毕，突闻前方铃声来甚急，急灭烛推窗外窥，见番骑百余，张两翼，飞驰而来。近对岸约百步，皆下马拔刀，跳跃而前。

是时欲遁不能，但闻喊杀声、马嘶声，一时并作，震应山谷。余急趋出，见旁一小室遂避入，摸之有砖石，似厨非厨，壁有小穴，钻穴外窥，见番兵持刀拥至，刀长四五尺，映月光雪色，森严可畏。已渐近，急扃门，推石撑之。再外窥，则番兵相距仅十余步矣。因转念，门既内扃，安得无人，是不啻示敌以匿迹之所，不若开门以待。门甫开，番兵已至楼下。又念藏身暗室，设番兵持刀斩入，则殆矣，不如出而叱之，或可幸免。

遂挺身出，甫出门，番兵已登楼。予厉声叱之，先登者奔向余，猛斫。幸室矮刀长，为簷格，未中。后至者复拥集，刀剑无所施，但觉尾脊受刀伤甚重。一时拳足交加，喊杀活捉之声并作，最后有以刀柄击余右额，觉眼花迸飞，倒地渐昏。似有人摔余至楼口，向下抛掷，遂一痛而绝。

余昏绝后，即为番兵系马背上以行，乘月色行十余里，过并达桥。桥长约十丈，宽丈许，上敷木板，番骑百余蜂拥而过，蹄声杂踏，余始惊醒，知为番人所虏，头腰手皆受重伤，但麻木，尚不甚痛楚耳。

此地驻番兵数百，见番众拥余至，皆拍掌呼跃。再沿河进，两面高山皆有番兵警戒。其法左敲锣，右击鼓，左敲右应，络绎不绝，如刁斗然。行十余里，至林多坝，时已夜半。番兵牵余上一楼。楼上男女数人，方燃火熬茶，即系余柱上，余倚柱而坐，渐觉头腰痛不可支。应明继牵入，已无人色矣。

移时，有似番头目者至，持马箠就予诘问。余对以衔赵大臣命来此。番目不信，横加箠楚，几又昏绝。又有顷，复来一人，装束如番官状，盘诘甚详，色稍霁。余仍告以衔命来此。问有无文书，余曰："文书置鞍囊中。"番官下楼甚久，复回曰："鞍囊无文书，得勿诳耶？"余素稔藏人畏尔丰若天人，乃正色曰："行李文书，尔等尽劫去之。既疑无文书，曷往昌都赵大臣行辕一询！"番官曰："赵大臣已至昌都乎？"余曰："赵大臣率边军八营，先我一日已至昌都，尔等犹未知耶？"番官沉思良久，复问："赵大臣遣子来此何意？"予曰："见尔堪布自知，尔勿多问。"番官复详视余伤痕，与一头目细语甚久。又问余现居何秩？余以三品官对，番官乃偕头目下楼。

未几，有番兵二人来，释予缚。绳甫释，两手痛彻心脾，昏倒不能起。番兵负余下楼，至一室，较清洁，似为番官住所。进酥茶，余方渴，饮之其甘如饴，神思渐清，倚墙盹睡。忽闻鸡鸣犬吠雀噪声，始惊醒，仰视窗外，天已黎明。

又移时，闻室外人马声嘈杂，番官复至，为余言："堪布有令，约君至恩达一会，请即行。"余闻之，矍然而起。番兵扶余上马，行甚缓，觉腰际创裂，血流不止，痛苦不堪。途中每过溪沟，或登降山坂，前后簸动，痛尤甚。时晨风凛冽，彻骨生寒，触目蛮菁荒野，倍觉悽怆。偶一思及妻侄浮寓成都，千里家山，何以得归，不禁悲从中来，然转念男儿报国，死则死耳，何以妻儿为，又不觉神清而气旺。

行二十余里，至恩达，已午前十时矣。即有恩达汛官叶孟林氏，黼黻出迎，执礼甚恭，导余至堪布大营。堪布亦迎至营外，极谦抑。入坐，献茶点，力白未得赵大臣通告，致生误会，逊谢不已。予亦婉辞答之。因言："赵大臣以藏人二百余年恭顺朝廷，前者英兵寇藏，大喇嘛既请兵于先，今英兵甫退，边觉夺吉又复阻兵于后，试问藏兵几何？器械若何？欲与川军、边兵较胜负，庸有幸乎？赵大臣恐大军迫近，玉石俱焚，特遣某前来晓谕，限即日撤兵退回，当为奏请朝廷恢复大喇嘛封号。今新军已由北路出拉里，川边军集中昌都，所以不即前进者，亦悯藏民无知，不忍遽以兵临之也。"复详言在腊左经过甚详。

[补注] 汛，旧时称军队驻防巡逻地段。〇黼黻，官服上的纹饰。黼黻出迎，指穿着官员的正装来迎接。

堪布惶恐谢过，具面食果饼，极殷勤，为言："我本僧官，藏王督责甚严，不得已统兵出藏，今驻恩达不进，亦待赵大臣之至，敢有异动耶？"又具文呈赵尔丰，请余即日返昌都覆命，允以三日为期，撤退藏兵。余以创痛马羸，不能即行，堪布力请不已，始允之。又为施符咒药饵，并选良马及藏佛、藏香、捻珠、奶饼为赠，又派兵四人送予至腊左塘。于是收拾起身，已午后一时矣。堪布等直送至山下始返。

归途冰雪满山，寒风载道，创痛渐止，符咒之力欤？抑药饵之力欤？余归心似箭，痛苦顿忘。经腊左时，仍门户紧闭，寂无人踪。上腊左山，山高而峻，冰结路滑，番兵牵马扶余，顷刻而上，不似前日下山之苦矣。下山，至腊左塘，塘房已空无一人。从此道路平夷，且极安全，即将护送番兵遣归。

余偕应明，略食奶饼，纵马疾驰，更毫无痛苦。至俄洛桥，日色将暝，前驻川军亦开回昌都。应明惫极欲就此止宿，明晨再行，余不听，鼓勇前进。天已入夜，冰风拂面，冷冽益甚。幸月色清朗，照耀如白昼，夜行尚不觉其苦，抵昌都，已晚十二时矣。沿途哨兵见余生还，咸欣欣然有喜色。

余至营部，同辈多已就寝，惟修梅犹倚案研墨。余笑曰："诸葛先生归来矣。"盖余素与朋辈戏语，辄以此自命也。一护兵见余归，急入报。修梅惊讶出视，相见之余，悲喜交集。一时同辈皆披衣起，争询经过。夫役具饼食，予且食且谈，直至四更后始就寝。

余自被虏后，相传已被杀身死，碎尸投山林中。余初归，与同辈坐谈，时时觉坐垫后蠕蠕有物，初不之异也。谈毕归寝，见坐垫后满堆衣物，亦不之异也。次日，从兵李元超密告曰："自公凶耗传来，佥谓公必死，公之行李，某某等竟破箱瓜分几尽。及公生还，咸不自安，始暗中退出，置公坐垫后，宜有以惩之。"余一笑而已。

余外创经七八日后渐愈，惟内伤甚重，肚腹时复作痛。友人送雷击散一瓶服之，大泻两次，下血块甚多，寻亦全愈。惟雷击散原系暑药，并无治内伤之力，不知当时服之，何以奏效如此，殊不可解也。

[原注·十二] 陈渠珍叙述身历，细致翔实，娓娓动人，一气呵成，直书其事，未为伏笔，而首尾因果，竟成伏笔。如腊左所遇老人详告藏情原是实语，亦当见陈、张二人去而对岸突现烛光，当藏兵查户时，亦必以告藏兵。查号藏兵人少，不敢往捕，只能佯作

不知，归报藏官。故去若无事，而突然大军分两路搜来，逃避不及也。〇此等藏兵，系藏中调来，对当地人极其残暴，故当地土人，皆藏匿不敢家居。其对俘虏亦极残暴，张应明能藏语，故受害较轻。陈渠珍不能藏语而态度傲慢，故数濒于死。幸统兵官堪布登珠文明有识，虽奉命阻拦入藏川军而不背叛清廷，乃得生还耳。

第三章　昌都至江达

赵尔丰知藏兵已抵恩达，乃亲率边军五营由更庆至昌都，我军齐集四川桥东岸迎迓。边军虽为旧式军队，然随尔丰转战川边极久，勇敢善战，官兵体力甚强，日行百二十里以为常。

是日，余随队出迎，候甚久，始见大队由对河高山疾驰而下。有指最后一乘马者，衣得胜褂，系紫战裙为尔丰。既过桥，全军敬礼，尔丰飞驰而过，略不瞻顾。谛视之，状貌与曩在成都时迥殊。盖尔丰署川督时，须发间白，视之仅五十许人也，今则霜雪盈头，须发皆白矣。官兵守候久，朔风凛冽，犹战慄不可支，尔丰年已七旬，戎装坐马上，寒风吹衣，肌肉毕见，略无缩瑟之状。潞国精神，恐无此矍铄也。

[原注·十三]　钟颖系宣统元年十月二十二日抵察木多，赵尔丰后六日到。查赵致军机处电有云："该军纪律严明，秋毫无扰……藏民颇极欢迎，于十月二十二日抵察。尔丰亦于二十八日赶到。藏兵在恩达、类乌齐一带大小路堵截"云云。

是日晚钟颖率标统、管带至钦帅行辕参谒，夜分始归。有护目张子青，随修梅往，先驰归告余曰："钦帅以公贪功失机，罪当斩！奈何？"余问："管带如何对？"子青曰："管带默然不语。"余颇异之。及修梅归，询之又。但言钦帅明晨传见，而不及其他。始知修梅之用心矣。因念奉命而往，不顾万死，蹇蹇匪躬，庸何伤。

［补注］ 护目，即护兵的头目。○蹇蹇匪躬，语出《易经·蹇》："六二，王臣蹇蹇，匪躬之故。"此句本指臣子为了君国而忠直诤谏，作者借以表示自己冒险侦查，舍生忘死，是忠心耿耿的行为。

翌晨往见，甫出门，即有尔丰武弁持大令传余。余甚讶之，随之往，至则钟颖及军粮府刘绍卿，皆立辕下。武弁导余入。尔丰盛怒立帐中，责余贪功冒险，损威辱师之罪，将置余于法。钟颖、刘绍卿亟趋入，力为缓颊。尔丰怒犹未息。余至是，亦不能为修梅讳，乃慷慨陈言曰："某罪自知。但衔命而往，身虽被虏，番人犹能以礼送归，且宣示德威，番兵望风撤退。功罪自不敢言，惟钦帅深察之。"钟颖又力为解释，尔丰意始动。因详诘奉命始末，又问林管带果知尔去否。余俱以实对，并言军粮府尚有管带咨文可凭。尔丰一一按问实，又索咨文验讫，乃反诘修梅。修梅不能对。尔丰大怒，立褫其衣刀，就案上手书硃谕，撤修梅职，以余代之。予亦不敢言，叩谢出。

［原注·十四］ 赵尔丰电川督云："顷接察禀，藏番将陈渠珍放回。可耻可恨！请速电饬正法。川军弟不便擅专。钟守毫无营规，非此不足以肃军纪也。"

初读此，疑尔丰因赏陈之雄奇，故试其胆。检得此电，始知斩陈出自真心。前电军机处云该军“纪律严明”，此乃斥其“毫无营规”者，颖虽少不更事，于朝廷有肺腑之亲，特邀恩宠，不敢显斥之于军机处，但可实告之于手足间耳。○刘廷灏，字绍卿，贵州举人，时任昌都军粮府，号为边中能员。鼎革后离昌入京，后曾任伪满洲银行总经理。

昔人谓“塞翁失马，安知非福”，如余之此事转祸为福，诚奇矣！不谓暗幕中拨纵牵引，大有人在，事更有奇于此者。

有皖人张鸿升，性险诈，初隶尔丰，任边军管带，后因事被黜，回川，投钟颖。钟颖入藏，委以工程营管带，亦虚名而无实兵者。鸿升日思得步标管带，而苦无机会。会余腊左被虏，凶耗传至昌都，有尔丰随员某，与鸿升善，为言钦帅以陈某事怒甚已，电川督请置之法。鸿升窃喜，时机已至，往探修梅，问陈某事如何，修梅无一语，但嗟叹而已。鸿升怂之曰：“钦帅性如烈火，倘有所询，宜诿为弗知。钦帅幕中，吾有密友，当为君先容，可勿虑。”修梅信之。

及尔丰至，怒予损威辱师，修梅嘿不语。尔丰怒甚。鸿升复见尔丰亲信文案傅华封，为余力辩其诬，而痛诋修梅，意在取修梅而代之，非爱余而憎修梅也。华封为鸿升旧友，遂在尔丰前力诋修梅。至是，尔丰颇滋疑，故传见时，面数余贪功冒险罪，即欲一穷其实耳。不料按问既实，修梅褫职，鸿升未及经营，而一纸硃谕，捷如迅雷。鸿升固自垂头丧气，余则因利乘便，转祸为福。憸人用心，可笑亦可怜矣。

［原注·十五］ 张鸿升，字雁宾，安徽人。随提

督马维琪到边任管带，泰宁、巴安、乡城三役均得力。然不学粗卤，赵尔丰颇抑之，始终不以统领任用。钟颖赴藏，途中谒赵，求最优管带，赵以予之。其弟张惠如亦随军任队官，皆从钟颖入藏。藏事败，又随钟奔后藏依钱锡宾。最后同钟与钱自印度返国。倪嗣冲荐之于张勋，与钟颖属之标统陈庆，同任张勋营长。钟颖被逮（后详），张命其弟惠如率六人赴京申辩。至天津为罗长裿党所杀，七人皆死。张氏指为陈渠珍所为，长久为疑案也。张闻弟死，续自赴京为钟辩抑。至则钟已就戮，张遂弃职为僧。

翌晨至钦帅行辕，循例谢委，并呈递堪布文书。候甚久，尔丰始出见。诫予曰："汝冒险深入，尚饶胆气，故畀汝要职。今后益当努力，否则吾又能杀汝也。"言次，目炯炯，使人望而生畏。

尔丰以余明晰前方情势，嘱拟进兵计划以进。余商承钟颖，拟定川军先驱，逐恩达之敌，仍取道类乌齐、三十九族，出拉里，边军则由恩达大道直趋拉里，此第一步计划也。其第二步计划，则候川、边军会师拉里后，视番情再定，并绘图贴说，规划甚详。尔丰韪之，定后日出动。钟颖令余率部先行，大军继之。计划既定，全军准备一日。

余于次日黎明出发。是日宿腊左，居民逃避一空，知尚避匿附近山中，乃令士兵分途搜捕，得番人多名。询知林多坝仍有番兵，并有一部扼守并达桥。因思："番兵无抵抗之力，堪布亦非统兵之人，今屯军未撤，或钦帅尚未答覆，犹存观望耶？抑留此兵力，掩护其大部之退却耶？但相距咫尺，仍当戒备以进。"又按林多坝地势开阔，进攻尚易，惟并达桥岸高河宽，番人扼险而守，则进攻殊难。犹忆前由恩达归时，曾注意观察，桥之上游四五里处，河水结冰，可以徒涉，我军进攻时，宜佯攻正面，主力渡河攻下，方易奏效。

是夜，月明如昼，四鼓出发。佯攻之一队，接近桥边，遥见桥上番兵甚忙乱。余亲率三队，从上游踏冰偷渡，进至番兵右侧。天始黎明，鸣枪突进，番兵遂狼狈败走，我军乘胜追逐，沿途皆不敢回抗。追至林多坝附近，番兵悉出迎战，我军仍分两翼猛攻。战约二小时，我左翼军已占领林多坝后山，前后夹击，番兵又纷纷崩溃。余因此去为番兵大本营所在，地势甚复杂，沿途必有剧战，乃集合部队，分段搜索前进。

殊将抵恩达，即有恩达汛官叶孟林氏，由山径奔来云："番兵均向南退走，约二小时矣。"遂进至恩达，警戒宿营，以待后命。此役毙番兵约四十余人，我军仅伤排长二人，阵亡士兵九人，伤十七人。

[原注·十六] 河间刘燮丞（赞廷），时任边军顾占文营督队官，躬与恩达、边坝诸役，入藏数次，先陈渠珍驻防工布，于此役进军情形，知之甚详。其后入京，服务于清史馆及蒙藏委员会。检钞赵尔丰时之档卷，积成巨帙，加以诠注，亦曾自记边事短文多种。当时适在康，常相过从，娓娓谈边事，本文所注多资之。

据云，陈氏所著皆实，然校所谈述及笔记，则又与此书微有出入，此记恩达之役，盖陈氏自纪所遭，非全局鸟瞰也。刘君则云："藏军战阻恩达，撤站罢差，赵恐师老粮挫，募奋勇攻之。于是管带顾占文出俄洛桥，直奔纳贡；管带齐得胜为左翼，绕里脚山，猎其背；管带张荣魁为右翼，逾博集山为奇兵，相约夜攻。顾至松罗桥，获敌卡兵，尽得其详。既见敌营番帐林立，烧火遍山，番兵皆酣睡无备。大军直入恩达，获噶伦登珠及其随从四十余人，余敌各自梦中惊觉，四散溃逃。天既明，收敌之帐幕粮秣器械共千余百驮，并登珠等解至昌都。此役一弹未发，一兵未伤，即至大捷，为开边以来所仅见。

赵尔丰在昌都，闻登珠解至，陈兵三十里，命总文案傅华封、军粮府刘绍卿、统领钟颖、凤山以下出迎之。节布亲信，令报登珠沿途仪仗。报云：'乘马不下，神色自如。'赵即饬厨盛供以延之。登珠夷然入座，不自以为囚也。赵戏问曰：'何以被擒？'登珠曰：'两军作战，理当先约战期，鸣鼓对垒，以力相较，如此行劫，未足为武也。'赵笑曰：'能再战乎？'曰：'能。期以半月，调洛隆三边民兵，战于边坝。'赵礼遣之，派兵护送出境。即复遣顾占文、张荣魁、齐得胜率兵千六百人，分三路进击。

顾占文由类乌齐登歇马雪山，渡赦楚河，断其后路；张荣魁自三十九族，经上噶鲁，绕道达尔查，以攻其右，余众由大路并进。时方腊月，冰雪千里，各军昼夜兼程，赴期攻之。于时藏军皆仅明火枪，达赖新由英国购入猪槽炮（即前膛枪）三千枝，以千五百支命藏官许特巴运此济用，新到边坝，尚未散发。登珠未料边军神速至此，方与民兵安闲度步，时番兵已集数千，尚多徒手，猝见大军进攻，皆不战溃散。登珠欲遁，甫上马，即被擒。时宣统二年元旦也。于是将登珠及其猪槽炮兼程驰解昌都，赵复列队迎之，礼待如昔，谕以国家抚宁西陲之意。登珠请回藏劝导达赖自新，留数日而去。边军沿途招抚，直抵江达。钟军亦由三十九族进至拉里。登珠一行奔至拉里附近，钟军陈渠珍等误以为敌，邀击，擒杀之，赵曾以此再请诛陈”云云。

然此文亦刘氏追忆之作，或亦小有错误。大抵恩达之进攻，顾、齐、张三营在前，且系奇出夜袭，先擒登珠。陈营由大路后进，反在梭罗坝（林多坝）等处与番兵作战，以致伤亡二十余人。后叶汛官奔告云，番兵已溃走二小时矣。自是以后，钟军改由三十九族前进，边军由大道趋边坝、拉里。边坝之役，非陈氏所知，故未记入。惟陈书后文，谓登珠奔过拉里，经其军邀击擒获，为元旦之事，时日似甚确。此文则谓元旦擒登珠于边坝，解赴昌都，留数日后始遣回藏，在拉里被误为敌，被擒。时间出入太大，或是刘氏误记也。

再查档卷。赵尔丰致川督电云：“顷据营官禀，藏军已由恩达撤去。让耶？惧耶？诈耶？不可知。大约退硕洛边大道，然与三十九族路无碍（按：谓钟军由三十九族路入藏可不遇敌也），所虑者到藏数程耳。或者联（联豫，驻藏大臣）已有备。……钟军后日开毕。弟丰叩青。”此是宣统元年十一月九日电。如此所云，则恩达之役，登珠先退，未被擒也。然刘为亲预此役之人，所言不当有误。故两存之。

又赵尔丰宣统二年奏片云：“查本年正月间，接据川军协统钟颖来禀：藏人聚兵于墨竹工、拉里两处，欲图阻拒川兵入藏之路，臣知必有战事，惟恐川军行路疲乏，或为所阻（按：川军实不堪作战，赵故以边军助之。迭见其他文电。此奏所云，盖婉为之讳也）。因急派卫队管带齐得胜、新军前营管带张荣魁、西军中营管带顾占文，各率所部，由洛隆宗、硕板多、边坝等防地，迅速开拔前进。复饬四川督臣派来之中路第一军统领张继良，分督两营，自察木多填扎，直至边坝一带。入藏之路，正二月大雪封山之际……乌拉倒毙者甚多……”此奏，足将当时用兵西进情形说明。大抵赵饬三营前进之目的，一在掩护不能作战、绕由三十九族入藏之钟军；一在借此进兵拓地直达藏境，不仅追驱登珠而已。登珠当时实不能战，故节节溃退，一再被擒。至元夜被擒于边坝否，因档案无征，未易判断。依此书前后文判断，则似曾于边坝被擒也。（参看校注二十）

齐得胜，川人，即辛亥手杀赵尔丰者。张继良，李经羲外甥，以豪奢不耐苦，为赵所斥，后任云南大理镇，鼎革被杀。

翌日捷书至昌都。余奉令，俟大军明日到恩达，即照原定计划，改道向类乌齐、三十九族前进。

自恩达北进，已冬月中旬矣，气候愈寒，冰雪愈大，益以山势陡峻，跋涉甚苦。类乌齐居万山中，山皆导源于铜鼓喇山，自西北宛延而南，山脉横亘，支干纷披。我军前进，几无日不披雪蹴山，行冰天雪窟中也。士兵被服单薄，每至夜分，冷极而醒，辗转呻吟，不能成寐，恒中夜起坐，围炉烘火，以待天明。

尝一日五更时，乘月色出发，登一山，山高而峻，仰视不见岭顶。乌拉前驱，部队后继，甫登半山，忽群牛斗于山上，狂奔怒吼，往来冲撞，行李纷纷坠落，士兵趋避不及，伤十余人。时余犹在山下，急入民舍避之，幸无恙。

自打箭炉出发时，规定每班预备病兵乘马一匹。入类乌齐后，天寒地冻，乘马稍久则两足僵冻，痛不可忍。故乘马时，初出发须步行数里，乘马约一小时，又须下马步行。惟狡黠士兵，恒饰为病重，不能行走，冀获马乘。一上马，虽奇冷亦不肯下，防其他病兵争去也。则自朝至暮终日乘骑，两足冷极而痛而肿，愈不能下马矣。如是三数日后，足跻盭不能行矣，病亦弄假成真矣。途次无医药，又不能休息，因此身死者比比皆是，亦可悯矣。

沿途乌拉，时有延误，行二十余日，始达三十九族境内，士兵已发长寸许矣，于思茸茸矣，辫蓬松如乱蔴矣，帕巾长袄，步履蹒跚，已无复人形矣。

［补注］ 跻，脚掌。盭，乖戾，违背。跻盭，又作“跖盭”“蹠戾”，指脚掌扭曲反戾。〇于思，又作“于腮”，多须貌，形容胡须长满了脸腮。出自《左传·宣公二年》：“于思于思，弃甲复来。”

营部书记官范玉昆，年五十余矣，美须髯，尝购一狐皮围颈。一日行甚早，大雪弥漫，冰风削骨，玉昆坐马上，埋头缩颈而行。中途，番官设有尖站，燃牛粪熬茶以待。予等下马休息，玉昆亦去狐下马，殊呼吸久，二毛已冰结不可解，呼痛不已。见者皆为绝倒。

三十九族，纵横千余里，人口数十万，相传为年羹尧征西藏时，遗留三十九人之苗裔。但以时间计之，人口生殖，决不如是之繁。意者，唐时吐蕃极盛，文成、金城两公主，先后下嫁，其汉人遗流之种族欤？彼族与藏番积不相能，惟对汉人则极为亲善，故尔丰选定此路，免乌拉缺乏也。

［原注·十七］ 三十九族，藏名“甲得”，于义得解为汉人百姓，亦可作为别解。惟其土人来投诚于赵尔丰时，曾自称为汉人苗裔，其实非也。藏人在民族上称此地人为“霍尔”。藏人之云“霍尔”，犹中国之曰“胡”也。举凡北方之异民族皆可以此称之。如今西康之甘孜、炉霍人，青、甘之羌戎，新疆之回人，皆用此称。又曾以之称呼成吉思汗之祖先，却未以之称呼汉族，故知三十九族之自附汉裔为妄说也。查此地带，古为羊同、苏毗之国，实为羌族，藏人呼羌亦为“霍尔”也。羌族自臣服于吐番后，未能再建国家。唐宋以后，屡臣服于内朝，此或是其人自附汉族之原因。年羹尧暨文成、金城两公主从人遗种说，皆无稽，不足置论。

三十九族在昌都西北，气候高寒较类乌齐尤甚，重峦叠嶂，峻极于天，弥望白雪，灿若银堆，平地亦雪深尺许。尝询一喇嘛，此地何时降雪，喇嘛曰：“此间七八月高山凝雪，九十月半山铺雪，冬腊月平地雪深尺许矣，按时而至，不待降落。至山巅之雪，皆亘古不化者。”且多出产，如动物则有雪蛆、雪猪，植物则有雪蒿，矿物则有雪晶，皆稀有之珍品也。

［原注·十八］ 按雪蛆为蛞蝓之一种，暖地高山，如峨眉瓦山等始有之，康地殊鲜见。雪猪，即旱

獭，造穴于康藏大高原之厚土平野，不产于雪山高岭。雪蒿，藓类，传可入药，产于雪山之岩石间。雪晶，产于高山岩穴中，康地亦少见。四物除雪蒿外，皆非雪山产物，雪蛆与晶，且非康中产物，盖以其名弁“雪”字，遂误类引之耳。

由恩达北行月余，始抵拉里，已腊月二十八日矣。拉里为川藏驿道，旧设有汛官，隶川边，后又设有军粮府。此地汉人甚多，异地相逢，倍觉亲暱。晤军粮府邓君，谈甚欢。邓君设酒馔为余洗尘，极丰盛，皆近五十余日中得未曾有者。细问番情，知其大队已过此五日矣。惟统兵堪布尚未至，有云其已由南路绕道回藏矣。未知确否。席散辞归，奉钟颖令，速开江达待命。余因准备乌拉，须迟一日方能出发。

[原注·十九] 其时拉里军粮府为陕人孙蔚如，非邓君。孙蔚如于1913年交卸回陕，曾任陕西议员。陈盖忘之，误作邓君也。〇军粮府者，清雍乾时，迭次对藏用兵，每苦粮运困难，曾于打箭炉、里塘、巴塘、昌都、拉里、拉萨等处，建设粮台，办理运输。乾嘉以后，遂于各地常设流官，照料差务，称“军粮府”。清末民初，始悉改为府厅云。

是日夜半接协部通知，番兵退至江达后，其先头一部约二千余人，在距拉萨七十里之乌斯江固守，又一部约三千人，已退入工布，其统兵堪布，尚在后。令余至江达后，严行戒备云云。余因情势紧张，复催军粮府，务于明日午前将乌拉传齐，以便后日起行。

除夕将近，预购酒肉，遍赏士兵。又备酒食，约各官长早餐。餐毕，清查乌拉犹未至，余甚焦急，亲往军粮府催之。至，则见大厅内数十番人，箕踞坐地上，邓君偕番官立其前。余知其有事，略一周旋，亦立厅上观之。但见番官手持番佛，向众喃喃语甚久，即以番佛一一置众头上。每至一人，则一问一答。一书记秉笔记之，良久始毕。众散去，邓君乃邀余入座，笑谓余曰："顷间所事，君知之乎?"余问故。邓君曰："顷即为乌拉事，因各番目以大军通过，供应太多，牛又疲甚，咸推诿不肯缴。乃商之番官，集各头目面诘之，仍狡辩。番人极信佛，遂令其顶佛盟誓，则不敢匿报矣。今幸誓毕，总其数，犹较原派多二百余匹。亦神道设教意耳。"余甚佩邓君操术之神，且知番人信佛，视西人之奉耶稣尤有过之无不及也。

余自军粮府归，时已不早，即偕营部职员共饮度岁，仿内地吃年饭例也。食甫毕，闻后方枪声甚急。正询问间，后队一传令兵来报："番兵进袭，于队官已率队前往矣。"余方集合部队。又据报："番兵已退，于队官受伤阵亡矣。"余甚讶之。后又捕一番兵至，余细询之，始知即恩达统兵堪布也。堪布自恩达败退后，即弃军逃走，至是始出，欲绕道回藏。昨闻余驻此，急欲来见，殊哨兵误会开枪。余以堪布为统兵要人，不宜纵之去，急遣人召至。又探知于队官闻警率队出，遥见番人，即散开，乱枪齐发，于犹乘马指挥，马闻枪声惊逸，直冲出散兵线，为士兵乱枪误毙，殊可怜也。于学生出身，未经实战，一闻警报，即张皇失措，勿怪尔丰之轻视学生也。移时，堪布至，余殷勤招待之，并密报至藏。又至后队料理于队官装殓事，至晚方毕，余亦疲极就寝矣。

[原注·二十] 于队官名鸿藻，资阳秀才，四川

弁目学校毕业，随陈渠珍自三十九族入拉里。藏军官堪布登珠，至边坝回藏，岁暮于拉里，未知川军在此，与其从人数十骑，纵驰直入。于等新自学校毕业，未经战役，误为敌骑来袭，仓卒备战，秩序混乱，致被后队开枪击毙。已而知来者无敌意，停枪，使番人往来传话，知即恩达引囚为宾之堪布，堪布知陈在此，亦乐依之，遂入住其营中。世传元旦再擒堪布登珠者或由此故。当是时，边军及钟颖等已先趋至江达，拒阻番兵，则又先边军溃走过此。其统兵之堪布，反于此时奔至，则《校注·第十六》所传登珠再擒释归之说可信，惟其被擒当在元旦前二日，而非元旦日耳。

次日黎明前即起，赁屋安厝于队官灵榇，复率队致祭毕。即约堪布一同出发，行两日，至凝多塘，为元旦日。荒村野户，无可住宿，支帐露营而已。万里蛮荒，复逢佳节，回首家山，百感丛生，勉市酒肉，约众共饮，亦借酒浇愁耳。翌日诘早出发，午后三时抵江达。有汛官吴保林率塘兵及番官、喇嘛等百余人出迎。

江达为西藏巨镇，人户寺庙，约四五百户，百物咸备，素称繁盛。自藏番出兵，往来蹂躏，市衢如洗，极目荒凉。次日，边军亦有三营人开至。余在此一驻兼旬，日与吴保林往还。保林成都人，入藏已二十余年矣。家有八十余岁老母，犹健在，日思归川，苦无机会，乞予便中为谋一差，翼可生入玉门。时届新年，尝延余至其家，具面食，皆其妻子手自为之，妻年五十余，居藏久，凡面食、蒸馍、薄饼之属，颇优为之。且均咄嗟立办，至可感也。

[原注·二十一] 吴保林，四川成都人，短小面麻。时以把总驻防江达。自边坝所辖甲贡塘凡八站至江达所辖之凝多塘，沿途多荒山乏庄房，除拉里以粮台所在有市肆外，极目荒凉，号为“穷八站”；自凝多塘至拉萨，地势平坦，气候温和，庄房繁密，农田衔连，号为“富八站”。

余抵江达之第八日，奉饮帅钉封密谕，迅将堪布暗中处决。遂于是日夜半执行之。盖堪布乃藏中二品僧官，达赖甚倚重之。时达赖已出亡大吉岭，依英人，纵之恐为后患，又不能公然处决，恐达赖有所借口也。

[原注·二十二] 刘燮丞云：“陈渠珍擒杀堪布登珠于拉里，达赖由是疑惧奔印度。赵尔丰怒陈，曾请再诛之。”此记乃云“奉钦帅钉封执行”，无案可质，未知孰是。若如刘说，则陈此文为饰词也；若如陈说，则所云“钦帅”当是住藏大臣联豫，非赵尔丰。陈于元旦前二日得堪布，元旦后一日至江达，至江达第八日杀堪布，共凡十一日。公文往返拉萨可能，往返昌都为不可能。且川军至藏境，应受联豫指挥，故前得堪布时亦曾云“密报至藏”，未云报昌都，则非赵使钉封可知矣。果如此云，则赵氏之不满于擅杀堪布而欲诛陈，事理亦合。

我军抵昌都时，达赖已回拉萨，初犹增兵抗拒，且向英人请援。事犹未谐，而我军已出拉里。达赖急约帮办大臣温宗尧会议，宗尧竭力安慰。达赖终怀疑，潜逃印度。钟颖率大部至江达，其乌斯江之兵亦撤退，惟工布情形不明。相传藏王边觉夺吉，尚拥众千余人，负隅于窝冗噶伽，意图反抗，乃令余率部入工布相机进击。

[原注·二十三] 当时因川军、边军与藏军火力悬殊，及藏人不愿抗拒大军之故，达赖虽严饬沿途拒阻，藏兵皆徒张声势，未敢拒战，故闻川军逼近即自奔溃。乌苏江距拉萨二站，为其最后防线，此线既溃，已更无险可扼。其时联豫与达赖交恶，久不相晤，赖帮办大臣温宗尧转圜调停，达赖已许川军入驻拉萨。殊钟军毫无纪律，入拉萨日张狂失度，击毙贵喇嘛于琉璃桥。达赖大惧，当夜出宫南奔，初未决奔印，不过欲逃死于尼泊尔、布丹界间耳。英政府遣人迎之途，决投印度云。

[补注] 窝冗噶伽，在今米林县卧龙镇，为厦札之庄园。厦扎被查抄后，其地为色拉寺的领地。

余驻江达时，已侦知厦札噶伦已潜逃至后藏，工布已无番兵。及奉令入工布，仍戒备前进。是日天气晴朗，沿途风景宜人，午后一时抵牙披。上一小山，即宿其营官家。层楼广厦，金碧争辉，地板且涂酥油，光滑可鉴，明窗净几，陈设精雅，恍若王侯第宅。后临大河，滩浅水平，中为沙洲，野鸭数十成群，啄行水滨，景物不殊内地。

时牙披营官入藏未归，其管家出而招待，殷勤备至。见余倚窗眺望，笑谓余曰："河中鱼肥美，可供肴馔。公远行，想久不食此味矣。"急命仆人入河取鱼。余笑曰："此得勿食水葬者之鱼乎?”管家曰：“否。否。公所见者，小溪鱼耳。此则河宽水深，源远流急，非其俦也，幸勿为虑。”余虽不嗜此，然颇喜观人取鱼，姑应之。即见番人数辈，负网入河，布网滩头，未几，网起鱼跃，网中映日有光，而番人取鱼归矣。余观之，顿觉胸襟为之一爽。

余自来塞外，满目荒凉，积雪弥山，坚冰在地，狂风怒吼，惨目伤心。至此，则楼台涌现，景物全非。以风尘之孑身，入庄严之画栋，虽曰爽心适意，翻觉顾影怀惭矣。主人曲尽殷勤，所具山珍海品，皆购自拉萨来者。其面食尤佳，皆以番女为之，艺绝精。尺许方板，顷刻而成，非如内地制面，几案横陈，刀棍罗列也。

番女多朴拙，独此主人之妇，杨柳为腰，芙蓉如面，蛾眉淡扫，一顾倾城，汉代明妃，恐无此美丽。其夫为赘婿，现任牙披营官。数日后始由藏回，衣冠楚楚，皆唐时装束，吐属极雅，已脱尽番人气习。藏俗恒以长女承祧，操家政，召赘其家，长男则出赘他人为婿焉。

[原注·二十四] 牙披，一作“阿丕”，距江达九十里，一日即至。江达一区，藏名“工波”，一作“工布”，以一营官治之。汉曰“营官”，藏语为“碟巴”也。其治所即为牙披，因牙披不当大道，故设差站于江达。汉人不知有牙披，但知有江达，惟亦知其属于工波，故曰“工布江达”，尹昌衡拟设太昭县者是也。牙披既近拉萨，其人文化程度颇高，一切仪仗享用，胥娴雅有大国风。营官养尊处优，豪华极致，与一般平民大有云泥之别。此营官之妻绝美而复冶艳，当时年二十余。此妇有一子一女，并韶秀，于时尚在

褓。其女后长大，赘一婿，即近年主持大白战事之噶伦阿丕也。阿丕大白战役失败，畏罪死于昌都。此女复招一藏军官为外夫，仍留昌都，时与当地军政汉藏官吏周旋，艳名藉盛。蒙藏委员会派驻昌都组长唐仲纯曾频见之。藏俗，夫死生子，仍为正祀，故阿丕夫人得明白与其外夫携手酬酢。谈此事时，刘燮丞、唐仲纯均在座。

第四章　收服工布

余开驻牙披时，沿途僧俗，遮道欢迎，进哈达、酒食。番人呼“酒”曰“呛”，呛以长竹筒盛之，中系皮带，或背负而行。番人进呛时，先倾掌上自饮，而后敬客，以示无毒也。

[补注] 藏语称青稞酒为“呛”。进呛，指喝酒之仪。

余驻牙披后，即将“厦札远遁，番人无反抗意，请示招抚，以安人心”呈报入藏。旋报可。余乃从事安抚，逐渐向曲巴、增巴、脚木宗推进。每至一处，则召集僧俗，晓以汉藏一家，达赖受英人嗾使，出兵反抗，今达赖远遁，朝廷轸念藏民，不咎既往，各宜安业勿惊。又不时巡视附近村寨，抚问疾苦。其贫无力存活者，又周恤之。且将旧例供应柴草夫役，皆分别给钱。更申明纪律，严禁官兵擅入民房及喇嘛寺。于是番人大悦，远近向化，相率输诚。钦帅亦嘉余深识治体，抚驭有方。历时两月，工布全部遂完全肃清矣。

[原注·二十五] 当时康藏官吏，称赵尔丰与联豫皆曰“钦帅”，此云“钦帅”，指联豫。先是，边军先钟军入工布境，占领牙丕（即牙披）等地，故赵尔丰于宣统二年奏请与藏人于江达划界。言江达，实指工布也。藏人于工布一区，设营官驻牙丕。牙丕不当大道，故设差站于江达，承办汉官驿运事宜。称其地为工布江达，示其隶属工布营官。汉官罕识牙丕，但多知江达，故以江达代表工布全境。言与藏人于江达划界，实即于工布划界之意。换言之，即欲以工布全境划隶川边康境。钟军入藏境前受赵尔丰指挥，入藏境后受联豫指挥。自边军撤回丹达山以东之硕般多、边坝等地后，拉里与工布皆隶藏，故知此所指为联豫。

工布在江达西南，纵横八百余里，东接波密，西南接“野番”。其极西之阿冗噶伽，则为藏王边觉夺吉之衣胞地。民情朴厚，气候温和，物产亦尚丰富，历年在达赖压迫之下，痛苦不堪，此次出兵，亦迫于达赖威力。自余部开入，人民翕翕向化，咸庆来苏矣。

[补注] 工布，西藏古地名，藏语义为“四周高，中间凹平的地方”。吐蕃时期是工噶布、娘布等氏族之地。一般指今西藏林芝市的巴宜区和工布江达县、米林县等一带地方。

脚木宗，居工布之中心，田野肥沃，气候温煦。山上有大喇嘛寺一所，极壮阔，喇嘛三四百人。其呼图克图，亦一年高德劭之喇嘛，和蔼可亲，与余往还甚密。尝就其考问西藏风土，亦言之娓娓可听。

[补注] 脚木宗（觉木宗），在今林芝市市区。宗，相当于县，是原西藏地方政府的行政建制。

一日，设宴邀余游柳林。果饼酒肴，罗列满桌，中一火锅，以鱼翅、海参、鱿鱼、瑶柱、金钩、口蘑、粉条之属，杂拌肉圆鸡汤，又以腌酸青菜及酸汤调和之，味鲜美无伦，内地所未尝有也。不知喇嘛何以办此。余自西藏回，已二十五年矣，亦尝仿此为之，食者莫不称善。可见口之于味，有同嗜焉。

[原注·二十六] 按喇嘛不食小生命之肉。海参、鱿鱼、瑶柱、金钩等来自海外，喇嘛不识其生态，则亦食之。至于鸡鱼，则不肯食，然人以鸡鱼脔治，喇嘛亦得食之，绝无自烹鸡鱼享客者。此云"鸡汤"，或是误记。抑或工布之俗，微异于康，虽不食鸡肉，得用其汤调味欤？

余一日设宴请呼图克图游柳林，约全营官佐作陪。支帐幕四，每帐设一席，呼图克图欣然至。酒酣，众饮甚欢，猜拳，狂呼不已。其随从喇嘛闻喧呼声甚惊，窃往观之，则见奋拳狂呼，如斗殴状。亟奔回告其众曰："呼图克图危矣，急往救之。"于是众不及问，随之往。至则猜拳喝呼声方浓。有曾至拉萨，知为猜拳者，为众言之，始一笑而散。余与呼图克图亦皆笑不可仰。

余至脚木宗，驻半月，奉令赴窝冗噶伽，查抄藏王边觉夺吉家产。余遂率部开往，行四日始至。其地崇山陡峻，小溪洄环，居民寥落，极目荒寒。营部设第巴家，房屋虽宽敞，亦极简陋，视脚木宗、牙披，则逊远矣。调查藏王家产，计有庄所三十余处，每庄有牛羊数百或千头，又有仓廒麦稞各数千克不等，乃分途派员清理，费时两月，始告竣。

窝冗噶伽有藏王旧宅数栋，仅数人留守而已。余亲往启钥检查，楼上弓矢、盔铠、铜器、磁器甚多，尘封数寸，盖数百年前物也。有磁碗、高椿碟甚多。第巴云："系唐时物。"余虽不能辨，但其莹洁细润，则确非近代物也。

余驻此久，闻厦札出亡之先，曾携《甘珠尔》经一部，藏于此间附近密室中，乃藏中之佛宝也。

[补注] 此《甘珠尔》（大藏经），非唐时之物，明宣德九年（1434）印制，为西藏文物至宝。查抄边觉夺吉家后，《甘珠尔》被色拉寺收藏。

余询之第巴。第巴曰："诚然。今尚藏匿某处。公传某头目至，责令缴出，勿谓我所告发，则幸甚矣。"后如言追出。则经为一百零八卷，每卷千页，长二尺六寸，宽八寸，字皆藏文赤金所书。底面以薄板护之，板面镌为宽五寸、长二尺、深一尺之长方框，中嵌寸许金佛三。框缘缀以珊瑚珠百余颗，框内环以碧洗、玛瑙及红蓝宝石成花纹。金佛周身皆极大钻石环绕之，各三十六颗。佛顶圆光中，嵌金光圆润之蚌珠，径约三分许。框面又以五色锦缎交互掩盖之，诚稀世宝物也。

[补注] 第巴，又作"第斯""第悉"，本为西藏部落或地方头人的称号。清初用以称总理西藏地方事务的官员，后作为西藏地方政府所委派的地方官及中

下级执事官的称呼。本书中的窝冗噶伽、德摩等地的第巴，均为噶厦委派的当地执事官。

张司书子青，力怂余尽取其珠宝而后呈报。余因是经为藏中极宝贵之物，遐迩皆知，解缴入藏，藏人必有质之者，一追索则实惠未至，而先蒙攘窃之罪矣，拒不可。余又恐左右窃取，仍交第巴封存之。其后波密事起，余进兵半载，旋全藏兵变，余仓卒出江达，亦不能绕道窝冗噶伽矣。物各有主，非可取而私之，既损清廉之身，益遭造物之忌也。

此地荒远幽僻，几同世外桃源。余到此半月后，事简身闲，辄披阅书籍，以消寂寞。昼长人倦，第巴时相过从，虽方言各殊，然有舌人通译，余亦略解藏语，日久交欢。第巴有女公子，年方十五，荳蔻初开，盈盈玉立，排长谭鸿勋求婚，第巴欣然许之。结婚之日，鼓乐喧阗。番女十余人，皆少艾也，盛服拥新妇步至婿门，群芳争艳，笑语盈室。新妇落落大方，毫无羞涩状。第巴首作种种笑谑语，以娱来宾，几忘其身为泰岳也。是日，闹至更残，始尽欢而散。

我军入工布后，携带粮米渐罄，官兵多食糌粑，余亦渐能食之矣。余驻窝冗噶伽久，米尽，则以面食代之。旋查抄事竣，奉令移德摩。第巴置酒饯别，菜食亦仿汉人为之，尚可口。席终进米饭，虽色黄而粗粝，得之甚惊异。问其所自，则称购自“野番”。

余习知藏南“野番”殊犷悍，此米何以得来。第巴曰：“自脚木宗至此，一带大山，山后行六七日至珞瑜，俗呼为‘野番’是也，‘野番’分‘生’‘熟’两种，‘熟番’地纵横千余里，再进，则为‘生番’地矣，多旱稻，产米甚多。‘熟番’素与工布通商，半月前即托商人购之，今始得也。”余初以“野番”地远，亦不置意。今相距匪遥，不觉大喜。亟欲绕道“野番”地一觇其情状，广绝域之见闻。第巴曰：“此甚易事。公由此行五日，即南向上大山，山下时有‘野番’在此贸易。”余甚喜。数日后出发，绕行六日即至，乃“野番”地也。

[**补注**] “野番”，旧时对未设治管理的少数民族部落的侮称。“熟番”，指“野番”中与附近县民有贸易往来等交流关系的部落；“生番”，指与外界无交流关系的部落。

次日，召至“野番”二人，年均三十余，披发跣足，无衣裳，上体着领褂，下体以裙二幅前后遮之，皆用竹编成之也。手持烟兜，如西人吸雪茄烟之管，内盛野大黄叶。见人即箕踞坐地上，无礼貌，状谨朴，不脱山野气。询其至藏何事，对以编制竹器藤器。取所制竹、藤器观之，亦古朴可爱。又询其家中距此几日，答以六日。询其至“生番”地几日，则以手指指天而口言之，云由其家中至“生番”地尚须二十余日也。余因其来久，使回休息，嘱傍晚再来，余尚有所询也。

黄昏后，仍召“野番”至，问其出产如何，则谓其地出产尚多，除旱稻、竹藤外，尚产肉桂、麝香、鹿茸、野莲。因舌人操番语不甚熟，遂遣其归。次日晨起，又觅得熟谙“野番”语者为通译，复召“野番”至，反复诘问“生番”情形。始悉其地皆重山，少平原，人犹太古，无政府，无宗教，无文字，构木为巢，上覆树皮，以蔽风雨。截巨竹留节作釜甑，一端实稻米为饭，一端实野虫为肴，泥封两端，洒水烘爇，饭熟倾出，以手搏食。地酷热，编竹藤为衣，以章身，非御寒也。民野朴，安居乐俗，不通庆吊。遍地皆崇山峻岭，道路鲜通，番人往来，则攀藤附葛，超腾而上，捷若猿猴。遇悬崖绝壁，亦结藤梯登，不绕越。亦无市廛，但每年“生”“熟番”至交界大山上交易一次。“熟番”以在工布所换之铜、铁、磁、瓦器皿，易其茸、麝、莲、桂。其记账法，用符号，取巨竹剖开，刺符号于其中，缝刺毕，各执其一，逾年算账，则取简合之。谈至此，日已向午矣，余亦疲倦，遂赠以茶壶、小刀、磁碗、手珠、糖饼之属。“野番”欢悦，起谢而退。

[原注·二十七] 以上所言各地名，皆在工布南境。就陈渠珍此记揣之，脚木宗即在牙丕附近。脚木宗为村落名，牙丕为营官驻地之名，喇嘛寺又在脚木宗后山。窝冗噶伽在脚木宗西四日程，为工布极西境，德摩距窝冗噶伽四日程，位工布极东境，则窝冗噶伽，当非脚木宗正西而是西南，德摩则在脚木宗东南也。窝冗噶伽之南六日程逾大山为“熟番”贸易地，又南六日程为“熟番”地，再逾大山二十余日程，始至“生番”地。查所谓珞瑜“生番”，在喜马拉雅山南侧，与工布相隔喜马拉雅山脉及雅鲁藏布大江。陈渠珍召询“野番”处，为白马岗，今墨托县。

次日，余亦率部开赴德摩，行四日始至。德摩，居工布之极东，居民二百余户，有大喇嘛寺一所。

[补注] 德摩，即德木，在今米林县羌纳乡。原西藏地方政府于此置德木宗。○德摩大喇嘛寺，即第穆羌纳寺。该寺的第穆活佛，在藏传佛教格鲁派中地位甚高，有几辈曾担任西藏的摄政。

第巴住宅极壮丽，足与牙披营官住宅相颉颃。其地为一大平原，屋宇错落，风景清幽，阡陌相连，物产富饶。第巴人亦谨厚，时相过从。余驻此月余，招抚事毕，僧俗尤爱戴不已。暇时，辄与第巴入山射猎。此地野兽，以獐熊为极贵重，故产麝香、熊胆为多，行销内地之珍品也。

藏地多獐麝。予尝从番人至山中行猎，始知取麝之法。獐长二三尺，类鹿而无角，毛灰褐色。当春夏之交，辄侧卧山中，脐张开甚腥臭，虫蚁缘附，则吸收之，又复张开，久之脐满，遂成麝矣。麝之最贵者为蛇头香，麝中之宝也，亦蛇闻腥臭附脐上，獐啣其头而去，辗转月余，蛇身腐脱，其头含脐中，久而成麝，重恒一两以上，其他重不过三五钱而已。

行猎时，獐行迅捷，犬追之不及。然獐行稍远，又频频伫立回顾，故易获之也。番人得獐，立取其脐归而悬之室，历数十日始干。再掘土窖置其中，以□□生叶裹之，覆以薄土，火爇其上，去其腥汗，而后芬芳可用也。

余自出炉关，沿途番人馈赠之麝，不下数十枚。入工布后，馈赠尤多，余又多方收买，总计藏麝二百余枚，重一百一十三两。

[原注·二十八] 按麝香为雄獐脐下香囊（即麝香腺）分泌之芳香质。香囊为腺状体。雄獐二岁为成年，届求牝则腺体自生香质。初甚稀薄，随年增长其浓度，至八九龄时香质充斥腺体，作蛇头状，为最上品。香腺露一孔，为使香气放射，诱其雌也。当发情时，此孔胀大，时则香腺常痒，獐喜以就他物磨擦之，故每有土石粒、麦粒、虫蚁等羼入。香质大毒，虫蚁

拦入立死。故猎麝香者每见木石、碎片及虫蚁尸体在囊中，而发为异解。陈氏盖误采其说，记之入此，非的解也。○麝，亦名香獐，世俗悉呼为獐，似麂而小，善走多疑，昼伏林莽间，未易发现。暮夜乃出。所食草树枝叶，随地取足，夜出惟饮水耳。猎者善察其迹所常经，布机阱焉，谓之“放索子”，捕得恒在夜间。亦有以猎犬逐出，枪击之者，则由汛猎百兽，祸及于獐，非专为猎獐也。此物为土伯特高原四周森林区域之特产，除香有高价外，肉味亦美。皮薄而柔韧，细软似布，不费鞣工，即可为衣。毛直而中空，质轻脆宜制垫褥。目前猎者尽取其香，皮肉多未利用。

一日，第巴偕其舅加瓜彭错来见。彭错现为贡觉营官，年六十余，岸然伟丈夫也。貌和蔼，泣诉藏王历年虐待情形：“今见汉官威仪，始出水火而登衽席。”余亦抚慰至再。彭错复请曰：“此去贡觉不远，草屋数椽，尚堪容膝，老妻颇能治膳，公能枉驾一行乎？”余欣然允之。

[补注] 贡觉，即贡久，今林芝市巴宜区米瑞乡广久村，与德摩隔江对望。○营官，又称宗本，是清代对西藏地方官员的统称。营官掌管分营寨的民政，有边营官、大营官、中营官、小营官之分，等级从四品至七品。据《清史稿》载，清朝在西藏共设置一百二十四营，每营设营官一人或二人。设二人者，僧、俗各一。

次日，偕第巴及营部职员同往。行十余里，过一小河，河宽数丈，有舟可渡。舟长二丈许，宽约三尺，刳木为之，不假人工，真太古时遗物也。平流稳渡，又行二里许，至其家，则一极富丽之巨宅也。彭错夫妇迎至村外，皆六十许人，献家制果饼甚多，极殷勤。坐移时，彭错笑谓余曰："儿女辈喜跳歌庄，尚优为之，请往一观。公鞅掌军事，恐犹不暇及此也。"引余至一大庭，见艳妆女子十余辈，舞袖蹁跹，歌声抑扬，历半小时始毕。彭错复约余至园中比射，置弓箭甚多，皆极粗笨。余家世娴弓矢，自火器兴，遂如"广陵散"矣。今故箭重逢，睹之欣然，遂偕众比射为乐，亦古人投壶之意也。

比射毕，彭错又牵良马十余匹至，云："儿女辈能驰怒马，拔地上物。请试之。"引余至河干。一望平原数里，细草如毡。地上每三四十步，立球竿一，竿高尺许。乘马女子，皆束丝带，袒右臂，鞭策疾驰，其行如飞，每至立竿处，则俯身拔之，以拔竿多少定输赢。中一女子，年约十五六，貌虽中姿，而矫健敏捷，连拔五竿，余皆拔一二竿而已。众皆鼓掌。

彭错引余回，复观其楼上大经堂。佛像庄严，陈设雅洁，惟佛前一碗不甚圆整，又饰以金花。怪而问之，乃人骨天灵盖所制。遂恶其不脱野蛮气，不欲纵观。闻藏地各喇嘛寺皆如此，殊不可解。

观毕，入室坐，进面食。众咸称番女体力之强、马术之精，余亦盛夸乘马女子连拔五竿，虽丈夫不及也。彭错曰："此即侄女西原。"余称不绝口。第巴笑曰："公如属意，即以奉巾栉如何？"众皆大笑，余亦大笑漫应之。

既而入席，肴馔丰盛，皆其夫人手自调之，味颇适口。予素不能饮，是日，亦饮酒不少。最后进腌酸青菜汤煮鱼一盆，尤鲜美无伦。余久食牛羊腥腻之品，即宣威火腿亦厌苦之。至是，始得果腹，一餐之惠，至今不忘。其夫人见余爱此，乃另赠一盂。宴毕辞归，彭错夫妇皆送至河岸。归营，天已薄暮矣。

工布民风纯朴，经余安抚后，人心大定，汉番情感，日增浃洽，番官喇嘛等，不时过谈，借以考风问俗。佥谓大军到后，匕鬯不惊，民安生业，惟波密民族强悍，性残忍，时借通商为名，窥探情形，辄乘机入境，肆行劫掠。凡接近工布及硕板多至拉里一带，常被蹂躏，工布受祸尤深。唐古特屡次用兵，因其地险兵强，终难征服，防御偶疏，又遭荼毒，人民畏之如虎狼，谈者色变。

余维大军入藏后，达赖、厦札相率逃至大吉岭，暱就英人，可忧方大。应乘此全藏底定之际，仿川边例，改土归流，建设行省治理之，不宜再事羁縻，一误再误。乃条陈改省、练兵、筑路、屯垦、兴学、开矿六事入藏。久不报。及闻僧侣所谈，益知波番强悍可虑，若长此不治，祸且蔓延腹地。乃一再考察，知其地东界工布，北界硕板多，至丹达，南与“野番”接界。其入工布之路，一由冬九入鲁朗，一由白马杠入觉拉沟，皆工布边境也。波密地势，万山丛沓，绝少出产，民贫苦而性强悍，其酋长白马青瀹，横征暴敛，民不聊生，其出而行劫，亦势使然也。

[原注·二十九] 东界工布，“东”字当作“西”，原书排字之误也。波密东界桑昂。时边军管带程凤翔方在桑昂杂瑜办理改流事。征波之役，程即自桑昂进军，克薄宗、松宗等寺（皆在波密东境），与彭日升会军春多寺。因未与陈晤，故此记略之。因补志于此。

余一日晨起，将赴喇嘛寺一游，途遇第巴，向余笑曰：

"彭错以公极称西原之能，早欲送来为公给奔走役。西原亦甚欣喜。因略备衣物，今日彭错夫妇亲送其来。公当不以蠢陋见斥也。"余愕然，乃知一言之戏，竟缔孽缘。因途中不便深谈，乃约其同至喇嘛寺，晤呼图克图。第巴以西原事告之，呼图克图笑曰："此事大佳。我即为公证婚如何？闻此女矫健，胜似男子，给役军中，当不为公累也。"余知不可拒，笑应之。

第巴辞去，余与呼图克图谈西藏古代神话事甚久。忽第巴仓皇入告曰："波番数百人，昨已窜入觉拉沟矣。"余诘问实，即归营传令，亲率兵两队，疾驰而往。行三十余里始至，则波番竟夜抄掳，天明已饱载而归矣。时人民逃亡一空，仅一老番来见，云波番已沿河退去。余以波番去不久，令觅一向导随往追之。老番谈虎色变，辞以不能。余因地形不明，无法进追，遂率队回营。

时第巴及彭错夫妇，已送西原至矣。范玉昆、张子青等咸集致贺。彭错夫妇，导西原来见，靓衣明眸，别饶风致，余亦甚爱之。既而来宾益众，子青料理宾客，督治酒筵，忙乱不已。移时延宾入座，畅饮甚欢。子青约第巴拇战，第巴屡败，不能饮，子青强灌之，席未终，即颓然醉矣。于是彭错夫妇亦告辞，扶第巴归。

余昨至觉拉沟，败兴而返，觉招抚事，终无所藉手，因令第巴再传觉拉沟熟习波密情形之人来此，详询之。次日，来一老人，亦语焉不详。余一再嘱其物色一人携文书赴波密。老人曰："鲁朗第巴与波密冬九营官有旧，可衔命往。"余反覆询问甚久，赐其酒食。食已，有醉意。余复问曰："老人如许年龄，又密迩波密，岂彼中情形毫无闻耶？"老人始从容言曰："我二十年前，曾一度随达赖至波密，但行未远即折回耳。"余问故，老人曰："达赖往朝活佛，故随之去。"

[补注] 杂日山，是西藏最著名的神山之一，位于隆子县。藏传佛教信徒以转此山为最神圣之事。据《第十三世达赖喇嘛传》记载，十三世达赖曾于1900年，从家乡郎县出发去转杂日山。此老人所云，应即此事。时间上有差错，应是记忆之误。

余甚异之，曰："西藏止有一达赖活佛，岂有活佛尚朝活佛耶？"老人曰："我初亦疑之。因达赖每十二年必亲往一朝，故信之。"余曰："活佛究在何处？"老人曰："彼中活佛，距此一万八千里。何国何地，亦不知其名，但知经白马杠入野人地，又行数月始至。其地遍地莲花，气候温煦，树木扶疏，山水明秀，奇花异草，芬芳四溢，活佛高坐莲花中。莲花大可容人，白昼花开，人坐其上；夜间花合，人寝其中。地下泥土，捻来即是糌粑；枝头垂露，饮之皆成醇呛。人能诚心前去，无不立地成佛。"

老人言之，津津有味。余不觉大笑。诘之曰："老人亦曾一至其地否？"老人曰："否，否。我至白马杠即折回矣。"余见其所言殊荒谬，亦不愿再听。遣之归。

[原注·三十] 按此老人所言，盖缅甸也。印度被回教徒占领后，佛教摧毁，惟锡兰与缅甸能保持佛教不败。西藏之宗教法物、经典佛像等，多由缅甸输入。常年有人往游缅甸，携入金像之类。东亚未有铁路、轮船以前，藏缅交通实取道工布、波密、白马岗一路，盖唐代吐蕃征服阿萨密（亚山）古道也。达赖十二年一朝缅甸之说，初未尝闻，于理亦不可信，大

约达赖之使者往求法耳。野人未知究竟，侈妄言之。然亦非完全凿空，缅甸气候郁热，产大莲花，天产饶足，人不饥寒，良足使藏人羡慕（下文呼图克图亦言达赖十二年一往礼佛，然其事终不可信）。

次日，至喇嘛寺，以老人言告之呼图克图。呼图克图曰："此波密人故神其说，以售其行劫之术耳。八年前，波密曾造此语，哄动工布，于是入野人山朝拜活佛者相望于道。有广携资财，举家前往者；有抛弃父母妻孥，只身前往者；有扶老携幼，牵牛羊前往者。甫入波密境，即被波番拦劫一空。至达赖朝佛事，亦实有之。每三年，遣呼图克图一往，每十二年达赖亲身一往。尤记五年前，达赖往朝活佛，一行二百余人，由此经过。行至波密与"野番"交界大山下，即为"野番"所阻。盖历年朝佛，道经此山，须赠野人铜、铁、磁、瓦器皿及金银甚多，名曰'买路钱'。例有规定，不增不减。独此次赠品，未能如数，互争不已。野人曰：'吾有成案可稽。'乃负一老野人至，置地上，年百余岁矣。头童齿豁，历数历次赠品之数。藏人语塞，悉数补出始通过。"余曰："达赖亦朝活佛，真咄咄怪事。"呼图克图亦唯唯无以自解也。予尝谓中土称灵山为极乐，西方又言五台尽黄金。天下事无独有偶，得此则鼎足而三矣。

第五章　进击波密

自觉拉沟被劫后，工布人民益惊恐，深虑他日汉兵移动，波番乘势侵入，危害不堪言状，第巴等屡请为策久远。余亦不忍工布被其蹂躏，因详陈波番强暴及边局利害，据报入藏。旋奉令“相机剿抚”，余乃决定先抚后剿。拟率兵三队至鲁朗，意在耀兵绝塞，宣扬德威，使波番知所震慑，易于就抚，初无穷兵黩武意也。

德摩至鲁朗，计七十里。经德摩大山，山高十五里。余率队前进，行十余里，即见高峰插天，危崖峻壁，冰雪遍山，道路泞滑，竭蹶而过。经拉佐至鲁朗，再进即波密境矣，遂就鲁朗宿营。传第巴至，详问波密情形，嘱其明日持文告赴冬九。第巴有难色，余曰：“明日我当遣一传骑同去。勿虑也。”

[补注]　鲁朗，今林芝市巴宜区鲁朗镇。〇冬久，今鲁朗镇东久村。

次日早，遣传骑偕第巴持文告入冬九，谕其营官冲本，晓以向背祸福，冀其翻然归诚，不烦兵刃也。余亦于是日，率部回德摩。越两日，第巴回。余正嘉其归甚速，第巴愀然曰："传骑已被波番杀矣。我等甫行，至觉泥巴，即为波番所执，与之言，不听；示以文告，亦不理，竟杀传骑，释我归，尤叱之曰：'后勿再来，自寻死路。'"余初不料波番横暴至此，乃据实入报。

时钦帅联豫方筹议西藏改建行省，已专折出奏，因见尔丰已将川边各部落次第收复，亟思收复波密，以为改省之张本，乃决定剿抚方略。令钟颖率步兵一标、砲工各一队，集中工布，筹划进兵，令余整备待命，余乃厉兵秣马以待。既而钟颖偕统带陈庆，率步工各营队至，详考波密形势、道路，决定第一步由冬九、纳衣当噶、八浪登至汤买，并肃清两冀；第二步进至卡拖、倾多寺，第三步则向其酋长白马青滃所在地进攻。

[补注] 波密土王所在地名嘎朗，在今波密县嘎朗村。

余率部先行，留西原在家，不可，必欲同行，亦听之。第一日宿鲁朗，以第巴为向导。次日四鼓蓐食，疾进至觉泥巴，零落十余户而已。番人尤未及知，留兵一排监视之，仍疾行而进。沿途长林丰草，乱石塞途，过长桥，行里许，即至冬九营官寨。有人户百余家，寨内仅营官冲本住宅十余所，环以土墙，外掘深濠，左山右河，形势险固，番人犹不知大军突至也。良久，其营官冲本来见，貌恭敬而面狰狞可畏。余反覆晓谕，示以利害，亦唯唯而已。波番身材雄伟，体力强健，又非工布人所及也。

次日，钟颖率大军至，乃传檄白马青滃晓以利害，令于五日内来见。逾期仍无音耗。数日后，侦知波番已调兵拒抗。共议波番反状已露，再不进兵，反为所乘。闻前方八浪登一带，山势高峻，道路险阻，遂决定以余全营，偕工程营管带张鸿升部先进。大军则进驻纳衣当噶，俟先头通过八浪登，再行推进，以完成第一步计划。

议决，余乃偕张鸿升由冬九出发。是日，宿营纳衣当噶，有人户三十余家。次日，宿甲米青波，则旷野荒山，夹道草深五六尺。草尖遍生旱蝗，细如针，闻人声则昂首蠕蠕动，附着人身，即鑚衣入，沾肉吸血，倾刻长寸许矣。行者莫不遭其毒螫。余等将宿营地附近，以火焚之，始得安寝。番人言火焚处，遇雨复活，与内地蚂蝗同，而利喙过之。

次晨前进，行四十里，登大山，山势巍峨，古树参天。行山腹道，历七八里峻坂，乃复下，下而又上。如是者又十余里，忽番兵阻其前，据险开枪。战移时，我以一排兵绕其上，乘高侧射，番兵始退。踵追而进，番兵沿途抛弃衣履，似甚狼狈，盖诱我深入也。又行十余里，至八浪登，番兵稍抵抗，仍退走。

八浪登乃一山腹隘口，无人烟，乱石嵯峨，洞穴天然如巨室，下临绝涧，深不可测，俯视河流，一线碧涛银浪，响彻山谷。弥望古树森森，皆三四人合抱者，高数十丈，荫翳蔽天。古藤盘绕，藤粗如臂，叶嫩绿色，应手而断，盖千百年前物也。林中有物，虎头狐身，胁生肉翅，状似飞虎，番人谓之“绷勃”，盖手翼类也。闻枪响声，飞跃树稍，其声呜呜，以数百计。

[补注] 手翼类，指手足有蹼类动物。

余以前进山势愈险恶，候鸿升久未至，乃留兵一班守之，仍率队前进。行约七八里，渐纡曲下，遥见山下，密菁乱石，荫蔽道路。左为连山，右傍河流，前方四五里处，高山横亘。山下帐幕云屯，多数番兵撤卸帐幕，甚忙乱，似知大军已至者。余即停止部队，派侦探一班前进搜索。半里许即下山，忽左侧密林中，火枪土砲，轰然齐发。左山右溪，羊肠一线，士兵鱼贯而进，伤亡颇多，不能再进。乃以一队沿山行，相约进至密林附近，鸣号音，余鸣号以应，双方夹击之。

既而沿山一队攻至林内，伏兵果败退。李队官负伤。我正面之兵，冲锋下山，行里许，则乱石塞道，番兵修石卡数道，高丈许，横亘去路，无可绕越。正踌躇间，正面番众据险轰击，左侧高山伏兵应之。往来冲盪，皆为石卡所阻，不能进展。鏖战一时许，双方接近，短兵肉搏。移时，刘队官阵亡，士兵死亡相继，与番兵相距止数武矣，遥见番兵大队复绕山至，瞰射益急。

战至日暮，鸿升尤未至。忽番兵数人，傍大石绕出余后，为西原所见，急呼余。余回枪击之，毙其一，余皆退走。余见此地两面受敌，不如退下河边，乃挥兵徐徐退下。有石坎，高丈许，西原先余纵身跳下，以手接余。余随之下，而对山枪声忽起，向石坎猛射，弹落如雨，继余而下者，死伤七人，司书苏宝林亦死焉。既而士兵均下至河边，伏乱石中，成方阵待之，天已昏黑，番兵亦不敢再逼矣。清查人数，仅余六十余人，每枪弹药，平均不及十发。余乃多方安慰士兵，戒勿轻动。

夜半，隐约见番兵数十，沿道路回，且行且笑，亦不知其作何语也。移时，月色朦胧。官兵整日作战，饥疲已极，援兵又未至。有伤兵二人，倚余卧岩穴中，呻吟垂毙。西原曰："张营如能援助，今日早至矣。君竟死守不去，试问天明后，番兵知我虚实，庸有幸乎?"官兵咸是其言。余不得已，乃于四更时，率部沿溪蛇行而上。时而攀崖，时而涉水，水深及胸，寒不可禁，余颠踣者再，赖西原扶之行。行数里，上山岩石陡峻，荆棘丛生，攀籐附葛，上至半山，天已微明。渴极，拾山上野菌食之，已惫不能行矣。西原乃负余登山，见鸿升警戒哨兵，始入安全境矣。至八浪登，众皆饥疲不堪。鸿升言："昨已天黑，不敢轻进。"余亦漫应之，不与较也。清查此役，我军阵亡官兵三十余人，伤二十余人，亦剧战也。

晚间，与鸿升一再筹商，决定明日两路进攻。鸿升沿大道进至石卡附近停止，余率兵一队沿左侧连山进。俟将山上伏兵驱逐，乘高下射，然后张部攻其前，我部冲其右，番兵必弃险而走。计划定，凌晨，余与鸿升分途出发。余仍携西原同行，披荆斩棘，沿山行十余里。及抵石卡，对山中隔绝涧，不能复进。探望鸿升部，竟无一人至，守候良久，仍复杳然。孤军突出，恐被包围，惟有徐徐退回。

余回至八浪登，鸿升又支吾其词。知已不能再言进攻矣，乃将番兵阻险情形，报请钟颖增兵协助。遂商鸿升，固守待援。而番众已逼近八浪登，日夜攻扑，虽经我军击退，然番兵退而复进，相持四日。

一夜二更，时番兵千余，三路呼啸而至，声震山谷。予亲出督战，至四更，始击退。时月黑风凄，山高夜静，怪鸟悲啼，河水咽呜，用兵绝塞，悽恻心脾，觉古人乐府，犹无此苍凉悲壮也。

次日，钟颖遣参军王陵基至，因熟商竟日。陵基力主退兵，云："此去山势险阻，我以两营兵力，深入敌境，彼竭全波密之力，出而拒抗。今粮弹两缺，汲道复梗，波番惯行山地，久之绕出后方，扼险堵截，断我归路，则天堑难飞，欲归不得。计不如退兵纳衣当噶，有险可守，统领尚驻冬九，亦易联络，再请边军由硕板多进攻，以分其势。我军重整师旅，一鼓而进，胜券可操矣。”众韪之，决计撤退。

是夜，三更时退兵。陵基率兵一排先行，鸿升继进，余断后。途次尚无战事，至夹米青波大休息。抵纳衣当噶，已夜半矣。次日黎明起，侦查地形。寨前三里许，有石门焉，极险隘。左有石墙丈许，即高山绝壁；右有横墙如城堞然，峻坂百余丈，下临河，河宽流急，对河亦高山绝壁。

石门宽六七尺，出石门，即斜坡，纡曲而下。相传藏兵屡与波番鏖战于此，乃古战场也。日久城堞虽毁，而遗址犹存。余乃就旧址，亲督官兵日夜修筑，两日即成，且于墙外加掘深濠，即以一队驻石门。石门后半里，有横溪，久涸，驻兵一队，中筑横墙数段，防对山侧射也。又后里许，鸿升驻焉。余率两队驻寨内。

越三日，番兵大至，屡攻扑，均为击退，死亡甚钜，已停止八日不攻矣。余不时巡视阵地形势，西原均随之往。见左面一带高山皆绝壁，有斜坡数处，可乘险而下，复于横溪左后方，驻兵一队，以备不虞。一日早餐后，余出石门外视查，见傍河一段墙稍低，恐警戒疏忽，番众由此侵入，乃集合官长，指示形势，复令系獒犬数头于墙下。正指画间，忽枪声突起，呼啸声大作，西原急牵余退入石门，则番兵已进薄外濠矣。战移时，番兵伤亡钜，始渐退下，然枪声仍不少减。

时余方踞坐石门左侧岩壁下，令西原回寨制面饼送来。久之，枪声寂然，余以为番兵退走矣。忽我军左后方枪声复起，一传令兵急来报：“番兵已由后方高山缒绳下矣。”余急驰回，留黄督队官守石门，黄即就予坐处坐焉。余行不及三十步，忽闻岩石爆裂声，回视，番兵乘高推石下，一石落黄坐处。黄头伤血流，臂断膝脱矣，后黄竟因伤重而死。使余不先离开，亦不免矣。险哉！生死固有数也。

既而余驰至后方，我军与鸿升部枪声已息，且将番众悉数扑灭矣。盖我哨兵，初见其缒绳下，隐伏不动，迨将下至平地，即排枪齐发。番众约百人，伤亡几尽，俘虏十余人，无一生还者。至是，番兵不进攻者十余日矣。

时钟颖驻兵冬九，已具报入藏，请边军协剿。但往返数千里，须一月后边军方能进兵，乃令我军严守以待。

一日傍晚，忽对河山上枪声突起，猛向溪内射击，幸为横墙所格，无损伤，士兵亦不还一枪。未几，石门复发见番兵蛇行而进，经我守兵力战击退。退移时，复又突至，于是对山枪声亦起，双方激战至三更后，战事始告终结。自后，番兵亦不进攻矣。

越日，时见对山稳约有番兵少数向冬九方面去，而遣赴冬九投文之传令兵回至中途，亦见对山有番兵不少。余料石门天险，屡攻不下，番兵必不肯再攻。但我军屯兵日久，形见势绌，波番定绕出冬九，攻我所必救，则纳衣当噶之兵，可不战而退，因冬九为我军大本营所在也。乃与众共商，石门虽险，终难久守，不如合兵冬九，犹可团结兵力，固守待援。众皆以为然，遂转报钟颖，钟久不决，余等惟有严加戒备而已。

我军自防守纳衣当噶以来，先后二十余战，死亡已达百余人，青燐白骨，触目心伤。数日前巡视防线，闻兵士数人，谈夜见鬼火事。询之，异口同声。余犹斥之。忽一夜，初更将残，一卫士入告曰："对岸鬼火又见矣。"余急出视，则见对岸果有火光高十余丈，色黯淡，不甚光明，再进谛视之，相距不过百丈，见火光圆似箕，大亦如之，有无数人影绕火围坐。时西原随后至，余问有所见否。西原指火光处言曰："火光中时有一二人跳跃往来，君见之否？"余视之，果然。遂下山迹之。行愈近，光愈低，下至河岸，则光渐灭，一无所见矣。

余生平习闻鬼怪之说，然目所亲见者，止一次而已。释氏言天堂地狱随人心境而异，善则超升天堂，恶则堕入地狱，如磁石引铁然。彼浅儒不察，动持无鬼论以非议之，不知“子不语怪力乱神”，固自有其神怪在焉，特不轻言之耳。夫芸芸众生，质本凡庸，生前既无建立，死后自然消灭，此理之常也。若夫忠臣孝子、烈士贞女，仓猝遇变，誓死轻生，精灵不昧，遂呈异状，此亦理之正也。况为国捐躯，魂羁异域，依同袍而不散，乘月夜以现形，此为余所目睹，而亦理所必然。薪尽火传，安可以怪异目之耶。

我军防守既久，番兵已增至万人，其大部则纷纷由对河山后绕出冬九。沿河右岸，处处设伏，以致递送文报之兵，时被对河伏兵射击，死亡不少。至后传递往来，皆须绕山而行，惟牛马驮运粮秣，非遵大道不可，且需兵一队以上护送之。至是，纳衣当噶至冬九之路，已渐梗阻矣。既而番兵大部逼近冬九，仅隔一河，幸拉萨增加步兵两营，骑兵一营，格林砲六挺，已到冬九，兵力尚厚。又数日，番兵已出没冬九至鲁朗之间，不时劫夺粮运，后方交通亦梗阻矣。

于是钟颖大惧，乃飞调我军，集中冬九，余遂偕鸿升乘夜撤退。行三十余里，天甫晓，番兵又追至，我军回兵奋战，毙其百余人，始败退，我军即乘胜退回冬九。

我军退至冬九，时方正午，晋谒钟颖后，即偕各管带登山视察地形。冬九在河之北岸小山上，左为横山，宛蜒直达波密之汤买，长六百余里。由冬九东行二里许，过长桥，向西行，至鲁朗，向东北行，即纳衣当噶也。过桥后，两面高山矗立，小道中通。桥之西岸，乱石巉岩，番兵守之。过此约半里，两面高山，亦为番兵所据，众不下四五千人，至沿河要隘，及横山一带，皆我军守焉。幸河宽水深，番兵不能徒涉，仅隔河不时开枪射击而已。

佥以对岸之敌，不急驱逐，则后方交通一断，粮运不继，危险殊甚，乃连日冲锋出击。虽屡经击退，然番兵乘高据险，退而复集，我军死亡已达三百余人，冬九左侧大山，又为番兵占据。又数日，鲁朗运道已梗，存粮仅支三日。番兵愈集愈众，钟颖乃决计退鲁朗，俟与边军联络再进，免为所困。时四月初旬也，波密气候炎热，乃乘夜全师撤退。令余先以一队出桥，扫清乱石之敌，掩护大军前进，余自率三队断后，并焚毁桥梁，断其追兵。

密议定，至夜四更时，我先头一队冲锋出桥，乱枪轰击，大砲同时猛射，大军乘势前进。一时枪砲齐鸣，声震山谷，弹飞如雨，捷若霆电，余即封闭桥门，纵火焚之。我军且战且行，钟颖体痴肥，不能行，初出桥，见弹火喷飞，光明如昼，惧为枪砲所伤，卧地不起。余选健卒二十余人，更番畀之行。幸是夜番兵猝不及防，火枪土砲，发射迟缓，我军出其不意，以全力猛扑之，故不能抵御，渐次引退，其扼守道路之番兵，亦奔避登山。我军始得安全退出，仅受伤兵士二人，亦云幸矣。

行至中途，遇德摩解粮兵一队至，云："出鲁朗十余里，遇番兵百余人，经力战击退，向山上奔逃，粮秣均无恙。"余甚喜，遂同回鲁朗，已午前十时矣。官兵竟夜作战，不得食，又行甚急，均饥疲不堪，余勉出部署警戒即回。夫役进面饼，西原炒牛肚一盘至，余持饼倚枕而食，食未竟，即沉沉睡去。醒来，漏已三下，残饼犹在手中，疲劳可知矣。

我军入藏经年，行军作战，死亡不少，钟颖乃由川募兵补充。有溆浦人陈遐龄，随黄忠浩入川，任工防营管带，所部大半募自湘西。后川军扩编成师，工防营撤并之，适西藏募兵，乃择其愿入藏者，得百六十人，编为新兵一队，送入藏。官兵以余湘西人，咸愿隶余部。时波密之役，余部死亡甚钜，钟颖即以新兵队补充之。于建制四队外，加编新兵一队。

我军退鲁朗后拉萨得报，大震惊，联豫调钟颖回藏，以左参赞罗长裿出而代之。钟颖得藏友密函，乃大恚。及长裿至，相见无一语，明日封送印册，即匆匆回。钟颖宽厚，得士卒心，濒行，官兵皆泣送之。余与各管带随陈统带送至德摩山下，钟颖召余等入室坐，愤然曰："吾不能臧否人物，而谬托腹心，今竟为所乘矣。"众问故。颖曰："始罗统川边新军，以失机被撤。钦帅置之幕中，司文案。长裿时出怨言，钦帅益衔之，罗跼蹴不自安。适吾赴更庆谒钦帅，罗走送郊外，向吾泣曰：'钦帅不见容，弟不一援手，力求联帅调我入藏，我无死所矣。'吾念在川曾与一度订盟交，遂慨然许之，急为请之联帅，始奏调其入藏焉。今竟乘我之危，多方媒孽，取我代之，此尚有心肝乎?! 吾认贼作友，吾之过也。"言讫，愤骂不已。久之，始别余等，恨恨而行。

［原注・三十一］ 罗长裿者，湘乡罗泽南之嫡孙，以翰林拨军机处行走。工书善文，好谈兵事，调充边军五营统领。赵尔丰初待之以礼，嗣以其乏于苦干精神，又屡为节制，调入幕府，改以凤山摄统领事。罗以原职居幕府办文案，抑郁无聊。钟颖以帝戚，少年得志，豪爽任侠。过昌都时，罗乞其设法调移。钟密电其情于宫内，以内旨风请联豫请调入藏。罗于宣统元年秋，先钟军驰入藏，任参赞大臣。联豫甚爱敬之。迨钟颖至，联豫见其少年轻佻，颇不喜，屡欲以罗易钟，碍于内旨。及是，钟军征剿波密失败，困守

德摩，联豫乃遍札驻藏文武官吏，使论罗、钟优劣。各官承其意，皆称罗优。联豫据以入奏，请易将。军机处惧不敢决。联豫已饬罗长裿率军往代钟，钟大愤怒，不肯返藏，留驻乌苏江观变。迨革命消息至，波密兵变，杀罗长裿，蜂拥回藏。至乌苏江，共戴钟为首，劫运藏饷银，以招变兵，遂逐联豫，据藏。藏局之坏，自是始矣。

先是，联豫拟扩充钟军成师，自四川续招新兵入藏，并调川省候差之参将、游击、都司外委之属入藏，备充将官，谢国梁、周春林、张鹏九、方仲孺辈皆是也。罗长裿接统钟军，见人心不附，遂重用周春林等，引为腹心。钟故部与周等大相诟，势同冰炭，由是激成兵变。俱见后文。谢国梁后受藏人聘为土兵营长，且与钟军鏖战于拉萨云。

第六章　退兵鲁朗及反攻

长裿至鲁朗，颇重射击，日引官长至郊外比射，以定升降。又用川人周春林、张鹏九，鄂人方仲孺三人。周随军入藏任排长，张随运输队入藏任书记，均被撤，流落拉萨不能归。方随新兵营入藏任书记，亦众所不齿者。不一月，周升预备营管带，方、张皆擢升善后委员，日夕不离左右，长裿颇倚重之。后波密平定，长裿委张为冬九理事官，委方为彝贡理事官。犹记方任事之初，寓书遍告朋辈，书中有“弟以武夫而干文事，不啻汗牛充栋”之语，全藏传为笑柄焉。

前敌易帅，多所更张。又值初秋，气候渐寒，予乃令西原随钟颖一同回德摩，清检寒衣。西原初不肯，余许以翌日出发同来，始行。

予回鲁朗后，搜讨申儆，士气大振。波番兵亦严守冬九，不敢越雷池一步。一住经月，赵钦帅始遣彭日升率边军三营，定期由硕板多经春多山，直捣中波密。令我军同时向冬九攻击前进。长裿奉令，因准备粮秣运输，迟四日，始令余率部先进，附格林炮三挺。

[补注] 赵钦帅，指赵尔丰。彭日升等所率三营，为赵尔丰边军统领凤山所辖，当时凤山奉赵命率边军“四营”进攻波密。陈所谓“彭日升率边军三营”，不确，详原注三十二。

余整队出发，沿途皆无波番兵，至冬九桥，亦空无一兵，搜索寨内，居民亦迁徙。余甚诧之，遍搜附近数里，均无人迹，判断边军必已攻入中波密矣。乃急报长祷，请示进止。余是日，即就桥西平原中，刈草莱，张帐幕止宿焉。此地久为番兵所据，尸骨遍野，壁垒依然。余下马凭吊，尤恍惚如闻当日奋呼杀贼声也。

夜半，时闻臭气，不能成寐，秉烛起而迹之，则不少断肢残骸，掩藏土中，余枕畔亦得碎骨数块。盖鏖战久，天又炎热，死亡尸骸不能收殓，以致血化青磷，尸残原野。睹兹遗骸，不禁恻然。

[原注·三十二] 赵尔丰此时已调署四川总督，行在甘孜，得藏中请会攻电，即饬统领凤山督新军前营管带彭日升、西军中营管带顾占文、西军左营管带牛运隆，凡三营自硕板多进军，另饬新军后营管带程凤翔自桑昂（科麦）进军。计凡出兵四营，分两道。自硕板多进之彭日升，曾与陈遇，故陈但知此三营也。其时边军精悍无匹，加以久习边事，深入番境，如在康途。加以全波壮丁多已调攻冬九，故边军入波时，如入无人之境，迅速攻下上波密之春多寺、松宗寺、

薄宗寺等中心地点。波密头目白马青湓，仓卒返救，亦被边军攻破。波民皆逃集中波密，故藏军反攻时，下波密已无一兵矣。

次日午后，长禘亲率大军至。信宿即进，留余殿后。余迟二日始出发，过纳衣当噶、八浪登时，旧垒重经，遍检遗骸，日久天热，悉化虫沙。仅在八浪登山下，寻获刘队官尸身一具，火化，裹包携之以行。余皆残骸满地，碎骨渗沙，无法认识矣。余惟忠诚正气，亘古常存，固不必辨蒋侯之骨，归穆伯之丧也。因在此停止半日，督令士兵，聚残骸于一处掩埋之，始行。

由八浪登前进，经京中、树枝、央噶三山，皆重岗叠岭，高耸入云，远近众山，一齐俯首，而危崖狭道，陡峻异常，我军穷三日之力，始能通过。每上下一山，皆须整日赶行，恒登降于深壑绝涧中。

山中皆千年古树，大数十围，高数十丈，直矗霄汉，荫蔽不见天日。此道偶有番商往来，然负重而行，必须六日始能通过。三日宿山上，三日宿谷底。山上无数弓平地可栖止，故番商恒傍大树根，凿穴隐身，以避风雨。久之，穴宽八九尺，深五六尺，人可挺卧其中矣。然凿穴如此之巨，尤未占全树之半，此真大而无所可用者也。余尝谓材虽栋梁，而生非其地，不遇其人，亦终老穷荒，弃如废材，人之怀瑾抱璞而不遇者，亦尤是耳。

又山中秋高叶落，泉水久浸，遂成积潦，水阴寒而含毒汁。番人饮之，颔下生肉瘤，垂五六寸长，波番无老幼男女皆有之。下山，地势起伏，行半日至汤买。

[补注] 汤买，今称通麦。为波密要冲，其地燠

热，多旱蚂蝗，多泥石流。

薄藏布江横其前，宽十余丈，波涛汹涌，有藤桥通之。大军前进后，已被番人砍断，乃就河岸宿焉。是日，行进甚速。途中渴燥，汗流不止，入河濯巾洗尘，又觉寒透肌骨，不可支。盖波地山高岸陡，溪小水寒，终岁不见天日故也。

[原注·三十三] 按自纳衣当噶至汤买（亦作汤木）之间，凡大山四重，八浪登、京中、树枝、央噶是也。高度皆在四千米左右，然山脚底而河谷深狭，崖路陡险，故觉其高倍常。此山脉为工布与波密之古界，后因波密强悍，工布孱弱，致德摩山以东，鲁朗、冬九、纳衣当噶等村亦为波密民占领也。汤买临薄藏布江，那波密河也。“薄藏布”即波异译，其东北部地势高，称为“波堆”，即上波之义；西南部海拔低，称为“波密”，即下波之义，藏人统称之曰“波部”。汉人不惯呼一音地名，故曰“波密”也。“藏布”者，“清洁者”之义，藏人以称大河之圣洁者。“雅鲁藏布”“薄藏布”同义，又加“江”与“河”字，乃汉人所增益。波密全境，胥属此河流域。各支流皆出于雪山，此带地方雪量甚大，故水源丰富，源流虽不甚长，干流之水量甚大。水急江阔，津梁难施，幸地暖多藤，所在以藤为笮（溜索桥）。汤木桥，以其地名桥之一也。〇凡饮水多含有机质乏于矿质者，其人颈生瘿瘤。曾见多数森林区域，与缺乏食盐之地，其人皆如此，多食海盐及海带足以解之，由两物中多含碘质，故知瘿瘤必由碘质缺乏而起。然则输入碘质于血

液，或吞食碘化物，应足以疗之。波密乏于食盐，而多森林，故其喉瘿特重。

是日，遍寻居民，皆匿不出见。夜，始有一番人至，乃此地小头目也。余悬重赏，募人架桥，诺之。次日凌晨，即引一老番，负藤绳两盘至。沿河上下呼唤甚久，始见对岸来一番人，手携毛绳。于是彼此各持绳之一端，向上流力抛，忽两绳相交结，成一绳，再系索绳，引渡而过。两岸原有石墩，高丈许，中埋木柱，栓桥绳于柱上，即成桥梁矣。对河番人，攀缘藤绳而过。余取所携毛绳观之，其一端系有三棱铁钩，又视老番绳端，亦系一铁球，大如卵，始知两绳相交，即钩结为一矣。渡桥法，人依桥柱，背河而立。有曲木，长尺许，如半月形，紧系胸间，桥绳即由此穿过，另一细绳，系人背上，直达彼岸，一人牵引之。凡渡河之人，仰身倒下，手足紧抱桥绳，手攀足送，徐徐而过，对河一人持细绳，亦徐徐牵引之。

桥既成，官兵陆续渡之。每渡一人，约十分钟之久，全营三日方渡毕。当我军初渡兵一排时，余即继之渡过。初则顺势下降，甚易，仅下视洪涛，不无惴惴耳。迨渡至桥中，绳下坠丈许，距水面亦不过二丈，浪花喷飞，扑面沾衣，不觉惊心动魄。仍竭力攀缘，久之始达彼岸，已喘汗交作矣。

此岸有居民百余户，均已逃避。余驻此两日，俟全营渡毕始行。从此道路稍平，山较少。行河右岸，沙洲七八里，皆木瓜树，郁然成林，树高丈许，结实累累，清香扑鼻。

又行十余里，接长祷令，以彝贡番人复叛，驻军损失颇巨，令余急率部进剿，以清后路。

［补注］ 彝贡，即易贡。今波密县易贡乡。中有

大湖（海子），为西藏产茶之地。

又行数里，遇一司书狼狈至，乃由彝贡逃出者，携之同行。至别夹宿营，询其经过，知大军至汤买，彝贡喇嘛即来投诚，乃留兵一队驻其地。殊官兵垂涎喇嘛寺财物，肆行掠取，遂激变。复聚众千余，围攻两日，驻军不支，被缴械，死伤尤重，生还者不过四十余人而已。

翌日出发，行五十里，沿溪进，途中时见村舍，傍溪右岸。又行十余里，横山阻之，山高而险，山后即番兵所在也。左为大海子，宽里许，长数十里。对岸即彝贡，人户甚多。闻向导云："二十年前，此为小溪。后因左面高山崩溃，壅塞山谷，遂潴为海子，而右岸亦夷为平原矣。"

我军沿海子下流里许，徙步过，水深尺许，遂宿营彝贡。遥见海子对岸，无数烟堆，番兵来往其间。沿岸登陆处，似均掘有壕堑。余部署甫定，边军彭管带日升开到。日升，永绥狮子桥人，入川二十余年，由夫役积功升管带，为边军骁将也。异域相逢，倍动乡情。日升力白愿以全力协助，余甚感之。约以明日拂晓进攻，彭营由左岸登山，我军由彝贡渡海。议定，日升辞去，即军于海子下流五里许之村内。

［原注·三十四］ 入藏川军，多募自市井无赖，军官又多为凤凰山训练之学生，缺乏治军经验，加以钟颖童騃轻佻，但以宽厚博人和，故其军纪极恶。赵尔丰知其不堪用而不敢言，但虑其在川边（西康）滋事，故使绕从北道入藏，以边军卫送之。其与川督赵尔巽函电，曾迭论钟军纪律极坏及钟颖治军无状等事，乃其奏折中则称钟军纪律甚好，沿途受人欢迎云云，

赵之苦心可知，而钟军之一塌糊涂亦可知矣。联豫与钟颖皆满洲人，乃不喜钟而悦罗长裿，亦非无故。此时虽以罗长裿整理该军，罗亦因无人可用，难挽积习，其克定波密，全赖边军力耳。罗之反攻，实未曾遇战事，使遇战事，仍不免于挫败。其军窳败如此，乃毫无自知，竟于假人余威占领彝贡（属中波密）之后，劫掠其喇嘛寺，以致激成民变。此时，白马青瀹已经逃入野山，更无豪酋领率，乃亦发为叛乱，则其为民变可知矣。此事正与民国元年拉萨川军之攻掠喇嘛寺事相同。其时钟颖据拉萨所率领亦是此辈，日夕劫掠市民，肆其淫赌，耗用既尽，又复出劫。民元三月，市民皆穷，乃往劫色拉寺（西藏三大寺之一），寺僧乘垣抵抗。数日后，寺僧突击反攻，民众揭竿应之，钟军反被包围，结果缴械离藏。

收复波密，余实首议，乃以友军不力，致兵败退回。今彝贡小丑，尚烦边军援助，余甚耻之，计非立功自见，不足一雪此恨。乃激励官兵，单独进攻，众咸为感动，愿效死力。乃于上流搜集木船七只，至夜四鼓时，派两队，越过对岸大山进攻。余率兵两队，绕至上流四里处，乘船偷渡。

［补注］ 彝贡海拔仅2000多米，气候温暖，适合多种作物生长，产辣椒、茶等。

时月色昏朦，舟小人多，微波荡漾，左右倾簸，舟不灭者一指。戒士兵，万一番兵发觉开枪，宜定静，一动摇，舟即覆灭矣。幸值昏夜，离敌尚远，平流缓渡，舟行无声，渐近岸，即隐舟芦苇中。余原与越山进攻两队约，候其下至半山，鸣枪为号，余即起而应之。但守候甚久，犹未闻枪声，又恐天明，为敌觉。余遣出侦探回报云："番兵数人一组，围火坐，多已盹睡，毫无警戒。"余遂决心出其不意掩袭之。预计接触后，我越山之两队，当亦下山矣。乃舍舟登陆，鼓励士众，两路齐进，直攻其村寨。番兵闻枪声，始惊醒，稍还枪，即溃不成军矣。我越山两队，已下至半山，适遇被我击溃番兵数百人向山上窜匿，乃猛力射击。番兵不料我军忽又从山而降，退避不及，死亡几尽。一时枪声、喊杀声大作，番兵遂豕突狼奔，向上流溃走矣。此役毙敌三四百人，我军伤亡四人而已。

余集合全营，分三路，沿海子搜索前进。沿岸地势平坦，行十余里，至一大森林，番兵数百，复阻险开枪。中路接战，约半小时，我左右两路兵抄至，番兵被我三面夹击，不支，又四散奔溃。我军就此大休息，约一小时。又行四十余里，皆一带平原细草，风景天然，天已不早，就草原中宿营焉。官兵饥甚，采樵而炊。护兵某，在山后摘回子辣椒甚多。某队在山中搜获牛一头，不及宰杀，即割其腿上肉一方送来。余正苦无肴，得之大喜。乃拌子辣椒炒食之，味绝佳。余生平嗜此味，入藏，久不得食矣，今不图于万里绝荒，又值战后饥苦之际得之。是日，余食之不知几许，但觉腹累累，坐地不能起矣。

是夜，四更造饭，五更又出发。仍沿海子上行，地势起伏，尚无大山，沿途亦无敌踪。行五十里，至一地，忘其名，有居民数十户，但屋宇均极湫隘，远不如工布屋宇之精洁。甫宿营，彭日升率队至，见面致贺，略无愠色。余殊惭负约独进，因约至静室，为述前此战败退兵之耻，欲借此一盖前愆，非敢争功也。促膝倾谈甚久。日升亦颇谅余之苦衷，复商进兵事。侦知番兵大部已退至八阶十四村。由此前进不远，即渡小河右行，余自任之，日升则前进二十余里，即海子极端也，沿海岸行，肃清哲多沟、彝贡即回。

议定，翌日诘早出发，余与日升临岐依依，约以春倾寺再会。时边军均驻春倾寺也。

[原注·三十五] 此云“春倾寺”，应是“春多寺”之误。上波密有两大河谷，东谷通桑昂，以薄宗寺为中心；北谷通硕板多，以春多寺为中心，春多寺也作“倾多寺”，译无定字故也。陈氏写时，因有此异译，偶误缀合耳。他处皆仍作“春多寺”。自春多北逾大山（春多山）即硕板多，故彭日升等边军驻此。

余出发，登山行数里，一带森林密菁，道路崎岖。下山即溪河，宽五六丈，岸高略等，藤桥通之，但引渡器具皆无，幸昨夜携来之老番三人为向导，乃为撤驼鞍曲木代之。中一老番，年八十余矣，极矫健，手攀藤绳，悬身并足，顷刻而过，见者皆为惊叹不置。通事曰：“波密地多藤桥，故村寨中皆牵绳为桥，高四五尺，密如网，便儿童练习也。”番人童而习之，长而娴熟焉。此桥攀渡甚难。中波密山高岸陡，别有所谓鸳鸯桥者，即用藤绳两根，甲绳则系于甲岸高处，徐降至乙岸低处焉；乙绳则系于乙岸高处，而徐降至甲岸低处焉。各悬竹筐，人坐其中，手自引绳，徐徐降下，势等建瓴，往来极便捷也。

我军渡河，又费一日夜之力，全营始渡毕。再沿河进，两岸高山偪狭，时行山腹，时行河岸，军行甚苦。行七十里，至八阶，忽现平原，纵横里许，有居民数十户，又有小喇嘛寺一所。番妇数人来见，细询之，云前日有番兵数十人由此回家矣。

余曰："番兵甚多，当不止此数。"番妇曰："彼等皆由各处征调而来，非一地一村之人，闻战败后，均纷纷由山后逃回家矣。"余将信将疑，仍多方侦探。驻此三日，所得情况亦同，始率队回彝贡。

驻八阶时，余宿喇嘛寺内。官兵半宿营，半露营，傍河岸支帐幕焉。士兵掘来雪晶，巨如斛、小如拳者十余方，洁白莹澈，如水晶，然烈火不能化也。又掘得密蜡数十块，色金黄，微红，中含蜂蚁甚多，栩栩如生。余复至河岸，掘出甚多，满装两袋，驼之归。

次日，一老喇嘛来见，谈十四村颇详，盖极荒僻中之野蛮部落也。复询雪晶、蜜蜡所自出，喇嘛曰："此地绝壁千仞，山岭皆万年积雪，亘古不化，历千万年后，冰凌结晶矣。性极寒，凡眼因热肿痛，以雪晶擦之，痛立止，肿亦消矣。至皮肤病，如疮疥之类，因血热所致者，擦之无不立效。蜜蜡亦蜂巢，削壁上积蜜久，无人取，历千年后，结块如石，遂成蜜蜡，藏人取为捻珠。此二物，皆年久岩石崩落始得之，波密亦惟八阶十四村有之，皆珍品也。"

[原注·三十六] 按此所谓"雪晶"疑是方解石。方解石为石灰石之结晶纯净者，透明如水晶，硬度则远逊之。晶形作方平面，不似水晶之作六角圭形柱状。世人多识水晶，鲜识方解石，以其触体甚凉而质软（爪甲能伤之），遂呼之为"雪晶"欤。喇嘛谓雪山冰凌所结，语属荒诞。冰为水之结晶，加数度热即必融化，热近百度（若在藏中高山，则只需七八十度），即必气化。此水之性，岂容有近火不化者。〇至于蜜蜡、琥珀，则确由树脂或虫蜡入土，矿质渗入

硬化而成。物质入土年久，遂能硬化者，盖由矿质浸入填充其空隙之所致。松脂与蜜初本含多量水分，质软性粘，虫蚁或被粘附同为土覆，则俱化为石。初渐散失水分发生空隙，矿质渐填充之，积年愈久，则矿质填充愈密，终乃全部石化。各种动植物化石，皆同此理。蜜蜡、琥珀，谓为蜂蜜、松脂之化石也。谓为蜂蜜、松脂年久固结而成，则殊有误。

余抵八阶之次日，喇嘛送牛酒糌粑犒师，遂分给官兵食之。是夜，有小牛至屠牛处，宛转悲号，惨不忍闻。次日又如此。余怪而问之，喇嘛曰："凡未离乳之牛，屠其母，血渍地上，百日内。小牛嗅之，尤知为其母也，则号泣悲鸣，尝徘徊至数十日不能去。"余闻之，怅然若有所失。昔余过秦陇，见乡村墙壁间，遍贴长条如广告状，词曰："劝君莫打三春鸟，子在巢中望母归。"可见地无东西，心理则同；人禽虽殊，共此佛性，至若儒家远庖厨，释氏戒杀生，此又仁人之用心也。然则今之手刃父母而自鸣工作澈底者，其视小牛为何如？吾不禁浩然长叹！

余自八阶整旅还，即沿河而下，不渡藤桥，行五十余里，至海岸。从此沿海行，二日至彝贡，沿途村落甚多，不似对岸之寥落。余出发时先遣通事持文告，晓谕各处人民安心回家。余每至一处，必召集人民，多方抚慰，番人大悦。滨海一带，时见水中枯树林立，浮出水面四五丈，其树干犹在水中，不知其高几许也。番人云："二十年前，此地森林甚多，自山崩成海，森林遂大半汩没水中矣。两岸屋宇沉灭海中者，更不知凡几。"复指海中某处，昔日之村落也；某处，昔之喇嘛寺也，及当日山谷变迁情形，历历言之，如闻长爪仙人谈东海三扬尘也。

[补注] “长爪仙人谈东海三扬尘”句，喻世事变迁如沧海桑田。“长爪仙人”，指传说中的神仙麻姑。“东海三扬尘”，意为东海三次变为陆地桑田。典出晋葛洪《神仙传·麻姑》：“麻姑自说云：‘接侍以来，已见东海三为桑田，向到蓬莱，水又浅于往者，会时略半也，岂将复还为陵陆乎？’方平笑曰：‘圣人皆言海中復扬尘也。’”

余将抵彝贡时，见一大平原，围木栅成椭圆状，马数十成群驰逐其中。番人告余曰：“彝贡产马甚富，此即马场也。”近视之，群马奔驰殊雄壮，一枣骝马昂首奋鬣，奔踶疾驰，众马莫能及也。抵彝贡，询诸头目，皆云：“此彝贡名马也。彝贡滨海，海龙出水与马交，故生龙驹。”余笑曰：“涔蹄之泽，亦生龙蛇而育宝马耶？”因喜其英骏超群，出重金嘱为购致，头目等允为物色之，约以五日为期。余授以藏币三百元为订金。是时，长裿驻卡拖。因波酋白马青滃窜入野人山，长裿调余至卡拖，筹商进剿事。余因连日进军，官兵甚疲劳，遂休息一日，始率部开赴卡拖。行两日始至。

余抵彝贡二日，彝贡头目送枣红马至，云此彝贡名驹也。余出视之，英骏不似前日所见者。复邀同辈中善相马者共视良久，亦谓此马鬃尾极粗，恐非良骥。特骨干粗劲，头面雄阔。试乘之，亦了无他异，遂不觉大失所望。

我军退鲁朗后，波番倾巢远出，进屯冬九。边军乘其不备，突入倾多寺，冲其腹地。于是波酋白马青滃大惊，急调冬九大军回救，已无及矣。使钟颖不去，按期早进，则白马青滃可虏而致，波密可完全底定矣。

迨我军与边军会师后，白马青滃率残部数百，越野人山，至白马杠。其极有权势之奢可削（番官女婿之称）林噶，节节顽抗，经边军三战三败，亦窜野人山下之格布沟。余抵卡拖，长畸以余克复彝贡，不假边军之力，欣然嘉慰不已，复商进军格布沟。余以其地荒远，用兵不易，力主招抚。长畸亦同意。于是遣排长王孚，偕一番官前往。

沿途皆悬崖绝涧，历藤桥七处，始至格布沟。其地三面绝壁，河流环绕，后依白马杠大山岭，岸高流急，无路可通，仅藤桥一线，恃为津梁耳。林噶率侍卫百余人，住山上喇嘛寺，山下有百余人护藤桥。番官往返过桥，述明来意。候一日，始准过桥。

王孚等至喇嘛寺，林噶踞高座见之，傲不为礼。王孚等伏谒甚恭，前致词曰："大军之来，因冬九人民屡为工布患，乃奢可削不察问罪之由，误启衅端。今幸天讨已申，波密底定，边军即日撤回昌都，我军因波地无主，静待奢可削早回镇抚，即便撤回。参赞特派某等前来奉迎，请即命驾同回。"反复陈说甚久，林噶犹未深信。又住两日，百计安慰，始率众来降。

经过仁进邦，我军驻兵一营，乃止其随从，告以边军驻卡拖甚多，恐生误会。至卡拖，馆于喇嘛寺，备陈水陆，极盛优渥，但密派士兵监守之，不令出入耳。次日，余往会之，颇疑惧，问参赞何在。余曰："已赴昌都谒赵帅，明日即回。"始安之。

长畸因各处招降番官均解至，乃决定一并诛之。翌晨，长畸至郊外刑场，升座，解林噶及招降番官至，数其罪，咸就缚焉。惟林噶体貌雄伟，年二十余，见长畸升座，知有变，怒目咆哮，不肯就缚。健卒十余人，反接其手，以毛绳紧缚之，犹狂跳奔逃，毛绳尽断。余急夺卫士刀，自后斫之，始扑地就戮。

林噶及各番官骈诛后，遂不能再以计诱白马青滃矣。白马青滃远窜野人山，又无法用兵。于是长裿乃赴昌都，谒赵帅，请示方略。赵为悬重赏，通令各理事官番官，募能生致白马青滃者。适有新任昌都理事官朱慎，晤昌都喇嘛寺管事喇嘛，偶谈通缉白马青滃事，喇嘛曰："余昔游'野番'地三载，为'野人'诵经，颇识各处酋长，不知渠辈今尚在否？"朱慎极怂之，曰："曷往一游。万一有成，以赵帅之力，为子谋一大喇嘛寺呼图克图，不难也。"

喇嘛大喜，赢粮而往。至"野番"地，晤昔时所识酋长，扬言大军数万，已平定波密，现闻白马青滃逃匿至此，将移师压境，宜早为之谋。"野酋"大惊，求计于喇嘛。

喇嘛曰："白马青滃现在何处？""野酋"曰："前已入境，吾等尚拒之，不使过夥惹桥。"喇嘛曰："何不诱而杀之，函首送汉军，可免祸矣。""野酋"踌躇良久，曰："万一波番报复，奈何？"喇嘛曰："既拒其入境，衔恨已深，今不杀之，能保其将来不图报复？祸在眉睫而不顾，遑计后事耶！"

"野酋"大悟，急召各山酋长共谋。数日，乃决定从喇嘛议。竟诱白马青滃过桥，执而杀之，复以强弩守其桥岸。波番见酋长已死，又为弩箭射死十余人，悉散去。喇嘛乃偕"野酋"，函白马青滃首，绕道送至卡拖。长裿重赏"野酋"而去，又送其首入拉萨献功。赵帅以昌都喇嘛功尤伟，遂升为硕板多呼图克图。此役不烦一兵，不费一弹，而能收此全功，诚有天幸，非人力也。

[原注·三十七] 按此所应募喇嘛即诺那也。"诺那"者，类乌齐寺黑教喇嘛。宣统元年，充三十

九族民众代表，谒赵尔丰于昌都，请内附，因留充统领凤山之夷文缮写员。此时应募，入白马岗，说诸土酋擒斩白马青瀹，与土酋函献其首以功授大总管衔，称呼图克图，建诺那寺，拨三十九族差民七十户奉之。〇陈氏此记，虽较韩记翔实，惟亦微有错误。查此时为宣统三年，赵尔丰已赴四川总督任，离昌都已一年矣，罗长祷安能谒之于昌都。又诺那时充凤山夷文书记，非昌都寺管事喇嘛。于理，昌都寺（即江心林寺）系黄教，诺那尚不得入住寺内，安能为其管事僧乎？陈当时在卡拖，但知诺那偕“野番”酋函送白马青瀹首来报功状，未知其应募情形。既得其应募情形于传闻，又系三十年后追忆之作，自不免有用字错讹之处，兹依当时事实校易数字。至于呼图克图，乃转世活佛之称，非赵边使所得授与，韩大载《行状》作“大总管”似较合。且此时赵已入川，授之者亦当为代理边务大臣傅华封或凤山诸人，不应仍为赵尔丰。惟当时傅与凤氏一切仍请示于赵，书为赵授，亦符史法。诺那进入内地后，自称呼图克图，则汉官曾许其假用此种名号，或当时姑妄给札以娱有功，庸亦事之所有。

自波密入“野番”，中界白马杠大山。过山行十余里，雅鲁藏布江横其前，江面宽七十丈余，有藤桥通焉。两岸绝壁百丈，遍生野藤，粗如刀柄。桥宽丈许，高亦如之，皆野藤自然结合而成，不假人工。桥形如长龙，中空如竹，枝叶繁茂，坚牢异常，人行其中，如入隧道，野人呼为夥惹藤桥。夥惹，番语义为“神造”，即神造藤桥之意也。

野人迷信神权，语涉荒唐，原不足据。究之此桥如何结合而成，河幅宽至六七十丈，岸高亦近百丈，此决非人力所能牵引而成者。意者陵谷变迁，匪可思议，安知今日之大江，非太古时之溪流也？今日之高岸绝壁，非太古时之沟渠浅濑也？山溪既生，野藤则当日结合自易，稍加人力，遂成小桥，迨经千万年后，浅流变为巨浸矣，小溪变为大江矣。水力既猛，冲刷日甚，故河身愈久而愈深，河岸亦愈冲而愈阔，而短桥之藤亦愈延而愈长矣。虽其构成之经过不可得见，然以理推断，其所由来者渐矣，非一朝一夕之故也。

[原注·三十八] 按此夥惹桥，跨雅鲁藏布江上，为波密白马岗通珞瑜"野番"孔道。以西文地图按之，其桥当在雅鲁藏布江大峡之南部。雅鲁藏布江峡者，在西藏东南境，喜马拉雅山脉东端。西藏与波密全境之水，皆自此峡泻入印度平原。西藏古昔为内海，赖此峡泄其水，始成陆地，故自有西藏，即有此峡江，绝非古为小溪今为大江也。陈推理论夥惹藤桥生成之理，虽与科学原理吻合，似与西藏地史不能相应。余之推测：疑往时原系一索桥，引岸藤缘附以达彼岸，复以同法，引彼岸之藤达于此岸。彼此牵引排成平桥。复更引其枝，蔓结似隧道，一切皆赖人工导引。因缺乏记载，又无法解释，年久传云"神造"耳。

白马青滃与林噶先后就戳，各处投降番官亦诛戳几尽，于是波人震恐，无所逃死。复有倾多寺呼图克图及营官觉罗涅巴等，聚众数千于八噶山，声言报仇。其地距春多寺八百余里，中隔金珠山，皆荒徼不毛之地，终年积雪，仅每年夏秋可行，余时雪封山矣。长裿恐其窜入，乃派兵一队驻金珠山防之。余以地势荒远，雪山甚大，谏阻。不听，竟派之。队官石姓，山东人也。后驻波军队哗变回藏，此队因大雪封山，不能归，尽为波番杀之；又有谓已逃至三十九族，被藏番所歼，未知孰是。

长裿以波密全境平定，乃筹画善后，分全波密为三县，仿川边例，设理事官治理之。又取中波密喇嘛寺银骨塔解京，献于贝勒载涛，借以表彰平定波密之功绩。此塔以银制成，上嵌珠宝甚多，为呼图克图示寂后焚尸装置之所，各地喇嘛寺皆有之。后闻此塔解至雅州，内地已反正，遂不知流落何处矣。

[补注] 爱新觉罗·载涛（1887–1970），系宣统帝溥仪的叔父。曾留学法国索米骑兵学校。光绪三十四年（1908），以多罗贝勒加郡王衔，任专司训练禁卫军大臣。宣统二年（1910）率军事考察团赴日、美、英、法、德、俄等八国考察。波密之役时，载涛任清廷的军咨大臣并掌管禁卫军，位高权重。罗长裿在京时曾与其有交，故欲以波密所获银骨塔进献表功。辛亥革命后，载涛与载洵等皇族曾组织宗社党。北洋政府曾任命其为将军。日军侵华期间，拒绝到伪满洲国任职，以摆摊为生。中华人民共和国成立后，历任中国人民解放军炮兵司令部马政局顾问、总后勤部民政局顾问、国家民委委员、北京市民委副主任等职。

时边军已撤回两营，彭日升尚率兵一营驻春多，日与官夫役作牧猪奴戏，毫无警戒，亦边军积习使然也。此军随尔丰在藏久，颇能野战，然平时无教育，无训练，驻军时但于营内设更鼓焉。一夕，官兵聚赌楼上，正呼雉喝卢之间，忽番兵百余人，持利刃潜入营，巡更兵方起如厕，番兵突入喊杀。幸楼上官兵闻警，开枪堵击，毙十余人，始遁去。边军亦死伤数人。亦云险矣。

[原注·三十九] 彭日升，湖南永绥人，由行伍积功致新军前营管带。勇敢善战，亦与陈相似，然彭以不学故，治军宽疏如此记所云。其后赵尔丰在川督任内，为保路同志军所困，急调边军入援。彭营进驻在昌都。藏军东犯，彭力战死守，赖以保障全康，以功升标统。民国三年川边镇守使张毅到职，分旧边军为三部，刘端麟统领驻巴塘，刘赞廷为分统驻江卡，彭日升为标统驻昌都，分段设防抵抗藏兵（时藏军沿澜沧江东侵不已）。彭曾率军进援类乌齐，大败藏军于葱坡埂，进勋五位。其年夏，藏军反攻，彭军败退，自是川边军和藏军以瓦合山脉为分界线。至 1917 年 9 月，驻类乌齐炮兵连长擒送越界割草之藏兵二名至，彭按处置间谍法斩之，由是藏军复东侵。时藏军得英人接济之新式枪弹极犀利，边军戍久，师老械窳，彭被俘入藏，不知所终。其营长兼昌都知事张南山，于缴械日投水死。

第七章　波密兵变退江达

边军彭营，不久亦回昌都。长猗移住春多寺，余仍留卡拖。时春林在长猗左右，屡言："哥老会势力已布满全藏，军队尤甚。前此败退鲁朗，乃军队不服从官长命令，而惟彼中会首意旨是从，致有此失。今兵气益嚣张，官长拥虚名而已。我军远屯塞外，脱有事变，危险不可言矣！"长猗在拉萨，即习闻哥老会之名，而深恶之。至波密后，春林又屡以为言，长猗遂思乘此波密平定之时，严加整顿，以除后患。

适驻春多排长王雨膏，因处罚兵士稍失当，哥老会即在郊外"传堂"，罚之跪。其执行首领，一正目也。长猗自喇嘛寺楼上瞥见，而不解其何故，使春林查之。春林以实告，长猗大怒，曰："排长处罚一兵卒，而正目挟哥老会之力，竟可使排长长跪，此尚成何军队耶！"乃严核哥老会组织及其首领姓名，乃知官兵入会者，已占全军百分之九十五。其总公口为"聚集同"，分"仁""义""礼""智""信"五堂，归川人刘辉武、甘敬臣等总其成，即彼中正龙头也，本营军需张子青副之，其重要首领共十三人。其时甘、张等六人驻德摩，余七人驻波密。

长祷乃遣马弁持密札往德摩，令管带保林执甘、张等六人杀之。驻波密首领七人，则密令春林五日后捕杀之。此十月二十七日事也。

既而，武昌起义消息由《太晤士报》传至拉萨。钦署洋文翻译某，乃长祷所推荐者，急由驿传快马密缄告长祷。长祷惶急，急召余至春多寺，引至内室出示拉萨密缄，谓余曰：“大局已生剧变，三数日后，消息传遍全藏，军队恐生动摇。奈何？”余踌躇久之，乃言曰：“塞外吏士，原非孝子逊孙，公所知也。此信传出，兵心必变。彼等皆川人，哥老会势力之大，亦公所知也。不如委而去之，径出昌都，以观其变。”长祷默然，约余出大厅中餐。因密言：“兹事决难成功。吾辈皆官守，何可轻易言去。纵军队有变，傅大臣必进兵镇压，决不听若辈横行。不如暂至江达，再决进退。”余因武昌情势不甚明晰，不敢如何主张，唯唯而已。长祷嘱余迅返卡拖，密为准备。俟约陈统带来此商定，再告。余遂匆匆而返。

是夜，即见士兵窃窃偶语，似已知拉萨消息。时新兵队驻彭褚，相距四十里，乃星夜调其回。司书杨兴武，永顺王村人，年四十余，颇谨厚。余以实告之，嘱为刺探川人行动。兴武曰：“事已至此，不敢诳公。我队亦早有组织，归我掌事，团结甚坚，请勿虑。”余闻之，甚慰。

次日午刻，炮队队官湛某，亦四川驻防旗人也，忽被士兵杀之。继而官长被杀戮、被殴辱、被驱逐者踵相接。盖今晨已得拉萨密信，各部纷纷扰动。兴武多方接洽，幸余素得兵心，数月战役，甘苦与共。又有新兵队多湘西子弟，故军队虽变，犹莫敢余侮也。

次日晨起，长祷尚无函来。甫传餐，则报罗参赞至矣。余下楼迎入，则只身，狼狈不堪。见余，泪潸潸下，无一语。余甚讶之。后一护兵，为长裿携一狐裘至。兵士某，即前夺之，曰：“我辈寒甚，参赞无需此矣。”

长裿入室，余见其身着毪子风衣，内止一袷服。问之，为述：“昨夜二更时，兵变围喇嘛寺。我幸事先得信，不及披衣，即只身逃出。瞑行十余里，始来一护兵扶我。行数里，在路旁番人家得牝马一匹，乘之至此。”言讫，泣下不止。余急取衣请更之。忽报陈统带来，延之入，状尤狼狈，见长裿，叹曰：“参赞不肯出昌都，今如何矣？”相对咨嗟而已。

未几，春多寺之兵纷纷至。见新兵队戒备甚严，休息半小时即前进，本营亦有二百余人随之去。盖此时各以字号相号召，非复从前建制矣。余原有前左右后四队，所存者，止八十余人，皆对余爱戴极深者。

是夜，陈庆仍力主出昌都。余曰：“军队驻春多时，大局未变，出昌都甚易。今番人知我军已变，再由春多出昌都，害莫大焉。”长裿曰：“玉鍪言是矣。”遂商明日即回德摩。迟恐波番有变，则难出险矣。长裿曰：“吾惩办哥老会首密札，已落兵士手，恐至德摩，川人不能容。闻德摩山有小道通拉里，吾到德摩山，即从此道出川边，亦甚易也。”余正虑大军在德摩集合，长裿去不利。如能取道小路出昌都，则大佳。遂力赞其说。

[原注·四十] 所云陈统带，即陈庆。余曾见赵尔丰与赵尔巽函，甚诋其庸。然兹劝长裿出硕板多，实为卓见。春多寺距硕板多最近，波番新定，悍首尽诛，土人仓卒未知革命及兵变消息，安能集合武力截阻归路乎？当时变兵充塞卡拖至德摩，以及工布江达一带，挟诛哥老会首领之怨，随时欲得罗长裿而甘心

之。罗不图与变兵异道东走，乃反从之而西，可谓自投死地也。陈渠珍才能功勋昭然，在变兵耳目中态度超然，对各方无怨，又兼尚有湘黔子弟百余自卫，皆能战之兵，其取大道，从乱兵西旋，自无不可，若罗长椅者，安可与比哉！然罗之必欲西旋者，亦自有故。彼自诩清室忠臣之后，憎恶革命，实畏东归，兼持联豫知遇，又与陈为乡人，思得其用，而素憎边军，不欲再入其境，此所以不听皖人陈庆之言也。其后陈庆竟得生还，而罗死于德摩，其侍从周逊同罗稚子，上书为罗讼冤，牵连于陈。盖痛其误于陈渠珍卡拖之言耶？

次日出发，行两日，至汤买。入夜，陈庆犹未至，有知之者曰："陈统带今日黎明时，率十余骑回向硕板多去矣。"盖其主张出昌都最力，此行如能安全到达，固善，但虑其从兵不多，途中遇险耳。后陈庆竟安全到达昌都，又由昌都而川、而皖。

陈庆，安徽人也。民四洪宪之役，复在张敬尧部任营长，驻长沙甚久。闻余在湘西，曾一度通讯焉。前年，有友人自北平来，偶问及陈庆事，友人曰："陈自洪宪失败北旋。未几，任袁项城陵墓守护队。后因袁墓被掘，陈竟被戮。"未知确否。

[原注·四十一] 陈庆未死，当时（1936）在四川北碚居住。四川将领中，多其入藏时部属。北碚之住宅与生活费用，均各将领供给之也。

[补注] 民四洪宪之役，指民国四年（1915）12月，袁世凯推翻共和，复辟帝制，自称中华帝国大皇

帝，改民国五年为洪宪元年。此举激起全国人民反对，蔡锷、唐继尧等在云南首先起义，宣布独立，进军讨伐袁世凯，各地纷起响应，史称“洪宪之役”，又称为“护国战争”。

晨早，由汤买出发。候长福，久未至，余亲往催之。长福密语曰：“余随大队行，使人刺目，吾将后子一日行。吾声言已同陈统带出昌都，子若为弗知也者，吾自有出险之法。”因顿足叹曰：“悔不听吾子与陈统带之言，早出硕板多，即无此厄矣。”长叹者再。余至是亦不敢强之行，乃以所余大米一袋，留供长福，余则自食糌粑，亦造次颠沛之中，不敢忘麦饭豆粥也。又由其亲信同乡周逊，为选兵士一班随之，余遂告辞启行。

郁郁行六日，至德摩，西原迎余于德摩山下，言笑如常。余抚今思昔，悲怅欲泣，西原惊而问之曰：“君得勿有恙耶?何若是不豫然?”余乃强颜为笑以解之。抵德摩，仍下榻于第巴家中。

时军队解体，哥匪横恣，三五成群，在余室内，亦明目张胆“对识”叙礼。其首领，即贱如夫役，亦庞然自大，众起立，余亦起立；众敬礼，余亦敬礼。号令无所施，权谋无所用，听其叫嚣，天日为暗。

[补注] 对识，即袍哥相见，要各自报公口排行以相识。

时甘、张等先两日已赴拉萨，将谋大举。张子青，贵州印江人，性机警，有才辩，壮游川滇，结识哥老会，众咸推重焉。复随余入藏，由护目而司书、而军需，平时对余甚殷勤，故余待之亦甚厚。波密之役，留其在德摩掌粮秣运输事。时伤兵皆送德摩疗治，子青请优待之，余慨然许其便宜处理。德摩为工布至波密通衢，凡官长兵夫过往者，子青遍交欢之，挥金如土，供应极丰，于是在藏军识与不识，皆慕其名，士兵尤倾向之，遂一跃而为哥老会中之副首领焉。波密兵变后，子青竟不顾余而去，及余民二回家再治乡兵，子青又来依附。余不咎既往，任以指挥，畀以重权，乃矜骄性成，卒为部下田义卿刺杀于辰阳。惜哉！

时大军麕集德摩未动。余颇疑之，密询兴武，亦不知其何意。但闻拉萨来人甚多，不时秘密会议，内容无从刺探。终日乱兵呼朋引类而至，余虽深恶痛恨之，亦无可如何也。乃偕西原，去其家以避之。甫出门，即见兴武疾驰而来，问其故，则请入室谈。因密告曰："参赞已被义号赵本立、陈英等勒死于山下喇嘛寺矣。"余惊惧不知所为。兴武曰："公宜戒备，我即将队伍密为部署，以防意外。"乃匆匆下楼去。西原问故，余曰："此非汝所知也。"因促其先回："余事毕即来。"

移时，陈英偕兵士数人汹汹至。入门，即大言曰："罗长裿阻挠革命，已杀之矣。"予一时不能答。坐移时，始从容言曰："近闻番人颇动摇，此耗传出，恐于我军不利。"陈英曰："我等与长裿同命，彼不死，我等首领不能保。公勿虑。"余默然。又移时，士兵来益众，一兵士向陈英曰："事毕矣。明日可请管带一同至拉萨。"陈英复向余曰："江达某某等有信来，革命事众推公出而领导。请明日即行。"余唯唯应之而已。

时西原已遣人来催。余即乘机出，至西原家，倚垫而卧，默念参赞可杀，余日与豺虎为伍，能幸免乎？不觉泪下。西原问不已，余始为言之。西原大惊曰："似此将奈何？"余曰："明日到江达，再看情形。"西原大哭，留余勿行。余曰："军队已变，无可收拾，达赖虎视境上，必乘机而入，汉番仇恨已深，后患犹堪问乎？覆巢之下无完卵，留此，不独我不能存，即汝也不可保。幸彼辈虽横，对我犹善，是前进犹可望生，留此终必一死。汝必同我去，勿以家人为念。万一藏事可为，吾虽去，不久仍回工布也。”言次，西原哭不已。其母至，又牵衣大哭，母亦哭。余亦哽咽不能成声矣。乃百计安慰之，始止。

未几，兴武寻余至，为言：“彼等明日开拔。标部周书记官、二营胡督队官等，均在江达，主张革命，驱逐联豫、钟颖，组织军政府，推公出而主持。细探此间众意，亦多赞同。因协部有人在此，不便明言。公明日能否同去？”余叹曰：“此事谈何容易。但我不去，安所归耶？明日仍同至江达再议。子宜密探彼辈意志如何，第求免祸，勿问其他。”兴武又曰：“参赞尸身已火化包裹，周逊愿负之行。”余极嘉之。移时，进面食。食已，即偕西原回，而坐客已满，余亦强颜为笑，竭力应付之。至二更后始散。

[原注·四十二] 此云罗长裿被陈英、赵立本等勒死于德摩山下喇嘛寺，他官书亦云缢杀。刘燮丞云，哥老首领某，寻得罗长裿，以绳缚之，系马尾后，鞭马曳行，凡数十里，至喇嘛寺，罗已气绝矣。时罗年五十余云云。则其死之惨酷，不仅勒毙而已。民国元年，罗长裿子刺指血上书讼冤，指控钟颖、陈渠珍等。时燮丞方在北平，住赵尔巽家，悉其控案原尾，所传当实。

次日，黎明起。西原母即来送行，因出珊瑚山一座为赠，高约八寸许，玲珑可爱。谓余曰：“西原随本布（藏人称官名）

远行，谨以此不腆之物，永留纪念。”因顾西原，言曰：“汝若随本布出川，则天涯地角，相见无日，汝其谨护此物。异日见此物，如见吾面也。”言讫，声泪俱下，西原亦泣不可抑。余一再慰之，曰：“此行但赴拉萨，相见有日也。”第巴及各喇嘛均来送行，余一一周旋已，即作辞起身。时部队均已出发，仅新兵队随余而行。

自德摩行两日，至脚木宗宿焉。喇嘛寺呼图克图，及加瓜营官彭错夫妇，均来此送行，聚谈至初更始回。次日晨早出发，呼图克图感余德惠，执手依依，不忍离别。彭错与余尤契好，见余远去，皇皇如有所失，敬献酒呛，情致殷拳。余虽不能饮，亦勉尽三杯。彭错率其夫人双拜马前，泣曰：“彭错老矣，无能为役，本布此去，重会何年？”泣不已。复执西原手泣曰：“汝其善事本布。”赠藏佛捻珠各一。余与西原亦含泪而别。后闻达赖返拉萨，按治交欢汉官者，皆杀之，彭错夫妇，竟寸磔而死。亦惨矣！

是日宿甑巴，范玉昆住此。玉昆娶甑巴藏女，生一子，甫百日。余约其同行。玉昆因怜爱幼子，恐不胜塞外风寒，迟疑不决。余劝之曰：“雪地冰天，携幼子远征绝塞，谁复堪此。但恐大军一去，藏番皆敌人，子身且不能保，又能保全幼子耶？”筹商半夜，不能决。翌晨出发，余再催之。玉昆曰：“公先行。公在江达，必有数日勾留，我即携眷同来。”遂怅惘而别。

余住江达三日，玉昆犹未至。两函促之，初犹复函，支吾其词，后一函则杳如黄鹤矣。玉昆，贵阳人，家寒微，有老母妻室，一子年十四岁。玉昆初以府经历分发成都，适我军入藏，玉昆乃慨然从军，为营部书记，亦欲资此为终南捷径也。与余交甚笃，因年老惮行役，每遇战事，皆留其在后，余则亲治军书焉。后子青由藏归，询玉昆踪迹，云自余去后两月，即为番人所杀，所娶番女及幼子，同时遇害。余年来与黔人往还甚密，每从问玉昆家属，有云其子曾毕业云南测绘学校，后亦不知所往。悲哉！良友不可见，其遗孤亦不知矣，不禁凄绝。

余抵江达时，各部尚未开动，终日纷扰不堪。拉萨来人甚多，密探渠辈意志，有主张革命者，皆官长职员及少数部队；有拥护钟颖者，皆哥老会之流。其时联豫方由川领回军饷三十万，钟颖挟其撤职之恨，嗾使士兵拦劫于乌斯江，即拥此巨资，号召哥老会人，且劫钦署、幽联豫。子青入藏又久，无只字见告，余尤愤甚。虽革命派拥余甚力，然势力远不及哥老会之盛，况钟已劫联，而以哥老会相号召，余又有革命之嫌，去则徒滋扰乱，予藏人以可乘之隙，有百害而无一利。乃决心出昌都，但秘密准备，不使川人知之。

[原注·四十三] 先是，联豫既以罗长裿易钟颖，奏入，清廷不准；又请调钟任左参赞，与罗互易，亦不准。钟与内廷密电相通，既仗内势，愤留乌苏江不进，挺然与联豫及罗长裿相仇。留驻德摩及工布江达等处士兵，仍与钟颖款通。值罗长裿整军纪，锄哥老，失士心，官兵在哥老籍者，皆与钟通声息，仗为护主，罗之惨死，钟实授意焉。当兵变时，初皆云响应革命，罗既已死，首领人选，众咸属意陈渠珍，而哥老川兵，爱戴钟颖宽厚，不乐附湘人，故西进之际，行动思想，并极混乱。钟颖既尚存统领名衔，遂待截劫饷款，借以号召乱军，故乱军纷往依之。钟乃部勒之称勤王军，西行入藏，幽联豫，勒藏人筹饷及乌拉，云将返川勤王。其主张革命之少数官兵，因陈渠珍逃

去，群龙无首，亦多逡行入藏，依附钟颖矣。其后因钟军劫掠淫杀，无恶不为，激成藏人反抗。罗党之谢国梁等，亦组织士兵助藏人与钟军相攻，钟军终被缴械，逐出藏境。达赖自印度返藏。

余初抵江达之日，江达理事官石敏斋设宴为余洗尘，意极殷勤。席间向余长跪请罪。余愕然，不解其意，疾扶之起。乃自述前过，亦文字之误，非有意中伤。余始忆及前在工布清剿时，文牍往复，石恒掣肘，且于联帅处多指摘。查抄厦札一案，石竟谓余受贿少报。余愤极，曾向其科员痛骂之。乃当前一语，事后辄忘。今石见藏局糜烂，余拥兵至，恐余未能释憾，故恐怖若此。余乃温语慰之曰："前者之事，兄惑于人言，若以我为不可友也而弃之。今吾释怨言，好相见以心，兄其许我为友矣。"遂一笑而罢。

余驻江达三日，见大势已去，无法挽救，乃决计回川。因约孟林君至郊外，班荆而坐，密询前进状况。孟林曰："昨夜晚赵帅来札，以藏军叛变，已派兵三营来此防堵。公若出昌都，则误会滋大。宜熟筹之。"余亦颇以为虑。然进既不可，退又不能，再四磋商，惟有走青海、出甘肃一路较为安全，但此路孟林亦不甚悉。闻有三路可至甘肃：其东西两路，沿边境行，人户不少，但道路纡远，须行三四月方到。惟中路一带，平原沙漠，杳无人迹，青藏商人恒往来于此。计程六十马站，行四十日到柴达木，即有人户，有蒙古堡。由此经青海入甘肃境，不过十余日，沿途人烟更多。

余乃归，与兴武密商，兴武力主出青海。因言我军由波密出发，一人一骑，随军驼牛尚有百余头，兼程而进，月余即到柴达木，不宜迂道费时。余因边军将至，进退皆不可，遂决定遵此道而行。密嘱兴武清查人员粮秣，迅速准备，明日即行。

入夜，兴武来见，密报："湘西籍及滇黔籍兵士共一百一十五人，其余川人，可临时遣回拉萨。牛马皆齐备，仅糌粑止余四十余驼，以六十日计算，欠缺尚多，今晚恐筹办不及矣。"余计算粮食勉足一月，此去哈喇乌苏，沿途皆可增购，殊不足虑，乃决定明日诘早即行。令兴武密将此意告知随行士兵，严守秘密。

第八章　入青海

次日黎明前即起，整队出发。甫过桥，川人始有知者，群集桥边叩马相留，余反覆陈述不能留藏之苦衷，众犹强留不已。余即辞别，匆匆而去，盖恐久留生变也。

沿途景物不殊，而今昔异势。回忆波密之役，我死亡将士遗骸未收，魂羁异域。孰无父母，孰无妻子，读古人“可怜无定河边骨，犹是春闺梦里人”之句，不禁恻然心痛，泪潸潸下也。

是日宿凝多。清查人员，共官兵一百一十一人，皆一人一骑。余乘枣骝马，西原乘黑骡，随余左右者，仅马夫张敏，亦汉父藏母所生，藏人称为“采革娃”是也；藏娃一，已杀波番招降营官贡噪之子，皆各乘一马，共一百一十五人，又驼牛一百二十余头，分驼粮食行李。

余入藏两年，薪俸所入，积有藏币（三钱三分）六千余元，皆分给士兵携之，亦虑多财贾祸也；有麝香一百七十两，满装一背囊，令护兵刘金声负之随行。金声，成都人，年十七岁，在川即相随，又不愿入藏，故可信其无他也。殊余出江达之初日，宿凝多，竟未至，亦不知其何时窃负而逃矣。后张子青回家，言此一物也，初为乌拉番人所知，追金声杀而取之；黑夜过江达，为土兵管带谢营兵士所知，又截杀取之；后又为谢管带所知，派兵一排追及夺回，杀十余人，最后谢兵败，复落于藏人之手。藏人因争夺此物，互相杀戮至数十人之多，黄雀、螳螂同归于尽，亦可慨矣。

［补注］ 乌拉，藏语“差役”之意。乌拉番人，指被派来支差驮运的藏民。〇土兵管带谢营，指联豫推行新政后新组建的土兵营，其兵皆为西藏本土人。管带谢国梁，由川军调任。

由凝多改道北进，沿途居民甚多，牛毛帐房相望于道，每帐房牛羊数百成群，小山起伏，道路平夷，接近沙漠。时大雪纷飞，寒冷特甚，幸官兵皆乘马，日行七八十里，尚不觉苦耳。兴武以哥老会之力，颇能约束兵士，途中秋毫无犯，所至尚能相安。余每宿一地，即召地方耆老，询问青海道路，佥以此路往来人少，多不熟习，仅能知其概略，与孟林所言相同。行七日，即至哈喇乌苏。

哈喇乌苏有河流，导源于卫藏布喀集、达喀噶诸池，东流会索克河。番人呼黑为哈，呼山为喇或腊，呼河为乌苏。布喀诸池水皆黑，又多流沙，其《禹贡》流沙黑水欤？二流来会，群山鼎峙，故以义名其水，即以水名其地。旧为达赖食采地，设有营官治理之，赋税所入，悉归私囊，而唐古忒政府不能过问。其地北为黑番，南为三十九族，西藏宫城至此为止，青藏游牧过此则然，盖蒙古、青海、新疆、关陇入藏之总会也。

[原注·四十四] 按：哈喇乌苏，系蒙古语，非藏语。蒙语：哈喇，黑水；乌苏，河也。西藏受蒙古统治甚久，故多蒙语地名。清初对藏用兵，及使节往来，皆用蒙古通译，故地名用蒙古称者颇多，如天湖（藏称朗错，义为天湖）曰“胜格里诺尔”（蒙语天湖之义），黑水曰“哈喇乌苏”是也。此所云哈喇乌苏，系指怒江上游之阿克河谷。此河为怒江之南源（北源即索克河，发源于当拉岭），上游当西藏入青海大官道上，旧为康熙五十八年准噶尔策零敦多布击覆提督康泰等大军之地。当时蒙古向导称其地为“哈喇乌苏”，后遂以为台站名。积年既久，藏人亦习此称。犹之炉霍、定乡，本非藏名，设治既久，藏族人亦惯呼之也。哈喇乌苏台站，系西藏文差之地，后为西藏重镇，常设重兵驻防。其河下游属三十九族，河谷中颇有农地，陈氏所经之地是也。陈氏如沿此河谷西行，即可入当拉岭官道，虽冬季仍难通行，但因往来者多，不至迷途如后文所云。今其所行，全属常人不甚经行之路，即如自凝多入三十九族，便有大道，须经拉里，陈氏则自凝多北行，避越拉里。故其全路线之各地名，甚难考订。只此河谷，以有农村故，得知其为阿克河谷云。

余将抵哈喇乌苏时，遥见大平原中，有人户六七百家，市井殷繁，俨然一巨镇也，又有大喇嘛寺一所，华丽庄严。余窃喜此地人户繁盛，可以休息补充，再赋长征。殊行渐近，见有番兵数百人，持刀枪夹道而立，阵势森严。余甚异之，乃停止队伍，遣舌人前往探询，并告知来意。

[补注] 舌人，指担任翻译之人。三国韦昭注《国语·周语中》“故坐诸门外，而使舌人体委与之”曰：“舌人，能达异方之志，象胥之官也。”

良久，偕一喇嘛至，挥令我军速去，不许停留。时日色西沉，又无篷帐，计无复之，力白假道之意，往复磋商至再，方许一宿即行，指小屋三间栖止。番兵愈来愈众，四面围绕，禁止出入。复与磋商，乃许夫役四人出外取汲。然牛马饥不得食，聊以糌粑饲之，又出重价购糌粑一百包。澈夜戒备。

天明，知不可留，乃收拾起程。幸昨夜取水士兵，觅得一老喇嘛为向导，遂携之行。行约十余里，忽见番骑千余人，张两翼踵至。余行则行，余止则止。众愤甚，请战。余止之曰：“既已通过，何必轻起衅端，妨我行进也。”又行十余里，番骑踵行如故。余乃择地停止，番骑亦停止，因聚众谋之曰：“番人果有异图，昨夜何以不发。今我既前进，何以又复踵追。然番人狡诈难测，意者，我军猝至，调兵未齐，且惧我械利，故隐忍未发耳。今晨大兵毕集，始悉众来追。但相随二十余里，又未逼近者，是必别有企图，欲乘夜袭我。我不及时击破之，一入黑夜，四面包围，则吾侪无噍类矣。”遂决计先发以制之。

余乃分部队为三队，兴武率一队攻其前，余自率一队攻其左，余一队守护行李辎重，兼为援应。时右侧大平原中，帐房甚多，番骑皆下马入帐房中休息。兴武直前攻入，番众出，倚矮墙迎战。我军且战且进，逼进墙边，番众仍顽强抵抗。余乃绕出番兵左侧猛攻之，番众不支，始上马奔逃。我两路猛追，乱枪扫射，番人纷纷落死。追逐三里许，番骑去远，不敢深追，始收队回。番兵死伤三百余人，我军均无伤亡。搜索帐房，已空无一人，惟余粮食甚多。余急驱驼牛至，尽量捆载，整旅急行，不敢久留。

行四十余里，天将暮，至一地，帐幕零落十余处，有小喇嘛寺一所，遂止宿焉。晤一老喇嘛，与之语，甚谨厚。余因叩以番人见拒之意，喇嘛曰：“是必以君等为拉萨叛兵也。活佛前过哈喇乌苏时，曾封存宝物甚多，恐君等劫之，故调兵严防耳。”余曰：“彼果防我，则我既去，又何必追踵追至数十里？恐意尤不止此也。”喇嘛笑曰：“是或有之。彼等见君等畏惧而去，或更得寸进尺，欲乘夜相图，亦未可知也。”又询前进道路，喇嘛曰：“此去行三日，即入酱通沙漠，无人烟矣。”余复问：“闻此去月余，即达甘肃，信否？”喇嘛曰：“此路行人甚少，但闻程途甚远，非一月可能到达。”余颇讶之。

[补注] 酱通沙漠，又作“绛通沙漠”，即藏北羌塘地区。羌塘，藏语意为“北方广原”（酱通、绛通均为译音之别写）。其地大抵包括冈底斯—念青唐古拉山脉以北，昆仑山脉以南，东迄东经91°左右的内、外流区分水岭一线，西止于国境线的广大地区。约占青藏高原总面积的四分之一。南北最宽760公里，东西长约1200公里。地跨西藏自治区的那曲与阿里两地区，达青海的可可西里一带，平均海拔4000米以上，年平均气温在摄氏零度以下，长年干燥、多风、缺氧，故被称为“无人区”“生命禁区”。本书作者因其地植被稀少，风化石砾多，荒无人烟，故以“沙漠”名之，其实非一般所说之沙漠。

归而细询向导喇嘛，喇嘛曰：“我九岁入甘肃塔尔寺披剃，十八岁随商人入西藏，今磨牛重践，已五十年矣。前路茫茫，不能细忆，尤记曩随商人行，两月余方到哈喇乌苏。然尔时正值初夏，气候温和，旅行尚易，今则天寒地冻，行期恐难预定矣。”余闻之，爽然如失。但既已至此，又幸官兵乘马行，较步行为速，至多亦不出两月，定可到达。复令兴武清算粮食，每人尚有糌粑一百三十斤，可供九十日之食，遂安心前进。从此行三日，均无人烟。仅第二日途次，见右侧山沟中，有帐房三四处，其余一带黄沙，四顾荒寂而已。

[原注·四十五] 按：达赖十三世虽好事，初亦未尝奖励战争事。常集民兵，对外来人用压迫退却之方式耀武。历年入藏探险队之迫退，皆以此术成功。其对军队，更因自知火力不如，未敢轻易作战，而又不能不作防堵。其防堵方法，极其滑稽。据荣赫鹏行军日记：英军与藏军初度接触时，见藏军剑拔弩张，以为必先开火。因待其先开火，故逐步进逼，皆未放枪，殊已达两军混立之际，藏军尚未开火。直待英军下令解除藏军武装，已经实施时，藏军官始发怒，拔手枪击杀英兵一人。数分钟内，战斗即告结束。当时藏军之作风如此，前述邓珠恩达之役，亦正如此。〇此役藏军之跟踪不舍者，度亦不过因陈军行踪诡异，疑其为掠取达赖遗存宝物而来，故派队监视出境之意，非乘夜劫杀也。惜其语言不通，情意隔阂，致酿成一场惨祸。

第三日，至一处，天已不早。见山谷中有帐房十余处，因向其借住，坚拒不纳。士兵强入，不可，竟持刀扑杀。士兵大怒，毙其一，余始逃去。余闻枪声，止之无及矣。因戒士兵后勿复尔，恐激怒番人，祸不浅矣。于是鸠居鹊巢，聊避风雪。

翌晨出发，喇嘛曰："从此入酱通大沙漠矣。"弥望黄沙猎猎，风雪扑面，四野荒凉，草木不生。时见沙丘高一二丈，近在前面，倏而风起，卷沙腾空，隐约不可见。逾十余分钟，则空际尘沙，盘旋下降，又成小山。余等初颇惊骇，喇嘛曰："旋风甚缓，马行迅捷，可以趋避也。"沿途无水，取雪饮濯，马龁枯草，人卧沙场，风餐露宿，朝行暮止，南北不分，东西莫辨，惟喇嘛马首是瞻而已。

行十余日，大雪纷降，平地雪深尺许矣。牛马饥疲难行，士兵恒以糌粑饲之。清查驼粮，原可支持三月，今已消耗过半，因力戒士兵勿再以糌粑饲牛马，终不可止。

［原注·四十六］ 此云"酱通沙漠"，即羌塘也。藏语，北方曰"羌"，或译"张"，或译"绛"，译无定字也。荒原曰"塘"，或译"坦"，或译"通"。里塘（理化县）之"塘"，即是此义。科学的解释，则所指为康藏高原之顶部地方，一般为海拔四千米以上，浅丘浅谷错列之地。冬季皆雪，夏季野草丛生，春秋两季甚短。随处有水泉河湖，或沮洳沼泽。因其夏期甚短，草量甚啬，不适为固定牧场，故牧民极稀，汉人视之，比于沙漠。《唐书·吐谷浑传》称为"碛尾"，即谓其类似沙漠，其实与沙漠意义迥别（今世汉康人尚有译"塘"字为沙漠者，其实非是）。陈氏续"沙漠"二字于"酱通"之下，亦从汉人俗称，状其荒凉耳（藏语，山口曰"拉"，而汉人必曰某拉山口；河即曰"曲"，而汉人必曰某曲河；塘即荒原，而曰某塘沙漠，积习如此，未足为累）。〇沙丘与旋

风，为蒙古、新疆真沙漠中之产物，此草原中无之。此节所传喇嘛谈沙丘迁移事，当是谈蒙古沙漠，陈误记入此耳。藏人所称之羌塘（酱通），包括西藏北部与青海西南部地方，此带无沙丘，即陈氏此记，亦始终未见有沙丘也。

余所购彝贡枣骝马，自卡拖出发，即乘之行。经过树枝、央噶、京中三大山，他马则行行复止，鞭策不前，惟此马健行异常，每勒之稍息，亦不可，余始异之，及由江达出青海，余仍乘此马，西原则乘余之大黑骡。入酱通大沙漠后，无水草，众马皆疲惫，每登一小山，亦须下马牵之行。独此马登山时，昂首疾行，不可勒止，众咸异之。乃知波番称为龙驹，确非虚语也。

一日途次，见沙碛中尘沙蔽天，远远而至，众颇骇然，停止不敢进。有顷，行渐近，隐若有物长驱而来，喇嘛曰："此野牛也。千百成群，游行大漠，大者重至八百余斤，小者亦三四百斤。每群有一牛前导，众随之行。此牛东，群亦东；此牛西，群亦西，遇悬崖，此牛坠，群牛尽坠，无反顾，无乱群。大漠中野牛甚多，再进则日有所见矣。但性驯善，不伤人，见者无害。惟遇孤行之牛，性凶猛，宜远避之。"众曰："若遇孤行之牛，我有利枪，何畏焉！"喇嘛曰："牛革厚而坚韧，除两胁及腹部外，恐非君等枪弹所能洞穿也。"言次，群牛横余等奔驰而过，相距仅二里许，行十余分钟始尽。视之，不觉悚然。

[原注·四十七] 此云沙碛，实亦草原之较干燥者。其蔽天尘沙，由牛驰所致，非即沙漠，沙漠中无野牛群也。凡野牛，产于高原顶部，食草饮水，群集

驰走，一牛导群，俱如喇嘛所云。其牛体大力猛，角短而螺曲，鼻长而狭，鼻准下偃如鹰嘴。行居恒避他物，故人鲜遇遘。其物不轻斗，斗则无敌，虽狮虎亦畏之。南北美洲及非洲中心各大高原中皆有，在亚洲为康藏高原之特产。牦牛之体格性质，多与相似。疑犁即野牛之驯化者也。

入酱通大沙漠后，终日狂风怒号，冰雪益盛，士兵多沾寒成疾，或足冻肿裂。因粮食日少，相戒不许再以粮食饲牛马。每宿营时，牛马皆纵之郊外，以毛绳拴其后，两足相距六七寸，听其跛行龁草，防远逸也。一日晨起收马，则余枣骝马竟不知何往矣。一望平沙无垠，踪迹杳然，士兵侦寻甚远，皆无所见。曷胜叹息。西原乃以所乘黑骡给余乘之，自乘一劣马以行。

经六七日后，途遇野骡数百成群，余枣骝马亦在焉。余见而大喜。野骡见人不避，且行且前，或亦疑为其同类也。兵士连发数十枪，毙野骡五。余枣骝马，遂随群奔逃，顷刻即杳。马入骡群，优游自在，诚得其所，余则孤凄一人，踽踽独行，诚马之不若矣。怅望久之，神为之伤。

余等初入酱通大沙漠，喇嘛尤能隐约指示道路。有时风沙迷道，则望日向西北行，既而冰雪益大，天益晦暝，遂不辨东西南北矣。士兵不时呵责喇嘛，余屡戒之，恐喇嘛一去，更无处问津。然每至迷途处，部队停止以待，喇嘛登高，眺望良久，始导之行。行不远，道路复迷。初向东行者，旋又转而向北，喇嘛亦歧路兴嗟，无可如何。于是士兵益怒，呵责之不已，竟以枪击之，或饱以老拳。余亦无法制止矣。

一日宿营后，余从容问喇嘛曰："平沙漠漠，何处是道？子既经过此地，必有山水可为标识者，子其细忆之。"喇嘛沉思良久，曰："由此过通天河，再行数日，即有孤山突起于平原中，地名'冈天削'。我曾在此休息二日，山高不过十余丈，有小河绕其前，又有杂树甚多。沿河行八九日，渐有蒙可罗（番人毛毡帐幕），再行十余日，即至西宁，沿途蒙可罗更多。"余乃多方安慰喇嘛，又复婉言劝戒士兵。

次日，仍随喇嘛前进。复行甚久，前路仍复渺茫，粮食已罄尽矣。日猎野骡野牛，或宰杀驼牛以为食。然大雪时降，沙为雪掩，野兽皆避入山谷中矣。众议休息一日，共商后事。商之至再，令兴武清查人员牛马，计士兵死亡外，尚有七十三人。牛马不时宰杀，及夜间逸失，止余牛马各五十余头。日需三头，止可供半月之粮。众以粮食告匮，惟宰杀牛马代之，凡行李非随身所需，则并焚之。于是尽聚行李于一处焚之，余与西原，仅留搭袋一，薄被一，皮褥一。西原将其母所赠珊瑚塔什袭珍藏，自负以行，于是左负搭袋，右负薄被，腰系连枪，余则负皮褥，佩短刀而已。从此昼行雪地，夜卧雪中，又无水濯，囚首垢面，无复人形矣。

每夜寝时，先合衣偃卧地上，以左肘紧压衣缘，再转身仰卧，蒙首衣中，一任雪溅风吹。次晨早起雪罩周身，厚恒数寸，亦先转身偃伏，猛伸而起，使衣上之雪尽落，以免沾着皮肤，致起肿裂。幸沙漠中积雪虽深，然雪一去则地上枯草如毡，且极干燥。

[原注·四十八] 蒙可罗，即蒙古包。藏族帐幕，皆以毛布为之，毛绳牵引，张地如覆釜，称"黑帐房"。蒙古族帐幕则支木架，而包以毡，圆而尖顶，特称"蒙古包"。青海西北境，皆蒙古族，住"蒙可罗"；其巴颜喀剌山脉以南及黄河流域之部则皆藏族，

住“黑帐房”。〇此喇嘛所谓“通天河”，即金沙江上游穆鲁乌苏河也；所谓“冈天削”，即巴颜喀剌山脉中之昆仑山口也。此山脉之西段，并不高峻，仅因北面之陷落，形成其为分水线而已。惟因北侧陷落之故，每有山峰矗立于纵断各小河谷之侧，所云“冈天削”，应即是其两峰间通道处，今云昆仑山口是也。自此以北，为柴达木盆地，为蒙族游牧地方，故喇嘛云然。然则陈氏一行，此时尚在金沙江流域以南之玉树草原西部。玉树二十五族，中之一族曰“玉树族”，游牧于穆鲁乌苏河上游高地，占地辽阔，寒而乏草，故人户极稀。冬季则集处于河谷下部，弃高原于冰雪。陈氏一队，适行在无人之高原顶部，使其得一河谷，即顺河谷下行，不问方向，则终可得藏人牧场，不至于陷于绝境。惜当时未知此也。

自江达出发时共一百一十五人，牛马二百四十余头，此时已死去四十二人，亡失及屠杀牛马一百九十头矣。粮食将罄，食盐亦已断绝，淡食既久，亦渐安之。缘大沙漠中，几无日无冰雪，寒冻既甚，凡野肉割下，经十分钟即结冰成块矣。质细脆，以刀削之，如去浮木。久之，淡食亦甘，不思盐食矣。非如内地生肉，腥血淋漓也。

自焚装杀马后，道路迷离，终日冥行，无里程，无地名，无山川风物可纪，但满天黄沙，遍地冰雪而已。每日午后三时，即止宿焉。分士兵为六组：以一组敲冰溶水，一组拾牛马粪供燃料，一组寻石架灶，一组平雪地寝卧，一组猎野兽为食，一组发火。

盖大漠中雪含尘沙，不可用，须敲冰溶化为水。冰坚，厚一二尺，取之甚难，每组七八人，敲甚久，始得一二袋，回则满盛锣锅中，用干粪烧，溶化为冷水饮之。燃料纯恃干粪，幸所在皆是，为雪掩盖，掘雪尺许，即得之。每日约须十余袋。沙地无石，又非石不能架灶，须傍山边觅之，得拳石六七块，费时甚久。遍地雪深尺许，先揉雪成小团，多人辗转推移之，愈裹愈大，往复数四，则雪尽而平地见矣。颇干燥，人即栖宿其上。

野牛数十成群者甚多，射杀之甚易。野骡尤驯善易得，有一日得数头者，有间一获者。众既恃以为养命之资，故一宿营，即派多人出猎，以供餐食。此组人员，均选体力强健、枪法娴熟者，擎枪佩刀而往。

初入大漠时，均携有火柴。因沿途消耗甚多，及粮尽杀牛马时，火柴仅存二十余枝矣。众大惧，交余妥为保存之。每发火时，先取干骡粪，搓揉成细末，再撕贴身衣上之布，卷成小条。八九人顺风向排列成两行而立，相去一二尺，头相交，衣相接，不使透风。一人居中，兢兢焉，括火柴，燃布条，然后开其当风一面，使微风吹入，以助火势。布条着火后，置地上，覆以骡粪细末。须臾，火燃烟起，人渐离开。风愈大，火愈炽，急堆砌牛粪，高至三四尺，火遂大燃，不可向迩矣。于是众乃围火坐，煮冰以代茶，燔肉以为食。食已，火渐尽。以其余灰布满地上，俟热度已减，众即寝卧其上，既能去湿，又可取暖也。

[原注·四十九] 此段写开始陷入艰难之际，情景逼真，如读影画。使曾经冬季穿行荒原者阅之，狂笑之余，抚然惨沮也，正如身历其境，遭此艰难也。或疑陈氏三十年后回忆之作，必有附会增益、过情描

写之处，余谓如此遭逢，不惟三十年不应忘却，果使灵性不昧，则虽千百劫，亦不能写来如此真切、如此细致、如此动人。

行雪地久，士兵沾寒，肿足不能行。日有死亡，初尤掘土掩埋，率众致祭，继则疾病日多，死亡日众。死者已矣，生者亦不自保，每见僵尸道旁，惟有相对一叹而已。

余等由江达出发时，皆着短袄、裘帽、大皮衫，足穿藏靴，内着毛袜。行沙漠久，藏靴破烂，则以毛毡裹足而行。行之久，毛毡又复破烂，于是皮肉一沾冰雪，初则肿痛，继则溃烂，遂一步不能行。牛马杀以供粮，无可代步。途中无医药，众各寻路逃命，无法携之俱行，则视其僵卧地上，辗转呻吟而死，亦无可如何矣。

余过雪沟时，稍不慎，右足亦沾雪肿矣。西原恒以牛油烘热熨之，数日后，竟完好如初。计焚装杀马后，又病死十三人，足痛死者十五人，轻病随军跛行者，尚有六七人。

又行数日，至一处，日已暮，忽见大河。喇嘛曰："此通天河也。"时已腊月三十日，众大喜，以为此去冈天削不远矣。共议明日为元旦，在此休息一日，杀马为食，兼猎野兽，遂就河岸止宿。

次晨早起，见河宽二十余丈，无竹木可结舟筏，无桥梁可为津渡，幸时已岁暮，河水结冰，乃踏冰过河。岸旁立有界牌，高约三尺，宽尺许，上刊"驻藏办事大臣青海办事大臣划界处"。喇嘛曰："大漠无石可采，此石乃取自江达，用两牛运负而来，费金数百，过哈喇乌苏时，我曾亲身见之。"

第九章　过通天河

通天河，一名木鲁乌斯河，为扬子江上游，导源于巴颜喀喇山，素称青海要津，今则一片黄沙，渺无人迹。是日，复询喇嘛："此去冈天削尚需几日？"喇嘛初言止需十日，复又言需时半月。众以其语言矛盾，责之。喇嘛默然。兴武曰："此去冈天削，料亦不远。但牛已杀尽，马亦止能供数日之食，疾病又多，徒步蹒跚，再入歧途，即无生理矣。不如先选强健者数人前进侦查，余皆留此出猎，多储野肉，以为行粮，不犹愈乎？"众咸韪之。乃决定兴武选十人前发，余留后以待，约十日为期，即行回报。议定。

是夜，兴武以糌粑一杯馈余，重约二两。余即煮水二锅，邀众分饮之，借以度岁。呼喇嘛久不至，初不疑其有他也。次晨，兴武等出发，再寻喇嘛，不知所在，始知昨夜已亡去矣。极目平原，绝难远窜，意者，畏士兵之暴虐，乘夜逃走。荒郊多狼，喇嘛年老独行，定果群狼之腹矣。为之感叹者再。余等既处绝地，复失导师，惟有静待兴武佳音之至而已。

到通天河时，死亡又约十余人。兴武既去，所余仅三十余人，乃逐日分班派出行猎。西原强欲随行，冀有所获，以延残喘，余亦听之。至晚，抄手而回，一无所得。西原曰："连日大雪，野兽定匿谷中，我明日再往，必有所获。"余急止之曰："可以休矣。士兵分途而出，如有所获，我可分食，汝何苦冒险如是。"西原泣曰："士兵所分几许，命在旦夕，尚何所惧。君如肯行，明日偕往如何？"余见其意甚坚，乃许之。

次晨，士兵犹未起，西原即呼余同出。斜行约二里，入山谷。西原行甚速，闻砰然一声，余前视之，竟毙一野骡。西原方取刀割其腿上肉，余止之曰："割肉几何，不如取其两腿曳之归。"西原极称是。乃截两腿，以带系之，牵曳回。中途来士兵数人，令急往山谷取其余肉，免为狼噬。既归，西原已汗涔涔下矣。瞩予小心看守，复匆匆去，负牛粪一包至，操刀割肉，为多数方块，以通条穿之，燃火烘熟。谓余曰："有如许干肉，可供十日食矣。"是日，士兵亦获野骡、野羊、山兔甚多，皆仿西原法烘干之。

次日，复降大雪。士兵连日出猎，皆无获。从此雪益大，深二尺许，所存野肉，行将告罄，士兵日有死亡。转瞬十日矣，兴武尚无音耗。越日，雪住，天忽开霁。余曰："前途佳音，恐不可望，久守何益，不如前进。"众以为然。

次日复行。沿途野兽匿迹，终日无所遇。仅不少野兔，挺而走原，费弹甚多，仅获四五头，亦杯水车薪也。断食已两日矣，饥甚，所储干肉，仅余一小块，啖其半，分西原食之。西原坚不肯食，强之再，则泣曰："我能耐饥，可数日不食，君不可一日不食。且万里从君，可无我，不可无君。君而殍，我安能逃死耶！"余则泣下。"天下可无洪，不可无公"之语，不图于藏族女子中再见之。痛哉！

［补注］　“天下可无洪，不可无公”，语出《三国演义》。东汉末年，曹操起兵讨伐董卓，所部在荥阳被伏兵所袭，大败，操亦因坐骑受伤，坠落马下，其时，堂弟曹洪飞马赶到，杀死伏兵，并将自己的马让与曹操乘骑，操欲拒，洪说：“你比我重要。天下可以没有我曹洪，但不能没有你曹公。”坚持徒步相随保护曹操突出重围。

士兵亦饥火中烧，惫不能行，复商休息一日。

次日午，闻士兵喧哗声。余往观之，则士兵杨某昨晚死于道旁，今日，众饥不可耐，乃寻其遗骸食之。殊昨晚已为狼吞噬几尽，仅余两手一足，众取回燔之，因争食詈骂也。余闻而泣下，婉劝不止，乃诳以“前方已获一野骡，何争此多少”。为言未竟，果来一士兵，报射得三牛。时众皆饥饿，奄奄一息，至是，精神焕发，皆跃起随之往。至则群狼方争噬，几去其半矣。众急开枪，毙一狼，并畀之归。众皆饱餐，犹有余肉，分携之，以为次日之需。众得野牛饱餐后，复前进。又行二日，未遇野物，前日所携肉已尽，众复恐慌。午后止宿，得野羊一，众分食之，尚难半饱。

有刘某，年五十余，湖南籍，任江达军粮府书记，仓猝追随返川，后亦附余行。时冰雪凛冽日甚，士兵绝食两日，四出行猎，皆空手回。饥甚，无可为计，乃密议欲杀余随身藏娃，以延残喘。托刘一言。余曰：“杀一人以救众人，我何恤焉。只是藏娃肉尽骨立，烹之难分一杯羹，徒伤同伴，奚益于死。”乃止。

入夜，众复乘月色，擎枪入山行猎。深夜始归，获野羊四、野兔七，分脔肉生食，始稍果腹。

次日复行，除沿途死亡，仅存二十余人矣。复疲惫不堪。双目又为风沙所吹，多赤肿，视物不明，日行三十余里即宿焉。

昨晚猎归，已夜深，故晨起甚迟。出发时，余因事令众先行，余行稍后。初犹见士兵远远前进，转过山阜，即人影依稀，又行十余里，踪迹遂杳，即张敏及藏娃亦前进无踪，仅西原一人随余，踽踽而行。再行七八里，天已昏暮，四顾苍茫，不能再进，遂就沟中宿焉。

既而狂风怒号，无数野狼嗥鸣甚急，时远时近，西原战慄欲泣，力请趋避。余至是，亦以必死自期，因极力慰之曰："黑夜迷离，道路不辨，将何之。恐一行动，狼见人影，群集扑噬，即死在目前矣。不如静卧沟中，狼未必即至。倘此身应饱狼腹，又岂孑身所能避耶。"乃布褥地上，与西原同坐，覆以薄被。西原握连枪，余持短刀以待之，因戒西原曰："狼不近至十步，慎勿开枪。"既而风号狼嗥益急，隐约见群狼十数嗥鸣而至，相去不过丈许，无何，又越沟去。时余与西原饿疲已极，不知何时，竟同入睡乡矣。

凌晨，西原呼余醒，天已微明，幸刀枪犹在手中。余笑曰："险哉，此一夕也！"西原曰："我夜梦在家中后山，为狼所逐，足折，老母负我奔。骇极而醒，亦胜似此一夕惊也。"余曰："此疑心致梦也！"遂同起，收拾被褥，出沟，循原来道路行，但见前途苍茫无际，不知何处是道。行行复止，默念："兴武一去不回，今又与众相失，独余与西原孑身行，连枪短刀之外无长物，幸而遇野兽，既非孱力所能猎取，不幸再延一日不得食，又不与众遇，亦僵卧荒漠，有死而已。"西原知余意，亦长叹曰："从此愈行愈远，茫茫前路，吾侪无葬身所矣。"余曰："昨日众行未远，不难寻获。汝勿忧。"言次，忽见道旁有子弹一枚，已沾泥沙，似久遗之物，因拾告西原曰："杨兴武必从此道行，否则无此物也。”西原亦喜。

复前行里许，西原时时回顾，若不忍去，忽大呼曰：“后面有人来矣！”余回视之，因目眊，无所见。伫视久之，果见一人缓步来，渐行渐近，乃马夫张敏也。余不禁狂喜。张敏提一布袋，见余，大哭曰：“我等中途遇骡百余头，驱入山沟。久候公不至，众数派人出寻，均未见。我今晨黎明前，即来寻公。”言已，哽咽不成声。手探布袋，出熟肉一块，重约二三斤，云：“公速食此，即便同回。”问：“众在何处？”张敏遥指左翼山沟中微烟起处，曰：“即此是矣。”余细观之，相去不过三里而已。余正饥苦，得肉，即与西原分食之，立尽，乃偕同归。

至则众方切肉炒食，见余至，悲喜交集。余见地上陈野肉甚多，询知昨日得野骡七头，足供十日之粮。乃与众会商：“如许骡肉，既难负之以行。不如尽一日休息，烘成干肉，则一人可负数日之食。仍沿途行猎，如能日有所获，则留此以备不时之需，更佳矣。”众皆以为然。遂四出搬取牛粪，烘骡肉，以为行粮。

次日，休息一日。晚间清查，每人约有干肉十斤，遂决定明日续行前进。一夜安息。翌日，诘早出发。饱食之后，复得休息，众精神复振，不似前此之颓丧矣。

[原注·五十] 人行雪地中久，日光自雪反射入目之量过多则目暂盲，是为雪盲。此所云“目为风沙所吹，多赤肿，视物不明”，盖雪盲也。西原为藏人，体健，稍能耐之，故能望见张敏行来。

冥行七八日，干肉将尽，又不遇一兽，于是众又大起恐慌。

因忆喇嘛言，过通天河行十余日，即至冈天削，遂日日悬诸念中。见一小阜，以为至矣，近视则非；见一小山，以为至矣，近之又非，日复一日，望眼为穿。在内地几无处无山阜，一入大漠，求一山一阜，亦渺如蓬莱三岛、印度灵山，可想像而不可企及矣。伤哉！

［补注］ 蓬莱三岛，是传说中神仙所居之处。印度灵山，指佛教中传说的佛祖所居灵鹫山。

又行两日，忽见一山，高十余丈，形如掌，下有清泉，傍山而流。水边小树丛生，高仅尺许，细叶粗干，蒙茸可爱，番人称为油渣子，可取为薪。谛视良久，又非喇嘛所言冈天削也。颇失望，犹幸此地既有山水，则去冈天削当亦不远矣。众即就此止宿焉。

余等自入酱通大沙漠后，一片黄沙，万年白雪，天寒地冻，风怒狼嗥。至此，则有山有水，别似洞天，依山为蔽，可以栖息，乃伐薪取暖，猎兽疗饥。是时，火柴止存一枚，士兵生存者，仅十七人。乃分三组，早晚出猎。时众饥甚，望食甚殷，乃候至日中，始回一组，空如也。众皆行愁坐叹，余慰之曰："尚有二组未归，岂均一无所获耶。"少顷，余二组先后回，仅获野兔四头。众生啖之，勉充饥腹而已。

次日，众复出猎，留士兵杨正奇看守行装。正奇见余瞑坐不语，若不胜其愁者，因含泪向余言曰："长安路远，嘉峪关遥，盲人疲众，夜半深池，吾侪其殆于此矣。"余不觉凄然。西原知余意，因为壮语慰之曰："时已季春，天候渐暖，死亡虽众，我辈犹存，是天终不我绝也。况三月程途，已行五月之久，所未达者，亦一篑耳，倘能贾此余勇，奚难到达彼岸。吾人生死，有命在焉，何自馁如是！”余闻西原语，颇自感愧，岂真女子之不若耶？遂奋然而起，忽觉胸襟开朗，烦愁顿除。盖否极泰来，几已先动，虽犹未逢坦途，亦自暗伏佳兆也。

亭午时，众猎归，均无所获。余无奈，登山眺望，冀有所见，乃饥火中烧，步履甚艰，强而后登。观望良久，忽见数里外隐约有物屹立平原中，颇疑之。急下山，令众往寻之，皆惫极，不欲往。余强之行，彳亍至其地，则庞然久僵之野牛头也。高约五尺，大亦如之，其死也，亦不知历时几千百年。大漠奇寒，久而不腐，风吹日炙，遂自僵枯，狼牙虽利，终不能损此金刚不坏之躯壳，故巍然独存，殆将留此以供余等穷途之大嚼也。然头笨重，摇撼不易，仓卒间又无法支解，乃竭十余人之力，推挽至山下，堆积柴薪燔之，且频频浇水。经三小时，唇皮离骨寸许，他处仍不可拔。又以数人更番敲剥，得八九块，巨如掌，以大火煨之，经两昼夜，始稍柔软，可施刀斧。皮厚二寸许矣，作金黄色，饥不择食，味较鲜肉尤佳。幸此三日来，又获野牛、马各一。众已饱餐，犹有余肉，即将煨熟唇肉留之，以为行粮。翌日晨，仍向前进。

[原注·五十一] 野牛头大如此，革坚如此，则谁人砍堕此地，颇难置信。余曾读藏人史籍，《布肉列吉传》云：“龙昂篡位，以王后为马牧。后于牧马处，梦与耶拉香波山神交，产一掌大血团，微能摇动，口目均无，遂置入温暖之野牛角中，束裤两脚以掩之。数日往视，出一幼婴，名之‘曰降格布肉列吉’，义犹角中降生之子也。”初疑角洞中安能育一婴儿，以为藏文含义，或有别解。反复绎之，义皆如此，足见野牛头角确有甚巨者。查兕虎之“兕”字，与犀有

别，而同属牛类，体巨革厚，古以传之。而曾见某笔记（似为《西征日记》）中云，阿咱海子中旧曾见兕，体形极巨。是犀为热带沼泽产物，兕为高原沼泽产物。陈氏所见，盖兕首，昔猎人得，取革以去，遗其首于此。因其革厚，不为狼所咽吞，地寒，又未腐烂耳。

第十章　遇蒙古喇嘛

又行三日，携带之粮又尽。众饥甚，途次获野牛一头，去皮生啖之。竭蹶行十余里，突见人马甚多从后至，众颇惊疑，伫视久之，则喇嘛七人，策骑款段而来。又有驼兽四头，高大异常牛，无识之者。喇嘛忽见余等，亦颇骇异。近前询之，皆下马，操蒙古语。初不解，乃以唐古特语相问答，始知喇嘛皆蒙古人，久住拉萨奢色寺，近以藏中兵变，达赖调兵围攻，战事即在目前，故弃藏而归。遂同行，十余里宿焉。

[补注]　奢色寺，为“色拉寺”之误。“达赖调兵围攻”，指川军攻打色拉寺后，引拉萨战火，时在印度的十三世达赖在英人的唆使下派心腹达桑占东潜回西藏组织民兵攻击驻藏川军。详见《导读》。

喇嘛携有帐幕，到地即架设，且赠余等帐房二，约余至其帐内坐谈。询知余等皆西藏陆军，携有利械，又为避乱而出之，极为尊崇。出面食、果、饼款余，赠余细糌粑一小袋、白糖一包、骆驼二头，又许赠士兵糌粑两包。余既得饱餐，又有骆驼代步，穷途拯救，仙佛慈悲，垂死鲋鱼或不至再困涸辙矣。众以死里得生，咸狂喜，请休息两日再行。余商之喇嘛，亦同意。

次日，喇嘛过余帐中坐谈。余询以此行同至何处即分道矣。喇嘛曰："与君同行四日，即分别矣。君由此前进，约月余，至盐海。过盐海，沿途渐有蒙古堡。又行七八日，至柴达木，乃塞外一巨镇也。由柴达木至西宁，不过十余日，沿途蒙古堡甚多，且汉人在此贸易者亦甚夥。"余问："前进是否沙漠地？有无道路？"喇嘛曰："前进皆平原草地，时有山岗起伏，非如前此之一片黄沙也。但君宜谨记：前进如遇歧路，宜向西北走，勿向东行，自无舛误。我十年前曾一度赴西宁塔尔寺，沿途停住为番人讽经，故于此道尚能记忆也。"余极表感谢。

[原注·五十二] 按内外蒙古、青海西北部、新疆东部各地皆蒙古人，蒙古人皆奉喇嘛教，作喇嘛皆须留学拉萨。此所遇蒙古喇嘛，如系内外蒙古人，应恰好与陈氏一行同道直至湟源、西宁，乃分手别行，因内外蒙古人往来藏地，皆须经过西宁、湟源也。如系青海境内之蒙古喇嘛，则亦应同行至柴达木地方，不至云同行四日而别，因青海蒙古之帐幕冬季皆在柴达木平地也（文中云沿途渐有蒙古包之处）。如系新疆境内之喇嘛，则不取道于此，纵使取道于此，亦必经过柴达木盆地南缘，正应与陈氏同行至盐海附近（即有蒙古包之处），不至如后文之坚决拒绝同行赴盐海。大抵喇嘛在拉萨时已曾见汉军放肆抢劫蹂躏佛教之状，迄兹所遇又系携有利械、饥困已久之军，惧因同行遭祸，故为托词别道，借以避祸耳。下文谢海舞

等图谋喇嘛，陈不能制止，生于其心，见于其面，喇嘛或先已有觉察矣。又喇嘛两度闻枪声皆惊讶穷诘，又行时“枪皆实弹，似早已有备者”，皆足见喇嘛心理。〇又文中“蒙古堡”皆当作“蒙古包”。蒙人帐幕有骨架，有覆毡，汉人呼之为“蒙古包”，与“堡”义不合。

余生长泽国，虽耳骆驼之名，究不识骆驼为何物，至此方知喇嘛所乘，即骆驼也。昔读唐史，见哥舒翰开府西陲，扬威北塞，尝遣人奏事，乘白骆驼行，从西域至长安，万里之遥，兼旬即至。询之喇嘛，喇嘛曰：“白骆驼不常有，惟灰色者遍地皆是，凡行沙漠地，非此不可。以其蹄宽如掌，踏地不陷落，能负重五六百斤，又能耐久，能耐渴，沙漠恒缺水，则杀之，取其胃中藏水以度命。君等行近盐海边，即非骆驼不能行也。”

[补注] 哥舒翰（704—757），唐朝名将，安西龟兹（今新疆库车）人。善战，喜读史。唐玄宗时镇守陇右十多年间，累破吐蕃，威震边外，时有“北斗七星高，哥舒夜带刀，至今窥胡马，不敢过临洮”之民谣，歌颂其功。唐玄宗倚为干城，官至西平郡王兼河西节度使。“安史之乱”中，带病守潼关，兵败被俘，后被安禄山子安庆绪所杀。

喇嘛回蒙，余等度陇，一东一西，分道扬镳，然前进月余，始有人烟，则茫茫前途，覆辙重蹈，颇为忧惧，乃商之喇嘛，约其同行至盐海，再分道回蒙。喇嘛曰：“我仓卒出藏，携粮无多，今又分赠君等不少，倘迂道太远，中途无可采购，则殆矣。”余终以前进尚远，恐又迷道，复与喇嘛计议，忽闻邻帐枪响。喇嘛大惊，问余何故，余亦惊惧，不知所为，答以“勿虑，勿虑”。急出帐视之，乃兵士严少武为同伴谢海舞枪毙矣。余亦不敢穷诘，但委婉向众言曰：“吾侪万死一生，甫逢喇嘛，道无迷失，众获安饱，倘因细故自相残杀，使喇嘛惊惧，弃我而去，则盲人瞎马，不啻自寻死路。”言已，不觉泣下。众皆无语。复至喇嘛帐内，饰词告之曰：“适间士兵擦枪不慎，致伤一人，幸伤甚轻微，已为敷药，当不致死也。”喇嘛始安，复谈移时，告别回帐。

忽谢海舞汹汹至，挟其枪杀严少武之余威，密谓余曰：“我等行囊仅藏币六百余元，纵达西宁，而乡关万里，旅行何资？喇嘛携资甚富，不如劫而杀之，留其一仆为向导，行则资其骆驼，归则资斧无忧。公以为然乎？”余闻谢言，如晴空霹雳，气结不能语。久之，始诡辞答之曰：“子所虑甚是。但喇嘛一行七人，皆体力健壮，吾侪人数虽倍之，而羸弱至此，贸然行之，非徒无益，而害莫大焉。至于尔后资斧，到达西宁后，我可力为筹措，不足虑也。”谢默然退。

余至是，坐卧不安。复密召纪秉钺至，至以谢言告之，曰：“子知其事否？”秉钺曰：“此事毫无所闻。”余叹曰：“喇嘛生死人而肉白骨，我负心劫杀之，世有鬼神，岂能容？世无鬼神，亦安忍？子宜劝戒诸人，慎勿为此。”秉钺去，久不回。余忐忑不能睡，步出帐外，闻士兵喁喁，语甚急。余又虑其反戈相向，乃入帐持短刀，拥被而坐。久之，语声寂然，余亦倦极而睡矣。

次日，拔幕行。众无一语，方幸劝告有效，众已不作是想矣。殊行约三四里，忽谢海舞等六人，向山边飞奔，依土坎开枪，向喇嘛猛射。继而，后方枪声亦起。时喇嘛乘骆驼前行，余与西原在最后，兵士居中。喇嘛闻枪声，回首厉声问余何故，余惊惧不能答。喇嘛即就鞍上，取出十三响枪，向山边回射，其随从亦各出步手枪射之。枪皆实弹，似早已有备者。一时枪声大作，喇嘛中两枪，倒地而毙。又毙其随从二，余四人策骆驼飞奔而逸，顷刻即杳。其余骆驼，亦随之奔去，仅余与西原所乘骆驼犹在。喇嘛行李财物既随骆驼飞去，即许赠糌粑二包，亦口惠而实不至，至可痛心也！

是役仅获十三响枪一枝。谢海舞等六人，则负重伤，卧地呻吟。于是众皆坐地，相觑无一语。余愤然曰："何不前追？"众默然，垂头咨嗟。计无复之，因就山边止宿焉。余责秉钺不能制止，演此惨剧，何所得耶？盖自兴武去后，公口均由秉钺负责也。秉钺曰："众意已决，不敢深言，故亦不便复命。"然详询受伤之人，皆昨主张最烈之人，天眼恢恢，真疏而不漏矣！

是日无粮，乃杀西原所乘骆驼为食，余肉堆积山沟，入夜又为群狼曳去。但闻伤兵终夜呻吟叫苦，又闻呼救声甚急，众皆颓卧不起。次晨起视，则伤兵二人，夜为狼噬，仅余残骸而已。

计自江达出发，共一百一十五人，除沿途死之，及兴武等十人前进无踪，今生存者，耒阳人纪秉钺，云南人赵廷芳，贵州人滕学清，龙山人胡玉林，溆浦人陈学文、舒百川，乾城人曾纪仲，共七人而已。众议仍前进。濒行，伤兵四人，其一伤稍轻，扶杖而行，余二人已奄奄垂毙。独谢海舞宛转地上，号泣曰："众弃我去，忍令就死耶？"余等行不顾。复大声呼曰："君等既不相救，我亦不堪其痛苦，曷以一弹饮我，以速我死。"曾纪仲怜而应之曰："诺。"余急喝之曰："杨兴武等已前进，安知其不具粮食乘马来迎？况患难相从至此，忍自残杀耶！"盖余虽幸其不即死，亦深幸其不速死也。时众亦恶其祸首，咸揶揄之曰：“君稍待，即有乘骑来迎。”遂行。行数里，犹闻其号泣呼救声也。

[原注·五十三] 陈氏所率之人，入羌塘（酱通）后野处兽食，久已失却人性，一旦获遇蒙古喇嘛，恰是穷极无聊之时，获得意外舒快，故谢海舞等兽性勃发，陈亦不面制也。此时，钟颖率到拉萨之士兵，亦正演为暴乱惨剧，与此间谋杀蒙古喇嘛事，如出一辙，而其走入自杀途径，亦正相同。先是波密乱军溃入工布后，经钟颖拥饷相召，附集如蚁。钟乃改称勤王军，率赴拉萨，逐联豫，据扎什域汉军营房，逼迫“商上”筹饷十万两、乌拉五千头，云将返川。藏人利其速去，已筹交六万两，乌拉齐集。官兵既得多金，不肯行，日夜淫赌，一掷巨万。负博者不甘抄手，则劫掠市民，兽性一发，如水溃堤，淫掠屠杀，骚乱全市。市民既空，则围劫色拉寺（三大寺之一），终被寺僧逆袭击溃，于是藏民揭竿群起，扑逐乱军。乱军困守数月，竟出营缴械被俘，押逐出境。时为民国元年春季。此不幸之蒙古喇嘛，盖曾亲见之也。避地来此，仍死于劫杀之下，而劫杀之者，亦仍与拉萨之暴乱军人同归自杀。亦可哀矣。

[补注] 商上，藏语全称为“商卓特巴”，是噶厦政府中为达赖管理财务之官，清代文书中简称其为“商上”。

自劫杀蒙古喇嘛后，粮食已绝，道路复迷，人少，行猎益艰。蹭蹬道上，互相怨怼，日行三四十里即宿。行七八日，沿途皆草地，又多小山，时获野羊、野兔以充饥腹。一日，马夫张敏在道旁获死羊一头，盖狼食之余也，仅余头颈一截，众分啖之，味亦甚佳。时久晴无雪，渴则敲冰嚼之。又行数日，遇野羊一头，跛行沟中，众追杀之。即止宿沟中共啖之，亦十余日来始获此一饱也。西原取所弃肠肚暗怀之归，去其秽，细嚼之，以告余曰："此味殊佳，可食也。"余试之，甘脆异常，共食几尽。晚间饥甚，又嚼其余。已而满口沾滞，抹之，则肠中余粪未尽也。

又行二日，忽天降大雪，冰风刺骨，众益惫。不独野牛、野骡无所遇，即野兔亦潜伏土窟不出矣。勉行二十余里，有小山，略可避风，遂傍山边止宿焉。众饥不可忍，乃杀余所乘骆驼食之。余肉甚多，乃派六人更番守之，以防野狼。至夜，竟为群狼曳去两腿。守兵趋前夺之，狼亦不缓颊，互争甚久。众闻呼唤声，群集，开枪吓之，犹衔其一腿去。少顷，复来狼十余头。众已持枪戒备，众枪齐鸣，始缓步而去。去数武，犹立山头回顾。众惫甚，亦不能追也。

一夜，余登山溲便，距宿地仅一二十步。西原持枪伴余出，忽见黑影蠕蠕而动，谛视之，狼也。西原叱之，不动，开枪击之，始反奔去。住此七日，狼日夜伺其旁，众亦日夜严防之，如临大敌，不敢稍懈。时连日大雪，众亦不能出猎，存肉亦无多，众议困守无益，决于明日冒雪前进。

翌日晨起，雪住天霁。众鼓勇而行，余休息久，亦健步如常矣。行两日，转过山沟，忽见前面地势开朗，一望无际。行里许，即迤衍而下。时地上隐约有牛马蹄痕，余颇异之，止众细视良久。

［补注］ 迤衍，应作“衍迤”。衍迤，繁衍延续。明李东阳《敕封崇安侯谭公神道碑铭》：“及茅分土胙，传其家以芘其子孙，衍迤绵亘，久而不替，亦一代之盛哉！”此处形容地势平缓而下，不突兀。

时晴日当空，见前进向东北行，蹄痕甚多，折而西北行，亦隐约有路。余忆蒙古喇嘛言，乃决向西北行。众亦以为然。行七八里，前方忽见小坪，细草蒙茸，苍翠可爱。旁有小山，山前一湾流水，活泼清浅，溅溅有声，溪宽二丈，水深二三尺。对岸矮树成荫，高与人齐，亦入沙漠来所仅见也。坪中有石堆数处，皆为烟薰，似曾用以架灶者。众咸欢跃，离居人不远矣。遂就草坪止宿，时方午后二时。

是地山水明秀，非复沙漠地之一片荒凉，众亦乘此天色晴和，抖擞精神，入山行猎。去不久，即获野羊二头归，颇肥壮，共饱餐之。日将西沉，胡玉林犹未至，佥谓玉林素强健，又未病足，何迟迟不至？颇以为念。玉林性淳厚，尤勤敏耐劳苦，余等自入广漠，凡凿冰、觅石、取粪、宰割等事，皆力任其劳，数月如一日，众无不爱。不忍中道相弃，约以明日住此一日，寻之。次日，众分途寻觅甚久，皆不遇而归，佥疑只身野宿，必饱狼腹矣，相与嗟叹不置。

次日早起，众议此去居人不远，宜速行。余默念玉林虽失踪，未必即死，倘我一去，虽生亦犹死也。怅怅不忍遽去，而又无以为计。正踌躇间，众复催行。余忽忆前日在分路处，犹仿佛见玉林在后，相距不及二三里，或误向东北行，以致相左。昨日众虽四处寻觅，然疲惫之余，恐行亦不远，故未能相遇。是玉林虽失道，去此或亦非遥。此地既有小山，倘于山头鸣枪，枪声可达一二十里外。玉林闻枪声，知余所在必出，出则山头可以远望而见也。万一鸣枪久，仍不出，则彼必真饱狼腹矣，然后委而去之，亦无慊于心矣。乃以此意告众，且约以各发十枪，一小时再不至，即行。众勉从之。

持枪登山，余随之往。一时众枪齐鸣，未几，枪停，众四处眺望。逾十余分钟，果见有人策骑疾驰而来。近视之，则一番人，抱玉林坐马上至矣。众跳跃欢呼，玉林亦笑语相答。下马，互相慰问。

玉林曰："我前日因足痛，行稍缓。初犹见君等前行，力疾而进，终不可及，渐行渐远，遂不见君踪迹矣。又向前行甚远，忽见山边烟起，以为君等在此。竭蹶至其地，见猎番四人，坐帐幕熬茶。我一时大惊，认为蒙古喇嘛之随从在此，自念命合休矣。猎人初见我，亦甚惊讶。继见孑身至此，乃延入帐幕坐。彼此言语不通，以手示意而已。猎番知余穷途饥甚，款以面食牛羊肉，已饱食三餐矣。但不审君等何往，又不敢贸然而行。适闻枪声甚急，猎番颇惊疑。我知为君等行猎至此，以手语示意，始同其乘马出，果与君等遇矣。"言讫，众既幸玉林克庆生还，复得猎番可为向导，皆喜不自胜。

忆自蒙古喇嘛身死后，久迷塞外，日暮途穷，已无生还之望矣。不图中流一壶，复遇猎番，谓非有天幸耶。然非余恻隐之一念，恐亦不能获此意外之奇缘。"铜山西崩，洛钟东应"，感应之理，捷如影响，亦奇矣哉。

[补注]　"铜山西崩，洛钟东应"，典出《东方朔传》。汉武帝时，未央宫殿上铜钟无故自鸣了三天。帝问东方朔，朔解释道："铜产于山，山与铜有如母子，互有感应。铜钟鸣是感应到有山崩了。"后来果然接到报告说南郡地方山崩了。后作为成语，比喻事物相互感应。

第十一章　至柴达木

余等甚感番人款待玉林之厚，出藏币十元赠之。番人大喜，称谢不已，即招其伙伴，携毳帐、牲畜、猎品至，就地支帐，具面食、牛羊肉款余等。视其猎品，则有猞猁狲皮、狐皮、羚羊角甚多，又有挂面、酥油、奶饼、牛羊肉各食品。挂面质白而良，闻购自西宁者。面以牛羊肉蒸煮食之，尤鲜美无伦。惟淡食已久，初食盐味，反觉喉涩不能下，仍淡食之。余等餐风寝雪，已四阅月矣，乍获面食，又居帐幕，恍如羽化登仙，不徒视藜藿逾珍馐，抑且认番人为故旧矣。

时众惫甚，乃向番人赁牛乘行。牛为青色，小而多力，与内地黄犊等。余等不谙青海语，以手示口，谈甚久，每牛索银八两，且供给日食。余等欣然从之，先给藏币五十元。盖由此至柴达木，尚有十五日行程也。

［补注］　藏币，旧西藏地方政府发行的货币。藏语称“额桑”，意为“银两”（藏银）。分为金属币和

纸币两类，四十余种。面额有一分、两分半、五分、七分五、一钱、三钱、五钱、三两和十两、五十两等多种。清代流行的是银币和铜币两种，银币，以乾隆五十八年钦令西藏铸造的“章嘎嘎布”为标准，每枚重一钱五分，六枚折银一两；铜币，以清末铸造的“雪康”最流行。纸币，1913 年才发行。

次晨出发，番人乘牛前导，余等日乘青牛，夜宿帐幕，饮食供给亦极丰厚，众心大慰。共渡水二十余道，愈行水愈深。陆无道路，水无津梁，使非番人路熟，则众足皆冻，一沾生水，即肿痛不能行矣。沿途树木青葱，高截丈许，道路纡曲，不可辨认，时而穿林，时而渡水，气候虽寒，景物清幽，心神安适，纵辔徐行。行十六日，至柴达木，见无数蒙古堡散布广原，居民殷繁，俨然内地村市也。

柴达木译音为“柴丹”，昔为青海王庭。清初，岳钟琪破罗卜藏丹津十余万众，即此地也，为内外蒙及新疆入藏要道。盖由哈喇乌苏而北有三道，中、东二道至西宁，西道至柴达木，再西进约千里，方至西宁。此路甚迂远，且经酱通大沙漠，数千里无人烟，征行至苦。中道瘴疫甚盛，魏唐北伐，皆遇瘴而返。东道则石堡一城，素极称天险，故吐蕃恃之，凭陵华夏。征诸历史，其地艰险如此，以余身所经历，则艰险更有甚焉。

［原注·五十四］ 按自西宁至拉萨有东西三道：西道沿青海湖经柴达木折南，沿金沙江上源之穆鲁乌苏，逾当拉岭至拉萨，旧为军台正站，有当地人沿途设帐支差，凡七十五日而达，鼎革后，此路荒废。东道，自湟源逾日月山，穿广大低平沮洳、荒原，渡黄

河至玉树（戒谷多），又穿玉树草原合当拉岭路，更自玉树旁通昌都及西康各地，近时青藏往来，悉取此途。中道沿青海湖经柴达木与西道同，自柴达木径渡通天河合当拉岭大道，前章蒙古喇嘛所说之道，盖谓自西宁东出木瓜湾至玉树之路为东道也。陈氏所行，乃走入无人烟之地，冰雪中向导亦不能辨。西道，当时台站已撤，又值冬季，故途间若在夏季，此带亦时有藏蒙两族张幕游牧，冬令草枯地冻，牧户远徙，故陈氏一行，陷于绝地。兼以不谙道路往复绕折，日行又仅三四十，致费二百余日，始获穿过荒原。其间尚幸获蒙古喇嘛、藏人猎户等之指道，否则纡回数月，亦未必能到柴达木也。〇从来用兵青海者，隋炀帝、唐太宗、清雍正帝三朝为最深入，皆曾穷追土酋，入于荒原。《唐书》呼此荒原为“碛尾”，藏人呼为“羌塘”，本书称“酱通沙漠”者是也。原文“魏唐北伐皆遇瘴而返”句，宜作“隋唐西伐”，此所谓“瘴”指寒瘴言。“瘴”者，漫指不适之气候言之。温带住民忽遇湿热多含微生物之空气则感不适发为疾病，是为“瘴”；骤遇寒冽压过低空气，则感不适发为疾病，是为“寒瘴”，从来征青海者多迫于“寒瘴”而回也。〇石堡城，唐哥舒翰筑，在湟源县西南日月山下，今遗址尚在。自石堡城经玉树入藏（即青藏东道），为唐代汉藏往来大路。文成公主下嫁由之。〇又原书“再西进”句，“西”当作“东”。附青藏交通路图，示陈氏所经路线。

任乃强手绘《艽野尘梦》地图，《康导月刊》连载本

[补注] 清雍正元年（1723），驻牧青海的固始汗孙子罗卜藏丹津，想恢其祖对康青藏地区的统治，发动叛乱。清廷命抚远大将军年羹尧为帅，四川提督岳钟琪为参赞大臣，率军镇压。次年平定。罗卜藏丹津降，被赦免死罪，留住北京，后迁内蒙古居住。罗卜藏丹津之乱平定后，清廷对青海地区的行政建制作了重大改革，置西宁办事大臣，管理青海事务；又划分青海蒙古二十九旗，由中央政府直接管辖。

柴达木至青海，尚有五百余里，其中三百余里皆盐淖，须改乘骆驼，遂在此小住。次日遇一喇嘛，相见极亲暱，自言甘肃北大通人，而为僧者，来此十年矣，各处番人时延其诵经祷佛。询知余等皆汉人，由西藏回，极称达赖、班禅之神异，宛然一生佛也。余实一无所知，姑饰词应之。喇嘛尤兴会淋漓，邀余过饮。余携西原同往，至一蒙古堡，即其寄宿处也。献奶茶糖饼已，又宰肥羊款余。止之不可。更解去外衣，手自毛炰胾羹。既而具熟肉面食，味绝美。又出蒜辣一碟，尤生平所嗜，而久未得食者。一餐之后，果腹充肠，感东道之殷勤，遂忘北来之饥苦矣。

[补注] 毛炰胾羹，意为烤炙乳猪做成肉羹。语出《诗·鲁颂·閟宫》：“毛炰胾羹，笾豆大房。”刘沅《诗经恒解》：“毛炰，去其毛而炰之。胾（zì），切肉。羹，内汁也。”此处指宰羊切肉炖汤。

次日，复休息一日，购备面食，并雇骆驼代步。喇嘛又引一丹噶尔厅商人至，亦汉人久商是地者，云：“此君明日将回丹噶尔，可为君等伴侣，不须再觅向导也。”其人姓周，别号瑶青，年四十许，自言素业商，往来青海二十余年矣，前进道路极熟习。余大喜，约明日早餐后起身。

翌日早餐时，喇嘛复来送行，馈以蒜辣一包，余称谢作别而行。从此行四十里，即入盐淖地，渐渍难行。一望平原旷野，遍生小草，无人烟，无畜牧，无河流。其土壤，视之似甚坚实，踏之则下陷。余尝以枪托插地上，应手而入，深四五寸，水即随之涌出，故行盐淖地，非骆驼则不能行也。

[原注·五十五] 按此所谓“盐淖”，即柴达木盆地中之沮洳部分。柴达木盆地者，青海高原之低凹部，纵横各数百里，地层作锅状，附近水泉，因地层导引，汇集于此区。然无长大河流，而储面甚广，故不为湖海，仅为淖泽。凡水源皆含矿质与微量食盐，倘使储而不泄，则水分逐年蒸发，盐分遂行集积，至成苦卤。湖则为咸湖，淖则为盐淖，惟淖之边缘，新泉涌出之部，始为淡水。又凡咸水，皆不能生长普通植物，故柴达木沮洳地，非惟陷足难行，亦且荒无生物。大道皆依边缘敷设，以其平坦而近淡水也。此所云柴达木，按所记程站，当是噶尔木（格尔木）地方，在沮洳地正南，属于青藏西道路线。陈氏本东向玉树，出东道，盖因蒙古喇嘛戒其遇歧路慎勿向东，遂再三西斜向行，由是入于果纳河谷，出此谷口，遂为噶尔木地方也。此盆地之东南有柴达木河，自东向西流入沮洳区内，附近蒙古包甚多。然此所指之柴达木，决非即此河谷，即自此河谷行五日始尽淖地，若

自柴达木河谷东向都兰，则一日即尽淖也。通常称此地为噶尔木，柴达木河地方方始云柴达木，陈氏所记称柴达木，似即为柴旦（柴丹）。

淖中水咸涩舌，含有毒质，不可饮濯。但每行一二日，必有淡水，或出于淖中，或出树旁，亦无泉源，无井穴。视之，与淖中咸水无稍异，非惯行是地之番人，不能知也。故旅行之人，必以皮革满盛淡水，系骆驼上，随之行。余见同行番人，宰二羊，去肉存皮，缝其破穴，从喉部盛水使满，亦甚便利也。闻商人言，昔回人大举入寇青海，马陷淖中，不能驰骋，大败而还，且误饮咸水，归而痘疫大作，死之略尽。自后，回人亦不敢再犯青海矣。

行五日，过盐淖，皆平原草地，沿途山渐多，路亦纡曲，时见三五蒙古堡，散居山麓道旁。尝一日，宿于小喇嘛寺，寺外蒙古堡甚多，俨若村舍，时有陇商多人在此，收买羊皮。番人方操刀解羊，身手轻捷，砉然响（向）然，批郤导窾，约一小时，十余羊尽解矣，此真庖丁之神技也。

是地居民，皆以游牧为生活，居则支毳幕，衣则氈裘，食则牛羊，行则骡马，逐水草，饮湩酪。水草既尽，又卷帐他去，居无定址，行无旅舍，其贫富即以牛马多少定之。富者每一帐幕，必有牛羊骡马千余头，贫者亦有百数十头，盖非此不能生活也。

一日，途遇番人举家迁徙，驱牛羊骡马数百而至，男女老幼，皆乘骡马行。粮食衣物，锅帐器皿，则以牛马负之，随人行走，无须驱策。惟时见羊三五游行，随地龁草，驱之则走散，听之则行迟。有妙龄番女数辈，袒半臂，执长鞭，款段随行，呼喝照料。又有獒犬十余头，高三四尺，狞恶可畏，时前时后，监视出群之羊，故羊亦畏之。然犬至则羊归队行，犬去羊复逸群出，亦羊性贪顽如是也。

入盐淖后，野牛、野骡已绝迹矣，时见麋鹿成群，游行山上，见人即逸去。余等将至青海时，山岭渐多，频渡溪流。一日入山谷，沿溪而行，有群鹿饮于溪边，见余等至，即奔向山巅去，其行如飞，山高数里，瞬息即达。众持枪射之，不能及也。又行十余里，峰回路转，前有大平原。遥望银河一线，横亘其中，初疑河水结冰，商人曰："此青盐海也。"

海宽里许，其长无垠，商人皆下骑卸装，就海边张幕栖宿。时天尚早，询其不行之故，商人曰："我等须在此取盐，明日方行。"余乃同至河边视之，见冰厚数尺，其坚如石，行至海中，闻冰下海水砰击有声，问盐在何处，商人曰："饭后，君自知之。"遂同回。

晚餐后，商人携革囊一，捆橛杵一束至海边。初以铁橛掘冰，深数寸，再以铁杵凿之，碎冰四溅，久之，成小孔，深二三尺，冰洞穿矣，即有海水一线，喷起数尺。然后覆以革囊，以冰块压其四周，即归。余尚不知其盐在何处也。

次晨早起，随商人等入海取盐，至则昨日空囊委地，今已卓立冰上矣。推倒视之，囊中青盐充盈，粒粗如豆，莹洁有光，色微青，即吾乡药市所售青盐也，较精盐味尤醇厚。天然产物，付之荒漠，殊可惜也。

事毕起行，日已晌午，是日行不远，即宿蒙古堡内，番人招待甚殷勤。又有华服华言商人，闻余等皆汉人，新自西藏来，过谈甚欢洽，云："来此已久，乃贩运西宁布匹、麦面、磁、铁器物，至青海各处易皮革、茸麝者，颇谙番语。"询以前途景况，与周瑶卿所谈均同。馈余香烟一听，云："我素不嗜此，亦友人所赠，特转以赠君。"余喜极，取而吸之，觉头目昏眩不可支，盖不吸此烟已五阅月矣，故乍吸之，反觉不适也。

又行两日，沿途人烟渐密，山麓渐多，且有商人伴行，谈笑甚欢，心神益觉怡悦。至一处止宿，有人户百余，散居平原中，林木清幽，亦所仅见。一老番人来会，精神矍铄，状貌伟岸，率儿童五六人。自道湖南湘阴人，年七十余矣，早岁随左恪靖出关，辗转新疆、甘肃，流落不能归，遂家青海，娶番女，生子，子又生孙。乃知所携儿童皆其孙也，旁一二十许少年，其幼子也。久居塞外，语言生涩，多不可辨，因闻余从西藏归，又同乡井，倾谈甚欢。

[原注·五十六] 此云“人户百余散居平原中，林木清幽”，其地即都兰也，时已设县。柴达木盆地牧民皆蒙古族，都兰为其最大市场，多有汉、回商人住此交易土产。

[补注] 左宗棠（1812—1885），字季高，又字朴存，号湘上农人，湖南湘阴人。为晚清四大名臣之一，在平叛陕甘、收复新疆等历史事件中，为维护国家主权和领土完整，尽心竭力，功勋卓著，官至东阁大学士、军机大臣，封二等恪靖侯。

余询以内地革命事，但知袁世凯为大元帅，孙文为先锋，国号“归命元年”，亦道听途说，且误“民国”为“归命”也。谈次，呼幼子归取鸡蛋十余枚相赠。余亦赠以藏币四元，复请益，因笑曰：“以此饰诸儿发，尚少三元。”余如数赠之，大喜而去。

次晨，余将行，又亲携酒肉来，执别依依。余问：“老人何日言归?”乃长叹曰：“乡音久改，鬓毛已衰，来时故旧凋零，不通音讯已六十年矣。今纵化鹤归去，恐亦人物全非。儿孙在此，相依为命，君问归期，我归无期矣。”相与太息而别。

别老人后，沿山谷行。途中，商人高唱秦声，激昂慷慨，响彻云霄，即谚所称梆子腔也。余等久闻塞外之音，忽听长城之调，不觉心旷神逸，乐能移性，信哉。

入山谷行甚久，逾一小沟，宽六七尺，流水潺潺，游鱼甚多，长一二尺，身圆而肥，充满沟中。众下马以刀刺之，获四五尾，悬之骆驼上。住宿时，众烹食之，因无豆酱葱辣，余与西原皆少尝辄止，仍食羊肉。众大嚼，至夜，皆呕吐，狼藉满地。次晨行不远，余幸略吐即止，西原竟无恙。岂河豚有毒不可食，故能繁殖若是耶?抑鱼食人尸，腥膻不可食耶?后至西宁，遇一医士，询以青海之鱼，何以不能食。医士曰：“凡鱼无不可食者，惟鲲鲕有毒，误食常致呕吐，君不闻鱼禁鲲鲕耶?”余始忆及众贪味美，并鲲鲕食之，然余从此不食鱼，亦四年矣。

[补注] 鱼禁鲲鲕，语出《国语·鲁语上》，韦昭注：“鲲，鱼子也。鲕，未成鱼也。”

次日早起，商人曰：“今日至青海矣。”众喜极，即行。初行谷地，再入沟行，出沟，经大平原。原尽，前临大海，苍茫无际。商人曰：“此青海也。”即止宿海岸。细询青海景况，商人曰：“此海回环二千余里，有无数番族环海而居。中有二岛，有居民五六百户，岛中产麝香、鹿茸，海中产鱼、虾、发菜。九月海冻，踏冰往还，至五月冰解，舟楫不通，遂绝行人。岛中喇嘛甚多，有异僧。凡游青海山岛者，往往裹一岁粮往栖焉。”言已，复同商人至海岸眺望，但见烟霞濛濛，浑无际涯，大过洞庭、鄱阳诸湖，其水皆四面雪山融积而成，潴而不流。时同行番人，亦来观海，余问之曰：“子曾入海岛游览否？”番人曰：“此间惟喇嘛尝往来其间，我但知此海甚宽广，乘马环游一周，须二十八日，其大可知矣。迩来海北多夹坝，亦鲜行人矣。”

次日沿海南行，二日海尽，沿山冈行，地势绵亘。至一处，道左一带小阜，有城垣，广袤里许，大半颓圮，房屋遗址犹依稀可见。商人曰：“此某协城池也，仿佛为富和协，日久不能复记矣。城内驻兵千人，二十年前，番人叛变，一夜尽杀之。”

［补注］ 富和协，为“阜和协”之误。康熙三十九年（1700），清廷派大军平定和硕特营官昌侧集烈杀害明正土司之乱后，移化林协驻打箭炉（康定），改名“阜和协”，负责川边防务。所辖三营，一驻化林坪，一驻打箭炉，一驻道孚。雍正六年（1728），清廷为防准噶尔，迁七世达赖于泰宁（今道孚县八美镇），为加强泰宁防卫，改阜和协为泰宁协，移住泰宁。雍正十二年（1734），达赖返西藏后，撤泰宁协，恢复阜和协之名，仍回驻打箭炉。

再行甚远，沿途房舍喇嘛寺甚多，颇有繁盛气象。是日宿喇嘛寺外民舍内，食物咸备，番人亦多晓汉语者，非复从前之寂寞矣。遇一番人，颇能汉语，与之谈内地革命事，亦但知重建新邦，而不知易帝制为共和也。

次日，复前进，行十余里，不见张敏及藏娃随行。众亦不知，再行数里，亦不见其来。有言其昨晚至喇嘛寺，与一喇嘛谈甚久，晚亦不归，必留喇嘛寺不来矣。余不胜叹惋，既念其相从万里，别离心伤，然彼辈终为番族，恐亦不惯与汉人居，倘得喇嘛相留，在此栖迟，亦未尝不深幸其得所也。

[原注·五十七] 青海湖为中国第一大内陆湖，蒙名库库诺尔，与西藏之天湖（蒙名“胜格里诺尔”）同为喇嘛教之两大圣海，以环海行一周为大功德。沿青海地，原为蒙古族居，近因藏强蒙弱，半已全为藏族所占，蒙族则退入柴达木区矣。自都兰至西宁有二道，一循海之南岸，逾日月山至湟源。陈氏所循系海南路，藏蒙人之绕海诵经祈福者，率自海南向西行，海北向东行，故自都兰东行者应取海北路，藉是绕行半海，亦成功德。汉人不重视此业，故往来常皆取海南也。

自喇嘛寺前进三十里，即日月山。山高不过三四十丈，横亘道中，山阴略有耕地。商人曰：“此地屡次开垦，均因气候太寒，未收成效即罢。”余上至山顶，遥望内地，则桑麻遍野，鸡犬相闻，屋宇鳞鳞，行人往来如织。余等过青海，即觉气候渐暖，冰雪尽消，然一过日月山，则豁然开朗，别有洞天，居民皆宽袍大袖，戴斗笠，乘黑驴，宛然古衣冠也。番人谓：“过了日月山，又是一重天。”信哉！下山行二十里，即宿。

[原注·五十八] 日月山，即《唐书》之“赤岭”，开元二十二年与土番和，竖立界碑于此。原以土石色赤，故曰“赤岭”。竖界碑时，曾以二石琢像日月，以喻信誓之明，故后世称“日月山”。今岭上

二石尚在，未知是唐代遗石，抑后世好事者所补镌也。此山脉自青海湖岸东延抵于黄河，横断南北。北侧深陷为谷，有农村寨堡；南侧平缓为高原，仅堪放牧，故历为汉藏界限。开元二十五年唐蕃败盟，仆碑复战。山北之石保城，为唐蕃往复争夺地，安史乱后自岭以东迄于陇山，皆为吐蕃所有。

次日黎明，复前进。沿途皆汉人，有屋宇、贸易、耕作。且时见乡塾，闻儿童咿唔读书声，顾而乐之。行两日，至丹噶尔厅，遂择旅店投宿焉。

[原注·五十九] 丹噶尔厅，即今之湟源县。

第十二章　丹噶尔厅至兰州

余由江达出发，为冬月十一日，至丹噶尔厅，已六月二十四日矣。长途征行，已历一百九十三日之久，衣服久未洗濯，又无更换，皆作赭黑色。辫发结块，割去非因朝代更易剪发也；须长半寸许，非因年老蓄之也，幸塞外奇寒，尚无臭汗，然前者闻酥酪而香，今则觉腥臭不可闻矣。余等奇装异服，市人咸集店中询问，自视殊觉形秽，乃洗濯更衣，入市购制服物。

是地民俗朴陋，以余等为南方人，又新自藏来，妇女传观，商贾肃敬。子卿返汉，令威归辽，客感沧桑，主观新奇，亦自伤矣。入店市物品，主人咸起立致敬，且出果饼相款，必令饱。

[补注]　子卿，即苏武，出使匈奴被囚十九年，返回汉朝时貌大变。令威，即丁令威，学道成仙后，化鹤回辽东故乡，人皆不识。

次日晨起，至一布店，店主殷勤招待。导入官室，土炕横陈，上布芦席，请余登炕坐。持长方小木匣一，中为数格，分置水烟袋、鸦片灯、酒壶、酒杯、棉烟、火柴、烟杆。首敬酒，再以木匣授余，余略吸水烟，即置匣炕上，店主犹殷殷劝鸦片不已。盖是地无家无烟具，无人不吸鸦片也。

余因购制衣履，羁留一周，旅居多暇，留心风土，乃知是地东西虽属汉人，余皆汉番杂处，风俗狉獉。妇女尚缠足，裙下莲步，不及三寸。服饰既古，文化尤卑，邻店为一私塾，尝见一生久读不能成诵，塾师罚之跪，以草圈罩头上，频加砖石，令其跪诵。余见之骇然。

余所宿店主，年六十余，皓然老叟也。一日冠服送厅官某归，谓其家人曰："厅官哭甚痛。我等亦为之泣下。"余叩其故，店主曰："厅官某（忘其姓名），年逾花甲，无妾媵，夫妇齐眉，仅一公子，来时年十五六。官此二载余，公子就学兰州中学，寒假遣仆迎之。归至离城十五里某处，仆有阿芙蓉癖，入店吸烟。公子久待，归心甚急，遂怒马先行。仆随后至，不见小主人，乃策骑至署。厅官夫妇以为偕公子归矣，大喜。唤公子，不见。问仆，仆饰词曰："入城后，公子即先行矣。"乃遍索不获，始疑仆，固诘之，亦无词。仆素忠实，相从甚久，知有他异，乃悬重赏勒差役缉访。数日无音耗。厅官夫妇日夜哭祷于神，求公子生还。差役遍缉无踪，畏厅官追捕，至离城十里某山寺，祷于神前，祈显示。陟山甚倦，倚神案后假寐。无何，闻有人来祀神，初不之异，既而闻其喃喃自语，似忏悔。细听之，即杀公子凶犯也。因独力难支，急从侧门出，下至路旁，遇相熟数人，语之故，同上山执之。械诸署严讯之，尽吐其实，乃青海盗也。因初探知富商某岁暮至西宁收债归，将从山下过，乃约同党数人伏半山石壁间，垒石以伺之。山下右削壁，左临河，羊肠一线，往来所必经。未几，果见一人乘马疾驰，与富商马毛色相似，乃推石毙之。搜其囊中，书数册而已，他无所获。视其貌，又一翩翩佳公子，非商人也。大骇，曳其尸掩埋石壁间。自知误伤，颇自追悔。番人信佛，乃祈祷于神寺，亦不虞罗者卧其旁也。厅官既痛爱子惨死，又见清社已终，遂挂冠归里。我等因其清廉仁厚，空城往送。具炮火，直送至郊外，洒泪而别。厅官亦自见其子之出，而不见其子之归，故哭之痛，非徒为斯民而堕泪也。”

［**补注**］ 阿芙蓉癖，指吸食鸦片瘾。

店主谈已，叹息者再，余亦为怅然者久也。余尝细按兹事始末，则默默中亦有意似无意。以良吏之子而横遭惨杀，似无天理，乃因其夫妇之精诚感格、胥役之虔诚祈祷而速盗之来，状类自首，又似有神明显示焉。怨毒所积，戕人适以自戕，积善降祥，积恶降殃，天道不大可畏耶！

［**补注**］ 胥役，小官和差役。此指奉命来缉查凶犯的衙门差人。

余住丹噶尔厅七日，制备衣物毕，即乘骡车向西宁前进，计程九十里，道路平坦。抵西宁，见堞楼森严，市廛鳞比，肩摩毂击，往来如织。清时设总兵一，道、府、县各一，青海办事大臣亦建衙于此，乃边疆一重镇也。

车夫导余投逆旅宿焉。闻管弦繁响，歌声杂沓，询之店主，乃一剧团寄宿其中。房舍虽极简陋，然招待颇殷勤，知余为军官，携有枪械，又远从塞外来，更敬礼之。客中忽闻清音，倍增佳兴。

次晨，余方起，忽报客至。颇异之，方出迎，客已昂然入，据炕坐，傲不为礼。又见随从武装兵士多人，立门外。询问甚久，始改容谢曰：“此地方戒严。君等携武器来，胡不入报官厅耶?”余以昨日到甚迟对。询其人，姓颜，湖南长沙人，现任城防营管带，知余来意，又兼乡谊，始问讯寒喧。忽西宁府陈某又至，严诘来历。余对如前，因取枪弹交付之。陈接收讫，颜又转致来意，陈色始霁，谓余曰：“君不言几误会矣。”约余同至镇署谒张镇军。

张立大厅接见。余详述援藏离藏始末，及塞外迷道、部众死亡经过，慷慨纵谈至一小时许。张闻而壮之，乃延入坐。复询问甚详，亦太息曰：“余皖人，官斯三载，囊橐依然，今时移势异，一家三十余口，欲归不能。时方多难，如君英才，飞腾有日，今南归无资，当为竭力筹之。幸勿为虑。”余称谢辞出，归至逆旅。西原见余久不归，惊惧欲泣，至是，始破涕为笑。

既而颜君复来，共话行藏，深为叹息。又约至府衙，晤陈太守，谈藏变经过。陈问：“在川曾识陈宧其人否?”余曰：“此二庵先生也。我到川时，闻已随锡清帅赴六诏矣。”颜曰：“二庵先生，即太守犹子也。”陈复曰：“君南归，一行七人，旅费颇不资。顷晤张镇军，极称君才，共商备文推荐于甘督赵公惟熙。此公怜才爱士，倘一觐面，必有所借重，君亦不必亟亟南归也。”余亦称谢不已。

[补注] 陈宧（1869—1939），字二庵，湖北安陆人，15岁考取秀才。1898年从湖北武备学堂毕业之后，入读北京京师大学堂，1900年后，在荣禄部队任管带。1903~1911年，随晚清名臣锡良（字清弼，光

绪二十九年任四川总督）在四川、云南、辽宁，任军政要职。1912 年入京成为袁世凯的智囊，1915 年被袁世凯派往四川，掌握四川军政大权，故后来的四川军阀多出其门下。1916 年之后，闲居于北京，1939 年病逝于北京。〇赵惟熙（1859—1917），字芝珊，江西省南丰县人，光绪十五年（1889）进士。历任翰林院编修、国史馆总纂、陕西学政、贵州学政。1912 年，署甘肃省都督，主持甘肃军政。1914 年被调为参政院参政、约法会议员。

住西宁三日始行。随从滕学清、赵廷芳，则荐之颜管带处。张镇军、陈太守、颜管带等共馈八十金，张又遣其甥孔某持文同赴兰州。乘骡车行六日始至，寓炭市街客店，店主为太原人。行装甫卸，见店主与店伙喁喁语，颇现仓皇之状。有顷，即有武装兵十余人牵马入，系马柱上，遍入客房，厉声问："此谁行李，尚不收检？"一一抛掷庭中。店主乃请其一人似头目状至内室，谈移时，伴之出。犹微闻其语头目曰："此区区者，幸包涵之。"无何，武装兵皆牵马出。店主始向众客道歉。余愕然不解，固诘之。店主曰："此马军门来省所带马队，士卒极凶暴。顷已馈银二两，始去。亦借打店为名，沿街需索而已。每岁必有一二次来。我等甚苦之。"余闻之，慨叹不已。

次日，孔君来约赴督署投文，谒赵督。立延见，赵貌和蔼。余陈述经过已，赵亦为叹惋者再，引《孟子》"天降大任"一章相勖励，复言："近接川电，达赖已调兵围拉萨。我军万里孤悬，救援不易。倘迁延时日，粮弹两绝，则殆矣。昨中央电川、滇、甘三省筹备援藏。此事殊不易，君能在此稍待，将有所借重。"余亦力白愿供驱策。言毕辞出。

[补注] “达赖已调兵围拉萨”，指十三世达赖遣亲信达桑占东自印回藏调集民兵围攻川军事，详见《导读》。

余由工布回至江达，即不知周逊所在。兴武等遍寻未获，有云已出昌都矣。迨余抵兰州未久，闻周逊亦到，余遣人四出寻之，无所见。又数日，晤督署巡捕胡立生君，亦长沙人也，云：“有同乡周君，控君于督署。”余颇讶之，继思此必周逊所为，因同至督署查之。果周逊，为长裿事，控为余所主使也。遂入见赵督，备陈颠末。赵曰：“乱军之中，人命贱如泥沙，讵能一一理之耶？”乃嘱旅甘湘人出为调解。

翌日，同乡十余人毕集会馆，周逊亦至。余当众详述罗事经过已，因诘周逊曰：“罗公之死，子何所见而指为我所主使耶？吾解衣以衣罗公，推食以食罗公，子所目击也。途次不肯同行，子所主张也。留兵护卫，子所拣选也。杀罗公，乃川人赵本立也，死难地距德摩犹远也。罗公诛杀哥老会首未成，而藏局已变，罗公犯川人之怒，构此弥天之祸，亦子所尽知，而亦子等促成也。子既误罗公以死，今又陷我以罪，子诚何心而忍出此？且子以兵卒入藏，由正目而司书，而推荐于罗公，谁之力也？”余且数且责之。

周逊始而色峭然，继而色赧然，后亦强颜为笑曰：“具状督署，亦聊陈出藏经过耳。且至此旅费已尽，不能归罗公遗骨，借此以求赵督资助也。”余斥之曰：“子乏旅费，胡不我谋，而竟陷我以杀人之罪耶！”周逊默然。众力劝，乃已。

余痛愤之余，万念俱灰，决计辞赵督南旋。赵督赠川资五十金，余乃资遣纪秉钺等回里。余俟其去后，始偕西原乘车取道长安南归，从此朝行暮宿，饱受艰辛。一日行至邠州，时已八月十四日矣，明日即为中秋节，停车休息一日。余亦略市酒肉，与西原共饮。西原曰："囊金将尽，去家犹远。如此破费，何以得归？"余曰："汝言诚是。但囊金有限，到达长安后，终须致书家中，待款方行，汝其勿虑。"正叙谈间，忽一军官至。自言："乔姓，昨阅店中循环簿，知君由丹噶尔厅来。我丹噶尔厅人，特来过访。君住丹时，闻有乔子丹被官府枪杀否？"余问故。乔君曰："我亦革命事败，逃至此地。乔子丹即家兄也，当时被逮捕，我逃至兰州，闻已被杀矣。"余对以住丹不久，亦无所闻，言讫即辞去。

［补注］ 邠州，今陕西彬县。

至晚，复有湘人王君兆庆来会，问余姓名籍贯甚详。乃告余曰："我即王瑞林同胞兄也。我来此四年矣，屡接来书，云已随君入藏，且以堂兄朴卿之故，颇蒙优遇，迄今音信渺然。然此间频传藏军已被番人围缴枪械，杀戮尤惨，迄无从探询真象。顷晤乔排长言，君有同乡陈某，新自西藏归。窃疑为君，至今果然矣。"盖其弟瑞林，由川随余入藏，任司书，藏乱，即随余出青海，途中病故。因以实告之，王君已语不成声矣。适余案上有墨盒，乃瑞林物也，盖上镌有瑞林名号，王君视之，不觉泣下沾襟。复谈出藏经过及此后行止甚久，始别去。移时王君复来，馈以酒食糖饼，谓余曰："君到长安，待款方行，然长安颇戒严，寓中日夜盘诘。吾乡童观察，有巨宅在城内洪铺街，现人去屋空，仅戚君兰生为守是宅。我为君作缄介绍，君寄居其中，省事省钱不少也。"余甚感谢之。王君就案头书就一函，交余携去，即辞归。

次日诘早，乘车前进。七日至长安，径投洪铺街童宅，晤戚君，亦宁乡人也。留余迁入，云："东厢空房，君自择之。"余乃居其最后一栋。前三进空房十余间，尘封已久，无人居住，余与西原略加扫除，购薪炭米面，躬自炊爨，又寓书至家索款。所居室甚幽僻，余日与西原相依为命，跬步不离也。

转瞬又初冬，气候渐寒，添制衣物，囊金将尽。屈指家中汇款，非两月后不能至，长安居大不易，又住二十余日，囊金尽矣。西原曰："家中汇款需时，何能枵腹以待。无已，曷将珊瑚山售之。此山途中摩压，久已碎断矣。"余亦无计，姑携入市求售。行两日无问之者。后至一古董店，售银十二两而归。西原喜曰："得此以待家中款至，不忧冻馁矣。"

余住此多暇，时与戚君晤谈。知邻居有董禹麓君，湘西永顺人，久游秦中，任某中学校长，又兼督署一等副官。为人慷爽好义，同乡多敬仰之。余次日过访，未遇。晤其同居张慕尹，为麻阳人，与之谈，尤亲洽。未几，禹麓归，延至厅中坐。禹麓沉默寡言笑，学通中西，质直无文。余甚敬之。自后，时与慕尹过从，禹麓事繁，亦不及再晤矣。

旅居至冬月初旬，家音犹未至，床头金又尽。囊中余望远镜一具，售之，得银六两。余颇焦忧。余住宅在最后，每外出，西原必送出扃门，坐守之。

余一日归稍迟，西原启门，余见其面赤色，惊问之，对曰："自君去后，即周身发热，头痛不止，又恐君即归，故坐此守候也。"是夜，西原卧床不能起。次日，又不食。问所嗜，对以："颇思牛奶。"余入市购鲜牛奶归，与之饮，亦略吸而罢，不肯再饮。余急延医诊治，医生曰："此阴寒内伏，宜清解之。"一剂未终，周身忽现天花。余大骇。盖襄在成都，即闻番女居内地久，无不发痘死，百无一生者，乃走询医生。医生曰："此不足虑。"另主一方，余终疑之。从此药饵无效，病日加剧。

一日早醒，泣告余曰："吾命不久矣。"余惊问故。对曰："昨晚梦至家中，老母食我以杯糖，饮我以白呛。番俗，梦此必死。"言已复泣。余多方慰之，终不释。

是晚，天花忽陷，现紫黑色。余知不可救，暗中饮泣而已。至夜，漏四下，西原忽呼余醒，咽哽言曰："万里从君，相期终始，不图病入膏肓，中道永诀。然君幸获济，我死亦瞑目矣。今家书旦晚可至，愿君归途珍重，幸勿以我为念。"言讫，长吁者再，遂一瞑不视。时冬月□□日也。

余抚尸号哭，几经昏绝。强起，检视囊中仅存票钱一千五百文矣。陈尸榻上，何以为殓，不禁伤心大哭。继念穷途如此，典卖已空，草草装殓，费亦不少。此间熟识者，惟董禹麓君颇慷慨，姑往告之。

时东方渐白，即开门出，见天犹未晓，此去殊孟浪，又转身回。见西原瞑然长睡，痛彻肺腑，又大哭。

移时，天已明，急趋禹麓家，挝门甚久。一人出开门，即禹麓也。见余仓皇至，邀入坐，问："来何早?"余嗫嚅久之，始以实告。禹麓惊问曰："君余资几何?"余犹饰词告之曰："止存钱五串耳。"禹麓蹙然曰："是此，将奈何?"略一沉思，即起身入内。有顷，携银一包授余，曰："此约有二三十金，可持归为丧葬费。"又呼其内戚罗渊波为余襄理丧事。余亦不及言谢，偕渊波匆匆回。

渊波途次告余曰："禹麓实一钱莫名。兹所赠者，乃其族弟某贩羊寄存之物也。"余唯唯，亦不知如何言谢。既而渊波为入市购衣棺，又雇女仆为沐浴更衣。称其银，得三十七两，亦见禹麓之慷爽高风也。复延僧讽经。午后，装殓毕，即厝葬于城外雁塔寺。余既伤死者，复悲身世，抚棺号泣，痛不欲生。

渊波百端劝慰，始含泪归。入室，觉伊不见，室冷帏空，天胡不吊，厄我至此！又不禁仰天长号，泪尽声嘶也。余述至此，余肝肠寸断矣。余书亦从此辍笔矣。

[原注·六十] 全书描写西原，字字感人，及是记其死况，使阅者亦不禁怃然欲泪。藏族妇女性格大都如此。○“西原”二字，自四川土音读之，不似藏族女性名字。疑为是于归后，陈氏所命之汉名。

附　篇

（一）亡姬西原、琼林合葬墓志

姬，西原，西藏人也。藏俗无姓氏，称以其名。姬生于凯浪，来归于德摩，殡于陕西西安，埋骨于湖南凤凰。其卒在归后三年，其葬在卒后十四年，其病以积瘁不治。其从葬曰琼林龙氏，亦吾姬，实正命于保靖。卒之时日不同，而葬则与西原同一茔域。

［补注］ 其卒在归后三年，指西原嫁给陈渠珍三年后去世。归，意为“于归”，指女子出嫁。

藏俗尚骑射，西原能驰怒马，俛拔卓地尺竿之球，又尝去百步射不失鹄。清宣统二年，余从军入藏，西原来侍，闺处有礼意。越年，余以偏师战八浪登、战纳衣当噶，两赖西原之力，脱余于险。

其后，武昌革命军起，余谋以兵遥应之，卒不利。遂于十一月十一日，率从士一百一十五人，携二月粮入青海。失道戈壁中，弥望黄沙，猎猎风雪，豺虎士皆气惨慴谓必死，西原独持壮语相慰藉。其后，粮尽杀马焠装，寻火亦绝，乃猎野牛、野羊生啖之。士沾寒，死亡日众，西原独肩幞被温余。

一日间行失从，夜卧沙碛中，饥惫濒殆。西原搜橐中余脯以进，余擘啖之，则泣曰："妾忍死万里从君，君而孛，妾孑孑安所归？且世固不可无君。"卒不食。余亦为之呜咽哽噎，泣数行下。

明年六月二十四日，达兰州，从士死亡殆尽，生还者仅七人而已。九月，行次长安，西原以积劳病发卒，年十九。临命犹执余手泣曰："君获济，妾死无憾矣。"呜呼！西原茹万苦百艰，敢犯壮夫健男窘步撖肘之奇险，从容以护余者，而余曾不获携归家园，同享一日之安宁。余述至此，余肝肠碎断矣！复何言哉！复何言哉！

穷途无力扶归，权厝于长安城外雁塔寺。其后十年，挚友董禹麓为归其骨于保靖军次。又四年，始与琼林合葬于凤凰城西陈氏之阡。

琼林卒年十七，娩嫕不年，所乳子亦化去。女子赋命之穷薄也，何两人同悲哉！余既卒窆二姬，乃撮书一二，署桓表以塞宿悲，抑自悼其颠毛种种。虽此抢攘之局，茫不譒税驾何所？今吾西原、琼林閟然娱宁于幽宫，虽可悲亦可憙。

［**补注**］　颠毛种种，意指衰老。颠毛，即头发；

种种，意为短少。典出《左传·昭公三年》：“余发如此种种，余奚能为?”杜预注：“种种，短也。自言衰老，不能复为害。”○税驾，税，通“脱”，《史记·李斯列传》：“物极则衰，吾未知所税驾也。”司马贞《索引》：“税驾，犹‘解驾’，言休息也。”此处为“归宿”之意。

(二) 林修梅之雅谑

余入川同伴四人，戴德滋、黄汉章，皆余同里；王邦吉为宁乡人，林修梅为临澧人。诸人皆同学，又同舟，舟行既缓，人淡无言。德滋性恬静，汉章性执拗，邦吉性粗莽，惟修梅狡黠，有才辩，善谐谑。时岁暮，汉章恒引被取暖，作竟日眠，仅餐时拥被起坐而已。

一日有倩修梅谈笑剧解闷者，修梅曰：“言之恐失欢，诸君勿罪，方敢纵谈。”众诺之。修梅乃端坐，侃侃而言曰：“水族中蟹虾鲤龟四怪拜老君为师，学道有年，因厌拘束，苦求去。老君知其道行浅薄，执不允。四怪苦求之。老君曰：‘试可乃已。’遂令各显所长。蟹即前张螯舞足，出没纵横，曲尽精妙。老君大喜，嘉之曰：‘尔色黑精黄，上壳法天，下壳像地，锡尔嘉名曰天地玄黄，以期名实相符，鍊成法宝，周身兵甲，所向无前。’蟹喜，谢而退。虾奋而纾足扬须，往来跳跃，体态轻盈，身材活泼。老君亦嘉之曰：‘尔身小而轻，飞腾上下，驾雾腾云，天曹水府，任尔游行，锡尔嘉名曰倬彼云汉，因材而教，鍊成法宝，卓立空中，坚定不摇。’虾喜谢而退。鲤鼓翅扬须，昂头弄尾，老君曰：‘鲤鱼烧尾，即可化龙，尔道未深，尚难变化，但金鳞照耀，几若锦绣文章，顾名思义，亦锡嘉名曰斐然成章，鍊成法宝，遍体金光，偶遇妖魔惊为仙佛，即可鱼目混珠矣。’鲤亦喜谢而退。龟独缩头不前，老君促而试之，一无所长，大怒逐之，不与法宝。龟恳泣不已，三怪亦代求之。老君曰：‘尔等既笃同学之谊，即宜各分一宝。’于是蟹分黄，虾分汉，鲤分章，老君乃谓龟曰：‘尔终日藏头缩颈，隐身盖中，今同学赠尔法宝，余即以此锡尔名曰黄汉章可也。’”语时目视汉章而手指之，众皆绝倒。汉章恼羞成怒，取菜盒掷修梅，未中。舟小人多，舱内皆卧具，菜盒内菜汁肉汤淋漓殆遍，余等卧具皆污，不欢而罢。

林修梅喜恢谐，信手拈来都成妙谛，箭在弦上，不得不发，以致良友生交哄之隙，旁人受无妄之灾。与王渔洋之与汪钝翁，李克用之与朱全忠因谑生隙，古今一辙。修梅以刻薄之心肠，兼乖张之性情，不诚无物，余早知其无成也。汉章，当民十四，任里耶盐局正办。适龙山神兵窜里，汉章夫妇同匿乡间，因仇讦告，被神兵所执，夫妇同遇害。邦吉后亦潦倒身死，独德滋身名俱泰。旧游回忆，不觉怃然。

［补注］ 王渔洋，即清初著名诗人王士禛。汪钝翁，即汪琬，字苕文，号钝庵，晚号钝翁，为清初古文三大家之一。王、汪两人既是同年又是诗友，但汪为人高傲，常讥讽人。王士禛《居易录》说：“同年长洲汪钝翁…狷急多忤，交友罕善终者。虽予以至诚交之，亦不免其龂龁。”〇李克用，沙陀贵族，唐僖宗时因镇压黄巢起义有功，被封为河东节度使；朱温

本为黄巢大将，后降唐，被僖宗赐名朱全忠，任命为宣武节度使。李克用过汴州，朱温设宴款待他，李在宴上“乘酒使气”，说了些嘲讽朱温的话。朱温认为李看不起他，将来必为敌，遂包围驿馆，欲杀李。李虽逃脱，随从人员三百人尽被杀害，二人从此为仇。公元907年，朱温篡唐为帝，国号梁，史称后梁。李克用仍用唐天祐年号，以复兴唐朝为名与其争雄。李克用病死后，其子李存勖称帝，国号唐，史称后唐，追尊他为太祖武皇帝。

（三）罗长猗死事经过

案，罗长猗之死，明明有其致死之由，且有凶手赵本立等尚在川中。乃周逊初控余于甘督赵惟熙，因理曲而罢，继又挟其负罗遗骨之功，利罗家富有，而拥其十余龄幼子入京，控余于法院。案久不理，后闻联豫在京，乃往求之。时联方切齿钟颖，遂告以钟颖谋杀罗之经过。联豫与那相为至戚，倩那转诉于袁大总统世凯。袁在清时固依附那相者，得那一语，立捕钟颖至京鞫诉。钟诿为不知，而推过于余，以赵本立为余部司务长也。时余方任湘西镇守使署参谋，又被捕至京，下陆军监狱。旋经高等军事裁判处三次庭讯，钟颖初抵赖，既而联豫莅庭面质，且出其主谋证件，并言：“尔既指赵本立为正凶，何以赵本立入藏，尔又擢升其为营长耶?”钟颖语塞，案遂定。钟颖伏诛焉，余则宣告无罪，仍回湘西镇守使署任参谋原职。此民国三年春间事也。

［补注］ 那相，即那桐（1856—1925），字琴轩，满洲镶黄旗人，举人出身。1900年起先后任总理各国事务衙门大臣兼理藩院侍郎、办事大臣、户部尚书，外务部会办大臣兼步军统领管工巡局事、体仁阁大学士。1909年任军机大臣。改内阁制后，任内阁协理大臣。那桐与慈禧同为叶赫那拉氏，故颇为慈禧亲信。又因八国联军侵入北京时，那桐作为留京办事大臣，曾随奕劻、李鸿章参与签订《辛丑条约》的谈判；1901、1902年，两次出使日本，考察过日本的警政、路政等，回国后主管京师工巡局时，曾借鉴日本的经验，辟新式马路、建东安市场，因而被慈禧视为懂外事、会建设的能臣。

（四）赵尔丰轶事

清对藩属惟事羁縻，此其二百余年传统政策也。余绥靖工布后，鉴于英人谋藏急，乃条陈建省之议，卒不报。

明年，左参赞罗长裿出藏督师，余就而问焉。长裿曰："子所条陈，联帅嘉赏者再，亦徒有嗟叹而已。"余问故。长裿曰："联帅初入藏，亦有建省之议，请拨银四百万。折留中不发。越年，联帅乃弟某放潮州知府，入京引见，联帅嘱其便谒那相一询究竟，盖联为那之母舅，甚亲密也。既而某至京问那相曰：'大兄所奏改省之议，折留中未审何故？'那蹙眉言曰：'蒙古、西藏乃朝廷数百年唾弃之地，尚何建设之可言。其寄语大舅，好自为之，明年出藏，可望优选。人生几何，幸勿自苦也。'"余乃憬然悟，知清廷之不可有为也。

自后国事日非，外侮凭陵，当清之末造，英谋片马，清廷梦梦。川督锡良用赵尔丰之策，改西康为行省，以杜外人窥伺。尔丰又献平康三策，拓地三千余里，凡政治、经济、文化、交通诸大政，莫不纲举目张，措施咸宜，英人望风屏息，达赖震惧出亡……后之建牙川边，足不出炉关而糜费已达六七百万金之巨，且常役丁数十人，畀一穿衣镜至炉城费亦数千，则以此例彼，判若云泥。余景仰前贤遗惠至今，爰述往事，昭告国人……

[补注] 历史上的片马地区，包括高黎贡山西麓，今云南省南部小江（金沙江支流）流域的片马、岗房、古浪等一带地区。1911 年 1 月英军侵入片马，设营驻兵，实施军事占领。清土把总左孝臣、片马管事勒墨杜扒等率怒江两岸的傈僳、景颇等族边民，英勇抗击英军。事件发生后，清政府对英提出外交抗议和严正交涉，但未派军到片马前线。英军乘机在占领片马、古浪、岗房以后，从 1911 年底到 1913 年间，先后向北占领茶山地及"俅夷"地，侵入独龙河下游；向东侵入拱路、扩劳铺等地。缅甸独立后，这一地区为中缅未定边界地区。1961 年 10 月 13 日，中缅两国总理在北京签订《中华人民共和国和缅甸联邦政

府关于两国边界的议定书》，缅甸同意将片马、古浪、岗房地区153平方千米土地归还给中国。○建牙，指武将出镇一方。川边，指今四川甘孜州、西藏昌都地区一带和四川凉山州、阿坝州的部分地方。○清末，置川滇边务大臣，管理川边。宣统三年（1911）赵尔丰、傅嵩炑拟定了改川边为西康省的方案上奏，因辛亥鼎革未果。1912年，民国设川边镇抚使，不久，改为川边镇守使，1913—1926年，张毅、刘锐恒、殷承瓛、陈遐龄先后任镇守使。1925年，北洋政府改川边镇守使为西康屯垦使，任命刘成勋为屯垦使。刘常住川南，数年中仅在炉城（康定）待过一月，足不出炉关以西。1927年，刘文辉击败刘成勋，设西康边防总指挥部和西康特区政务委员会管理西康。1939年，西康省成立。1955年，撤销西康省，所属地方除昌都地区划入西藏外，皆并入四川省。

赵尔丰，号季和，满州汉军旗人。兄弟四，尔丰其季也，与兄尔巽皆为清末疆吏中之佼佼者。性刚正廉明，能耐劳苦，晓畅戎机，尤擅文艺。初由供事议叙盐大使分发广东时，粤督为南皮相国。尔丰每参衙，持论侃侃，南皮异之，荐升知县。改省山西，又见赏于晋抚锡良。后锡良历任河督、汴抚、热河都统，皆奏尔丰自随。去汴时，西人至京留之。锡良电清廷，谓“封疆大吏系一省之安危，进退之柄岂能授人？望勿听外人之请求，作疆吏之去就，以免履霜冰渐驯至太阿倒持”。时议韪之。此奏议即出尔丰手笔也。

［补注］ 南皮相国，即清末名臣张之洞。○供事

议叙盐大使，清代“凡满、汉入仕，有科甲、贡生、监生、荫生、议叙、杂流、捐纳、官学生、俊秀”等多种途径（《清史稿·选举》）。议叙，是指有特殊功劳的人，经督抚保奏，由部议授予官职。赵尔丰有才，但累试不第，只好捐了个官，但捐的官是虚衔，无实职。经督抚保荐，才当了盐大使（管理盐务的八九品小官），故其官衔前加“议叙”二字。○锡良(1853—1917)，晚清名臣。历经同治、光绪、宣统三朝，以正直清廉、勤政务实而著称。历任山西巡抚、河道总督、河南巡抚、热河都统、四川总督、云贵总督、东三省总督等要职。其中在山西任职最久，赵尔丰蒙其拔擢重用。赵随锡由山西、河南、热河而至四川，其间多有贡献。光绪二十八年（1902）四月，锡良拟调任热河都统时，南阳外国主教安西满，发电给湖北督抚张之洞、端方，请他们加以挽留。张、端二人转电清廷军机处和外务部。赵尔丰知后，建议锡良赶紧上奏，陈明态度，指出外人干预我国官员的任命，是太阿宝剑倒持，决不能采纳，否则有辱国体，并表示自己愿带病北上赴任。锡良上奏后，得到光绪的嘉许，赢得一片赞誉。○太阿，古宝剑名，《战国策·韩策一》：“韩卒之剑戟……龙渊、太阿，皆陆断马牛，水击鹄雁，当敌则斩坚。”倒持太阿，喻因授人权柄而不可复制，反受其害。秦观《李训论》：“自德宗……以左右神策、天威等军，分委宦官主之，由是太阿倒持，不复可取。”

锡良督闽、浙未行，改督川时，尔丰已积功至二品衔、军机处存记道。随锡良至川，主持枢密，擘画精详，遂实授建昌道。而锡良又欲促成川汉铁路，奏请开尔丰建昌道缺，给三品卿衔，授为川汉铁路督办。朝议不可，遂赴新任。时叙永哥匪横行，挟制官府，扰害闾里，尔丰捕杀数百人，哥匪敛迹，人民始获安居，遂有“赵屠”之名。迄今叙永荆榛遍地，人民犹思之不忘云。

锡良见国步益艰，藏事日棘，乃纳尔丰平康三策，首将腹地三边之“倮夷”收入版图，设官治理。三边地皆“倮倮”，界连越巂、宁远，诸“番夷”山居野处，向无酋长，时出劫掠，边民苦之，然地多宝藏，产药材尤富。三边既定，则越巂、宁远亦可次第设治，一道同风。此平康第一策也。

故事，驻藏大臣及六诏台员，每出关时，悉在炉城奏报某月某日自打箭炉南门或北门入藏，相沿既久。英人每执奏报为言，以为炉城以西皆属西藏辖地。我与交涉，理屈词穷，界限牵混，堂奥洞开。尔丰力主改康地为行省，改土归流，设置郡县，以丹达为界，扩充疆宇，以保西陲。此平康第二策也。

川藏万里，近接“英邻”，山岭重沓，宝藏尤富。首宜改造康地，广兴教化，开发实业，内固蜀省，外拊藏疆，迨势力达到拉萨，藏卫尽入掌握，然后移川督于巴塘，而于四川、拉萨各设巡抚，仿东三省之例，设置西三省总督，借以杜英人之觊觎，兼制达赖之外附焉。此平康第三策也。

[补注] 倮夷，旧时对彝族的侮称。倮倮，彝族旧称。○近接英邻，指接壤当时英国殖民地印度。

锡良嘉其议，据以入奏，廷旨报可。尔丰至边，以建设百端，非财莫举，边地贫瘠，势难聚敛取盈，乃请锡良划川省糖、油、烟、酒四税以供西征之费，更拣调四川文武官吏多人以资佐理，财用既足，人才跻跻。会打箭炉同知刘廷恕请开采泰宁寺金矿，喇嘛出而阻挠，乃调泰宁营都司卢某驰往镇慑，竟被戕。锡良檄提督马维骐讨之。马，云南人，老于行伍，一战而定，番人詟服。方旋师康定，而巴塘之变又起。

巴塘为西康中心，气候温和，地土肥沃。清廷畀凤荃以驻藏帮办大臣加副都统衔，衔命出关。见东西洛俄宜耕种，巴塘水草茂美，尤宜屯垦，乃咨川督，请移民开垦，遂驻巴塘筹画经营，不遗余力。时七村沟番众受丁零寺喇嘛嗾使，谓神山不可犯，请勿开采。凤荃性烈如火，竟笞责其代表，遂激变。远近骚然，围凤荃于大木司寨①。凤荃兵少不敢战，水绝，掘井无泉，众饥渴，飞章告急。时马提督驻泰宁方从事善后，以番人鼓噪不足虑，迁延不进。番人见无兵至，围攻益急。

巴塘军粮府及都司劝凤荃且回炉城以避其锋，俟马提督兵至再同进。凤荃意为所动，第恐番人拦击军粮府等，复谕番人勿阻。番人阳许之而阴伏兵于红亭子山后，距巴塘不及二里也。及凤荃至，伏兵夹击，遂死焉，随员卫士亦无一生还者。惊耗传至成都，尔丰力主乘此用兵，以为改建行省之张本，洋洋数千言颇中肯要。锡良韪之，奏委尔丰为军务督办，以马提督之兵直攻巴、里。而乡城首叛，举兵响应，七村沟、丁零寺、泰宁寺各番众相继叛变，至是边事益扩大矣。

［补注］ 凤荃，即凤全，字弗堂，满洲镶黄旗人。举人出身，捐官入四川。先后署理过成都、绵竹等县和邛州、资州、泸州、嘉定府、成都府。光绪三

① 《清史稿》卷五一三《四川土司》记为“正土司寨”。

十年（1904）被任命驻藏帮办大臣，并赋予其经理“所有西藏各边，东南至四川、云南界一带”之责。凤全进藏途中亟于建功，停留于巴塘兴办垦务，限制喇嘛寺僧人数量，引起寺庙上层和土司的叛乱，凤全及随从50余人被戕害。清廷令四川提督马维骐率兵进剿，建昌道赵尔丰继进为善后，平定巴塘后，开始在川边进行“改土归流”。凤全死后，清廷为悯其忠悫，于成都昭觉寺旁建昭忠祠以祀。

乡城在里化之南，久沐治化，然民性凶悍，恃在险远，杀人越货，视为固常。川督檄索文催，篾如也。乃令乍丫守备李相福驰往，会同桑披寺喇嘛审理，竟为所害，剥皮实草，悬之以示威。提督夏毓秀率师讨之，不克而还，其游击石某陷贼中，亦剥皮如前。

［补注］ 里化，即理塘。〇乍丫，又作扎雅、察雅，今西藏昌都地区察雅县。

乡城首叛，尔丰不动声色，筹运粮弹进驻巴安，乃分兵由稻坝、喇嘛垭两路进攻。迨喇嘛垭一路攻破大竹箱，番兵退冷龙沟，又败之，遂围攻桑披寺。

寺踞半山，皆绝壁，有流泉源源不绝，前右二面居高临下，俱为平畴。寺外碉堡珠连，坚墙环绕，寺内屯积粮食尤富。番众野战不利，踞寺坚守，我军肉搏攀攻，死亡甚巨，历时半载，迄无成效。攻守之势既异，劳逸之形又殊，粮弹将绝，兵心涣散。

［补注］ 稻坝，今甘孜藏族自治州稻城县。赵尔丰时，因在其地试种水稻成功，命名为“稻成”县。后改为“稻城”。○喇嘛垭，地名，在今理塘县西部，历史上为康南要冲之地。○桑披寺，在今甘孜州乡城县。为藏传佛教格鲁派（俗称黄教）著名寺庙。清末民初，该寺屡次叛乱。因其地势险峻，僧兵强悍，赵尔丰进剿数月不克，须发为之一夜尽白。民国初，尹昌衡西征，迅速平定川边叛乱，也唯有桑披寺未能平定。

川督复斥尔丰劳师养寇，尔丰惶急，三昼夜须发尽白。计惟长围久困，断其汲道，然后可图。

又围月余，番众复将鲜鱼重三四斤者，由寺内掷出，以示整暇。尔丰见之益惶恐。然围攻已久，寺中储水仍多，必有源流，乃令部众日登山寻水源。又经半月，一士卒足陷土穴。穴下陷而深，掘尺许，闻淙淙有声，再掘之，见陶管，清泉四溢。尔丰登山细视甚久，决其为寺中水源。又投麦麸陶管中，遣人至山下水沟觇之，果见流出，始信之。急塞其管，引而他流，于是寺水遂绝。

又历月余，日夜攻扑皆不下。一夜，忽见寺门微启，有黑影匍匐地上，毙之，乃下山取水者。尔丰知寺水已涸，大喜。激励士兵负土囊，乘夜逼进寺门为横墙，自是时有少数番众乘夜突出皆为击退。又一夜，番众百余三路突出，我军猛火射毙数十人，俘虏二人，余仍退回。搜俘虏身畔，得藏文书，译视之，乃遣赴泰宁、丁零各寺求援者。书中情词甚迫，略谓：“寺中绝水十日矣，君等不急救援，我惟一死以谢之。我死，寺不守，祸且及君，请二日内来援，幸勿作壁上观。”

尔丰得书大喜，乃以兵一哨饰番人装，执炬鸣枪呐喊而至，围师半伏半退，寺门果开，番众以为援兵至矣。冲门出，皆渴甚，奔伏寺外沟中饮水，死伤不顾也。立毙六百余人。入寺，池水已涸，而粮食盈仓，尚有千余石，其首恶喇嘛香孜普忠三日前已缢死矣。李、石二人之皮犹悬寺内，乃合葬于冷龙沟山麓，立双忠祠祀之。

围桑披寺久，弹药缺乏，尔丰禁士兵任意发射，乃号令军中，每战发弹几何必缴首级如数，违者斩之。因是，杀戮官兵甚多。迨困守半载余，官兵疲惫不堪。尔丰尝夜出巡视哨线，见官兵盹睡者，即斩以殉。又因死伤日众，兵心颇动摇。当寺破之夜，有兵一哨乘夜叛走，行未远，闻枪声激烈，有后至者云寺攻破矣，乃还。寺破三日后，尔丰集全军训话，士兵立候甚久，尔丰犹未出，适天微雨，士兵摘树叶覆首。移时，尔丰步出，呵斥之。士兵尽去叶肃立。尔丰乃宣告前夜叛变官兵罪状，一一唱名，由列中曳出共七十余人，立斩之。众屏息莫敢声，其威棱可知矣。

乡城既破，远近震恐，于是改土归流，令行禁肃。此尔丰平康第二策也。仅三岩、瞻对仍顽梗不化。瞻对旧属川康，产金甚旺，清廷视为不毛，畀之达赖。其管事每纵番民肆行出劫，川督诘责之，词多不逊。嘉庆时，举兵叛变。川督遣罗思举讨之，裹粮深入，轰陷碉堡，尽歼之。光绪时又叛，川督遣周万顺讨之。番人墙高壁厚，设计死守，我军乃运巨木，斜依墙壁，人隐其下，掘地道轰平之。时川中大吏仍未措意，久之仍为达赖所有。尔丰平定乡城后，乘战胜余威以临瞻对，番人畏威降服，乃设官治理，收归川康。达赖至是亦震于声威，不敢再争矣。

[补注] 三岩，清代文献中写作“三暗巴”。藏

语意为“恶地”，因其地为“不服王化”的“野番”氏族部落社会。其境地跨金沙江两岸，包括今西藏贡觉县雄松区、四川白玉县盖玉区一带地方。清代常劫掠川藏大道上的行旅。因其地势险峻，易守难攻，地方贫瘠，社会落后，而长期未设治管理。赵尔丰于宣统二年（1910）联合德格土司攻克三岩后改土归流，民国元年（1912）改称武城县。〇瞻对，藏语意为“铁疙瘩”，今四川甘孜州新龙县。因元代此地一僧人朝见忽必烈时，表演了一根铁矛在手中绕成一块疙瘩的法术，被封为“瞻对本冲”，管理此地，遂以“瞻对”为其地名。此地素称“地险人强”，常放“夹坝”，劫掠大道。清廷累次派兵征讨，均不奏效。同治四年（1865），西藏派兵协同川军平剿瞻对工布郎吉之乱后，清廷将瞻对赏给西藏管理，希望达赖用宗教“化导”瞻对强悍之气。但西藏地方政府派官率兵驻瞻后苛役瞻民，干预川边土司事务，造成川边政局动荡。光绪二十年（1894）川督鹿传霖首倡收瞻归川，未果。赵尔丰于宣统三年（1911）逐去驻瞻藏官，以瞻对设置怀柔县。民国时改名瞻化县。中华人民共和国成立后更名为新龙县。

三岩俗犷悍，康中“夹坝”以三岩为最，番人苦之。川督遣夏提督率师讨之，因不谙地形，竟为所围，乃与言和，封上中下三岩皆为千总，纳岁币、申盟约而还。

[补注] 三岩，分为上中下三部，地跨金沙江两岸。地险人强，“不服王化”，常出抢劫，在清代被称

为"'野番'部落"。清末赵尔丰派兵征服后，设置局管理。今其地分属四川白玉县和西藏贡觉县。〇夹坝，藏语"土匪"之意。

自是厥后，益肆披猖，附近番民遍遭荼毒。时乍丫、昌都尚未改革，尔丰巡边所至，番人泣诉三岩夹坝之残暴，乃密议进讨。筹备半载，先传示三岩，限七日前来投诚。三岩反激尔丰，限其三日前往议款。尔丰知不能抚，乃分兵四路进袭之：一路从白玉向大金江进，二路从帮喜孟喜进，三路从牛谷渡喜松进，尔丰自率第四路由乍丫西进，居中调度，均至熊松会师。既而四路之兵猝临，番人险要已失，征集不易，各保村塞，仓皇拒战，不一旬全部底定。诛其首要，设立汉官，至是各处皆望风降附，不敢抗颜矣。

尔丰使署，仍沿旧制，用文案、收支、巡捕、监印、校对、收发、差官、戈什哈，量才任用，各尽其职。改流之初，各属设设治委员，俟筹备就绪，然后改为府厅州县，皆就设治委员中择其成绩优良者委令试署。其原有六诏粮务员，仍照旧例兼设治委员，而以康定府总其成，升巴安为首府，与康定平行焉。

[补注] 六诏粮务员，指清代在川藏大道上设立的六个粮台的主官。清代前期对藏多次用兵，为保障大军给养，先后在打箭炉、理塘、巴塘、察木多（昌都）、拉里、拉萨六地设立粮台衙门（又称军粮府），设粮务委员（简称粮员）领其事。除负责粮务外，都兼理地方政务民事。〇巴安，即巴塘。赵尔丰改流设置时更名为巴安，以示巴塘乱已定，境内平安。

边藏军火粮饷，向由成都解交，康定府转发各台。故昔日虽为雅安分驻之同知，然统辖六台兼理民事，为后路总粮台，故称为军粮府。

尔丰治边，震以军威，设置郡县，然后创办教育，振兴实业，若经济，若交通，若屯垦，皆次第推行，不遗余力。一张一弛，既庶且富，尤以教育进步之速，有非吾人意想所及者。初设学务处于巴安，聘井研吴嘉谟为总办，统筹全康教育之设施；又设师范养成所，考取资质聪颖、熟谙唐古特浅易文字者入所学习，半年毕业，分任各属教师。尔丰又以所采小学教本不适用于番地，乃本南皮相国“中体西用”之旨，重加编订，成书三册，通令各校一体采用。巴安设男女小学校各一所，半年之后，则推广于各属，递年推广，期以四年后普及于全藏。既多方奖励男女学生，又严定粮员办学考成，半年后尔丰亲赴各属视查，以炉霍屯粮员吴粹安办学成绩极佳，乃大加褒奖之。其他办理不力者，则撤参之。

尔丰至巴安，女校列队出迎。电报局长乃兄某，以番语调戏之，女生大哗。尔丰闻而大怒，立擒至欲斩以殉，众为乞哀，痛捶之，令向女生一一叩谢，始释之。尔丰每至一处，凡考取前茅各生皆优予给赏，且令其父兄同至，尔丰亲出接见，令诸生坐谈，假以词色，其父兄则侍立以宠异之。盖番人谒汉官，无尊卑皆跪伏拜见，无敢立谈也。朞年后，尔丰又赴各属视查，见试卷成绩甚优，疑为教员捉刀，乃亲莅学校出题试之，汉文能作数百字而又明白晓畅者得七十余人。尔丰大喜过望，更由成都选聘教员甚多，每属以一人主持之，力谋推广，一时风行草偃，番人子女争以求学为荣。使非改革后边局破坏，则历时念载，番人早已同化矣。

［补注］ 风行草偃，语出《论语·颜渊》：“君子之德风，小人之德草。草上之风，必偃。”言君子以德化民，犹风吹草仆，相率从善。

康地设置郡县后，尔丰公布六要政：一曰清盗匪，二曰平争讼，三曰勤职业，四曰爱清洁，五曰敦伦常，六曰服公役，皆针对藏俗施治也。通令各粮员实力奉行，并定粮员每月以二十二日按行各乡村，每至一处则召集番民详细宣讲，以八日住衙办公，凡粮衙例行上呈文书册报，悉除去之。又以勤政爱民勗各粮员，尝召集粮员晓之曰：“粮员职视知县，即民之父母。知一县事，知人民事也，故勤政爱民者，因爱民而勤政，非勤政为一事也，爱民又为一事也。凡民有疾苦而官不能知之，不能救之，是贼民者也。”又令粮员曰：“人民争讼宜就乡村了之。凡粮衙积案至十，则罚俸示儆。”

尔丰尝道宿乡村，见一家三口无隔宿粮，以问粮员，粮员不知。尔丰斥之曰：“民穷困至无以为食，尔犹懵懵。民之父母固若是乎！”竟严惩之，号令各属。尔丰性嗜杀，尝杀数百人无反顾。有讽之者，尔丰曰：“吾非不知以恩结之，然康地久在化外，民不知法，故不能不以法绳之，法极然后知恩，且乱世用重刑，亦不得已而为之，非嗜杀也。”迄今番人畏威怀德，奉尔丰若天人，各喇嘛寺皆以酥油塑尔丰像于柱上，貌极狞恶，口吞一番奴，手执两番奴，足又踏两番奴，藏俗示崇敬意也。昔惟年羹尧塑像如此，今尔丰像已遍全康，亦可见其威棱绝塞，番人畏服也。

康藏万山重沓，交通不便，官兵汇兑，皆俟委员赴川请领，托便寄归。然每年仅一二次，需时恒在四五月，至若活动金融、发展事业更无论矣。尔丰锐意振兴康藏，计虑深远，乃考察商情，精心筹划，于拉萨、巴安、康定三处设立宝丰隆银行，资本为一百万元，其股东则为川藩许润度，浙藩荣铨之弟荣鳞成，绵道沈秉堃，宝丰银号店东乔荫圃等，因康藏风气闭塞，民智朴陋，遽言招股无肯投资也。尔丰更计划开采十三处金矿，及各属造林开垦，皆官督民办，此项资本得由宝丰隆银行贷款。至川藏交易，番商以麝香、兽皮、兽毛、药材等由炉关运至成都，汉商则以砖茶、布匹、杂货运至炉关。然番商出口之货所值甚少，而贩卖入口之货所值甚巨，番商每年须解生银百余万至炉关贩卖茶布，交通困难，夹坝尤多，番商苦之。银行成立后，一纸汇票，只身即行，商人称便，至于官兵汇兑，尤为便利迅速矣。

[补注] 至于官兵汇兑，指赵尔丰成立银行后，军队官兵也可以通过银行票据汇兑，减少了用银元现金汇兑的累赘。

康地山岭虽极崇隆，幸倾斜纡徐，绝少峻阪，以视炉城、雅州间之大小相岭、飞越、乌鸦各岭，则又瞠乎其后矣。特康地河流皆导源于金沙江，水中含有金质，饮之气喘，每登一山则喘息不能续，非如炉雅间山岭陡峻难行也。尔丰初令各属修筑车路，用牛挽之，番人分段担任。半年后，山径悉变康庄，行人称便。由炉城至拉萨，旧有驿站，文书往来皆乘马递送，日行百余里。尔丰严加整顿，制为雷牌，各地传递文书，日行三百里以为常；昼夜兼行，则六百里矣。

河口为雅龙江下流，乃由炉入藏孔道，有上中下三渡，河口适当中渡。雅龙江自东北而南，掠河口而过，水湍而深，多乱石。其西岸一带，横山列如屏障，沿河而下；其东岸上一山，亦沿河下，其上有小溪，自东北来，掠山麓入江。过溪又一山，横列与河平行，河口县治即依山而立，面河临流，番人旧以皮船渡之，清初用兵西藏，乃调千总一员专守津渡，造极大木船，能容百数十人，以营兵充水手，自是行人往来咸沾利涉焉。

尔丰经营康藏，首利交通，乃聘比人测勘水势，更从渡口之上河幅峻窄处建筑铁桥。东岸穿山洞而过，工程浩大，费款百余万金，亦康藏之一大建筑也。清宣统末年竣工。其后川军管带程凤翔由乡城叛变，防军队追击，将桥撤毁，至今犹未修复。前人惨淡经营以成之，后人听其废弃而不顾，斯亦可以深慨矣！

［补注］ 河口钢桥，系民国三年边军营长陈步三叛乱所毁。

康地多山少平原，自出炉关即地寒雪早，土宜稞麦，更无水田可以种稻。番人以畜牧为生，其未经耕凿之地，皆其游牧之所。尔丰稔知边地奇寒，将欲从事开垦，必先便利交通，移民殖边，使气候转变，方易耕种。其移民屯垦，初发轫于北道霍尔章谷。当锡良督川时，适霍尔章谷土司身死乏嗣，有朱窝土司以姻娅欲兼并之，其地番众不服，诉于打箭炉同知，转呈尔丰。尔丰知霍尔章谷土肥气暖，宜种植，亟欲设屯开垦，以为经营川边之入手，请于锡良，许之。遂奏改霍尔章谷为炉霍屯，升打箭炉同知为直隶同知，而以炉霍屯隶之，委吴粹安为炉霍屯粮员。粹安才识优越，乃锐意垦植，朞年之后，平畴遥望，俨同内地矣。

［补注］ 《尔雅》："两婿相谓为'娅'"。娅，

旧时姐妹的丈夫对彼此的称谓，俗称“连襟”。姻娅，此指姻亲。

盖康地虽寒，然沿大、小金沙江流域，气候较为温暖。霍尔章谷当小金沙江流域，桃李成荫，桑麻遍野，地广土腴，足可耕屯；山秀泉多，足资灌溉。其接近霍尔章谷之道坞、甘孜亦然，惟河水多系积雪融化，性较阴寒耳。是地垦植成效已著，遂及巴安。巴安亦沿大金沙江流域，故气候温和为全康之冠，地势亦极平衍。尔丰以军事方殷，复请四川矿务局委员试办。尔丰仍负督办全责，乃召集三曲宗僧俗谕之以理，诱之以利，皆具状承诺。遂严定规章，由川召人出关，发给种牛、籽种、口粮，从事开垦焉。

[补注] 三曲宗，指土司、头人、寺庙三大统治势力。川边地区各县在赵尔丰改土归流前，绝大多数地方都是土司制。土司为朝廷赐封的当地民族首领，虽是朝廷命官，有为朝廷守土安民和听征调、岁朝贡之责，但在当地有相当大的独立性，掌握当地人民生杀之权，故藏语称之为“甲波”（王）。头人是土司之下的部族或地方首领。寺庙即藏传佛教寺院，大的四五千人，小的几十人。由于人民都信奉藏传佛教，因而寺庙是当地的精神统治者。川边不像西藏那样“政教合一”，由宗教首领当政，而是寺庙与土司、头人相结合，构成“政教联盟，相辅相成”的格局。即土司、头人扶持寺庙，寺庙利用宗教影响辅助土司、头人。

尔丰留心边事，随锡良入川，见边事日棘，英俄伺其旁，商请锡良，就四川财力，练兵三镇为常备军，一镇戍藏，一镇屯康，一镇留川。以三年为瓜代之期，更番调换九年，则各镇周历边地，习劳耐苦，则退为续备军，更练三镇以备边防。锡良颇纳其言，旋调任云贵总督，继之者为岑西林，因见嫉亲贵，荐尔丰自代。岑任晋藩，与尔丰同省，深知其贤也。尔丰继之，乃极力筹备，于九眼桥成立兵工厂，又于中和场成立白药厂，并改旧机器局为造币厂，规画宏阔，至今川人犹利赖之。

不久，清廷以尔丰乃兄尔巽任川督，晋尔丰尚书衔，授驻藏大臣兼川滇边务大臣。达赖惮其英明，腾章诋毁，尔丰乃辞藏务。清廷方羁縻达赖，遂以联豫代尔丰驻藏大臣。尔丰则专任边务，率西军八营进驻巴安，后又续募兵四营，号新军，共六千三百人。所部能耐劳苦，善野战，身佩九子枪，日行百四十里不以为苦。番人食糌粑，须以热茶调之，尔丰之兵，冬月取冷水调糌粑为食，其坚苦卓绝之精神，番人尤敬服之。

余随军入藏，次昌都。尔丰以陆军未经战阵，官长皆学生，又初入藏地，未谙番情，因集全协军官诰话久之。犹记尔丰有口诀二十余条，皆其平定边地经验所得者，惜年久遗忘矣，但记“逢岩莫跳，逢拐莫行，深林密箐放火，中途半夜劫营”等条。后余用兵波密，我刘队官之死，死于跳岩中枪，其明验也。

尔丰胆气殊绝于人。乡城之役，尝攻一山，尔丰亲出督战，伤亡数十人，余皆退回。尔丰督益急，管带某甫登隘口，弹如雨注，即负伤畀回，众相觑莫敢进。尔丰大怒，亲挈勇士十余人奋而先登，竟无恙，众继之，遂克。时尔丰年已七十，犹携九子枪，佩弹五十发，又腰系手枪、水瓶，冒弹涉险，健步登山，各管带莫能及也。性爱一猫，行止与俱，每属文构思，则蹲地频拂其尾，思成复起疾书之。

番人忌痘，患者送野寺中，给以饮食，听其生死。死数日后，始弃诸原野，听野兽食之。且不知医药，惟信僧巫，患痘误死者，岁不知凡几。尔丰乃由成都牛痘局延医至川边，设所种痘。番人视为畏途，乃先种官兵，官兵欣然；继种学生，学生畏服，番人见学生皆无恙，始信牛痘之有益，于是未患者多求种，已患者来求医。医生遂日不暇给，而乡间来求医求种者，尤络绎于道，乃择聪颖识字士兵多人，教以种痘之法，一月之后分赴各属施种，从此康地痘患渐舒，痘科遂盛行于塞外矣。

康藏无棉，番人衣服悉用毪质。番女左手握羊毛，接以细线，一端系锤下坠之；右手锉线旋转不已，徐松左手，即缕缕成丝矣，亦如内地纺纱状。尔丰提倡种棉，在鄂雇农民百人，携棉种至巴安种植。沿途逃亡四十余人，到巴安后，因不耐风寒及饮食，又死数人，仅余四十人矣。种棉六七月，棉本高可隐人，花开如掌，实大如橘，惜八月霜降即萎，未及成棉耳。

尔丰驻昌都久，见双江环抱，两岸夹峙，风景宜人，临流观水。生平好石成癖，至是见水中一石巨如卵，晶莹可爱，令左右取至。色浅绿，现白纹，依稀成字，稍移而谛视之，反覆成文，详审再三，共成一百一十余字，兼汉、满、蒙、藏四体。尔丰得之狂喜，遂竭泽求之，又得数石。中一石亦白纹，则赫然“赵大人宜侯王子孙昌”九字，钟鼎文也。赵益大喜，又勤搜遍索得一石，现“赵尔丰”三字，绝类刘石庵书。群相惊异，从人亦踊跃，日日入水求石，遂得成字体或篆书者百余石，而牵强凌乱者尤多。尔丰乃用双钩摹之，寄沪石印，作《灵石记》以志之。海内名达和者如云，集成卷轴，重付手民刻印成书，遍赠交好。余民五再游成都，得书一册、石一枚，惜归途失之矣。

[补注] 手民，指刻字印刷工人。

要例

一、我在进军西藏以前，就曾广泛搜集前人所写有关西藏的游记七种，遍读以后，茫然不得要领。由西藏归来后，我又购买了近来一些人所写的有关西藏的政治、宗教著作和游记八种，我一一读过后，又是千篇一律，没有什么新意。以前的人所写的，大都是记述西藏数百年前的民间传说、神话。根据我到西藏后的耳闻目见，他们所说的十个中没有一两个是可以信得过的。近代人的记述，又多是抄录康藏各机关的档案文件，汇编成册，对西藏的历史和现实，缺乏全面深刻的调查研究，虽然有长篇大论，而实际上是泛泛而谈，并无实际可以借鉴的内容。

二、自古至今去西藏旅游的人，都是经过驿路去的。即由打箭炉、巴塘、里塘、昌都、硕板多、江达、墨竹工到拉萨；或者从印度，经过大吉岭、亚东关、江孜到拉萨。凡是西藏的北部地方，如类乌齐、三十九族等地，行人极少，而南部的工布，位置偏远，更是游人罕至的。从工布往前是波密，不仅汉族人没有去过，就是历来统治西藏的达赖，也从未派员深入此地。再往前行，就到了更为边远之地，这里的人民自古以来就没有和外面的人打过交道。他们住在荒山野岭的山洞里，饿了吃山果、猎野兽，渴了就喝山泉水，类如原始人的部落。虽然波密的藏民骁勇凶悍，但是也不敢轻易涉足这些地方，更不用说其他游人了。因此，我查看了所有地图，不仅工布、波密与“野蕃”地区的山川地名完全错误，即使是驿路外南北各部的山川地名，也是错误百出。一般人去西藏，都只在拉萨逗留、游览，出入都是沿着驿路而行，见闻有限，这就是记述错误产生的主要原因。

三、巴颜喀喇山是青海西部的三大山脉之一，是昆仑山脉的北支，也是长江、黄河的发源地。从新旧地图上看，其山脉起于帕米尔的东面，经过新疆延伸到青海，沿西藏的北面直到昌都的西部，应该是由西藏入青海必须经过的一座大山。可是我出西藏，经过江达再走一天，就分道向北走，经过哈喇乌苏，进入酱通沙漠，辗转过盐海，到达青海，走过千里草原和大沙漠，却从未经过大山。虽然在途中曾遇到过山丘，但是最高也不过两三丈而已。我从始至终不知道地图上所绘的巴颜喀喇山究竟在什么地方，也未弄明白该山是什么时候发现的、它的确切地理位置以及是谁实地考查的。但是，自有西藏地图以来就有这个山名，也是怪事一桩呵！我想西康和新疆都有很多大山连绵延伸至青海，两山之间往往有一片荒漠，很少有人去过，于是那些研究地理的人员无法考订核实，仅凭主观想像去推理，以为两座大山遥遥相对，势必衔接为一；抑或认为长江、黄河发源于此，两河之间必有一座大山，遂主观臆断，造成错误。如果说河有地下河，难道山也有地下山吗？这就令人匪夷所思了。

四、我带领士兵在工布、波密驻扎将近两年，这里所有的村落山寨，我都曾亲自去过。我查阅近年的西藏地图，关于工布、波密的山川地名错误很多。只要稍加推敲，就会发现一两个稍近似的地名，不是东西方位搞错了，就是把南北方向搞反了，也不知他们当时填写的根据是什么，以至于错讹诸多。比如地图上标注的工布有屈罗、次拉、路萨等地，而工布实际上没有近似的地名。其他如腊左又误写成“腊谷”，鲁朗在东面，却又错列在北面。又比如波密的冬九，与东珠宗实际上是一个地方，而误写为两个；彝贡本在汤买的北面，却错误地列在南面。还有龙勒、喀普、岳董、定霸，都是波密没有的地名，他们却这样任意填写，更应深加责怪！从前有人说，古书不可完全相信，我则说边区的地图更不可轻信。

五、我从四川进军西藏到达工布，都有极其详细的日记，并粗略地绘制了所经过的地方线路图。在纳衣当噶退兵时，部队翻山越岭，一应行李就随着后勤人员沿大路走，我的日记本放在行李箱内。部队在行进过程中遭遇河对岸埋伏的敌军猛烈射击，负载行李的驼牛受伤坠下悬崖，行李等便一同丢失了。后来我由西藏归来，绕道青海，那是一片荒芜的沙漠，既无人烟又无地名，只能分阶段记述其大概，不可能逐日逐地地详细记述了。

六、我从青海返回，因不识道路，迷失了方向，共步行一万多里，历时七个多月，其中有五个月断粮，两个月绝火。我们一行一百一十五人，由于饥寒交迫，气候恶劣，沿路死亡殆尽，最后只剩下七人生还。这篇文字记述了我一生最痛苦的一段历史，所经过的千难万险，虽然时间已过去了二十年，却无时无刻不在我的脑海里盘旋。只是有些离奇怪异的事件不便写进去，事涉个人隐私的也不宜记述。篇中的记述虽然只是小事，我也力求真实，决不敢任意褒贬以使自己尽兴。

七、本书完全取材于自己的亲身经历及耳闻目见的事实，并经过核实，决不引用抄袭任何书刊典籍凑集成篇。因此，关于西藏的宗教、政治、文化、经济、交通等，不能分门别类作全部的记述，也是不得已啊。

总　叙

西藏，为古代“唐古特”之一部分，是藏族人民聚居的地区。汉朝时称“西羌”，唐代时称“吐蕃”，明代称“乌斯藏”。这里的人们历来都信仰佛教，最初崇尚红教，学习画符念咒、吞刀吐火的法术。后来有个叫宗喀巴的人进入大雪山，经过苦心修炼，学到了很多经义、法术。于是，就对原有的习俗大力进行整治，订正戒律，排除幻术，创立了黄教，很快得到西藏民众的拥护，风行全藏，从此，红教渐渐衰败下去。黄教内有两个高才弟子，大弟子叫达赖，就是当时的藏王，驻在拉萨，掌握着宗教和政府的权力，统治整个西藏，和罗马的教皇一样；二弟子叫班禅，驻在后藏，仅仅有个教皇的虚名，没有行政实权。

西藏地方与朝廷之间常有战争，其政教首领时而归顺，时而反叛。清代初年，朝廷派兵进驻西藏，并设置驻藏大臣管理监督。因为西藏地处偏远，朝廷习惯通过宗教来约束管制。后来因为印度沦为英国殖民地，英国的陆军直接进驻喜马拉雅山，俄国的势力也疾速地越过帕米尔高原。于是，英国人想侵占西藏，进而谋夺西康、四川，以实现他们将长江流域纳入势力范围的目标。俄国人也想侵占西藏，拉拢印度，越过葱岭（即帕米尔高原），占领新疆，吞并蒙古北部地区。英国人在失去北美殖民地以后，就把印度看作是他们富庶肥沃的“天府”，因怕俄国人捷足先登，于是先发制人，以利益引诱达赖，承认西藏为一个“独立国家”，与西藏地方政府直接签订所谓“英藏新约”①。朝廷的官员竟然在“新约”上署名签字。自此以后，清代政府就不能过问西藏事务了②。

达赖既然已经陷入英国人设置的圈套，而中央政府驻西藏的高级官员也都是一班愚昧糊涂、无所作为的腐朽之人，特别是清末皇帝懦弱无能，任凭荒淫的太后独揽政权，在四邻强国的威胁下，却不知巩固边防。达赖渐渐地觉察到英国的阴谋诡计，他的属下藏王边觉夺吉颇有胆识谋略，看到英国人虎视眈眈，乃主张联俄抗英。于是，达赖借祝贺俄国沙皇登基的名义，去圣彼得堡游说俄国。英国听到这个消息后勃然大怒，选派数千名精兵悍将，翻越冰雪覆盖的重重山岭，进兵西藏。

在这种情况下，达赖仍以活佛自居，要建亭寺护法拜佛占卜，求神灵指点祸福，以便决定是战是和。护法说：“仙佛能保佑我们，可以打败敌人，收缴其枪械，应该同他们开战。”达赖相信了护法的话，就下令调集西藏的数千士兵驻扎在庆喜关阻击英军。英军长途跋涉进入西藏，中途遭遇伏击仓促交战，死亡一百多人后，暂时退却。不久，英军经过短暂整顿再次进攻。西藏军队完全是临时组织的乌合之众，结果被英军打得一败涂地，死亡一千多人。此后，藏军望风披靡，一蹶不振。

---

① 关于“英藏新约”，见原文补注。

② 此说有误，见原文补注。

达赖见大势已去，难以挽回惨败的局面，就归罪于建亭寺的护法，将其逮捕后处以极刑，把他的母亲也囚禁在工布的凯浪沟，并急忙携带数百骆驼运载的金银珠宝，率领一千多人出逃至哈喇乌苏。他们担心行进速度太慢被英军追上，就将珍宝封存在当地的喇嘛寺，留下部分士兵守护，仅仅带领一百多名随从到北京，声称为慈禧太后念经祈福，实际上是向朝廷求援。慈禧本来信奉佛教，就命令四川总督派遣一个混成旅进藏支援。那时，我担任四川陆军六十五标队官，就随军进藏参加抗英之役了。

我从长沙军校毕业以后，任湖南新军第一标队官。湖南新军是湖南巡抚端方创建的，他将旧有的巡防军改编成一、二两标，士兵都是质朴的农民，各级军官大都是从军队中逐级提拔上来的，没有系统地学习过军事知识。惟有我所在的标队，是新近从宁乡招募的，都是年轻学生和学有所成的青年人。这个时候，革命思想已经在内地开始传播，湖南人民要求革命的呼声更加积极高昂。革命的领导人和组织者经过多次失败后，也已经懂得不发动、不组织军队就不能推翻清朝政府的道理。于是，革命者在长沙设立了同盟会支部。我看到清代政府法纪、秩序崩坏，国家屡遭外国势力之欺侮，就下决心投入革命运动。我很高兴所领导的部队都是一些优秀青年，除了常规的军事训练外，我还设置了国文、历史、地理、测算等科目。经过培养教育，一年后，官兵的思想认识都有转变，大多数青年都加入了同盟会，大家曾在天心阁密会。彼时虽士气逐日高涨，但仍有狂放躁动、难以制约的行为，我根据先贤们的教导，曾严肃地指出存在的问题，认为既要激励大家的革命热情，又要教育士兵服从组织领导，从这两方面努力，才可以推翻清政府。然而革命初期人心浮躁所造成的祸害，要想收拾、治理极其困难。

当时，有些人本来想拯救国家，但由于措施不力、方法不对，又不听取大家的意见，反而给国家和人民带来不幸和灾难。因为这个缘故，我决定辞去军职回归乡里。

第二年，我应同学邀约，去求见湖广总督赵尔巽。尔巽在清朝地方官员中最为明智练达，在主政湖南期间，曾大力兴办学校、培养训练新兵，我们同去的几个人都曾得到他的培养。这时，他的弟弟尔丰担任四川总督，正计划整顿川边，急需一批人才。尔巽就介绍我们去四川并资助路费，可是到成都后，尔丰怀疑湖南人都是革命党，没有立即录用我们。没过多久，尔巽调任四川总督，尔丰被任命为川滇边务大臣，才派我担任六十五标队官，隶属于协统钟颖。不久，就派我队驻防百丈驿。

我知道英国人急于想侵占西藏，加上在军中闲暇时间比较多，因此，凡有从西藏回来的官兵，我就找他们打听西藏的山川位置和人民的风俗习惯，并参照地图、书籍进行研究，所以十分了解西藏的情况。当钟颖接到朝廷命令要去支援西藏时，我知道后就像爱好打猎的人在野外碰上了猎物，不觉喜上心头，就给钟颖呈上了“西征计划书”，详细规划了进藏抗英的有关事项。钟颖看到后给予了很高的评价和充分的肯定，立即通知我回成都，委任我为援藏军一标三营的督队官（副营长）。我念家眷寓居成都，无依无靠，因没有路费和陪护，也无法回湖南老家，因此拒绝这个职务。管带林修梅再三地动员、劝说我，后来钟颖又送来许多安家费用，并增加每月薪金。他们的盛情厚谊使我深受感动，我便随军去了西藏。

当时，革命思潮在中国南部风起云涌，四川虽然僻处我国西南，但这一年之中，也不时听到搜捕革命党人、破获革命机关的消息，一些有知识、有影响的人士，也渐渐被革命思潮影响，组织群众反对清朝政府。我随军入藏西征的决心虽然已定，但当时我的侄儿正在病中，妻子又很年轻，她背井离乡、孤单凄凉，天天只和自己的身影相伴，当听到我即将随军出征边关，都伤心地牵着我的衣服痛哭不已。面对此情此景，我也变得儿女情长、英雄气短。但是，回想起钟颖对我的信任和照顾，又联想到革命形势的发展，我也很难和家人始终厮守在一起。我不知今后苍茫大地谁来主政，逍遥自在的地方又在哪里，况且以前我在军队中从未组织过什么其他的活动，而四川军政领导仍把我当作革命党人看待，若长久客居成都，也不是办法，西藏虽然偏僻，但民情朴直，我可以借西征的机会躲避灾难。于是，我就千方百计地安顿抚慰一家大小，排除家事的干扰，擦干眼泪，毅然随军入藏。当时是清宣统元年七月十六日。

第一章　成都至察木多

支援西藏的进军行动计划，经过较长时间的酝酿准备，已经做得很细致周到了。不料一旦开始行动，却又碰到很多原来没有想到的困难，尤其是挑夫、杂役逃跑一事，最让人伤脑筋。大凡军队所到的地方，就要四处寻找挑夫、杂役，但百姓一听到军队要来，早就跑光了。三营走在部队的最后，挑夫、杂役逃跑尤其严重，他们把行李就丢在路旁。虽然我们愿意多给工钱，但是仍雇不到一个挑夫。这支川军纪律松弛，不再是以前军纪严明的军队了。我想起唐诗《从军行》《出塞》等应役出关远征的诗篇，那种苍茫凄凉又慷慨悲壮的情景，不是亲身经历过的人，难以体会诗句的贴切和其中的酸楚。

部队从成都开拔，经过四天行军到达了雅州（今雅安）。这里的风景同内地一样，但是，从此地再往西走，就完全不一样了。山高岭重，陡峭险峻，山间的道路就像羊肠一般蜿蜒盘旋，既窄又陡，险如剑阁，而其荒芜、冷落和孤寂，则远过之。一路上来往行人极少，沿途的居民也不多。我们部队七月进军，那时正值酷暑，身上穿一件单衣，都会汗流浃背。可是过了雅州之后就不同了，气温低得就像深秋，我们都穿上了夹衣，而且越往西走就越冷，必须穿上西藏特制的毛织厚衣才可抵御风寒。

行军通过大相、乌鸦、飞越等山，都是山重山、岭叠岭、峰上峰，好像和天一样高。人在山上走，白云就在脚下盘旋。大相岭、小相岭的道路，据说是三国时期诸葛亮带兵开凿的。诸葛亮是蜀国的丞相，人们为了纪念他，所以把位于荥经、汉源之间高山称为“大相岭”，把位于凉山州喜德、越西间的崇岭称为“小相岭”。路经虎耳崖，这里也是悬崖峭壁，山峰似剑，崖如刀切，只有一条傍山小路，初见时不禁令人胆战心惊。山脚的河流就像一条绿色绸带，时而白浪翻滚向前，时而波涛拍岸有声，叫人不寒而栗，不敢直视。道路宽不足三尺，壁似刀削，深不见底，仰难见顶。我骑的马是从成都选购的良驹，走到这里也是遍身流汗，用鞭子抽打都不走，这是因为内地的马到了这些地方都不堪重负。

我们艰难行军，走了六天才到达泸定桥。泸定桥在金沙江的下游，是进入西藏的必经之地。两岸有居民六七百户，河宽七十多丈，河距桥面大约有一百丈左右，江水奔腾，浪花飞溅，声震山谷。泸定桥是用七根手指粗的铁链条凌空飞架起来的，两头固定在河岸山堡里，上面再铺上木板，人行其上，皆惴惴不安。过了这座桥，再经两天行军，就到了打箭炉。

据说，路人在攀登大相岭、小相岭时不能讲话，不然天上的神灵就会降下冰雹。我路过大相岭时，迭迭撞撞地登至山顶，看到清廷果亲王题刻的摩崖碑诗，上面被雪掩盖，我用马鞭把雪拨开，见碑上有诗曰：“奉旨抚西戎，冬登丞相岭，古人名不朽，千载如此永。”这大概是他仰慕崇敬先辈贤达，同时也是自我标榜吧！同行的人见我驻足在碑刻边就大声呼唤，一时山谷回音，众声交响，天色突变，乌云四起，接着拳头大的冰雹就落了下来。我们急奔下山，后面的人很多都被冰雹打伤了。我想这大概是由于浓雾笼罩山头，水珠凝聚，气温偏低，一经众口呼喊的热气冲动，冰雹就随之落下，只是一种物理现象，决不是什么天神惩罚。

打箭炉是四川与西藏往来的交通枢纽。据说，诸葛亮率军南征时，曾派遣郭达在这个地方专门设炉造箭，所以后人就叫这儿为打箭炉。此地三面都是崇山峻岭，成天乌云密布，浓雾封锁，狂风怒号，非常寒冷，山顶常年被厚雪覆盖，即使在三伏天，居民也要穿棉夹衣。我们在打箭炉驻扎了几天，部队官兵内穿皮袄，外穿毡子大衣，仍感寒气逼人。我曾开玩笑说："内地在冬天受风寒，是由外面的寒气侵入体内，害疟疾的病人感觉冷，那是寒气从体内往外出。西北边境的寒冷，则是透彻肌肤。"这也是我们的真实感受。

一走进打箭炉城内，就可以见到语言、穿着都不同于内地的喇嘛游走于各条街巷。听说此地有喇嘛寺十二座，共有喇嘛两千多人。另外，许多不同地区和不同民族的居民共处于此，有四川人、云南人、陕西人、本地人、回族人，还有很多英法各国的传教人员。本地人全都信奉喇嘛教，家里有三个男人，必须有两个人是喇嘛，甚至全都是喇嘛。因为喇嘛不同于一般人，他们享有很大的权力，能够支配一切。一旦做了喇嘛，即身价倍增，就像内地考取了功名一样，所以当地人人都以能成为喇嘛为荣耀。

西藏、西康这些地方气候十分寒冷，仅产麦稞，所以喇嘛和一般老百姓都是以吃糌粑为主，并佐以酥油茶。有钱人家间或吃些肉脯，以麦粉做面食吃的则很少。制作糌粑，要先把青稞炒熟，再磨成细粉，加酥油茶调和，用手抓着吃。所谓酥油茶，就是把红茶熬得很浓，倒进一个长竹筒内，滤掉茶叶滓，拌进酥油和少许食盐，用一根长棍上下搅动，使浓茶、酥油和食盐融为一体，然后倒进铜壶在灶上煮热。吃糌粑时则以此茶调和，并且作为日常的饮料。藏族人民十分喜爱酥油茶，每天饮用十多杯。我开始接触酥油茶时，只觉得一股腥味刺鼻难闻。我们在与同行的人开玩笑时，就把酥油茶作为酒水，约定要彼此陪着饮用一杯，不能饮的就要照数罚款。我勉强喝了一口，顿时觉得腹腔和胸腔之间的肌肉作逆，气结而不能咽下，我只能认罚，因实在不敢再饮了。

藏族男子穿的都是宽袍大袖的衣服，腰间系着一条丝带，头上戴着一顶呢帽，或者缠着一条绒巾，脚上穿着一双氆子长靴。妇女穿长衫，着氆裙，腰间系着一条带子，头上戴着八柱帽，脚上穿着一双大头鞋。

喇嘛的服饰是根据各自不同的地位来确定的。上层人士内穿衬衣，外裹红黄色羊毛织品，帽子为桃子形状，靴子是红呢子做的，手里搓转着佛珠，口里念诵着佛经。下层人士身披粗制的羊毛毯子，只是交叉地遮住上身而已。藏族人的住房都是楼房，上层、中层住人，下层用来圈养牲畜，屋顶扁平，有的在上面覆盖泥土，室内的墙壁上彩绘着山水人物。喇嘛寺修建得特别好，有的甚至高至十层，可说是富丽堂皇，非常耀眼壮观。

我们从四川开拔的时候，正值达赖喇嘛由北京返回西藏。他在途中得到藏王厦札·边觉夺吉的秘密报告说："英国的军队已经撤退了。四川的大军开来，恐怕对我们没有好处，应该采取措施制止他们进军。"达赖进京本来是请求清政府派兵支援的，现在又不好拒绝，只得秘密下达命令，要厦札调集一万多官兵守关把卡，拒绝大军开进西藏。川滇边务大臣赵尔丰深知达赖等人的用意，便亲自率领八个营的兵力由官道进军，而命令钟颖率部从北路进军，在昌都会师。

全军集中在打箭炉等待行动命令，大约过了一个星期，钟颖才到，又准备了三天，才奉令出发。由打箭炉出关就是川边，要走大道进入西藏，须经巴塘、里塘、昌都、恩达、硕板多、丹达、拉里、江达至拉萨，这是由四川去西藏的驿路，各个驿站之间的居民很多。从打箭炉出关，行军一天，由折多塘向北进军，经长春坝、霍尔章谷、甘孜、曾科、冈拖到达昌都；或者由冈拖直接去类乌齐、三十九族，直达拉里，这是北路，这条道路荒凉偏僻，在路上一两天都看不到行人。

在西藏行军，辎重行李必须依靠牦牛驮运，又须两三天轮换一次，没有牦牛就不能前行。部队弹药粮秣、行李杂件的运送，一个营大概就需要牦牛两千多头，完全要依靠沿路的藏族人民提供，但又不能仅由某一个地方负担，只能分段分摊。在西藏长途行军，辎重行李的运输决不是内地的夫役所能胜任得了的，而内地的马一到西藏，也不堪使用。尔丰认为，我部初次进入西藏，对地方情况不熟悉，若是骤然交火，运输弹药辎重的牦牛跟不上，就会耽误大事，所以命令我军从北路进军以保证安全。

我军从打箭炉出发那天，正碰上雨雪交加，寒风刺骨，士兵与牦牛混杂行军。这条路虽名为驿路，但其中有一半是山路，路上都是砂砾，高低不平，加上风卷雨雪，时大时小，眼睛都很难睁开。在这种条件下，扛着枪弹与行李行军，相当艰难，沿路很少看到有人往来，到折多塘宿营已是晚上七点钟了。天黑路滑，部队士兵三五成群，零散不齐地先后来到，大家的喧哗声与牛马的嘶鸣声，一直到半夜才停下来。官兵们个个都冻得身体发颤，这是多么痛苦啊！

由折多塘出发，经过长春坝、道坞、霍尔章谷到甘孜一带，沿途都有村落，有的数十户，有的数百户，也有小村落和喇嘛寺。这行军的二十多天，天气皆晴朗，虽然行进在山腰或山沟里，但道路却很平坦。回想起第一天从打箭炉出发，官兵们在风雪交加中行军受尽折磨，都以为今后所受的痛苦和饥寒必然要超过那一天，哪里想到第二天忽然风静雪止，天晴气朗，一路上绿草如茵，两面高山连绵矗立，山岭上都覆盖着皑皑白雪，就像白色素绢横亘在眼前。有的时候峰峦上飘过来的白云与山巅冰雪共为一色，凝神远望，就可以看到变幻莫测的景象，真是奇趣横生，几乎可以使人忘掉在这荒山野岭中行军的痛苦。

我由于担任督队官，所以每天都必须在天亮前带领藏族联络员和各队负责安排宿营的官兵乘马先行。有一天，我们将要到达长春坝的时候，天气晴和，大路平坦，放眼望去平原广阔得无边无际。藏族联络员将马鞭一扬，那马即飞似地向前跑去，一马当先，众马奔腾，勒也勒不住。我的骑马技术不熟练，只觉得身重腿轻，左右颠簸，险些跌下马。虽然我竭尽全力勉强骑到了宿营地点，但已筋疲力尽，汗流浃背，两腿酸痛得不能行走了。

有一天，部队行军到道坞，天色尚早，我和几个同事散步到近郊。这儿有十多户人家，分散居住在树林中，风拂枝低，风景如画。树林外有一条水沟，大约四五尺宽，水流平缓，清澈透明，水里的鱼又多又大，游来游去，逍遥自在。我们正愁无菜可吃，见了这些鱼就打算动手捕捞，忽然想到这个地方的住户很多，难道没有网罟等捕鱼工具，为何让鱼儿繁殖得这样多？我们就向联络员提出这个问题。他告诉我们，藏族人死后不用棺木装殓埋在土里。上层人死后，就延请喇嘛诵经拜佛，将尸体砍成一寸大小的小块，去饲养雕鸟，叫做天葬；次等人死后，就将尸体用大火烧化，叫做火葬；下层人死后，则将尸体投入河水里，任凭鱼鳖去吃，这就是水葬。因此，西藏人民没有吃鱼的。我们听后，也就作罢了。

霍尔章谷有居民一百多户，当地已经革除了首领世袭制，由中央政府派流官进行管理，因而此地汉人比较多。我们部队自打箭炉进军以来，沿途所看到的都是红褐色脸庞、衣服前襟向左掩的藏族人民，吃的是酥油、糌粑、奶酱。在荒山野岭，又没有地方可以买到蔬菜，所以我们整天行军常常食不裹腹。部队出发时，原来计划多带一些食品，因为修梅极力反对而作罢，致使我们在路途中吃得很不好，受尽了苦头。到了霍尔章谷，我们看到有东西买卖，就买了一头猪和几斤鱿鱼，将其切碎，拌进豆豉一起炒熟，分装在两个桶内随军带走。修梅对此仍不满，说了些令人心烦的话，我们也不再理会他了。可是每次用餐的时候，他却比别人吃得多，这种贪馋自私的行为真叫人鄙视、讨厌极了。

在行军路上我们曾看到千百成群的牦牛，但并未引起注意。到了霍尔章谷后，牦牛需要轮换，但直到出发前一天傍晚，替换的牦牛还未到齐，我便有些着急。半夜时分，我听到四周有喧闹声，便出门察看，才知是藏民护送牦牛、马匹等来了，漫山遍野皆是，大约有数千头。我正在忧虑这些牦牛来得这么晚，卸载驼装，捆札安放，不知要花多少时间。可是，第二天早晨起床一看，只见他们一人挟一驼包安放在牦牛背上，每个驼包重量都在百斤以上，他们竟然能够举重若轻，大约用了一个小时左右，就将两千多件行李捆载完毕，其身手之骄健敏捷，令我十分羡慕。唐朝时，朝廷与藏族地区常起冲突，难怪即使像郭子仪、马璘这样能征善战的将军，也不敢轻易动干戈，而是主张和平解决争端。

每天部队宿营后，驮运牛马都集中在一个坪场上，随队藏民手脚麻利，不到一个小时，两千多头牦牛所载驼包就全部卸完了。藏民们高声谈笑，牦牛就四散走开，漫山遍野，自去寻找青草食料。到了黄昏前后，藏民一声呼哨，就可看到山间的牦牛攒动，都在争先恐后、聚集有序地归来，根本不需要派人去驱赶。此时，藏民们都在附近的坪场上竖起若干木桩，排列成很多行，用长绳子系起来，再在长绳子上系无数短绳，拴在牦牛的脚上。牦牛就靠近绳子或站或卧，十分驯服，且井然有序。我还记得有一天半夜起来小解，只见坪场被白雪覆盖，未见一头牦牛，不觉大惊，赶紧去询问站岗的卫兵，才知道牦牛都卧在雪中，白雪掩盖了牦牛，一眼望去只剩无数的雪堆密密麻麻地堆置在坪场中间。若牦牛不转动身子抖掉积雪，竟不知雪堆里是牦牛。

甘孜、曾科、麦削、岗拖这些地方，都是纵横交错的崇山峻岭，漫山遍野被积雪覆盖，山水流下来后便结成了冰，宽至十多丈。人和马要通过这里，必须先用铁锹凿成一条路并铺上泥土，才可避免滑倒。山谷的溪流也结冰了，几千头牛马踏冰过河，冰块破裂的响声几里以外都可以听到。当时正值晚秋，气候一天天寒冷，大雪纷飞，北风怒号，官兵和牛马都像是穿上了耀眼的银装。我信口吟就了一首诗，其中有句曰："冰敲马蹄铃声细，雪压枪头剑气寒。"真是触景生情，有感而发呵。

从麦削向西走，沿途山高入云，水深流急，既无舟船可乘，也无桥梁可通，所以部队渡河都用皮船。皮船以野藤为主体，用牛皮包裹，呈椭圆形，就像对剖的半个冬瓜；在水里划行，灵巧敏捷，轻如飞燕，就像一片树叶凌驾于水波之上，随涛转动，时东时西，时高时低，浪起时就像登上山峰，浪落时又似坠入谷底。站在河岸上远远望去，那船儿就像要被水浪掀倒吞没了，实则是正漂在波涛的低谷，转眼间又浮现在浪头之上，就像在大风起时，站在黄鹤楼上看长江中轻舟冲浪一样，令人心惊肉跳。所幸的是河面不宽，风也不大，每舟由一个人驾双桨坐后梢，顺着水势在波浪的间隙中斜行疾驶，眨眼工夫就过河上岸了。

这种皮船最大的可载重四百斤，小的也能载两百多斤。小船是以一头牛的皮革制成，大船则要耗用两头牛的皮革，其连结缝合的地方，要经常涂抹酥油才能防止渗漏。部队渡河时，先渡弹药粮食，再渡官兵，由于船小又少，每渡一河需要几天时间，我们一个营渡河就用了三天。一路上碰到的河流很多，所以行军时间就拖延得很久。好在西藏的牛马都能游泳，每次要渡河的时候，就先放一头牛过河去，系在河对岸，然后将所有牛马驱入河中，不需要人牵引，它们都会向对岸的牛游去，上岸后群集在一起。

渡过岗拖河以后，我们在江岸宿营了几天。在此处，我们看见山里面有很多贝母鸡在草地里成群地飞来飞去。于是，我就邀约几个人进山射猎，每天都可猎获几只，去皮剔骨洗净，切成小块，拌胡豆酱炒熟，吃起来确实美味可口，不是家禽可以比得上的。

在藏区行军，部队既苦于山路崎岖难行，更苦于每天起床太早。因为经过甘孜以后，沿途的居民越来越少，但是赵尔丰规定每天行军的里程要在一百二十里以上，故必须早起晚宿疾行，否则就找不到宿营地。没有宿营地，也就没有藏地官员预备好的粮食燃料以供烹调，而且行军都必须自带帐篷，宿营时架设安放与出发时撤卸捆载也需要很多时间，所以起床不能不赶早。

西藏地区几乎每天都在下雪，一到深更半夜，雪就覆盖了帐篷。第二天早晨起床，要先把帐篷上的积雪清除掉，再用火烘干，才能捆包交牦牛驼运。最痛苦的就是天还未亮，帐篷已经撤去，雪风像刀子一样刮在脸上，官兵要站在无遮挡的坪场上等候。烘干帐篷，将辎重行李装上牦牛大约需要一个半小时，这时，手脚被冻得僵硬麻木，浑身发抖，这种痛苦是不能用语言形容的。我们就是在这样的日子里连续行军五十多天，才到达昌都。

第二章　腊左探险

昌都，又叫察木多，是打箭炉去拉萨必须经过的中心地区。这里有居民六七百户，大小喇嘛寺很多，汉族人在此居住的也不少，设有军粮府管辖治理。行军到此，我们都已感到精疲力尽，极度疲乏困顿了。

当时，赵尔丰驻扎在更庆。他得到情报说，厦札派遣了一位堪布率军一万人，已进驻恩达，这时钟颖由甘孜轻车简从去更庆见尔丰，于是赵尔丰命令大军暂时集中驻扎于昌都，等待详细侦察藏军情况后再做决策。

不久，钟颖号召全体官兵自愿报名，以便从中选拔优秀的官佐前去侦察。可是，号召发出数日，却无人应命。赵尔丰知道后说，这些援藏官兵都是年轻学生，根本不懂军事战略。我听到这话后感到羞耻，就主动申请前去。这时，林修梅也积极鼓动我去，还为我到军粮府办理马牌。于是，我就轻装上阵，带领藏地向导张应明前往。

应明，四川人，五十多岁，在藏地生活了很久，以经商为业，熟悉当地的风土人情。那天，我俩从昌都出发，走了一阵子就过了西藏桥，又走了三里多路，便遇见千百只成群的乌鸦沿路飞行鸣叫，应明所骑的马受到惊吓狂跳起来，应明不慎坠马。他爬起来牵着马走，我也下马步行。我俩将成群的乌鸦赶走，牵着马前行。当时，我只认为西藏乌鸦很多，没有想到接下来会发生什么其他糟糕的事情。

我俩走了三十里路就到了俄洛侨，这儿驻有一个排的边军，排长姓邓，是个从武备学堂肄业的四川人。当时时间已经不早了，他十分热情地劝说我俩就在这里吃饭留宿。我也想趁此机会询问一下前方藏军的情况，就决定住在这个哨所。吃了晚饭后，我同邓排长说起四川的事情，谈得很高兴、融洽。我从邓排长那里得知，藏军驻扎在恩达，其先遣部队已开进林多坝，巡逻骑兵经常出没在距这里约三十里的腊左塘。因为情况不明，邓排长劝我俩不要冒险前往。我虽然感谢他的好意，但因为任务在身，不能半途而废。

第二天清晨，我俩就离开哨所往前走，沿路没有见到居民，也没碰到什么行人，骑马走了三十里，到了腊左塘，就是腊左山（拉贡山）的一个山垭。这个地方有一个驿站关卡，常驻四个塘兵（清时军队防区为汛，汛下设塘）。我到这里时，见他们正在仓皇地打包行李准备回昌都。他们看到我俩到此，不觉大惊失色，对我们说，藏军夜夜到这个地方巡查，形势十分危急，要我俩同他们一道回去。应明也说不能再向前走了。我对他们的这些话感到不满，就有点愤慨地答到："军令在身，纵然不能去腊左，也应该登上山顶看一个明白。"于是，我不听劝阻，果断地跃身上马扬鞭，向山上进发。

这座山有十多里高，我俩沿着山间小路盘旋而上，道路被冰雪覆盖，人和马一再滑倒，只得牵马步行，仍不时滑倒，只能边走边歇。我俩将要登上山顶时，只见四周白雾笼罩，如烟如尘。登上山顶，顿时狂风大作，卷起雪花满天飞舞，寒风如针刺肌肤，人和马都呼吸困难。突然我俩一起昏倒在地，幸亏我的神志还很清楚，不一会儿就清醒过来了。我勉强地爬起来，一手牵着马，一手扶起应明。应明有点生气地说：“你不听我的话，自找苦吃，你现在看到了什么？”我说：“你不要埋怨了，既然已经到了这里，就必须去腊左看个究竟。”我决意鼓足勇气下山，应明不得已，只能跟着我走。一路上我们数次因颠簸坠马，险些被马踩伤，跌跌撞撞地走了大约八九里山路来到平地。这时已是黄昏，幸好白雪遍地，我俩借着雪光沿着小溪走了两三里路才到腊左，隐隐约约地看到房舍二十多处，分散在小溪的两岸，家家的门窗都是关着的，一点声响都没有，我俩用马鞭敲门，也没有人回应。

来到一户人家的楼下，一个老汉出来对我们说：“藏军驻扎在离此仅十多里的地方，巡逻的骑兵夜夜到此，老百姓都逃走了，我因病不能走路，才留下来的。”应明问我该怎么办，我指着对岸靠山的一户人家说：“可去那儿宿一晚。”于是我俩牵马走过小溪，住在了这里。登上楼，推开门走进屋，见室内只有一人高，我们就将马系在楼下。我选择了一间较宽的房间住下，点燃带来的洋蜡烛，略略吃了一点烧饼。应明劝我不要点蜡烛，于是我将蜡烛移至屋角，用木板遮住。我推窗望月，月光清澈明亮，照耀在雪盖冰封的地面上，更觉清寒。我准备在这里稍作休息后，再上山察看情况，以防藏军巡逻兵的袭击。若能站在高山顶上看清藏军的驻扎形势及其活动情况，也不辜负我们这一次的行动。

正在凝神盘算下一步行动时，忽然听到马铃声由远而近，我知道这是藏军的巡逻骑兵来了。于是，我俩赶紧到楼下，把身上穿的白羊裘衣服翻过来穿上，并躲在一个大石头后面。没过多久，看见数十个骑马的藏军，一个接一个地走进对岸的民房，逐家逐户以马鞭敲门，并用藏语询问："有奸细没有？不能藏匿不报。"他们没有越溪水过来，就向腊左山去了。大约过了一个小时，藏兵返回，仍像前次那样敲门询问后就回去。我认为安全了，长长地吐了一口气，就放心地进房休息。应明跟着回来了，蹙着眉头对我说："危险，危险！几乎要遭殃了。"我还开玩笑地回答："不会，不会！明天我还要带你到前方把藏军情况搞清楚……"我的话还未讲完，突然听到前方的马铃声来得很急，我便急忙吹灭蜡烛，推开窗户向外看，只见一百多名藏军骑兵，分为左右两队向我俩所住的屋子包抄而来，在相距一百步左右时，藏兵全都下马拔刀，向我们冲来。

这时，已不可逃跑，只听到喊杀声、马叫声响成一片，震动山谷。我急忙跑出去，见旁边有一间小房子就进去躲避，在黑暗中用手摸去，碰着砖石，感觉像厨房又不是厨房。墙上有一个小洞，我捅开后向外看，只见藏军蜂拥而来，个个手握钢刀，刀长四五尺，映着月光雪色，十分森严可怕。他们已步步逼近，我急忙关门，并用石头顶着，再向外看，见藏军距我只有十多步了。我转念一想：门既然关了，房内一定有人，这就等于告诉他们我的藏身之处，不如开门等待，随机应变。门刚打开，藏军已到楼下。我又转念想到，假若躲在黑暗的房内，藏军进门一顿乱砍，我就会被砍死，不如出去斥责他们，或许可以保全性命。

于是我就挺身走出去，刚出门，藏兵已经上楼来了。我大声地喝问他们来干什么，先上楼的一个藏兵猛地向我扑来，挥着大刀砍向我，幸好房子矮小，长刀被簷格所阻，没有砍中，后面上来的人拥挤在一起，大刀更施展不开。此时，我只觉得尾脊部位受伤严重。一时间，他们拳打脚踢，有的喊杀，有的叫嚣活捉，整个房间乱作一团。最后，只觉得有人用刀柄重重地打在我的右额上，顿时眼冒金星，身子倒地渐渐陷入昏迷。我感觉似乎有人将我拖至楼门口，并扔了下去，我只感到一阵巨痛就不省人事了。

我昏厥以后，被藏兵捆绑在马背上带走，借着月光走了十多里，过了并达桥。桥长十丈左右，宽一丈多，上面铺着木板，一百多名藏兵骑马走过，马蹄敲打在木板上的声音很大，我才惊醒，方知自己已被藏兵俘虏，头上、腰间和双手都受了重伤，因为麻木尚不觉疼痛。

并达桥附近驻扎有数百名藏兵，他们看到活捉了两个人来，都一齐围拢来欢呼雀跃。藏军继续沿着河流往前走，两面尽是高山，都有藏兵警戒。左边的藏兵打锣，右边的击鼓，左边敲锣，右边响应，这样连绵不断，就像刁斗一般。我们沿溪走了十多里，来到林多坝已是半夜了。藏兵把我带到一个楼房里，这楼房里有男女数人，正在烧火熬茶。他们把我绑在一根柱子上，我就背靠柱子瘫坐在地上，渐渐地感觉到头和腰疼痛难当。接着，应明也被带来了，脸上已血色全无。

过了一会儿，有个像头目的来了，手里拿着马鞭子审问道："你们是哪里人？来这里干什么？"我回答说："我是奉赵大臣的命令到这里来的。"他不相信，又对我一顿暴打，我几乎昏死过去。

过了不久，又来了一个人，穿着打扮像是藏官，他对我盘问得更加详细，态度稍稍变好了一点。我仍然回答说是奉命到这儿来的。他说："有没有公文？"我答道："公文和行李都放在马鞍上的袋子里。"这个藏官听了就匆匆下楼，去了很久又回到楼上对我说："马鞍袋子里未见公文，你不要骗人！"我素来知道西藏人惧怕赵尔丰，就像内地人惧怕天神，就神色郑重地说："行李和公文都被你们抢去了。你们怀疑我没有公文，可以派人去昌都赵大臣的行辕里问一问!"那个藏官问："赵大臣已到了昌都?"我说："赵大臣统率边军八个营，比我还早一天就到了昌都，你们还不知道?"这个头目听了后，沉思了一会儿，又问："赵大臣派你们来这里是什么意思?"我回答说："我见到你们的堪布后，你就会知道的，你不要多问了。"藏官又很仔细地验看了我身上的伤痕，与另一个头目轻言细语地商量了很久，再回过头来问我："你现在担任朝廷的几品官?"我回答他我是三品官，藏官听了后，就同另一个头目下楼去了。

没过多久，有两个藏兵上楼来了，给我解开了身上的绳索。刚刚解开绳子，两只手剧痛难耐，我竟然无法站立，昏倒在地。一个藏兵背我下楼，到了一个比较干净的房间，像是藏官住的地方。藏兵给我送上酥油茶，我正口渴难耐，接过来就喝了下去，就像喝了蜜糖一样兴奋，头脑也渐渐清晰了，但由于伤势过重和劳累过度，靠着墙就睡着了。在睡梦中突然听到鸡叫狗吠才惊醒，抬头望窗外天色，已是黎明时分。

又过了一会儿，房子外边的人声、马声嘈杂喧闹，一个藏官进来对我说："我们的堪布来了命令，约您去恩达见面，请马上就走。"我听了后，即挺身站起来。藏兵把我扶上马，慢慢行走。这时，我感觉腰间受伤的地方裂开了，鲜血不住地流出来，疼痛难忍。每逢过溪或者上下山时，前后颠簸，便疼得更加厉害。特别是早晨的山风冰冷刺骨，整个身子都像泡在冰窟里似的，睁眼看见的尽是荒山野岭，更加使我感到痛楚凄凉。有时想到自己的妻子和侄儿还寓居成都，距家乡一千多里，他们该如何返回故里，我便禁不住悲伤，然而又想到大丈夫应当报效祖国，即使战死沙场也当无所畏惧，何必为妻室儿女操心，我便精神抖擞，意气高昂起来。

走了二十多里路到了恩达，这时大约是上午十点。驻恩达的汛官叶孟林穿着整齐的官服出来迎接，对我十分恭敬，引导我到堪布大营，堪布也在营外迎接，十分谦恭。我进房坐下后，他们献上茶点，极力辩解说没有接到赵大臣的通告，以致发生误会，再三向我表示歉意。我也很委婉地应对，并说："赵大臣认为西藏近两百多年来，一直很服从朝廷领导，因为前些时候英国派兵侵占西藏，大喇嘛亲自去北京请求朝廷派兵进藏，现在英国军队刚撤走，边觉夺吉却又调来军队阻止我军，这是什么原因？若要与朝廷对着干，请问西藏有多少军队？枪械武器先进吗？想要与川军和边军较量，能侥幸取胜吗？赵大臣怕大军开进来后，两军打起来，双方都受害，因此特派我前来劝告你们马上撤兵退回原地。若此，我们会向朝廷上奏，请求恢复大喇嘛的封号。如今，新军已经从拉里出发走北路，川军、边军集中驻扎在昌都，之所以没有马上挥师前进，是因为怜惜西藏军民未知究竟，不忍骤然派兵进攻。"接着，我向他们详细讲述了在腊左的经过。

堪布听了我的话后，诚惶诚恐地道歉，还送上了面食点心，极为热情周到。他对我说："我本是管理喇嘛寺内事务的堪布，由于藏王督促责问十分严厉，不得已才统兵出来，如今驻扎在恩达不前进，就是等待赵大臣的到来，哪敢有什么其他行动！"他又写了详细的公文呈报赵尔丰，请求我当天就回昌都汇报，并承诺在三天内撤军。我则以受伤太重，疼痛难忍，马匹劳累不堪为由，表示不能立即回昌都。经过堪布的再三恳求，我才同意出发。于是他们就给我敷药和画符念咒，并给我挑了一匹好马，还送了藏佛、藏香、捻珠、奶饼等礼品，又承诺选派四名藏兵护送我到腊左塘。这样，我才收拾衣物，动身起程，这时，已经是午后一点了。堪布等人将我们一直送到山下才返回大营。

回昌都的路上，漫山遍野冰冻雪封，寒风肆虐，创口疼痛渐渐地消失了，这究竟是符咒的力量，还是药物的效果，我一时也分辨不清。此时，我急着要回昌都，也忘记了伤痛。在路过腊左的时候，家家户户仍然关门闭户，看不到任何人影。腊左山很高，路又陡峭，加上路面结冰湿滑，很不好走。两个藏兵牵马扶着我很快便登上了山顶，已经不像前天下山时那样痛苦了。从山顶下来就到了腊左塘，这里的营房已没有人了。从这里开始，道路平坦好走，也较安全，我就叫四个护送的藏兵回去了。

我同应明吃了一点奶饼后，就纵身上马，扬鞭催马疾驰，竟不觉丝毫疼痛。到俄洛桥时已近黄昏，以前驻扎在这里的川军也已开回昌都。此时，应明感到筋疲力竭，想在这里住下来，明早再走。我没有听他的建议，鼓足勇气继续前进。天渐渐黑了，寒风吹在脸上，全身都似乎冷透了，幸好月光明朗，照耀在大地上如同白昼，夜晚赶路也不觉得痛苦。到达昌都时，已是深夜十二点了，沿路哨兵见我俩安全归来，个个都喜笑颜开。

我回到营部时，大多数同事都已睡觉了，只有林修梅仍然坐在桌边磨墨写字。我在门外笑着打趣说："诸葛先生回来了!"因为日常我与同事们戏言，常常以诸葛亮自居。有一个卫士看见我回来了，急忙进去报告。修梅很惊讶地跑出来，见到我后悲喜交加。顿时，大家都披衣起床，争着询问我的情况。炊事员送来了吃的，我一边吃一边讲，一直讲到深夜四更时候才上床睡觉。

自从我被藏兵俘虏后，军中传我等已被杀，碎尸后被抛弃在荒山野岭。我刚回来与同事们闲聊时，常常感觉到坐垫后面有人塞进什么东西，开始没有引起我的注意，聊完准备睡觉时，我看到坐垫后面堆满了衣物，也没有觉得奇怪。第二天，勤务兵李元超悄悄地告诉我说："自你被俘的消息传来，大家都认为这次你一定会殒命。某某等人将你的箱子砸破，把你的行李几乎全部瓜分了。如今看到你安全归来，他们都感到不好意思，于是就暗暗地将分的东西退回来，悄悄地放在你的坐垫后面。你应该给他们一些处罚才是。"我听了后，一笑了之。

我的外伤经过七八天的治疗，已经好起来了，但内伤还很严重，胸腹反复疼痛。有个朋友给我送了一瓶雷击散，我服后腹泻两次，排出很多血块，不久就痊愈了。不过，雷击散原本是解暑的药品，并没有治疗内伤的功效，不知当时服后为什么会有如此好的疗效，实在不可理解。

第三章　昌都至江达

赵尔丰知道藏军已经进驻恩达，就亲自带领五个营的边军从更庆开拔到昌都，我部去四川桥的东岸迎接。尔丰带来的边军虽然是旧式军队，可是随他在川边东征西战的时间比较长，个个都英勇善战，官兵的体力也很好，一天行军一百二十里是常事。当天，我随着部队前去迎接，在那儿等了很久，才看见大队从对面高山上飞驰而来。有人指着最后一个骑马的人说，那个身上穿着皇帝奖赏的得胜卦、腰间系着紫色战裙的人就是赵尔丰。当他们过桥时，全军行军礼致敬，尔丰骑马飞驰而过，看都没看我们一眼。我仔细地打量着，他的相貌与往日在成都时完全不一样。尔丰在四川担任总督的时候，头发和胡须是杂白的，看上去不过五十多岁，如今他的头发、胡须全都白了，满头像盖着霜雪一样。迎接他们的部队官兵等候已久，在凛冽的北风下，个个浑身发抖，难以支持。而尔丰已七十岁高龄，骑在马上，寒风吹起他的战衣，露出肌肤，他却没有一点寒冷的样子。就算北宋时出将入相的文彦博，恐怕也不会有这种斗志昂扬、精神振奋的状态啊！

这天晚上，钟颖带领部队营长以上的军官到尔丰驻所拜会，一直到深夜才回。有个叫张子青的卫兵头目随林修梅前往，拜会还未结束，他先跑回来很不安地对我说："赵尔丰认为你好大喜功，失去军机，要治你死罪，你看怎么办？"我问他："管带是如何答复的？"子青说："管带低头没有吭声。"我听后感到很奇怪。等到修梅回来后，我又再三询问，修梅只讲尔丰明天早晨要传见我，而没讲其他方面的情况，我才知他已别有用心了。我心想自己是奉命前往腊左，不惧生死，忠心耿耿，尽心竭力，又有什么可怕的？心里也就踏实下来。

第二天早晨去见尔丰时，刚走出门，就有尔丰派来的两个全副武装的士兵传唤我。我十分惊讶，跟着他俩到了尔丰驻所，见钟颖和军粮府的刘绍卿等人都站在尔丰军帐之下。两个武装士兵将我带到帐中，尔丰怒气冲冲，一见面就斥责我贪功冒险，犯下了损威辱师之罪，应该军法处置。这时，钟颖、刘绍卿急忙走上前来，尽力为我说情，尔丰根本不听，仍然怒容满面。到了这时，我也顾不得其他了，就义正辞严地陈说相关情况："我的罪过我自己知道，但是我是奉命前往的，虽然我曾被他们俘虏，但藏军还是很有礼貌地把我送回来了。同时，我还宣扬了圣朝的仁德政策和军事威力，藏军听到这些消息后，就马上撤兵了。这是有功还是有罪我自己不好说，只有请钦帅来查核！"接着，钟颖又尽力为我解释，尔丰的怒气才慢慢地消退，于是详细询问我奉命前往的情况，又问林管带是否知道我奉命前去的情况。我都一一按实际情况答复，并且还说军粮府还存有管带签署的咨文可作凭证。尔丰问清楚以后，又叫军粮府把咨文送来核查。他看过后，马上转过来追问林修梅，修梅无言以对。尔丰大怒，立即命人解下修梅的衣服和佩刀，随即在办公桌上亲自写下手谕，撤销林修梅的管带职务，让我替代。我也不敢多讲话，只得拜谢后就出来了。

有人说：“塞翁失马，安知非福！”像我这个事，由祸转变成福，实在是奇。但是，想不到在背后操纵挑拨、混淆黑白的大有人在，比我这个遭遇更奇！有个安徽人叫张鸿升，性情奸险狡诈，开始在尔丰军中担任管带，后来因为犯了错误被撤销职务。他回四川后投奔了钟颖，钟颖奉命进驻西藏时，委任他担任工程营管带，这是一个有职无兵的空位子。鸿升日思夜想要当上步兵营管带，就是找不到机会。后来我在腊左被藏军俘虏，凶多吉少，当这个不好的消息传到昌都时，尔丰身边有个与鸿升关系好的随从对他说：“尔丰对陈某的贸然行动感到愤怒，致电川督要求军法处置。”鸿升听后暗自高兴，以为机会来了，就前往林修梅居所试探他，问陈某的问题究竟如何。修梅只是不断地叹气，没讲一句话。鸿升进一步地挑唆说：“赵统帅的性情暴躁得如同烈火一般，假若他问到你，你最好推托不知情。我有好朋友是钦帅的幕僚，他可以为你说情，你尽可放心！”林修梅相信了鸿升的话，所以在尔丰责骂我损坏军威、使部队声望受损时，修梅只是默默地不吭一声。尔丰更加愤怒。但后来，鸿升见到尔丰的亲信秘书傅华封时，反为我辩护，并数说修梅的种种不是。鸿升的意图是取代林修梅，而并不是爱惜我、厌恶林修梅。华封是鸿升的老朋友，遂在尔丰面前大力抵毁修梅，到了这个时候，赵尔丰开始不再信任林修梅，因此在传见我时，就当面指责我贪功冒进的罪状，是想进一步核实情况。不料当情况一一落实后，林修梅被撤职，而张鸿升却未得到他想要的。尔丰任命我为管带的亲笔手谕，像闪电一样快。鸿升当然很沮丧，而我却因势乘便变祸为福了。奸佞小人枉费心机，可笑又可怜。

第二天早晨，我按照旧例去尔丰军帐表示感谢，并呈送那个堪布的文书。我等了很久，尔丰才到。他对我训诫道："你冒着很大的危险去藏军驻地，很有勇气和胆略，所以给你委派一个重要职务。今后更应该尽心竭力，不然的话，我还是可以杀掉你的。"他说完后，目光锐利地注视着我，使人看着就感到害怕。

尔丰认为我了解前方的情况，就要我尽快起草一个进军计划送给他。我回到住所后，请示并征求了钟颖的意见，拟以川军为先头部队，先把驻扎在恩达的藏军赶走，经过类乌齐、三十九族地区，进军拉里；边军则从恩达出发，沿大路挺进，直抵拉里，这是第一步计划。第二步计划，则要等到川军和边军在拉里会师后，再根据藏军行动情况决定。我在计划书上还绘制了行军路线地图，附注了说明，规划得十分详细。尔丰看了后，表示同意，决定后天行动。钟颖命令我带领部队先行，大部队跟随前进。在这些计划确定后，全体官兵准备了一天。

第二天黎明时分，我即带领部队出发，当天住在腊左，当地居民都逃走了。我知道他们躲在附近的山里，就叫士兵分头去找，找来了几个人。通过反复询问，我知道林多坝仍驻有藏军，还有一支部队把守在并达桥。我想，藏军没有对抗我大军的能力，堪布也不是带兵打仗的人，如今驻扎的军队没有撤走，是不是因为尔丰还未答复，他们在观望等待？或者是为了掩护大部队撤退？但是无论怎样，两军相距很近，应当提高警惕，谨慎前进。同时考虑到林多坝地势开阔，进攻比较容易，只是并达桥两岸的河面宽、地势高，若藏军凭险据守，进攻就特别困难了。我想起前次由恩达回来时，曾注意到这座桥上游四五里的地方河水已结冰，可以从冰上走过去。我军要进攻的时候，最好先集中火力假装强攻他们的正面，实际上让主力部队踏冰渡河，再沿河向下进攻，就容易收到预期的效果。

当天夜里，月明星稀，如同白昼，部队在四更天出发。佯攻正面的一支队伍慢慢地接近桥边，看见桥上的藏军来来往往，十分忙乱。我亲自带领的三支队伍，从河流上游踏冰偷渡，当前进到藏军右侧时，天刚黎明，于是我们鸣枪冲锋，藏军狼狈地四散逃走。我军奋勇争先，乘胜追击，一路上没有遇到反抗。一直追到林多坝附近时，藏军才尽出迎战。我部仍然分为左右两翼，向前猛烈攻击，大约战斗两个小时，我军左翼已经攻占了林多坝的后山。藏军在我军前后夹击下，战败逃散。此时，我想到前方是藏军大本营，地势、民情都很复杂，一路上必然会发生激烈战斗。于是，我集合部队，向大家说明情况，要求提高警惕，分段搜索前进。

在我们将至恩达的时候，驻防恩达的军官叶孟林从山路上飞奔而来，对我说："藏军都向南面撤退了，大约已经离开两个小时。"于是，我们就进驻恩达，部署警戒哨岗，宿营驻防，等待后续行动的命令。在这次战斗中，我们打死藏军大约四十多人，我部只有两个排长和十七个士兵受伤，九个士兵阵亡。

第二天，我们将胜利的消息报告给昌都的统帅部。不久，我们即接到命令，等大部队明日到达恩达，就按照原定计划向类乌齐、三十九族进军。

从恩达向北进发时，正值冬月中旬，气候越来越寒冷，雪也愈来愈大。特别是山高坡陡，道路高低不平，行军十分艰难。类乌齐在万山丛岭之中，属于铜鼓喇山脉，由西北向南方曲折延伸，山峦横卧且支脉极多。我们进军后，天天都是冒雪在冰山上攀爬，在冰天雪地中穿行。士兵们衣单被薄，每到夜间往往被冷醒，难以入睡，只得在床上翻来覆去、唉声叹气。大家常常在半夜冷醒后起来围着火炉取暖，等待天亮。

有一天五更时分，我们看月亮明朗，就整队出发。先登上一座大山，山高而陡峭，抬头望不到顶。驮运行李的队伍走在前面，士兵紧随其后，刚到半山腰，忽然看见一群野牛在山上打斗，狂奔怒吼，胡乱冲撞，把我们的行李等物品撞得七零八落，散落在山坡上。士兵们躲避不及，有的还被撞倒，十多个士兵受了伤。这时我还在山下，听到这个情况后，急忙走进一户藏民家里躲避，很幸运没有受伤。

从打箭炉出发时，就规定每个班准备一匹马给生病的士兵乘骑。进入类乌齐后，天气寒冷，地上结冰，若骑在马上的时间久了，两只脚会被冻僵，疼痛得难以忍受。因此，乘马的人在刚出发时要先步行几里路，把筋骨活动开，骑马一小时左右，又要下马步行几里路。有些狡猾的士兵常常假装病重，想要骑马，虽然在马上感到双脚十分寒冷也不肯下马，生怕马匹被其他病兵乘去了。就这样从早到晚终日骑在马上，两只脚被冻得发肿，更加不能下马行走了。像这样的人经过三五天，双脚便溃烂不能下地，结果弄假成真，病就十分严重了。在行军路中无法得到治疗，又不能停下来休息，因此丢掉性命的，到处都可以看到，也真是可怜又可叹！

在行军路上，驮运行李的队伍经常出现拖延的情况，我们部队走了二十多天才进入三十九族的地界。士兵们的头发已有一寸多长了，辫子一团乱麻，胡须满腮，衣衫褴褛，走路时脚步缓慢、身子摇晃，已经没有人样了。

营部书记官范玉昆已经五十多岁了，胡须长得很好看，曾买了一条狐皮围巾围在脖子上。有一天早晨我们很早就起床行军，适逢大雪纷飞，漫山遍野白茫茫一片，寒风呼呼地吹到身上，大家都冷得打颤，玉昆骑在马上埋头缩颈而行。在行军途中，西藏地方官设置有接待站，用牛粪作燃料熬茶接待我们。我们到站后下马休息，玉昆下马，想要解开围巾，可是围巾上的毛与他长长的胡子结成冰块，解不开了。他不断叫喊疼痛，大家见了都笑得前俯后仰。

三十九族方圆一千多里，人口有几十万，传说这些人是清朝征西将军年羹尧率领军队进军西藏时，留下的三十九个士兵的后裔。但是以时间来计算，不到两百年时间怎么可能有这么多人口呢！我想，唐朝时西藏十分兴盛，文成公主和金城公主曾先后嫁给藏王为妻，也许是那时入藏的汉族人的后裔。这些人与藏族人来往不多，只对汉族人亲善友好，这也是赵尔丰选择这条路进军的原因，以免缺乏夫役和牲畜。

三十九族在昌都的西北方向，属于高寒山区，比类乌齐地势更高、气候更冷，境内山峦叠障，峰与天接，远远望去，白雪覆盖的山峦就像闪闪发光的银堆，平地上也有一尺多厚的积雪。我曾问一个喇嘛："这个地方什么时候降雪？"喇嘛答复说："七八月份山顶上就可见积雪了，九十月份山腰里就铺满了雪，腊月间平地积雪可达到一尺多厚。季节到了，雪就来了，不须等到天上落雪。据说，山顶上的雪从古到今从未融化过。"因此，雪山有很多特产，比如动物有雪蛆、雪猪，植物有雪蒿，矿物则有雪晶，这些都是世上稀有的珍品。

我们从恩达向北行军一个多月才到达拉里，那时已经是农历腊月二十八了。拉里是四川与西藏之间的驿道所经之地，原来驻扎有汛官，隶属于川滇边务大臣，后来又设置有军粮府，因此汉族人很多。在外地见到乡亲，大家都感到十分亲切，我去军粮府找邓先生，我俩谈得很高兴。邓先生置办酒宴为我接风洗尘，菜肴极多又好吃，这是我行军五十多天中未曾有过的。我向他详细询问藏军的情况，知道藏军的大部队离开已有五天了，只是统领部队的堪布还未到此地。有的说他已由南路绕道去拉萨了，不知是否如此。我吃完饭回来就接到钟颖命令，要我部迅速开拔到江达待命。我因为要组织驮运军需物资的人马，只能推迟一天才能出发。

当天半夜，我接到旅部通知说，藏军撤退到江达后，他们的先头部队大约有两千多人，驻扎在离拉萨七十里的乌斯江，另有一支部队大约三千人，已经撤退到工布了，其统兵的堪布尚在后面，命令我到达江达后，一定要提高警惕、严密戒备等等。我知道当时的形势很紧张，就去督催军粮府，一定要在次日中午前把驮运军需行李等物资的夫役、牲畜备齐，以便我们后天行军。

由于除夕即将到来，我派人购买了大量酒肉，慰问、奖赏士兵，还置办了酒宴，邀请排长以上的官员共进早餐。吃完早餐以后，我去清查驮运的夫役、牲畜，见尚未来，心里十分焦急，就转身到军粮府去催办。走到军粮府的大厅，看到里面有几十个藏民都盘着腿坐在地上，邓先生陪同一名藏族官员站在他们前面。我知道这是在商量事，我向他们打了招呼后，也站在大厅里观察。只见那个藏族官员手里拿着一尊菩萨，朝着众人说了不少话，语毕，将菩萨挨个地放在他们头上，一问一答，旁边有人用笔记下问答的内容。这样一一进行，一个不漏，搞了很长时间才结束，等大家散去后，邓先生方邀我进房落坐，笑着对我说："刚才我们所做的事，先生知道是为什么吗？"我说不知道，请他说明原委。邓先生说："刚才就是为了催办驮运军需的夫役、牲畜。因为藏民头目认为大军来去频繁，夫役负担太重，牦牛又十分疲惫，都推来推去，不愿照办。于是我才同藏族官员商量，把各个头目召来当面追问原因，他们仍然推三阻四不肯照办。藏民十分信佛，相信神道英灵，就叫他们头顶菩萨发誓，个个则不敢撒谎了。这样一来，现在统计总数比原来摊派下去的还多了两百余头牦牛。这就是古人神道设教的意义和作用。”我很佩服邓先生这样操作的方法和效果，也才深知藏民信仰佛教，就像西方人信仰耶稣一样，其虔诚程度还有过之而无不及。

我从军粮府回来后，时间已经不早了，就邀请营部的人员效仿内地“三十晚上吃年饭”的旧例，共同饮酒欢度除夕。年饭刚吃完，就听到后面响起了暴风雨般的枪声。我正要询问原因，一个传令兵来报告说：“藏军来袭击我们，于队长已经带领士兵过去了。”我正在集合士兵时，又来人报告说：“藏军已撤退，于队长受伤后不幸阵亡了。”我听到后很震惊。后来一个被俘虏的藏兵被送来，我详细地询问了藏军的情况，才知道就是堪布所率领的士兵。他自从在恩达被打败后，就离开了作战部队，只带领少数士兵逃走，计划绕道回拉萨。昨天路过附近时，听说我驻扎在这里，就急忙想来见我，孰不知哨兵误会，以致引发一场枪战。我认为堪布是统领西藏部队的重要人物，不应当轻易让他回去，就急忙派人去请他来见面。同时，我探知于队长听到哨兵鸣枪警示以后，就迅速带领士兵冲出来，看见藏军即散开作战，乱枪齐发。于队长仍骑在马上指挥，马听到激烈的枪声受到惊吓，就直接冲出自己的队伍，被士兵乱枪误毙，实在是可惜。于队长是学生出身，没有实战经验，一听到警戒枪响就张惶失措，不知冷静应对，难怪赵尔丰看不起学生出身的兵。过了不多久，堪布来了，我很热情地接待了他，彼此谈得也很融洽。同时，我将此事秘密地向拉萨汇报。我与他会见后，又去后面料理于队长的丧葬等事，一直忙到深夜才回住所。这时，我也极度疲倦，就上床睡觉了。

第二天，天还未亮我就起床，忙着租房子安置于队长的棺木，然后组织全营官兵祭奠致哀。在这些事情办完后，我就邀请堪布一同出发，在路上走了两天才到达凝多塘，正好是大年初一。在这荒山野岭里，住宿的地方都找不到，只能支帐篷在野外露营。此时，在这离家万里之遥的荒野过节，我就更加思念亲人，人间的酸甜苦辣一起涌上心头。但我只能强颜欢笑，派人置办酒肉与大家同餐共饮，也是借酒来消除心头的愁闷。次日，我们一早出发，下午三点就到了江达。当地的汛官吴保林带领塘兵、西藏当地官员和喇嘛等一百多人出来迎接。

江达是西藏境内的大镇，大约有居民和寺庙等大约四五百户，物资丰富、百货齐全，历来都是繁荣昌盛之地。可是，自从藏兵出拒边军，此地屡遭践踏摧残，大街小巷都被洗劫一空，呈现一片荒凉萧条的景象。第二天，又有边军三个营来到这里。我在这里驻防二十天，每天都与吴保林往来洽谈。保林是四川成都人，到西藏已经有二十多年了，家里有个八十多岁的老母亲。他天天想回家，却苦于找不到机会，便请求我在方便的时候给他找一个公差，使他能够在有生之年返回内地。当时正值新年，他常常请我到他家里作客，一切饮食都是他妻子亲手做出来的。他的妻子已五十多岁了，随他住在西藏的时间比较久了，能熟练地做面食、蒸馍、薄饼一类的食物，做得又快又好并且随喊随做，实在使人感动。

我在江达驻防到第八天，接到赵尔丰亲自签写的秘密手谕，命令我迅速暗中处决堪布。我接到手谕后，在当天半夜里执行了。堪布是西藏的二品僧官，达赖十分倚重他。这时，达赖已经逃亡至大吉岭投靠英国人了，假若把堪布放了，恐怕以后发生变故，造成祸害，又不能公开处决，担心达赖以此为借口进行煽动。

当部队进驻昌都时，达赖已经回到拉萨。开始时，他还调集兵力抗拒我军进入西藏，并且向英国人求援。在他们还未达成协议时，我军已从拉里出发，达赖知道后，急忙同清廷驻藏帮办大臣温宗尧开会商量。宗尧从多方面进行疏导抚慰，但达赖始终不相信朝廷，就悄悄地逃去印度了。钟颖带领大部队进驻江达时，西藏驻扎在乌斯江的部队也撤退了，只有工布的情形不清楚。传说藏王边觉夺吉还有一千多名官兵，凭借窝冗噶伽山高地险准备反抗。于是，钟颖命令我带领全营士兵进军工布，乘机进攻。

我驻防江达的时候，曾派出情报员刺探厦札噶伦的情况，知道他已偷偷地逃跑到后藏去了，工布已没有军队驻守。我部奉命进驻工布时，仍保持警惕，以临战状态向前推进。当天，天气晴朗，万里无云，沿路风光令人心怡。我们下午一点到达牙披，登上一座小山，就借住在牙披营官家里。营官家的楼房高大，装修得富丽堂皇。屋内地板每天都用酥油涂抹，光滑得像一面镜子，可以照见人影。窗子也擦得很干净，椅桌也很整齐，各方面的陈设都十分精致，就像王侯的府第。楼房的后面有一条大河，滩浅水平，微波荡漾，河中间的沙洲上有数十只野鸭，成群地追逐嬉戏、寻食氽水，这种景象与内地没有什么不同。

当时牙披营官去拉萨没回来，他的管家出来接待我们，十分热情周到。他看到我靠着窗户眺望，就笑着对我说："这河中的鱼十分肥美，是上好的菜品，你们在外行军，想必很久没有吃到了。"说完，急忙叫家里的仆人去河里捞鱼。我笑着对他说："你们这里不是不准吃以水葬者为生的鱼吗？"那个管家随即答道："不是，不是！你所见到的是小溪里的那种鱼。这里的河流水面宽、流量大，河源很远，水流又急，不是那种鱼可以比得上的，你不要为这个担心！"我虽然不嗜好吃鱼，但很喜欢看人家捞鱼，因此就同意了。一会儿，就看见几个藏民扛鱼网下河，在河滩前撒网捕鱼。不一会儿，藏民收拢鱼网，就见鱼儿在网中活蹦乱跳，映着太阳闪闪发光，捕鱼者满载而归。我见此情景，顿感心情舒畅。

自从我来到西藏后，看到的都是荒山野岭、白雪皑皑、大地冰封、狂风怒吼，令人忧愁不安，伤彻心扉，但来到这里，却看到楼台亭榭错落相间，完全是另一番景象。我以风尘仆仆之身走进这雕梁画栋之楼，虽说心情舒畅，但也觉得惭愧不安。主人竭力热情地招待我们，所有的山珍海味都是从拉萨买来的。其中面食最好，都是藏女亲手做的，制作手艺十分精湛。他们制作面食时，只要长宽一尺多的木板，就可以迅速做好，不像我们内地制作面食还要摆上桌案、放好刀棍，架势很大。

藏族女性大多朴实无华，唯独这位女主人腰如杨柳，面同芙蓉，娥眉淡装，真是倾国倾城，恐怕连汉朝的明妃也没有她漂亮。她的丈夫是上门女婿，现在担任牙披营官。几天以后，他才从拉萨回来，穿着十分整齐大方，都是唐朝时期的打扮，说话也很文雅礼貌。藏俗将长女留在家里继承香火、操持家政事务，招女婿上门，而自家的长男却去做别人家的上门女婿。

第四章　收服工布

我部进驻牙披时，沿途的喇嘛、藏民夹道欢迎，还不断地献上哈达、酒食。藏民称酒为“呛”，他们常把酒灌进一个长竹筒内，竹筒上系一根皮带，以便携带。给客人敬酒时，要先把酒倒在掌上自己饮了，而后再敬送给客人，以表示此酒无毒，让人放心。

进驻牙披以后，我写了一个情况报告，说：“藏王厦札·边觉夺吉已经逃到很远的地方了，藏民没有抗拒朝廷的意图，我们应该采取招抚的措施，以安定人民的情绪。”这份报告送到拉萨后，不久就批复同意了。于是，我就从事安置抚慰工作，有条不紊地向邻近的曲巴、增巴、脚木宗等地推进。每到一个地方，就召集喇嘛、藏民开会，讲清楚汉族和藏族原本就是一家人的道理。达赖被英国人欺骗唆使出动军队对抗朝廷，现在达赖已经逃到很远的地方去了，朝廷眷念、体谅藏族人民，不追究过去的事情，希望大家安下心来做自己的事情，不要害怕。同时，我还经常到附近山寨藏民家里进行慰问，对生活困难的给予救济抚恤，原来按规定由藏民义务供应的柴草夫役，一律折算市价付钱。特别是制定与宣布了部队纪律，严禁官兵随意进入民房、喇嘛寺。于是，藏族人民皆大欢喜，无论远近地方，先后都来表达服从朝廷的诚意。赵尔丰、联豫等人知道后，先后嘉奖表扬我懂得民情，管理得当，措施有力。经过两个月的安抚工作，就全部消除了工布的反叛势力，实现了安居乐业。

工布在江达的西南方向，幅员八百多里，地广人稀，东面接近波密，西南毗邻大山荒岭。最西边的阿冗噶伽，就是藏王厦札·边觉夺吉的出生地，那里的人民性情朴实憨厚，气候温和适宜，物产较为丰富。过去在达赖极权统治下，一般藏民所受的痛苦，实在不堪忍受，这次出兵对抗朝廷，也是在达赖的威逼之下不得已而为之。自从我们进驻以后，藏族人民纷纷前来欢迎，都庆幸自己死里逃生了。

脚木宗位于工布中心，田土肥沃，气候温暖，附近山上有大喇嘛寺一所，规模宏大，十分壮观，有喇嘛三四百人。寺内的呼图克图是一位年纪很大、威望很高的喇嘛。他和颜悦色，很容易接近，与我往来比较密切。我常常向他咨询西藏的人情习俗，他都耐心地告诉我。

有一天，他置办了酒宴邀请我去柳林游玩，餐桌上摆满了菜肴、糕点、水果和醇酒。桌中间安放了一个火锅，锅中有鱼翅、海参、鱿鱼、瑶柱、金钩、口蘑、粉条，还有肉圆子、鸡汤，又用腌青菜与酸汤调和，鲜美可口，可说是世间少有。我不知道喇嘛为什么能做出这道菜，如今，我从西藏回来已经有二十五年了，也曾经仿照他们的办法做过，凡吃过的人个个都说好。由此可见世上不同人的口味，也有相似之处。

为了答谢呼图克图的盛情款待，一天，我也置办了酒宴请他至柳林游玩，并邀请全营官员作陪。我们一共支了四个帐篷，每一个帐篷内有一桌酒席，呼图克图很高兴地来了。大家尽情地喝酒，个个都很高兴，心情舒畅，于是猜拳行令，你喊我叫，人声鼎沸。呼图克图的随从喇嘛听见这喊叫声后很是惊异，就悄悄地去看个究竟。一见他们挥拳舞臂，像是要打架斗殴的样子，吓得他急忙跑回去，告诉其他人说："呼图克图遇到危险了，我们要赶快去救他。"大家听了，来不及问清情况，也不分青红皂白，就跟着跑来。到了现场，看到大家猜拳行令的情绪正高涨，其中有人曾去过拉萨，知道这是一种猜拳游戏，于是向大家解释，大家听后，就笑着四散回去了。我和呼图克图知道后，也大笑不止。

我在脚木宗驻军半个月以后，奉命开赴窝冗噶伽，去清查没收叛逃藏王厦札·边觉夺吉的家产。我带领部队在路上走了四天才到。此地位于崇山峻岭之中，有一条小溪顺着山势流淌，住户不多，十分冷清，望之荒芜凄凉。我们把营部设在一位第巴（译者按：第巴乃西藏地方官员的音译）家里，他家虽然宽大，但设施却很简陋，若与脚木宗、牙披营官之家比较，就差得很远了。我们查清了藏王的家产，计有庄房三十多处，每个庄有牛羊数百头或千头不等，仓库内藏有麦稞等粮食数万公斤。我们根据庄房的分布情况，分别派人员去清理，先后花了两个月的时间才清完。

窝冗噶伽还有藏王的旧楼房数栋，由几个留守人员看守。我亲自前往清查，看到楼上有大量的弓箭、盔铠、铜器、磁器等物品，上面的灰尘已经积了几寸厚，大概都是几百年前留下来的。还有很多磁碗、高脚碟子。第巴对我们说："这都是唐代的物品。"我虽然辨别不了这些物品的年代，但是从质量上看，这些磁器晶莹细润、质地优良，确实不是近代粗制滥造之物。

我在这个地方驻防时间很长，听说厦札逃跑之前曾经带来一部经书《甘珠尔》，收藏在此地附近的一间秘室里，是西藏佛教之宝。我向第巴询问此事，第巴答复说："真有其事，如今还收藏在某个地方。你叫人去传唤那个头目来这里，命令他交出来。只要不说是我告发的就行了。"后来，我根据他提供的线索去追查，果然得到了这部经书。

原来，《甘珠尔》有一百零八卷，每卷有一千页，每页长二尺六寸，宽八寸，藏文，皆用赤金写就。底部用很薄的板子来保护，还专门做了一个方框，板面宽五寸、长二尺、深一尺，中间镶嵌着三个一寸大小的金佛。其方框四周装饰有一百多颗珊瑚、珍珠，方框内是用碧洗、玛瑙和红蓝宝石镶成的花纹，三个金佛的全身各用三十六颗很大的钻石环绕。金佛头顶上的光环中，嵌有金光闪闪、滚圆细润的珍珠，每颗约三分大小。方框的表面，又用五色锦缎包装。由此观之，《甘珠尔》确确实实是世上很稀见的珍贵文物。

文书张子青见了，极力主张我把这经书上的珠宝全部取下来后再向上交。我认为这部经书是西藏极为宝贵的文物，远近皆知，若取下经书上的珠宝后上交，藏人一定会有人质疑，一旦追查起来，我既不能得到好处，还要落个盗窃的罪名，于是便严词拒绝了他的提议。但是，我又担心见到这宝物的人来盗取，只好将原物交还给第巴，叫他好好封存保管。后来波密匪患迭起，我奉命率部平叛，历时半年，不久整个西藏发生兵变，我匆忙向江达撤离，不能绕道去窝冗葛伽，也不知道这件宝贵文物安全与否。物各有主，不能随意占为己有，否则，既损害了自己清白廉洁的声名，又要遭受到天神的谴责。

窝冗噶伽荒凉边远，与外地隔绝，几乎如同世外桃源。我到这里半个月后，事情不多，闲暇时就常常看书来消度时日。昼长夜短，常感倦乏，幸有第巴常来我这里走动，虽然语言不同，可是有翻译解说，加上我粗通一些藏语，交往时间长了，就比较亲热了。第巴有个女儿，刚满十五岁，正是青春年少，亭亭玉立。排长谭鸿勋一见倾心，托人向第巴求婚，第巴很高兴地答应了。结婚那天，全村敲锣打鼓奏乐，十分热闹。还有十多个年轻美丽的西藏少女，穿着华丽，她们簇拥着新娘一步步地走到新郎屋里。这些姑娘真像春天初绽的花朵，欢声笑语充满了整个房间。新娘爽朗大方，表情自然，没有一点害羞的样子。第巴讲了一些诙谐风趣的话语活跃气氛，几乎忘记自己岳父的身份了。这天一直闹到深更半夜，大家玩疲倦了才四散而去。

我部进驻工布后，随队携带的粮食慢慢吃完了，官兵们便开始吃糌粑，我也渐渐地吃习惯了。因为驻防窝冗噶伽的时间很长，大米吃完了就吃面食。完成查抄工作后，我们奉令移驻德摩。临行前，第巴置办酒宴为我们饯行，饭菜都是仿照汉族人的习惯做的，味道尚可。最后端上的大米饭，色黄而粗糙，我对此处有大米可食感到奇怪，就问他们是如何得来的。他们回答说，是从西藏很偏僻的地区买来的。我素来知道西藏南部的人民粗犷凶悍，就进一步问他："这米是如何运来的?"第巴说："从脚木宗到这里都是连绵不断的崇山峻岭。翻过这些大山后，走六七天到珞瑜。珞瑜，被称为'野番'，又分生熟两种。'熟番'纵横千余里，再往前走，就到了'生番'之地。这里在旱地播种旱稻，出产大米较多。'熟番'与工布有贸易往来，半个月前我就委托商人购买，如今才拿到。"我原来以为"野番"距这里遥远，没有引起注意，今天听说相距不远，心里感到高兴，便有意绕道去"野番"看看风土民情，也好充实西藏之行的见闻。我把这个想法告诉了第巴，第巴说："这个事情很容易办到。你从这儿上大山，往南走五天，再下山就会碰到‘野番’在那儿买卖东西。”我听了很兴奋，说去就去，几天后就出发了，走了六天才来到“野番”之地。

第二天，我找来了两个“野番”居民，年纪大约都是三十多岁，他们蓄长发、打赤脚，未着衣裳，上身只挂一个像马甲一样的片子，下身用两块东西遮挡前后，这些都是用竹片编制成的；手里拿着烟筒，就像西方人吸雪茄烟的烟管，烟筒里装的是山上野生的大黄叶。他们见到我们就蹲下身子，圈着腿坐在地上，不讲究礼节规矩，言谈朴实而谨慎，未失纯朴自然的气息。我通过翻译同他俩交流，先问他俩到这里有什么事，回答说是来出售竹器、藤具的。我们把竹器藤具拿过来看了看，觉得虽不时尚，但也古朴可爱。我又问他俩从家里到这里要走几天，他俩答复说需要六天。再问由他家到“生番”地需要走几天，他俩用手指指着天对我说，还需走二十多天。我想他俩同我谈话的时间很长了，便让他们回去休息，叮嘱他俩傍晚再来，我还要向他俩了解一些情况。

当日黄昏过后，我仍然请他俩来驻地，问他们“野番”出产什么。他俩回答说，出产很多，除了旱稻、竹器、藤具以外，还有肉桂、麝香、鹿茸、野莲等。因为翻译对“野番”的语言不太熟悉，交流不方便，我们就叫他俩回去了。第二天早晨起床后，我又找到一位熟悉“野番”地区语言的翻译，再次通知他俩来驻地，反复询问“野番”地区的风土人情。通过询问，才知道“野番”都是崇山峻岭，很少有平地。那儿的居民就像远古的人类，没有政府，没有宗教，也没有文字。房子是用几根木头支起来的，像鸟窠，屋顶上用树皮来遮住风雨。把山上粗壮的竹子砍回来，以竹节为段制成煮饭的甑锅，一头放进稻米，蒸煮成饭，另一头就放进野虫作菜，然后用泥土封住两头，放进火中烘烤，烤熟后倒出来，用手抓着吃。当地酷热，他们身上的衣服是用竹子和野藤编制成的，主要是用来遮避身体，而不是为了抵御寒冷。人民粗犷朴实，安于现状，怡然自得，遇到婚丧之事也无往来。周围都是崇山峻岭，很少有道路可以到达。“野番”地区的人们来往，都要攀援野藤，通过树枝爬上滑下。他们的身手就像猿猴那样敏捷，即使碰到悬崖也能编结梯子攀爬过去，而不会去绕路。“野番”地区没有集中的市场，但是每年“生番”和“野番”居民都要在交界的大山上交易一次。“生番”民众用自己在工布买来的铜、铁、磁、瓦、器皿等，换购“野番”居民的鹿茸、麝香、野莲、肉桂等山货。他们用符号记帐，剖开一根大竹杆，把符号刻在竹瓣内面，然后封好，各拿一瓣，第二年交易时，则出示上年所持竹片算帐。谈到这里时，已到了中午，我感到疲倦，就赠送他俩茶壶、小刀、磁碗、手珠、糖饼等小物品。他俩很高兴地接受了，起身向我们表示感谢后离开。

第二天，我带领部队向德摩进发，在路上走了四天才到。德摩在工布的最东边，有居民两百多户，还有大喇嘛寺一所。第巴的住房修建得富丽堂皇，十分壮观，完全可以与牙披营官的住房媲美。这个地方是一个大平原，屋宇错落，风景清幽，田间纵横的小径相互连接，出产也很丰富。第巴为人谨慎厚道，我们经常来往。我在这里驻军一个多月，主要是安抚居民、招降叛军，受到了喇嘛和民众的欢迎、拥护。在空闲时间，我常常与第巴进山打猎。这个地方的野兽很多，以獐、熊最为贵重，所以出产的麝香、熊胆也较多，这是内地市场上畅销的珍贵产品。

西藏的獐麝很多，我曾跟着藏民进山打猎，才知道取麝香的方法。獐又叫香獐，长二三尺，似鹿而比鹿小，头上无角，身上的毛是灰褐色的。每年的春夏之交，它们常常侧身睡在山里，肚脐发出一种腥臭，小虫蚂蚁闻到腥味就爬上来，獐脐收缩时就把它们吸了进去，然后又张开，如此反复，久而久之，獐脐充盈，便成了麝香。麝香中最珍贵的是蛇头香，是麝香中的宝贝。据说，蛇闻到脐腺腥臭后将头钻进獐的肚脐，被獐吸进带走，经过一个多月的时间，蛇身腐烂脱落，蛇头仍在肚脐里，时间久了便成了麝香，重量在一两以上，其他的麝香不过三五钱而已。打猎时，由于獐奔跑的速度很快，故猎犬追不上，但它每奔跑一阵后，便要停顿回头望一下，猎人们掌握了这个规律，捕获它也就容易了。藏民捕获后立即把獐的脐包取下来，回家挂在通风散气的房间内，用几十天的时间风干，再掘一个土窖，将脐包埋在里面，以树叶包裹，又盖上一层薄土，上面用火烘烤，以去其腥味，当它发出芬芳扑鼻的气味时，就可以使用了。我自从离开打箭炉以后，在进军路上藏民赠送给我的麝香总共不少于几十枚，进入工布以后，馈赠的更多。同时，我又购买了一些，合计收藏有麝香两百多枚，重达一百一十三两。

有一天，第巴同他的舅父加瓜彭错来见我。彭错是贡觉的营官，六十多岁，身材魁梧，精神很好，是个硬汉，他态度和蔼，说话亲切，见我后，一边哭一边诉说过去多年藏王对他们的虐待："今天我能见到朝廷派来的官员，就像从水火中被解救出来，到了温暖安全的床席之上。"我听了后，再三劝慰安抚，向他讲解朝廷的政策，让他安心。彭错听后止住了悲痛，并请求说："这里离贡觉不远，我家有几间简陋的房子，虽然不宽敞，但可以容得几个人坐下，我妻子很会做饭，不知诸位先生愿不愿意去坐坐？"我很爽快地答应了。

第二天，我同第巴及营部的职员一道前去。大约走了十多里路，来到一条小河边，河面有几丈宽，可乘坐渡船过河。船长约二丈多，宽约三尺左右，是用一根大树凿成的，自然天成，不假人工，很像是远古时期遗留下来的东西。河里水流平缓，我们很安全地渡过了河，过河后又走了二里左右，就到了彭错家。他的房子修得很高大，装饰得也很讲究。彭错和他的老伴都是六十多岁的人了，还特地走到村外来迎接我们。到他家后，他俩以十分丰盛的水果和糕饼来招待我们。大家坐了一会儿，彭错笑着对我说："我们这儿的年轻姑娘喜欢跳'歌庄'舞，还跳得很好，请大家去看看。大家天天忙于军务，恐怕很少看到这些。"于是，他起身引我们走进一个大厅。大厅内有十多个浓妆艳抹的年轻姑娘在那儿翩翩起舞，歌喉宛转，笙弦和鸣，大约过了半个小时，才表演完毕。接着彭错又引我们走到一个花园，邀请我们进行射箭比赛。这里放着很多弓箭，不过制作都很粗糙。我家世代习武，因此，我也喜欢挽弓射箭，但自从热兵器代替冷兵器以后，就逐渐荒废了。我今天见到弓箭，像是与结发的妻子久别重逢，十分兴奋，就同大家一起比射取乐，也是效法古人投壶之意。

在射箭比赛结束以后，彭错又牵来十多匹好马，对我们说："年轻姑娘们能够骑在狂奔的烈马背上拔取地上的东西，请你们看一看她们的表演。"他将我们引到河边，这儿是一个纵横数里的平地，地上细草浓茵，如同地毯，草地上每隔三四十步，插有一个球竿，竿高一尺左右。姑娘们用丝带扎紧腰身、裤脚，袒露右臂，骑在马上扬鞭疾驰，每到立竿的地方，就弯下身子拔起立竿，以所拔多少来判定输赢。其中有一位姑娘，大约十五六岁，外貌虽然一般，但身体矫健、行动敏捷，一人连续拔起五根，其他的只不过拔起一二根而已。大家都为她的精湛表演拍手喝彩。

看完了比赛，彭错引我们回到他家，去参观楼上的大经堂。

堂内的佛像庄重威严，陈设装饰也很典雅整洁，只是佛像前摆放的一个碗不甚圆，却装饰着金花。我感到很奇怪，就忍不住问他：“这是什么做成的？”他告诉我：“这是用人头骨的天灵盖制成的。”我听了后，对这种不文明的习气心生厌恶，不想继续看下去。听说西藏各地的喇嘛寺都是这样，真叫人不可理解。

参观完大经堂后，彭错请我们去客厅休息，并吃一些面饼。大家边吃边说，都赞扬藏族姑娘身强力健、马术精湛，我也极力赞扬那个连拔五竿的姑娘，连男子汉也很难赶得上她。彭错说：“那个姑娘是我的侄女，名叫西原。”我听了后，忙伸出大拇指连连称赞。第巴笑着对我说：“假如你真的看得上，就叫她陪伴在你身边服侍你吧！你看如何？”大家听了都大笑起来，我也在大笑中含糊其辞地应承了。

不一会儿到了饭点，桌上摆了很多的菜肴，色香味具佳，都是彭错夫人亲手烹调的。我素来酒量不好，可是这一天我却喝了不少。吃到最后时，有一道腌酸青菜鱼汤，我感觉鲜美可口，无与伦比。自进藏后，长期吃的是牛羊等腥腻的食物，如今即使碰到著名的宣威火腿，我也不想吃了。当天饱餐了一顿这样的美味，使我至今不能忘怀。彭错夫人看到我喜欢吃，就特地给我另外准备了一盆。宴会结束后，我们辞别回营，彭错夫妇把我们送到河边，当我们回到驻地时，已近黄昏。

工布民风纯朴，经过我们的安抚以后，人心稳定，汉族和藏族人民之间的感情，也一天天融洽起来了。该地的官员和喇嘛等时常找我们闲谈，我就利用这个机会了解他们的风俗习惯。众人都认为，虽然大批士兵驻扎在此，但是由于法纪严明，无所惊扰，故人民安居乐业，社会安定。只是波密有少数人蛮横凶暴、性情残忍，时常以通商的名义打探消息，往往乘虚而入到处抢劫掳掠。因此，靠近波密的工布与硕板多到拉里一带，常常受到他们的袭扰与践踏，工布受到的祸害尤重。过去，西藏地方政府也曾多次派兵征剿，可是，此地山高地险，加上波密兵强马壮，始终没有被征服。若是防御上偶然有所疏忽，则又要受到侵扰，当地人民害怕他们就像害怕老虎和豺狼一样，一谈到他们，表情都会变得紧张。

当我军挺进西藏后，达赖、厦札先后逃跑到大吉岭，暗地里投靠了英国人，这正是我们的忧患所在。我们应趁着这次基本平定西藏的机会，仿照四川、西康的作法，改变行政管理体制，在西藏建立省级政权进行治理，不应继续沿用羁縻的政策，避免一误再误。于是，我就草拟了改省、练兵、筑路、屯垦、兴学、开矿六个方面的意见书，送到拉萨统帅部，但此事很久没有回应。后来，听到喇嘛反映的一些情况，更知“波番”凶悍，假若任其下去不加治理，其祸就会慢慢地发展到西藏内地。于是我多次深入考查，才知道波密的东面与工布接壤，北面毗邻硕板多、丹达，南面与“野番”相连，从波密到工布有两条路可走，一条从冬九到鲁朗，另一条从白马杠进入觉拉沟，两条路都在工布边地。波密是山重山、岭叠岭的大山区，出产很少，故人民贫苦、性情强悍，加上部族首领白马青滃不顾一切地大肆搜刮民财，人民生活在水深火热之中，难以度日。在这样的情形下，迫于生存之压力，他们中的有些人从事抢劫就是形势使然了。

有一天早晨，我起床后计划去喇嘛寺，在路上遇到第巴，他笑着对我说：“彭错认为你十分赞赏西原的才干，早就想送来供你差遣，西原也很乐意。因为要备办一些衣物，所以耽误了一些时间。今天，彭错夫妇亲自护送西原过来，希望你不嫌弃她的愚笨丑陋。”我听了后感到惊讶，才知道一句玩笑话竟然结成孽缘。由于在路上不便多讲，我就约他同去喇嘛寺。

在喇嘛寺见到呼图克图，第巴将彭错夫妇送西原来的事告诉了他，呼图克图听后高兴地说：“这是一件大好的事情，我愿意为你们作证婚人，你看如何？听说这位姑娘矫健胜过小伙子，在军队中可以为你分忧做事，绝不会给你增加负担的。”我听到这话后，才知道不可再拒绝了，就笑着答应了。

第巴听到我的回答便离开了，我和呼图克图就西藏古代神话故事谈了很久。突然，第巴慌慌张张地跑进来对我说：“波密土匪数百人昨天已经进入觉拉沟了！”我详细问清情况后，就回到营部下达进军命令，并亲自带领两个连的士兵奔向觉拉沟，走了三十多里才到。可是，波密土匪在抵达当天的夜里逐家逐户抢掳，天刚亮就带着抢得的财物跑回去了。这时，觉拉沟的藏民都跑光了，仅见到一个老人。他说：“波密土匪已沿着这条河岸退回去了。”我认为他们离开这里的时间不长，可以追上，叫他为我们找一个带路的人。老人听了，像看见老虎来了，脸色一下就变了，连忙拒绝了我的请求。我因为对地形不熟，怕遭暗算，不敢贸然追赶，就带领部队回营了。

这时，第巴和彭错夫妇已将西原送来了。营部范玉昆、张子青等同事都来我住处祝贺。彭错夫妇带领西原来见我，我见西原穿着漂亮的衣服，两只明亮的眼睛忽闪着，大大方方地站在面前，特别富有风韵和气质，我见了甚为喜爱。这时，前来祝贺的客人越来越多，子青为我接待客人、筹办酒席，忙得手脚不停。过了一会儿，我就请客人入席就餐，大家开怀畅饮，十分高兴。子青同第巴猜拳行令，第巴连输被罚，已经不能再喝了，而子青却强行灌酒，结果饭未吃完，第巴却已烂醉如泥。于是，彭错夫妇就退席告辞，扶第巴回家。

前一天，我带部队去觉拉沟，没有追击到匪徒就返回了。

我想如果不能彻底消灭波密匪患，就难以安抚当地百姓，因此，我再命第巴去觉拉沟找一个熟悉波密情况的人来，我要把情况了解清楚。

第二天，来了一位老人，他也讲得含含糊糊。我一再恳请老人另选一人携带部队公函去波密。老人说："鲁朗第巴与波密的冬九营官曾经有往来，可以叫他去。"我就此事反复询问了很久，并请他喝酒吃饭。老人吃罢酒饭，有些醉意了，我再问他："您这样大的年纪，又经常来往波密，难道从未听说过他们的情况吗？"老人这才慢慢地说道："我在二十年前曾跟随达赖去波密，但走到半路上就折回来了。"我问原因，老人说："达赖要去朝拜活佛，所以我就跟着去了。"

我听后感到很奇怪，问："西藏这个地方，达赖本人就是至高无上的活佛，哪有活佛去朝拜活佛的道理呢？"老人回答说："我开始也很怀疑这个事！后来听人说，达赖每隔十二年必定亲自前去朝拜一次，我这才相信。"我问："那个活佛究竟在什么地方？"他说："那个活佛的所在之地，距离这里有一万八千里，在什么国家什么地方，我也不知道。只知道要经过白马杠进入野人居住的地方，再往前走几个月才能到达。那个地方遍地都是盛开的莲花，气候温暖和煦，大树苍翠茂密，山水明媚秀丽，四处奇花异草，馨香弥漫，活佛就高高地坐在盛开的莲花蕊中。那里的莲花很大，可以容得下一个人坐在中间。白天开花，人坐在花上面；夜晚，花瓣合拢，人就睡在花里面。地下的泥土，抓来一把就是糌粑；树枝上落下的露水，就是人们爱饮的醇酒。只要人们真心诚意地去朝拜，都可以立即成佛。"

老人家滔滔不绝，越讲越精神。我听了后，不禁大笑地问他："老人家，你曾到过那个地方没有？"他回答说："没有没有！我只走到白马杠就折身回来了。”我发现他说的话荒谬无稽，不愿意再听，就叫他回去了。

第二天我到喇嘛寺，将老人讲的话告诉了呼图克图。呼图克图听了后说：“这是波密某些人捏造的神迹，以便诱人前往，他们便可进行抢劫。八年前，波密捏造的这个神话惊动了整个工布，于是，进入野人山去朝拜活佛的人络绎不绝。有的人带着很多钱财，携带全家人前去；有的人丢下父母妻子，一个人前去；还有的人扶老携幼、牵牛引羊，前去朝拜，他们刚刚进入波密境内，就被土匪洗劫一空。至于达赖朝拜活佛的事情，也确实是有的。每隔三年，达赖就要派遣呼图克图代他前去朝拜一次，每隔十二年，达赖要亲自去一次。我还记得五年以前，达赖带领两百多人从此地经过去朝拜活佛。当他们走到与波密交界的大山脚下，就被“野番”拦阻。原因大概就是达赖以往每次朝拜活佛，在经过这座山时，都给当地人赠送很多的铜、铁、磁、陶和金银器皿，称之为‘买路钱’。每次赠送的数量都一样，不多也不能少。唯独这次赠送的数量没有达到原来的标准，因此，双方互相争吵不休。当地人的代表说：‘历来赠送多少都是有标准可查的！’于是，他们背来一个老人。这个老人大约有一百多岁，秃顶，牙齿不全，他数说达赖每次赠送的器皿数量。朝拜活佛的一行人听了，无话可说，只得如数补齐以后才通过这里。”我说：“达赖本身就是最高的活佛，还要朝拜活佛，这实在是一件稀奇古怪的事情！”呼图克图只得诺诺称是，因为他也没有理由来解释清楚。我曾经听说，内地人把灵山叫做极乐世界，西方人又说五台山遍地是黄金，世上事真是无独有偶，加上这件事，则称得上“鼎足而三”了。

第五章　进击波密

自从觉拉沟被土匪抢劫以后，工布百姓日益惊恐，他们担心我军离开后，波密势力乘虚而入，那个灾难和伤害就很难用语言来形容了。因此，第巴常常请求我们采取一个长治久安的措施。我也不忍心让工布受到土匪的糟蹋，就把波密逞强抢劫的暴行与边境安全形势的利害关系拟成了一个文件，上报到西藏地方最高当局。不久，我接到命令，要我因时、因地妥当地进行征剿和安抚工作。于是，我决定先进行安抚，如若不行再进行围剿。我计划带领三个连队的士兵到鲁朗，主要是显示我们的军事实力，宣传安抚政策，使波密土匪有所畏惧，接受安抚，让他们知道朝廷并不想用武力来解决问题。

从驻地德摩到鲁朗有七十里路，要经过德摩大山，山高十五里。我率领部队刚走十多里，就看到山峰像一把把利剑刺进苍穹，悬崖峭壁像斧削刀切样的险峻，漫山遍岭都覆盖着冰雪，山路泥泞湿滑，官兵只得跌跌撞撞地前进。经过拉佐到了鲁朗，再往前走就进入波密了。于是，我们就在鲁朗驻扎下来，立即传唤第巴来营地，详细询问波密的情况，并叮嘱他次日带着我们的布告去冬九。第巴听了后，表现出很为难的样子。我对他说：“明天我会派一个传令兵与你一道去，你不必为此忧虑了。”

第二天早晨，传令兵同第巴一道带着部队的布告去冬九，给营官冲本说明接受招抚与背叛朝廷的祸福利害，希望他能够立即醒悟，归顺朝廷，以免动用武力。我也在这一天率领部队回到德摩。过了两天，第巴回来了。我正要嘉奖他办事认真、进展快捷时，第巴愁苦地说道：“传令兵已经被波密人杀了。我俩人刚走到觉泥巴，就被波密人捉住了。同他们讲道理，他们不听；向他们出示布告，他们不理，竟然把传令兵杀害了，放我回来，还警告说：‘以后不要再来找死！’”我原来没有料想到波密人专横暴虐到这个样子，于是，就把这个情况如实向上级报告。

这时，驻藏大臣联豫等人正在研究改革西藏管理体制，拟将西藏作为一个行省进行管理，并且已写好了专题方案上报朝廷。因为看到赵尔丰已将川边各个部落先后收复，联豫等希望迅速收复波密，为改建行省做好准备。得知这个情况后，联豫就决定对波密实行征剿和安抚兼施的策略，命令钟颖率领一个步兵营和炮兵、工兵各一个连，集中在工布，研究进兵计划。同时，命令我做好一切准备，等候命令。

我接到上述指令后，就积极动员士兵，备足弹药，准备战斗。不久，钟颖同统带（团长）陈庆率领步兵、工兵各营的官兵来了，在仔细调查研究波密的山川形势和道路情况后，我们作出了如下战斗部署：第一步，由冬九出发，经过纳衣当噶、八浪登到汤买，肃清沿途的反抗势力；第二步，进军卡拖、倾多寺；第三步，进攻波密首领白马青滃的驻地。

我奉令带领全营士兵打头阵，将西原留在驻地，可是西原不愿意，坚决要与我同行，我无奈只得听从。第一天行军以第巴为向导，在鲁朗宿营。第二天，天没亮就吃饭，饭后急行军，挺进觉泥巴，此地只有零零落落的十多户人家。由于我们来得快，波密人还不知道，我就留下一个排的士兵在这儿监视动静，其余部队仍迅速前行。一路上，只见树木成林，藤草纷披，乱石杂陈，道路坎坷。我们走过一座大桥，再往前行一里路左右，就到了冬九的营官驻地。这里有一百多户人家，其中仅营官冲本的住房就有十多栋。其住房四周都是土墙，墙外还有很深的壕沟，左边靠山，右边临河，易守难攻。这时，波密人还未发觉我们部队已经突然进驻。过了很久，营官冲本才来营部和我们见面，从言谈举止上看，他对我们还是很恭敬的，但他的外貌凶恶让人生畏。我再三说明我军的安抚政策，并晓以利害关系。冲本听了只是连连点头，表示拥护。波密人个个高大结实，身强体壮，是工布那里的藏民不能比的。

第二天，钟颖率领的大部队也来了，我们就给白马青滃发出通知，晓以利害，并命令他在五天内来驻地见面，但是过了限期仍然未得到反馈。几天以后，据侦察员反映，波密人已在调兵遣将，计划与我们对抗。听了这个消息后，大家认为波密的反迹已经表露出来，假若我们再不出兵征讨，必然会被他们攻击。八浪登一带都是崇山峻岭，道路崎岖坎坷，很不利于行军。于是，决定由我和工程营营长张鸿升各自率领一营士兵，作为先头部队前进。大部队则进驻纳衣当噶，等到先头部队打通至八浪登的路线以后再向前挺进，以完成第一步计划。

这样决定以后，我就同张鸿升带领各自的部队从冬九出发，当天在纳衣当噶宿营，那儿有三十多户人家。第二天，在甲米青波宿营，那里是旷野荒山，道路两旁的野草高五六尺，草叶尖上寄生着细得像针一样的旱蚂蝗。一旦听见人的声音，蚂蝗就抬起头来慢慢爬动，要是粘着人，可轻易钻进衣服，贴在肉上吸血，一眨眼就会长到一寸多长。凡是从这里经过的人，没有不遭其毒害的。我们在宿营时，只得用火烧光营地附近的草丛，才能安然睡觉。当地人说，即使用火烧后，若是再遇到下雨，它还可以复活。这点与内地的蚂蝗一样，而吸人血的本领却超过内地的蚂蝗。

第二天，继续向前进军，走了四十里，遇上一座大山。这座山峻岭重叠，峰峦叠嶂，满山遍野都是古树，一眼望不着边。我们在山腰陡坡上行军，走了七八里后，下坡，走了一段，又上坡，这样上了又下、下了又上，上上下下走了十多里。忽遇波密兵，他们在前面凭借险要地势向我们开枪，我军即开枪还击。在战斗打响以后，我派遣一个排的兵力登上山的侧面，从侧边居高临下开枪射击，波密兵抵挡不住开始撤退，我军追击前进。波密兵沿路扔了很多衣服、杂物，看起来狼狈不堪，大概是用来引诱我们孤军深入。我们又前进十多里，到达八浪登，波密兵只是稍作抵抗便退兵而去。

八浪登是一个山腰的关口，没有人烟，高大尖削的石头横七竖八地东一堆西一堆，溶洞也很多，有的如巨大的房间。关口下面就是悬崖峭壁，不知有多高，若低头下望，则见河流中银浪翻滚，浪声隆隆，山谷回响，不禁让人心惊胆寒。高大繁茂的大树黑压压的一片，都是三四人才能合抱的树，树高数十丈，郁郁的枝叶遮天蔽日，树上盘绕着胳膊粗的古藤，藤叶嫩绿脆细，只要手指一碰就会折断，大概都是千百年前就生长在这里的。山林中还有一种动物，头像老虎，身体像狐狸，两肋长着肉翅膀，模样像飞虎，藏民称之为“绷勃”，属于手翼类动物。它们听到枪声后，就会在林中飞来跳去，发出呜呜的叫声，一群有数百只。

我因为前方的地形十分险恶，而张鸿升的部队久候不至，于是决定留下一个班在这儿守候，自己带领部队继续前进。走了七八里路后，就迂回曲折地向坡下走，远远地看见山下水草茂盛，乱石纵横，道路都被遮挡了。左边靠近连山，右边傍邻河流，前面四五里的地方，横亘着一座高山。山下有很多帐篷营房，大多数波密兵正忙着拆卸帐篷，十分紧张，似乎是知道我们大部队已经来了。我看到这些情形后，即命令部队原地休息，并派遣一个侦察班搜索前进。当部队前进半里左右刚要下山时，在左侧的山林中，突然土炮火枪一齐向我们射击。这时，我们右边是一条河流，左边是一座大山，士兵们只能在那条羊肠小道上向前冲锋，却屡屡受挫，形势十分危急。尽管士兵拼命冲锋，伤亡很多，仍不能突破敌人的火力封锁。于是，我就派一队士兵沿着山脚前进，约定在他们前进到树林附近时，给我们发出信号，我们则鸣号相应，同时发起进攻，两面夹攻敌军。

过了一会儿，沿山脚前进的一队士兵攻进树林内，埋伏的波密兵即败退离去。李队官在战斗中受伤。正面进攻的士兵乘胜冲锋下山，大约前进一里多路时，波密兵用乱石阻断了道路，还修筑了几道石头关卡，每道高一丈多，横亘在道路中间，既不能逾越，又不能绕开。我正考虑如何冲过这重重关卡时，正面的波密兵则凭借有利地形袭击我们，左边高山上的伏兵也响应他们。我们多次发起冲锋，都被路上的石头关卡所阻，不能前进。双方对峙，枪声似潮，弹飞如雨，如此激战一个小时左右，双方已离得很近了，随即短兵相接。不一会儿，刘队官就在肉搏中牺牲了，士兵们在拼杀中死亡的也不少。我们与波密兵仅相距几步，我向山上望去，看到大队波密兵正向我们扑来，居高临下开枪射击。

激战至黄昏，鸿升的部队仍然未来。这时，有几个波密兵靠着一个大石头绕到我的后面，幸好被西原看见，她就大声叫我。我急忙回身，举手开枪，打死了前面的一个，其余的就退走了。当时，我发现在这个地方容易两面受敌，对我部很不利，不如退到河边，利用河堤和乱石掩护，再图进取。我便指挥士兵慢慢地下撤转移，退到河边时，见河堤石坎有一丈多高，正在犹豫如何跳下时，西原已纵身跳至坎下，并伸出双手接应我，我随她跳下。这时，对面山上的枪声忽然响起，枪弹像雨点般打在石坎上，火星四溅。在我后面跳下石坎的士兵，有七个被打死或打伤，文书苏宝林就是在这里牺牲的。接着，我部士兵都先后转移到河边，埋伏在石坎下或乱石堆中，布成阵势与波密兵对峙。天色渐渐地昏暗，波密兵也不敢冒然进击。我清查部队人数和枪弹情况，发现部队仅仅剩下六十多人，每支枪的子弹平均不到十发。于是，我就想方设法安慰士兵，告诫他们不要随意开枪，也不要轻易行动。

在深更半夜的时候，我隐隐约约地看见几十个波密兵沿着山路回营，边走边说笑，也不知道说些什么。过了一会儿，月亮出山了，夜色朦胧。士兵们整日行军作战，粒米未进，饥饿疲惫已经达到了极点，而援军却又未至。这时，有两个伤兵同我一道卧在一个岩缝里面，由于伤重难忍，不停地呻吟。西原对我说："张鸿升带领的一个营士兵，如果真心实意地要援助我们，今天早就到了。如今还未见影子，我看他们不会来了。您何必要死守在这里？要是天亮以后，波密兵知道了我们的虚实，我们能够幸免于难吗？"士兵们听了这话，都认为西原说得很有道理。我一时也拿不出其他好主意，就决定在深夜四更时率领部队沿着溪流摸索上山。队伍出发后，时而攀崖，时而涉水，水过腰际，寒冷逼人。我多次跌倒，全靠西原扶持而行。

沿溪走了数里后上山，山中岩石陡峻，荆棘丛生，我们只能攀附藤葛而上。当部队走到半山腰时，天色已经微亮了，士兵们实在渴极了，就在山上捡野菌吃。我也被饥饿和劳累折磨得走不动，西原背着我，一步一步地上山。爬上山顶见到了鸿升的警戒哨兵，才知进入了安全地带。到了八浪登，士兵们一个个都已饥饿疲惫至极，连挪动身子的力气都没有了。鸿升见了我们说："昨天到这里时天已经黑了，不敢轻易前进。"我听了后只是无可奈何地点头，没有与他计较。此次战斗，我们部队阵亡官兵三十多人，受伤二十多人，也可算是一次激烈的战斗了！

当天晚上，我与鸿升反复研究协商，决定次日分两路进攻。鸿升带领一营士兵沿大路挺进，在石头关卡附近择地布阵；我率领所部兵力沿左侧山前进，击退山上埋伏的波密兵，居高向下射击，以便控制整个战场，然后张部从正面进攻，我部则从右侧袭击，波密兵两面被围，必然放弃关卡退走。计划确定以后，第二天凌晨，我与鸿升即分别率领部队出发。我仍然将西原带在身边一起行动。我部披荆斩棘，沿山前进十多里，快要抵达石头关卡时，面前一条深涧阻断了我们的去路。此时，我部探知鸿升部队竟然没有一兵一卒到来。我只得在此布兵守候，可是等候了很久，仍不见张部到来。我担心孤军深入可能被敌人包围，只得慢慢地将部队撤下来。

当我回到八浪登时，张鸿升见了我支支吾吾的。我听了后，知道他无意进攻。于是，我只能将波密兵据险阻击我军的情况写成书面报告，请求钟颖增加兵力协助。并同鸿升商量，决定固守阵地，等待支援。而此时波密兵已大军云集，逼近八浪登，不分昼夜地向我军进攻。虽然每次进攻都被我军击退，可是他们兵不卸甲，轮番进攻，时攻时退，枪声不停，双方对峙了四个昼夜。

有天夜里二更时分，一千多名波密兵分三路向我军扑来，他们一边冲锋一边叫喊，山震谷应，恰似海啸袭来。我亲自举枪督战，一直激战到四更，才将进犯的波密军击退。当时月黑无光，风声凄凄，山高夜静，怪鸟哀鸣，河水呜咽。在这荒凉险恶的地方用兵打仗，真叫人备感凄惨。古人乐府诗所描绘的边塞军旅生活，恐怕也没有这样苍凉悲壮啊！

第二天，钟颖派遣参军王陵基来驻地，与我们反复研究了一整天。陵基极力主张退兵，说："这个地方地形险恶，我们只以两个营的兵力深入敌境，他们动用波密的全部力量出来反抗，力量对比悬殊。如今我方粮食、弹药都很短缺，水源也被阻断了，波密兵擅长山地机动作战，双方相持时间一长，他们就会绕到我们后方，把我们返回的道路截断，到时我们插翅难逃，想回去也不行了。所以，不如将部队撤退到纳衣当噶，那里可以凭险据守。同时，统帅部还驻扎在冬九，也便于联络。必要时可请边军从硕板多进攻，以便分散波密兵的势力。到时我军再重新集中兵力，一鼓作气地进攻，就可以取得胜利。"大家听了，都表示同意，于是决定撤退。

当天夜里三更时分，部队开始撤退。王陵基率领一个排的士兵先走，鸿升率部跟进，我带领一部分士兵走在最后，撤退途中未发生战斗。走到夹米青波，我们好好休息了一阵儿，抵达纳衣当噶时，已是夜深人静了。第二天天刚亮，我即同西原起床外出侦察驻地周围的山形地貌。前面三里左右，有一个石门极其险峻，它的左边有一道石墙，约有一丈多高，连接着悬崖峭壁；右边有一道横墙，像是古城上的矮墙，长约一百多丈，下面有一条河，河面很宽，水流很急，河对岸也都是高山绝壁。

石门宽六七尺，走出石门，就是一条下山的道路，迂回向下。据说，藏兵曾与波密兵在这里发生过多次战斗。这里是古战场，城墙堞垛虽然已经毁坏，但古城遗址仍然清晰可辨。于是，我亲自督促所部官兵整修加固城墙旧址。由于部队官兵不分昼夜地轮班修筑，只花了两天时间就完成了，并且在城外加挖了一条很深的壕沟，防止波密兵偷袭。在这个城防工事完工后，我就分派一个队的士兵驻石门。石门后面半里左右，横着一条早已干涸的溪流，我也分派一队士兵驻扎防守，并且在溪中垒墙数段，防止敌兵从对面山上侧面袭击。再往后约一里远的地方，就由鸿升驻防。我带领两个队的士兵驻在寨内。

在这里驻防三日后，波密兵突然云集，漫山遍野地向我们袭来，弹落如雨。波密兵几次冲锋，都被我们击退，他们伤亡很重。之后，波密兵连续八天没发动进攻了，但我们一点也没松懈。我经常在阵地上巡查，西原也总是跟在左右。我发觉左侧的高山绝壁中间有斜坡数处，波密兵可以冒险垂绳下滑。以防不测，我又在横溪左后方派驻一队士兵。有一天吃完早餐后，我到石门外巡查，看到靠近河流的一段城墙比较低矮，担心哨兵疏忽大意导致波密兵从这儿冲进来，我便立即召集部分官兵研究如何加强防范，并且叫人牵来几只藏獒系在墙下以加强警戒。正当我们在安排部署的时候，忽然听到枪声大作，人吼马叫，波密兵似海潮般地向我们涌来，西原急忙拉着我退进石门。这时，波密兵已逼进城边深壕了。双方激战多时，波密兵死伤惨重，渐次撤退，但枪声并未停歇。

当我走到石门左侧的岩壁下盘腿坐定后，就叫西原回寨烙几个面饼送来。过了一会儿，枪声停止了，我以为波密兵已经退走，就长长地松了一口气。突然，在我军的左后方枪声又响了起来。传令兵急急忙忙跑过来报告说："波密兵已经从后面的高山上垂绳而下了。"我听了后，即起身往回走，叫黄督队官坚守石门，黄督队官就走到我原坐的地方坐下。在我离开还没走出三十步，猛听到岩石爆裂之声。我回头一看，原来是波密兵从山上推下一个大石头，正好滚落在黄督队官坐的地方，将黄砸得头破血流，臂断腿折，后竟因伤重而亡。我想，假设我不离开，也会同他一样难免一死。真是危险啊！想来，人的生死是有定数的。

我跑回寨内时，我部和张鸿升部的枪声已经停止，垂绳下来的波密兵已经完全被消灭了。原来，我部哨兵发现波密兵从山上垂绳下来时，便不声不响地埋伏在四周，等到他们将要着地时，就排枪齐射。这样，垂绳下来的约一百个波密兵，伤亡殆尽，除被俘的十余人外，无一生还。此后，波密兵有十多天没有再向我部发起攻击。

当时钟颖统领部队驻在冬九，已将我部情况向拉萨的统帅部报告，请求边军协助征剿。但是公文往返数千里路程，需要一个月边军才能进军，钟颖便命令我们坚守阵地，等待援军到来。

一天黄昏时分，对面山上忽然又响起了枪声，猛烈地向我溪内驻军扫射。幸得有横墙掩护，我军才没受到任何损失，士兵也没有还击。过了一会儿，又发觉波密兵向石门蛇行而进，发起进攻。士兵们立即举枪还击，将偷袭的波密兵击退。可是，他们退下后不久，又重新进攻。对岸山上的枪声再次响起，双方激战到深夜三更后才停战。从此以后，波密兵也不再进攻了。

过了一天，有时可以隐约地看到有部分波密兵向冬九方面开拔，我部派赴冬九传送文书的传令兵，在回来的路上也看到对面山上有不少的波密兵。我估计由于石门地势险峻，他们屡攻不下，徒损无益，便另作新图。由于我军在此驻防时间太长，形势已不利，所以波密兵一定会绕过此地去进攻冬九。冬九是我军大本营所在地，我军必去救援。于是，我召集官兵研究，说："石门虽然易守难攻，但在此坚守终究不是长久之计，不如去冬九和大军汇合，还可以集中兵力，固守待援。"大家认为我说的很有道理，就把行动方案报请钟颖同意。钟颖犹豫不决，我们只有严加戒备，在驻地等待命令。

我部自从驻防纳衣当噶以来，先后同波密兵进行过二十多次战斗，死亡士兵已达一百多人。当我看到烈士尸骨被弃于荒野，不禁悲痛心伤。前几天，我在巡查前线阵地时，听到几个士兵在谈论晚上看见鬼火的事情。我当即找了那几个士兵，询问是否是事实。他们异口同声，都说确有其事。我当即批驳否定。恰好有一夜初更时分，有个卫兵进来对我说："对岸的鬼火又燃起来了！"我即起身出去察看，果然看到对岸有火光，高十余丈，黯淡不明。再往前细看，相距不足百丈，只见簸箕大的一团火光，还有无数人影围坐在火团的周围。这时，西原也跟着来了。我问她："你看到对岸有什么东西？"西原指着对岸的火光说："那团火光周围不时有一二人在走动跳跃，您看到没？"我认真地观察了一下，果然是她说的那样。于是，我决定去查看是什么原因，就同几个士兵向火光处走去。我们越走近，火光越小，当走到河边时，火光就渐渐熄灭了，我们一无所见。

我生平多次听说过鬼怪的故事，可是亲身经历的只有这一次。佛教说过，世间有天堂、地狱，这要根据人的心境来区分。心善的人，死后超生进入天堂，享受幸福生活；心毒行恶的人，要下地狱，受苦受难，这种道理就像磁石吸铁一样确定不变。这些佛家言论虽不可全信，但也不能一概否定。如今，有些浅学辄止的人动辄以无鬼论来排斥一切，殊不知"子不语怪力乱神"，只是不轻易谈论罢了，而实际却有神怪（一种未被人们认识的自然现象）的存在。我想，大多数人本来平凡、普通，在生时未建功立业，也没有什么抱负，死后形神便自然消失了，这是常理。但是，对于忠臣孝子和烈士贞女来说，他们矢志耿耿，却突然遭遇变故而牺牲，其精气神灵必然不会随同肉体死亡而消失，于是就出现一些异乎寻常的现象，这也是正常的。何况为国捐躯、死在异域他乡的烈士们，尸骨未寒，其眷念家国、难舍战友之情，在月光下凝神成形，被我亲眼看到，这也是完全可能的。就像柴草燃尽了，火种还是可以传留下来一样，怎么能以一般的怪异现象来看待呢？

我部在冬九驻防时间比较长，波密军已经增加到一万人左右，其大部队都先后从河对岸的山后绕至冬九。他们沿河右岸处处设伏，我部传送文书的士兵经常受到他们的伏击，死亡了不少。因此，后来传送文书，都需要绕山而行。但是，驮运粮食军需用品的牛马非走大路不可，还要有一排以上的士兵护送。这样，纳衣当噶到冬九的道路已渐渐地被阻断了。随之，波密军大部已近冬九，与我军只有一河之隔。幸得拉萨统帅部及时给我军增加的两个步兵营、一个骑兵营和格林炮六挺，都已经到达了冬九，因此，我们的兵力比较雄厚。隔了几天，波密军又经常在冬九与鲁朗之间活动，不时劫夺我军的粮食、军需用品，后方的交通运输也受到很大的阻挠。钟颖大惊，马上调派我部急速去冬九集结。接到命令后，我就和鸿升率部乘夜撤退。我部行军三十多里，天才亮，波密兵就尾追而至。我和鸿升即率部应战，打死波密兵一百多人，他们才不敢尾随，我们就乘胜撤回到冬九。

我部到达冬九正是中午时分，面见钟颖后，我便同各营管带登山观察周边地形。冬九在河北岸的一个小山上，左边是一座横亘六百余里的大山，峰峦起伏曲折，一直延伸到波密的汤买。从冬九向东走两里多，经过一座长桥，再折向西就可到鲁朗，向东北走即到纳衣当噶。过桥以后，两面都是崇山峻岭，只有一条小路从中间通过。桥的西边都是险峻陡峭的高山，有波密兵在此防守。经过这里再往前走半里左右，两面高山壁立，也为波密兵所占据，守军不少于四五千人。至于沿河的关卡要塞，以及横山一带重地，则是由我军据守。幸得河面宽、河水深，波密兵不能徒步过来，只能隔着大河时不时开枪袭击。

大家都认为，如果不能迅速将对岸的波密军赶走，我部后勤物资补给就会碰到很多困难，部队驻防在此也就十分危险。于是，我们组织兵力连日向波密军出击，不断发起冲锋。虽然每次出击都把波密兵击溃了，可是他们败而不去、溃而不散，继续据险固守，与我对峙。因此，我军死亡士兵已达三百多人，不久，冬九左边的大山也被波密兵所占领。过了几天，冬九至鲁朗的道路也被阻断了。我部储存的粮食只能供应三天，而波密兵却越来越多。钟颖就决定退兵到鲁朗，等到与边军会师后再进军，以免被波密兵围困。这时正是农历四月上旬，波密天气十分炎热，我军计划趁夜全部撤走。我令一队士兵打头阵冲过桥，扫清埋伏在岩山后的敌人，掩护大军前进。我带领三个队的士兵断后，并烧毁桥梁，以免被追兵赶上。

秘密地制定了这个计划后，在当天深夜四更，我部一个队的士兵冲锋过桥，向乱石中的敌方开火，同时，大炮猛烈地轰击敌方阵地。刹那间，枪炮齐鸣，山谷震动，弹若雨点般密集，如闪电般迅疾，压得波密兵不敢露头。我见大军已通过，立即封闭桥门，纵火将桥烧毁。过桥后，我军且战且退，可是，钟颖身体肥胖，不能快走。刚过桥时，他看到弹火纷飞，把山河照得如同白昼，便怕打到自己头上，竟然躺在地上不敢起身。我只能挑选二十多个身强力壮的士兵，轮流抬着他走。幸得这天夜晚波密军没有准备，而我军火力十足，他们的火枪土炮发射迟缓。同时，他们根本没有想到我们会连夜撤退，加上我们全力赴战，所以他们抵挡不住，只得渐次后退。原来扼守在道路上的波密兵见大军后撤，也就弃关丢卡，上山躲避，我军才能够安全撤退。事毕清点，我军只有两个士兵受伤，可以说非常幸运了。

行至中途，我们遇到德摩押送粮食的一队士兵。他们说："在距鲁朗十余里的地方，遇上一百多名波密兵劫夺粮食，经过艰苦的战斗，才将他们击退。波密兵逃上山去了，我们的粮食无损。"我听后很高兴，就同他们一道回鲁朗。这时，已经是上午十点钟了。士兵们通宵作战行军，既未吃东西，也未停下休息，一个个又累又饿。我勉强支撑着身子去部署了驻防警戒，即回到驻地。炊事员送来了面饼，西原还炒了一盘牛肚，我就靠在枕头上吃饼，饼未吃完就睡着了。等我醒来的时候，已经是夜深三更了，没吃完的饼还在手里。由此可以想见，我那时已经疲惫到何等程度！

我军进入西藏已经一年多，行军作战，死伤缺员较多，钟颖就决定在四川招募兵员。湖南溆浦人陈遐龄原来随黄忠浩来四川，担任工防营营长，士兵大多数都是从湘西招募来的。后来，川军扩编成师，工防营被裁撤了，恰逢西藏招募兵员，陈遐龄就将所部士兵中愿意去西藏的一百六十人编为新兵一队，应募入藏。这些士兵知道我是湘西人，都表示愿意编入我的部队。这时正值波密战斗之后，我部死伤惨重，钟颖就同意以新兵一队补充，即在建制四个队以外，再加编新兵一队。

我军从冬九撤退到鲁朗后，拉萨统帅部得知波密兵败的情况，十分震惊。联豫就调钟颖入拉萨，任命左参赞罗长裿来接任钟颖的职务。钟颖得到朋友密信告知此人事变动，心中十分愤怒。在罗长裿来了以后，两人相见没讲一句话。第二天，钟颖将印章和文书档案移交后，就匆匆忙忙回家了。钟颖为人宽容谦和，待人厚道，深得士兵拥戴。在他离开时，士兵都流着泪同他告别。我和各营管带跟着陈统带，将钟颖送到德摩山下。钟颖邀请我们进大厅休息，很气愤地说："我不能识别人心，竟错把坏人当成知已，今天竟然被人家暗算了。"大家不解话中的缘故，就问他是什么原因。钟颖说："最初，罗长祷统领川边新军，但由于指挥不当，吃了败仗，被撤去了职务。钦帅（赵尔丰）把他调到指挥部管理文书档案。罗长裿很不满，经常讲一些埋怨的话，钦帅虽没有当面责备他，但内心对他愈加不满。罗长裿因此深感不安。那时，恰逢我去更庆向钦帅汇报工作，当回去时他送我到郊外，哭着对我说：'钦帅容不下我，如果老弟不施以援手，向联帅（联豫）推荐将我调去西藏，则我死无葬身之地了。'我念在在四川时曾与他结成盟交，就爽快地答应了。见了联帅后，我就积极推荐，这样才将他调进拉萨统帅部。今天，他竟然在我危难之时多方挑拨污蔑，取我而代之。这样的人还有什么良心！认贼作友，是我的过错啊！"说完以后，他还愤怒地谩骂不停。过了很久，他才同我们告别，满怀愤怒地上路离去。

第六章　退兵鲁朗及反攻

罗长椅到鲁朗任职以后，非常重视提高射击水准，每天带领军官去郊外进行射击比赛，并根据比赛成绩来决定职务升降。同时，又重用四川人周春林、张鹏九，湖北人方仲儒。周春林随军进藏时是个排长，张鹏九跟随运输队进藏，任文书，两人后来都被撤职，流落拉萨，无所归依。方仲儒是随新兵营入藏的，任书记。这三人都被大家鄙视。罗来后不到一个月，周就当上了预备营的营长，方、张都被提为善后委员，从早到晚都跟随在罗长椅的左右，罗也很倚重他们，大小事只同他们商量。波密的叛乱被平定后，罗即委任张为冬九的理事官，委任方为彝贡的理事官。大家都记得方任理事官之后给亲戚朋友写信，告知自己荣升的消息，信中有"弟以武夫而干文事，不啻汗牛充栋"一句话，在西藏各地传为笑柄。

在两军对峙的前线更换指挥官，必然会改变一些旧制度，采取一些新措施。当时正值初秋，天气渐寒，我就让西原跟随钟颖一道回德摩，去家里带一些御寒的衣服来。西原开始不愿意，我承诺次日也回去，再一起返回，她才同意。

我回到鲁朗后申明纪律，提出具体的奖励和惩罚措施，我部的士气大为高涨。波密兵进驻冬九后也严加戒备，不敢随意行动。这样相持一个月以后，赵尔丰才派遣彭日升带领边军的三个营由硕板多进军，经过春多山，直接进军波密中部地区，同时命令我们向冬九发起攻击。罗长裿接到命令后，因准备粮秣运输和弹药装备，过了四天才命令我率部先行出发，并增配格林炮三挺。

我带领部队前进，沿路上没碰到一个波密兵。到冬九桥时，也没见一兵一卒，搜索附近村寨，发现居民们都已搬走了。面对这个情况，我感到很惊诧，就组织士兵分头去附近几里搜查，也没见一个人影。我判定边军已经攻占了波密中部地区，就急忙向罗长裿报告，请示我部行动方略。当天，我部就在桥西头的平地上割杂草、撑帐蓬，在此宿营。这个地方长期被波密兵盘踞，如今还可以遍见残尸遗骸、断壁残垣。我下马望着眼前的景象，想到为国捐躯的烈士，恍惚之中好像听到了往日战友们奋力杀贼的吼声。

半夜，我仍闻到一阵阵臭气袭来，令人难以入睡。我起身点燃蜡烛，寻找臭气的来源。在宿营的帐房周围，掩埋着不少断肢残骨，我的枕头旁边就有几块碎骨。大概因为战火连月不熄，天气又十分炎热，死亡人数众多，却不能收殓埋葬，以至尸残原野，腐烂发臭。目睹遍地遗骨，怎不令人忧伤和悲痛。

第二天午后，罗长裿亲率大部队来到冬九，住了两晚上就出发了，命令我率部殿后。我在他们走后两天才出发，在经过纳衣当噶和八浪登时，我想到这里曾是我们和波密军生死搏斗的地方，牺牲了不少战友，就停下来收拾未曾掩埋的残骨遗骸。由于日久天热，骸骨大都风化了，无处寻觅，仅在八浪登山下找到刘队官的遗体。刘队官的遗体火化后，我们将骨灰包好，随军同行。此地遍地残骸碎块无法识别，我想烈士们的忠勇正气千古常存，不必去逐个辨别姓名和身份，也不必举行隆重的葬礼了，于是就命令士兵们将遗骨收起来掩埋好，然后我们才离开。为此，我部在这儿停留了半天。

由八浪登向前走，要经过京中、树枝、央噶三座大山，都是重山叠岭、峰插云霄，俯视着远近的大小山峦。山上悬崖绝壁，路小道窄，非常险峻，我部花了三天时间，才走出去。每通过一座山都需要一整天时间，中间还不能休息，一直在山谷深涧中行进。

山中都是千年古树，十个人才能合抱，高达数十丈，枝繁叶茂，遮天蔽日。这条山路偶尔也有藏族商人经过，肩挑背扛，前后要花六天时间才能通过，三天在山上住宿，三天在山谷溪涧边过夜。山上没有数尺宽的平坦之地可供休息，所以藏族商人往往在大树根部挖一个洞，睡在树洞里躲避风雨。久而久之，随着行人增多，洞穴随之加宽，有八九尺宽，五六尺长，人可以躺在洞内伸直身子。即使洞穴如此宽大，也未占去树根的一半。尽管这里的树大茎粗，可是却没有用武之地。我常说，栋梁之材生在不能派上用场的地方，也像废材。人也是一样，有些人即使怀揣美玉，如无人赏识，也不可能发挥作用。

由于山高林密，每逢秋天叶落满山，泉水长时间地灌入，造成积水，水质阴凉而含毒汁，藏民们喝了以后，容易诱发颔下生长五六寸大的肉瘤。这地方无论男女老少，大都患有这种病。走过了这三座大山，地势仍然起伏不平，又行军半天才到汤买。

前面就是雅鲁藏布江，水面宽约十多丈，波涛汹涌，有用藤条编成的索桥可以通过。但是，自从我大军集结推进后，索桥已被波密兵砍断，我们只能在河岸边宿营。这一天由于急行军，我们都口干舌燥，汗流浃背。若下河洗澡，又觉得水冷刺骨，身体受不了。大概因为山高坡陡，树木遮天蔽日，所以溪水都很寒冷。

当天我们四出寻找居民，他们都躲避不出，到了夜里，才来了一个当地的小官。我对他表示，愿出重金招募人员架桥，他答应寻找。第二天清晨，小官引来一个肩上扛着两盘藤索的老人，只见他沿着河岸呼喊了很久，才见河对岸来了一个藏民，手里拿着一团毛绳。于是，两人各拿着毛绳的一头，使劲地向河的上流抛去。不一会儿，两条绳子交结在一起，结成一条绳子，然后再系索绳，引渡而过。两岸原有石墩，高一丈左右，中间埋有木柱。他俩各自将桥绳捆绑在木柱上，就成了桥梁。河对岸的藏民攀着藤索渡了过来，我接过他手中的毛绳细细地观察，只见毛绳的一头系着一个三棱铁钩，又见老人手中的毛绳系有一个鸡蛋大的铁球，这才明白两条绳子能在河中相结为一的道理。渡到河对岸的方法是，人靠着桥柱，背对河站着，用绳索将一个一尺多长的半月形曲木紧紧系在胸间，桥绳即由此穿过，另用一条细绳子系在人的背上，滑到对岸时，还需一人牵引。凡是要渡河的人，都要仰身躺倒，手脚紧紧抱住桥绳，手攀脚蹬，慢慢地滑过去。对岸的人要手拿细绳慢慢地牵引，辅助渡河。

藤桥架成以后，官兵开始渡河。每渡过一个人，大约需要十分钟，全营官兵日夜不停，也需要三天时间。当我部渡过一个排时，我就跟着渡过去了。刚开始是顺势下滑，十分容易，但向下看到河水滚滚、波涛汹涌，也不免心惊胆颤。等渡到中途时，桥绳下降一丈多，离水面不过两丈，浪花飞溅，扑面湿衣，不禁毛骨悚然。当竭尽全力到达彼岸时，我已是浑身大汗，气喘吁吁了。

河岸附近有一百多户藏民，都已逃避。我在这个地方住了两天，等到全营官兵全部渡河后才出发。此后，道路稍许平坦，山也比较少了。我们沿着河的右岸向前，走进一个沙洲，面积约有七八里，长满一丈多高的木瓜树，郁郁葱葱，硕果累累，馨香扑鼻。

又向前走了十多里，我接到罗长裿的命令，说彝贡的藏民又反叛了，驻军损失很大，叫我马上率部进剿，以保证后路安全。我即督促加快行军速度。向前走了几里，我碰到一个文书匆忙且窘迫地跑来。他说是从彝贡逃出来的，我叫他同我们一道前行。到了别夹宿营后，我问他前方情况，才知道大军进驻汤买后，彝贡的喇嘛即来投诚，故只留一队士兵在彝贡驻防。孰不知这些官兵贪图喇嘛寺的财物，恣意掠取归己，激怒了当地民众。他们聚集了一千多人围攻驻军，两天后驻军因寡不敌众被缴械，死伤特别严重，生还的不过四十多人而已。

第二天早起出发，走了五十里后，沿着一条溪流继续前行，溪流的右岸不时可以看到房舍村落。又向前走了十多里，道路被一座大山阻断，山高坡陡，十分险峻。山后就是叛军的驻地。山左边是一个海子，有一里多宽，数十里长。海子对面就是彝贡，居民很多。向导介绍说："二十年前，这个地方原有一条小溪流，后来，因为左边的高山崩塌把溪流堵塞了，这里就变成了海子，而山右边却成了一块平原。"

我军沿着海子向下游走了一里左右，便涉水过湖，水深一尺左右，当天就驻扎在彝贡。远望海子对岸，有无数烟薰火燎的土堆，叛军在其中穿梭。湖岸可供登陆之处，似乎都挖有壕沟。我刚将宿营的有关事项安排好，边军营长彭日升率部到来。日升是湘西永绥县狮子桥人，随军到四川已经二十多年了，不断积累战功，由普通的士兵被逐步提拔为营长，是边军中能征善战的将领。我俩同是湘西人，在外地相见格外亲切。彭日升表示，他愿竭尽全力来协助我，令我十分感动。于是，我们研究决定，次日天亮时发动进攻。彭日升带领部队从左岸登山，我率部由彝贡渡海子进攻。在战斗计划确定以后，日升就辞别回营。他的部队就驻扎在海子下游五里左右的村子里。

收复波密，原来是我首先提出来的，只因为友军没有很好地配合行动，才导致兵败撤军。今天对付彝贡一群乌合之众还需要边军支援，我实在感到羞愧，如果不能独自建功，就很难一雪前耻。我以此激励官兵，主张单独进攻。官兵们听了也深受感动，都表示愿意拼死效力。于是，我在海子的上游征集了七只木船，到深夜四更时，派两个队翻越对岸大山，向叛军驻地发起进攻。我亲自率领两队士兵，绕行到上游四里的地方乘船偷渡。

当时月光朦胧，山影隐现，水波不惊，但船小人多，左右颠簸，湖水只差一点就要涌进舱内。我告诫士兵们，万一被叛兵发觉，他们即使开枪，我们也要镇静，千万不能乱动，否则船就会进水翻覆。幸好这天晚上月昏无光，又加上距叛军比较远，水流平缓，船行缓慢，声音很小。在要靠近岸边的时候，我们就把船划进芦苇中躲藏。

部队出发时，我就同越山进攻的两队约定，他们下至半山腰时鸣枪为号，我即弃船上岸接应。可是，我们守候了很久，仍未听到枪声，又担心天亮以后，被叛军发现。我派出的侦察人员回来说："叛军们几个人一组围坐在篝火旁，大多数都在打瞌睡，没有警戒。"我听后就决定出其不意突然袭击。估计战斗打响后，那边翻越大山进攻的两队士兵也该下山了。于是，我就命令士兵离船上岸，分两路齐进，直攻其村寨。叛军听见枪声起身还击，但在我部猛烈攻击下，他们溃不成军，四散逃命。此时，翻山进攻的两队士兵也已下至山腰，正碰上被击溃的数百名叛军往山上逃，叛军没有想到我军忽然又从山而降，来不及躲避，几乎死亡殆尽。一时间枪击声、喊杀声大起，叛军像猪跑狼奔一样向上游逃窜。这次战斗，我们打死叛军三四百人，我部仅伤亡四人。

战斗结束后，我集合全营士兵，分为左中右三路沿海子搜索前进。湖岸地势平坦，我军前进十多里，刚到一个大森林，又有数百叛军据险开枪。我中路部队即应战，大约半小时后，左右两路士兵包抄过来，叛军被三面夹击，又被打得四散奔逃。我军没有追击，就地休息一小时，然后又行军四十多里。这一带都是草原，风吹草低，绿茵如毯，景色秀丽。这时，天色已晚，我军就在草原中宿营。士兵们一整天没吃东西，一个个饿得心慌，便立即找柴生火弄饭。一个护卫兵在山后摘回了很多辣椒，还有一队士兵在山中捕获了一头牛，来不及宰杀，就从腿上割下一块肉送来了。我正在忧虑没有吃的，恰好得了这两样东西，心里十分高兴，就炒牛肉拌辣椒吃，味美异常。我生平最喜欢吃这道菜，自进入西藏后，已很久没吃到了。想不到今天在这远离家乡的荒凉之地，又恰逢战后饥饿之时，能够吃到这样的美味。当天我吃了很多，肚子胀鼓鼓的，坐在地上都站不起来了。

当天夜里四更就起来做饭，五更后出发，仍然沿着海子向上游行军。沿途地势虽有起伏，但未见大山，也未见到叛兵踪影。大约走了五十里，来到一个地方，现已忘记了地名，有居民几十户，但房屋都很低矮狭小，远远比不上工布的屋宇精致整洁。我们刚安排好宿营，彭日升就带领部队来了。他一见我，就高兴地向我表示祝贺，没有一点埋怨的表情。我想这次战斗没有按约定计划，自己独自进军，有点不好意思，就约他到一个安静的房间，说明这次战斗是为了雪清前次失败的耻辱，弥补前一次的过错，并不是想要争功。我俩坐在一起谈了很久，日升表示理解我的处境和心情。然后，我就同他研究继续进兵的事宜。据侦察得知，叛军大部分已撤退到八阶十四村。于是，我和他研究了进军计划：我部由此地出发渡过小河，沿河的右岸前行；日升则率部前进二十多里至海子的尽头，共同肃清折多沟、彝贡的叛军就回来。

我俩议定后，第二天一早便出发。我同日升分别时留恋不舍，约定在春倾寺见面，因为当时边军都驻防在春倾寺。

我率部出发，登山前行数里即走进遮天蔽日的森林，道路曲折坎坷，下山后有一条河，宽五六丈，岸高也有五六丈，有一条藤桥可以通过。但是，我们没有引渡的工具，只能望河兴叹。幸好昨天请来了三个藏民老人作向导，他们将驼鞍上的曲木取下来，作为护板，系好绳索，安然渡河。其中，一个年老的藏民已经八十多岁了，身体健康，行动敏捷，手里攀着藤索，身体悬空，双足并拢，一眨眼就过去了。大家见了都惊叹不已。翻译说："波密藤桥很多，所以每个村寨都有模拟的藤桥，高四五尺，像蜘蛛网一样，以方便儿童从小练习。藏民们从小就开始学习，长大成人后自然就娴熟自如了。不熟练的人攀渡这种藤桥，是非常困难的。在波密中部地区，由于山高岸陡，还有一种叫作鸳鸯桥的，有甲乙两条藤索，甲藤索捆绑在甲岸较高之处，微微向下倾斜到乙岸较矮之地；同样，乙藤就绑在乙岸较高之处，微微向下倾斜到甲岸较矮之地。两条藤索各悬挂上一个竹筐，人坐在竹筐内，用手牵动引绳，慢慢斜滑下来，速度极快，故两岸往来非常便捷。"

我营渡河花了一天一夜的工夫，过河后就沿着河岸前行。两岸高山矗立，道路依势延伸，高低不平，我们时而走上山腰，时而又走到河岸上，士兵们十分辛苦。如此行军七十余里就到了八阶，忽然看到一个地势平缓之处，纵横大约有一里，有居民几十户，还有一座小喇嘛寺。有几个藏族妇女来见，我们就详细询问叛军情况，她们说：“前天有几十个藏兵从这里经过，回家去了。”我说：“叛兵很多，应当不会只有几十个。”藏族妇女说：“他们都是各地征调来的，不是一个地方的人，听说打败仗以后，就争先恐后地由山后逃回家了。”我听了以后半信半疑，仍从各方面侦察敌情。我在此驻扎了三天，所得到的情报与她们讲的情况基本相同，才带领部队返回彝贡。

驻防八阶时，我住在喇嘛寺里面。士兵们一半驻扎在营房里，一半驻扎在靠河岸边支札的棚帐内。有的士兵闲暇时就去山上挖雪晶石，大的像斗、小的似拳，一共有十多个，像水晶石般透明晶亮，用大火烧也不熔化。又有士兵从河岸边挖来几十块蜜腊，金黄色中稍带红色，有很多蜜蜂、蚂蚁在里面，只只都栩栩如生。我看了后，随同士兵又到河岸边挖出很多，装满了两个布袋。

第二天，一个年老的喇嘛来见我，详细介绍了十四村的情况，原来，这是生活在荒野边僻之地的一个极为闭塞的部落。我问他雪晶、蜜腊是怎么形成的，喇嘛回答说：“此地崇山峻岭，绝壁千仞，山顶之上皆是万年积雪，从未融化。经过若干万年，冰凌就凝结成为结晶了，其性极寒。凡因热引起的眼睛肿痛，只要用雪晶涂抹后，疼痛和肿胀就可以消除。对于皮肤病，如因血热引发的疥疮一类，涂抹以后，没有不见效的。蜜蜡就是蜂巢，在悬崖峭壁上积蜜久而无人取，千年之后，结块如石，就成了蜜蜡，藏民们将它挖回来做成捻珠。这两样物品都是那些年深日久的山崖崩塌后散落下来的，人们偶尔才能得到。波密地区只有八阶和十四村才有，都是珍贵稀少的物品啊！”

我到达八阶的第二天，喇嘛前来部队慰劳，送来了牛肉、糌粑和酒，我就分给官兵们共同享用。当天晚上，有一头乳牛在宰杀牛的地方来回悲号，惨不忍听。第二天，又是这般。我很奇怪，便问喇嘛缘由，喇嘛回答说：“母牛被宰杀后，血渍洒落在地上，在百天内，还在吃奶的小乳牛闻到气味，都知道是母亲的，就会悲号哀泣。往往几十天都要在这里来回走动，不肯离开。”我听了这话以后，内心空落落的。突然想起往日路过陕西中部和甘肃东南一带时，看到乡村房舍墙壁上贴着长长的像广告样的纸条，上面写着：“劝君莫打三春鸟，子在巢中望母归。”由此可见，不管东西南北，恻隐之心人皆有之，人与禽兽虽然不同，但心还是共通的。儒家主张君子远离厨房，佛教不允许杀生，都是仁慈的用心。可是，如今竟有人亲手杀死乳牛的父母，还说自己完全是为了工作，不知当他听到乳牛的悲号时将作何想？我禁不住长长地叹息 。

我部在八阶休整了几天后，就沿着河岸向下游往回走，没有经藤桥过河。走了五十多里，到达了海子，从此便沿着海子走，行军两天到达彝贡。沿路的村落很多，不像对岸那边稀少冷落。在部队出发时，我就曾派向导拿着我军的布告到处张贴宣传，劝说人民回家安心生产生活。每到一地，我必定要召集群众讲明政策，慰问安抚。因此，藏民们都十分高兴，愿意同我们往来。有时，我看到海子中有许多干枯的树木露出水面四五丈，树干还在水里，不知道这些树木究竟有多高。藏民对我说：“在二十年前，这里的树林茂密，自从山崩阻塞河道以后，此地就变成了海子，森林大部分便淹没在水中了。两岸的村庄房屋被淹没的，更不知道有多少。”藏民们边说边指着某处说：“那儿，往日是一个村庄。这儿，就是过去的喇嘛寺！”藏民对当年崩山变湖的来龙去脉，讲得一清二楚，我们就像听长爪仙人讲东海沧海桑田的巨变一样。

我们快要抵达彝贡时，看到在一个较大的平原上有一个用木栏杆围成的椭圆形的圈，圈中有数十匹马在里面奔跑。藏民告诉我说："彝贡出产马，这就是马场。"我走近观看，这些马确实特别雄壮善跑。有一匹枣骝马，昂头扬鬃，奋蹄急驰，其他的马都望尘莫及。到彝贡后，我问当地的官员枣骝马如何，他们都说："这是彝贡的名马。彝贡靠近海子，枣骝马是海子里的龙与马交配后生下的龙驹。"我笑着说："这么小的海子，也可以生龙蛇、育宝马啊！"因为喜欢枣骝马体型高大、卓而不凡，我即出高价委托地方官代为购买。他们答应为我挑选，预定在五天以内送来。我当即给藏币三百元作订金。当时，罗长裿驻军卡拖，因为波密叛军首领白马青滃已经逃窜到深山里去了，长裿调我到卡拖共同商量进剿的事情。我部近来天天长途行军，官兵十分疲劳，就在彝贡休息了一天才带领部队出发。经过两天行军，到达卡拖。

我到彝贡的第二天，为我买马的彝贡地方官送来一匹枣骝马，说："这是彝贡有名的马驹。"我走近审视，这匹马没有我前天见到的那匹英骏雄壮。我又邀来会相马的人来看，他也认为这匹马的马鬃、尾巴很粗，恐怕不是什么好马。但躯干骨骼很粗，显得有劲，头面也较为雄阔。我上马试骑了一下，也没有什么特殊的感觉，不觉大失所望。

我军退兵鲁朗以后，波密军全部出动进驻冬九。边军趁他们还没有做好准备，突然进攻倾多寺，向他们的中心地区突进。波密军首领白马青滃十分惊慌，急调驻冬九的部队回援，可是已来不及了。当初进攻波密时，如果钟颖不撤军离去，而是按计划迅速进兵，白马青滃早已被我军俘虏，波密也会被完全平定。

等到边军与我军会师以后，白马青瀚带领残兵败将翻过野人山，逃窜到白马杠去了。他那极有权势的女婿林噶节节顽抗，与边军三战三败，也逃窜到野人山下的格布沟。我到达卡拖后，长裿认为我没有依靠边军的支援就克复了彝贡，对我褒奖不已。然后，我们商量如何进攻格布沟。我认为格布沟荒芜偏僻，进兵征剿很不容易，不如进行招抚。长裿也同意这样做，于是派遣排长王孚同一名番官前去接洽。一路上都是悬崖峭壁，溪壑绝涧，经过七座藤桥才到达格布沟。该地三面都是险峰绝壁，河流环绕其间，后面是白马杠大山岭，山高水急，无路可通，仅靠一线藤桥连接。林噶带领亲信侍卫一百多人住在山上喇嘛寺，山下有一百多人保护藤桥。番官过桥去向林噶说明来意，回来后等了一天，才准许我们过桥。

王孚等人来到喇嘛寺，林噶坐在高高的椅子上傲慢无礼。王孚等人见了他，便伏地叩拜，十分谦恭，上前说道："我们大军来到这里，是因为冬九人多次骚扰工布，而您不了解内情，因而发生了冲突。现在幸得大军已经完成了使命，波密也已经安定下来了。边军即日将要撤回昌都，因波密无人管理，所以恭请您早些回去镇抚，以便我军撤回。如今罗参赞特派我们前来迎接，敬请您同我们一道回去。"王孚反复解释，林噶还是没有完全相信。王孚等人停留了两天，千方百计地进行安慰，林噶才同意带领部队来投降。

在林噶率部到达仁进邦时，我军驻兵一营，拦住了他的随从，告诉他说："卡拖驻兵甚多，为了避免误会，您不宜带兵前往。"林噶不得已同意了。到了卡拖后，我们安排他住在喇嘛寺，热情地款待他，但派兵对他进行监视，不准随意出入。第二天，我去会见林噶。见面后，他又惊又怕地问："参赞现在哪里?”我说:“已经到昌都晋谒赵帅去了，明天就可回来。”他才放下心来。

长褀见各地招降的叛兵军官都已押解到了，就决定一起杀掉。第二天清晨，长褀先到郊外的刑场登台就坐，随后林噶和招降的叛兵军官被押送过来。长褀一桩桩地数说他们的罪状，并将他们捆绑起来。只有二十多岁的林噶身强力壮，看见长褀登高稳坐在中间的椅子上，知道情况有变，就怒睁双眼，大声咆哮，不肯就缚。十多个士兵用毛绳紧紧将其两手反绑，他仍边跑边喊，将毛绳挣断，不肯就范。我急忙夺过卫士的军刀，从他的身后砍去，他才倒地被杀。

在林噶和招降的叛兵军官被杀后，就不能再用计诱降白马青滃了。白马青滃远远地躲在野人山，又不便于进军征剿。于是，罗长褀就去昌都向赵帅请示对付白马青滃的方针策略。赵帅指示，通令告知各地理事官、藏官悬赏重金招募能够生擒白马青滃的人。这时，恰好新任昌都理事官朱慎，去会见昌都喇嘛寺管事喇嘛，偶然谈起通缉白马青滃的事情。喇嘛说:“我往日曾经在‘野番’深山游历过三年，为当地人诵经，与各部落酋长都认识，不知我熟悉的那一班人是否还健在?”朱慎听了，就极力鼓动他去一趟，说:“你可以去看看，万一能擒住白马青滃，以赵帅的地位权力，给你封个大喇嘛寺的呼图克图，是不难做到的。”

喇嘛听了以后很高兴，便自带粮食，来到了那里。先去会见原来认识的部落首领，扬言:“朝廷数万大军已把波密平定了，现在听说白马青滃已逃匿到你们这里，赵帅将要挥师征剿，你们应该早点想办法。”首领听了很吃惊，就问喇嘛应该如何办。喇嘛说:“白马青滃现在哪里?”首领说:“不久前已到我们地界，我们陈兵拒之，没有让他过夥惹桥。”喇嘛说:“为什么不把他引诱进来杀死，将他的首级送给大军，这样就可以免去一场灾难。”首领仍犹豫不决，说：“万一波密来报复，我们怎么办?”喇嘛说：“你们拒绝他们，已让他们怀恨在心了，今天不杀他，就能保证他们将来不报复吗?如今大祸临头都无暇顾及，还谈什么后事!”首领顿时醒悟，马上召集各部落首领开会共同商量此事。大家讨论了几天，才决定采取喇嘛的意见。于是，他们引诱白马青滃过桥入境，抓住后将他杀死了。又组织一批手持强弓硬弩的人马守护藤桥，严防袭击。这时，波密兵看到首领已死，又有十多人被弩箭射死，就四散逃去。喇嘛就同这里的部落首领一起，带着白马青滃的首级绕道至卡拖。罗长裿重重地奖赏了他们，又将白马青滃的首级送至拉萨，向统帅部请功。赵帅认为昌都喇嘛立了大功，遂晋升他为硕板多喇嘛寺的呼图克图。此战不损一兵一卒，不费一枪一弹，而能够获取全面胜利，确是苍天所予，不是人力可为的。

从波密去“野番”，中间有一座白马杠大山。经过此山再走十多里，就到了雅鲁藏布江。江面宽七十多丈，有藤桥可以通过。江两岸都是一百多丈高的悬崖峭壁，藤蔓丛生，粗的藤子有刀把大。桥面宽一丈左右，桥高也差不多，都是野藤自然生长结成的，并非人工所造。桥就像一条巨大的长龙，中间像竹子一样是空的，枝繁叶茂，异常坚固。人们走在藤桥上，就像进入隧道一样，藏民们称其为夥惹藤桥。夥惹，藏语是“神造”的意思，夥惹藤桥意为神造藤桥。

藏民迷信神仙，神造藤桥说荒唐无稽，并没有什么根据。但要深入研究此桥生长形成的道理，却大有学问。河床有六七十丈宽，两岸崖壁也有近百丈高，此藤桥决不是人工牵引所能结成的。特别是地壳不断变化，山可以变谷，谷也可以成山，怎能知道今天的大江大河，不是远古时期的小溪小河；今天的高山峻岭，不是远古时期的水沟浅滩呢?既然有溪流，野藤在小溪小河上结合就比较容易，只要稍加人力就可以成为小桥。经过千万年以后，泉流小溪就变成大江大河了。水多力大，冲刷力量日益加强，日复一日，年复一年，河床愈深、河面愈宽，而结合的藤桥也相应愈生愈长了。虽然我们无法看到藤桥结合形成的经过，但用逻辑推理来判断，其形成过程是漫长而不是一朝一夕的。

在林噶与白马青湬先后被杀以后，各地投降的叛兵军官也基本被诛杀。这引起波密人的震惊和恐惧，感觉死罪难逃，只有拼死挣扎。于是，倾多寺的呼图克图与地方营官觉罗涅巴等人，组织几千叛兵集中在八噶山，声言要为死难者报仇。八噶山距春多寺八百多里，中间还隔一座金珠山，都是一些荒僻不生长庄稼的地方，常年被积雪覆盖，仅在夏天和秋天可以通行，其余时间都是冰冻雪封。长禂恐怕他们来袭击，就派兵一队去金珠山驻防。我认为那个地方距我们驻地既远又荒凉，如今大雪封山，就极力劝阻。罗长禂不听，仍派了一个队去驻防。队长姓石，山东人，后来驻波密的军队哗变，这个队因为大雪封山不能撤回，竟被波密军杀害。也有人说，这个队逃至三十九族被藏军歼灭。不知哪个说法符合实情。

罗长禂认为波密地区已经平定了，便筹画善后等事宜。他将波密分设为三个县，仿照川边管理办法设置理事官来治理。又把中波密喇嘛寺的银骨塔送到北京，准备献给贝勒载涛，用来彰显自己平定波密的功绩。此塔用白银制成，上面嵌着很多珠宝，是专门用来装呼图克图火化后的遗骨的，各地的喇嘛寺里都有这种银骨塔。后来听说，此塔送到雅州时，内地已发生了辛亥革命，就不知它流落到何处了。

当时四川边军已经撤回了两个营，彭日升还带领一个营驻防在春多寺，每天与官兵夫役做“牧猪奴”游戏，没有一点戒备，这也是边军积久成习造成的。这个营跟随赵尔丰入藏比较久，具有较强的野战能力，可是平时不进行思想教育，也不搞军事训练，在宿营时，只在营内设置一个打更报时的。有一天晚上，官兵们在楼上赌博，正在呼单喊双的时候，突然有一百多名叛兵手持利器偷偷地进入营中。这时，打更报时的巡逻兵刚起来去厕所，碰到叛兵突如其来大声喊杀，幸得楼上的官兵听见了，就开枪堵截射击，当场打死十多个冲进来的叛兵，他们才逃走，边军也死伤了几个人，这可说是一次危险的遭遇啊！

第七章　波密兵变退江达

不久，彭日升所率的一个营也回了昌都。罗长裿移驻春多寺，我部仍驻防卡拖。这时，周春林经常在罗长裿身边说：“如今哥老会的势力已布满整个西藏，军队内犹甚。前次败退鲁朗，就是因为士兵不听从官长命令，而只是按他们帮会首领的意思行事，以至打败仗。现在，帮会的气焰很嚣张，军队里的官长只有虚名而已。我军在这边远之地，假若发生变故就很危险了！”罗长裿往日在拉萨常常听人说起哥老会的情况，十分反感，到波密后，周春林又多次讲到哥老会的恶行。于是，罗长裿就想趁波密平定之际，对部队严加整顿，以除后患。

这时，恰逢进驻春多寺的排长王雨膏因为处罚一个违纪士兵稍失妥当，哥老会成员就在郊外“传堂”罚王玉膏下跪，执行处罚的人只不过是一个班长。罗长裿在喇嘛寺楼上恰好看见此事，他不知道是什么原因，就要周春林去调查。周春林调查后汇报说：“这是哥老会在执行帮规。”长裿大怒，说：“排长处罚一个兵卒，而班长竟然可以依仗哥老会的势力让排长长跪，这还是什么军队！”于是，长裿决定清理军队里的哥老会组织，登记他们首领的姓名。经过清理登记，才知道军队中有百分之九十五的官兵都加入了哥老会，他们的总公口叫作“聚集同”，下分“仁”“义”“礼”“智”“信”五堂，以四川人刘辉武、甘敬臣等为首领，即中正龙头大哥，我营军需张子青则是副手，主要首领共有十三人。当时，甘、张等六人驻德摩，其余七人驻波密。罗长裿就派遣护兵送密信到德摩，命令营长保林逮捕并杀掉甘、张等六人，并秘密命令春林在五天以后再捕杀驻波密的七个首领。这是十月二十七日的事情。

不久，武昌起义的消息由《泰晤士报》刊载后传到拉萨。拉萨钦帅衙门的英文翻译原是罗长裿推荐的，他急命驿传快马秘密地将此事告诉了长裿。罗长裿得知后十分着急，火速召我到春多寺，引入他的内室，把拉萨送来的密信给我看，并对我说：“大局已发生剧变，三五天后消息就可能传遍西藏，军心恐怕要动摇，怎么办?”我听后犹豫了很久才说：“这些边远地区的官兵本来就不是仁善顺从之辈，这是先生知道的。这个消息一旦传出去，军心必然动摇。他们大都是四川人，哥老会的帮派势力很大，这也是先生了解的。我们不如舍弃这里，直接到昌都去，再据形势变化而定。”长裿听后默不作声，邀我到大厅吃中午饭。就餐时，他悄声对我说道：“武昌起义决不可能成功。我们都是肩负一定责任的官员，怎么可以轻易地说走就走呢！军队纵然发生变乱，统帅部必然会派军队前来镇压，决不会听任他们胡作非为。不如暂时先去江达，再做决定。”当时，我对武昌起义的情况不了解，不敢提出什么主张，只能按他的旨意办事。长裿叮嘱我立即返回卡拖，秘密做好一切准备，等他约陈团长来这里商量对策后再告诉我如何行动，我于是急急忙忙返回驻地。

这天夜里，我见士兵们三五成群悄声议论，似乎他们已经知道了拉萨传来的消息。这时，我部新兵队驻在彭褚，与我相距四十里，就连夜将其调回。文书杨兴武是湘西永顺王村人，四十多岁，为人谨慎厚道，我就把实情告诉他，嘱咐他秘密打听四川人的行动。兴武对我说："事情已经发展到今天，我不能再隐瞒您了。我营早就有哥老会的组织，归我掌管，大家团结得很紧，请您不必忧虑。"我听了后，心里宽慰许多。

第二天中午，炮队队官湛某，也是四川驻防八旗军的军官，突然被士兵们杀害了。接着，先后发生了几起官长被杀、被殴、被辱、被驱逐的事情。大概是因为当天早晨，士兵们得到了从拉萨传来的武昌起义的消息，各部都发生了骚乱。幸得兴武从各方面为我解释劝说，也幸得我素来受士兵们的拥戴，特别是近几个月来的战斗中，我与士兵们同甘共苦，再加上新兵队中大都是湘西子弟，所以军队虽然发生哗变，但加入哥老会的士兵还不敢欺侮我。

第二天早晨起床后，还没有接到长裿的消息。刚准备吃早饭，有人报告说罗参赞到了。我下楼去迎接他，见他只身前来，样子十分狼狈。他见到我后不断地流泪，默然无语。我十分惊讶。随后来了一个护兵给长裿带来一件狐皮长袍，一个士兵见了即上前把长袍抢去，还说："我们冷得受不了，参赞不需要这东西。"

罗长裿走进房间，我看到他身上披着毪子风衣，里面只穿了一件夹衣，就问他发生了什么事。他答复我说："昨晚二更时，士兵哗变，包围了喇嘛寺。幸好我事先得到信息，但仍来不及穿好衣服，就只身一人跑出来了。晚上走了十多里，才有一个护兵赶来陪着我。又走了几里后，在路旁的一个藏民家里找到这匹马，才骑到这里来。"他说完，泪流不止。我急忙取衣服请他更换。突然又有人报告说陈团长来了，我随即请他进来。他的样子更加狼狈不堪。看到长椅后，他长长地叹气说："参赞不愿意去昌都，今天怎么样？"两人相对叹息不已。

没有过多久，春多寺的驻兵先后涌来了。他们看到我部新兵队戒备十分严格，就不敢轻举妄动。那些乱兵在这儿休息半个小时后就继续前进了，我部也有二百多人随他们一起离去。他们此时都以哥老会的字号组织在一起，不再按以前的部队建制行动。我营原来分为前、后、左、右四个队，现在留下来的只有八十多人了，都是对我十分信赖的士兵。

当天晚上，团长陈庆仍然主张去昌都。我说："我们军队驻防春多寺时，大局没有发生变化，去昌都很容易。如今，藏军知道我军已经哗变，再由春多寺去昌都，就十分危险！"长椅听后说："玉鍪讲得很对！"于是，我们就商量次日就回德摩，迟了恐怕波密再生变故，就很难逃出险境了。长椅说："我命令惩办哥老会的秘密信件已经落到士兵们的手中了，恐怕到了德摩后，四川人不能容我。听说德摩山有一条小路可以通拉里，我到德摩山后，就走那条小路去川边，也很容易。"我考虑到大军正在德摩集合，长椅去那儿很不利，如果能有其他便路从昌都离藏，当然很好。于是，就极力赞成长椅的意见。

第二天，我率部出发，行军两天到达汤买。等到天黑，陈庆还未来。有个知情人说："陈团长在今天天刚亮的时候，带领十多个人回硕板多了。"他是极力主张回昌都的，若能安全到达，当然很好，但我担心随他去的士兵不多，在行军途中可能会遭遇危险。后来，陈庆竟然安全到达昌都，并由昌都到达四川，最后顺利地回到安徽。

陈庆，安徽人，在民国四年的护国运动中，又在张敬尧部队中担任营长，在长沙驻防了很久。他听说我在湘西，曾和我取得联系。前年，有个朋友从北京来湖南，我问到陈庆的情况。

这位朋友说："陈庆在'洪宪之役'失败后就回北方去了。没过多久，便担任袁世凯陵墓的守护队长。后因袁墓被挖，他也被杀了。"我不知他说的是否确实。

早晨，我率部从汤买出发。等了很久长椅都没来，我就亲自去催。长椅悄悄地对我说："我随大队人马一道走太刺眼了，我准备晚你们一天出发，我已对外宣称同陈庆去昌都了。你佯装不知道，我自有走出险境的办法。"说罢，他不禁顿足叹息说："我后悔没有听你和陈统带的劝告，应该早些离开硕板多，就不会有如此遭遇了。"如此长叹不已。在这种情况下，我也不敢勉强让他跟我们走，就将仅存的一袋大米留给长椅，我们自己吃糌粑，也算是在颠沛流离中，没有忘记彼此关照。我还请他的亲信、同乡周逊，在我率领的士兵中挑选一个班随他走。在这些事情办好后，我就同他告辞，带领部队出发了。

我郁闷地走了六天才到达德摩，西原在德摩山脚迎接我，她仍像往日一样笑逐颜开。可是，抚今追昔，我不禁悲怅欲泪。西原见了很吃惊地问："夫君是不是得病了？为什么看着不高兴？"我就强打精神笑着告诉她没事。到德摩后，我仍住在第巴家里。

这时，军队已经瓦解，一切由哥老会操纵，士兵三五成群各自行动。即使在我的房间内，他们也明目张胆地以哥老会的帮规称呼、叙礼。哥老会的首领，即使本是夫役，如今也异常自负。我想众怒难犯，也就随众从俗，众人见了他起立，我也跟着起立；大家见了他敬礼，我也随众敬礼。军队里的号令无法实施，策略计划也无法实行，只能听其叫骂吵闹，可以说是暗无天日。

这时，甘敬臣、张子青等人已在前两天去了拉萨，准备谋划大事。张子青是贵州印江人，灵活机警，能言善辩，年轻时便游历四川、云南，结识了很多哥老会的人，大家都推崇和信任他。后来，随我入藏，开始当班长，后来任文书、军需。平时，他对我很热情，所以我对他也很好。进军波密的时候，我把他留在德摩掌管粮秣运输。当时受伤的士兵都要送到德摩治疗，子青请我给他们优待，我都同意他的意见，叫他酌情处理。

德摩是工布到波密的交通要道，凡是官长兵夫经过这里，子青都热情接待。由于他花钱大方、待客周道，所以人缘极好。在藏军中，不论认识或不认识他的人，都很钦佩他，特别是士兵更是如此。因此，他一下就被推举为哥老会的副首领了。军队在波密哗变以后，子青竟然不给我打招呼就走了。到了民国二年我回家在湘西办理团防时，子青又来找我谋事做。我不计较他过去的不是，仍委任他当县队的指挥，给予他很大的权力。但是，他骄横跋扈成性，后来被他的部属田义卿刺杀于辰阳。真是可惜可叹呀！

当时，大军聚集在德摩，我怀疑他们有什么行动，就秘密地询问兴武，他也不知具体情况。只听说从拉萨来了很多人，经常召开秘密会议，但打听不到会议的内容。这些乱兵终日三五成群，呼啸而来，我虽然心理痛恨，但也无可奈何，只能偕西原去她家里住，借以躲避这种混乱。一天，我刚出门就看到兴武急急忙忙地跑来，问他有什么事，他要我进房间去谈。进房间坐下后，他悄悄地对我说："参赞已被义字号赵本立、陈英等人勒死在山脚喇嘛寺了。"我听了后既惊又怕，不知如何是好。兴武对我说："你应该提高警惕，做好相应准备。我马上将现有的士兵秘密地部署妥当，以防发生意外。"他说完就匆忙地下楼去了。西原见我神色紧张，就问发生了什么事情。我说："这些事情不是你应该知道的。"只是督促她快点回去，说："我办完事后，马上就回来。"

没过多久，陈英同几个士兵气势汹汹地来了，刚进房门就大声地对我说："罗长裿阻挠革命，我们已把他杀了。"我听了后一时不知如何回答，坐了一会儿，才从容不迫地说："近来听说藏人暗暗地在活动，这个消息传出去后，恐怕对我军不利。"陈英说："我们与罗长裿不能共存，他不死，我们这些首领的命就保不住。你无须忧虑！"我听了默不作声。又过了一会儿，士兵越来越多。有个士兵对陈英说："事情已经办好了，明天可以请陈管带随军队去拉萨。"陈英又对我说："江达有些人来了信，说现在最重要的就是革命。大家都推荐你出面领导，请你明天就出发。"我只能先点头答应。

这时，西原派人来催我回家，我就借这个机会出来了。到了西原家里，我靠着椅垫躺下，心想参赞都会被害，而我天天与豺狼虎豹们在一起，难道能够幸免吗？心里忐忑不安，不由得伤心落泪。西原见了，不断地问我发生了什么事，我才给她讲清原委。西原十分惊诧地说："那么我们该怎么办？"我回答说："明天到了江达，看情况再定。"西原听后大哭起来，要我留下，不要随部队走。我说："军队已经解体，局面无法收拾了。达赖虎视眈眈，必然会乘虚而入。如今，汉藏两兄弟之间已有了很深的误解和隔阂，以后的祸患不堪设想。就像一棵大树倒下，鸟窠里的蛋还能保存完好吗？因此，留下来不仅我不能活下去，就是你的安全也很难保证。幸得这些士兵虽然蛮横，但对我还很友好。我若往前走，还有生存的希望，若是留在这里，只有死路一条。你必须同我一道走，不能因为家人而舍不得离开。万一西藏的局势稳定下来，我这次虽然离开，相信不久仍然是要回工布的。"我说完以后，西原就不停地哭。她母亲来了，西原牵着她母亲的衣襟大哭，她母亲也哭了起来。我也泣不成声，千方百计地安慰她俩，好一会才劝住。

过了一会儿，兴武来找我说：“他们明天出发。标部周书记、二营胡督队等人都在江达，一致主张进行革命，准备将联豫、钟颖驱逐出去，重新组织军政府，大家推荐你来主持。我们还征求了众人的意见，大多数也表示赞同，只因旅部有人在这里，大家不便于讲明。你明天能不能同我们一道走？”我长长地叹了一口气说：“这件事哪有讲的那样容易！但是，我不去那儿，又哪有地方可去呢？明天我们一同去江达，大家见面后再商量。你要秘密地打听他们究竟想如何，我只想免除灾难，没有什么别的要求。”兴武又说：“罗参赞的尸体已经火化并包裹好了，周逊愿意带着同行。”我听后极为赞赏周逊的忠义。一会儿，面食送来了，我们吃完后，就同西原回家了。走进西原家里，见大厅里坐满了客人，我强颜欢笑应酬来宾，一直到夜深二更客人们才散去。

第二天，天刚亮我们就起床了。西原的母亲赶来送行，她将一座珊瑚山送给我俩。这座珊瑚山高约八寸，玲珑剔透，十分可爱。她对我说：“西原跟随您到远方去，我诚心诚意地送上这件不像样的东西作为永远的纪念。”然后，她回转身对西原说：“你若是跟本布（藏人称官名）去了四川，无异于到了天涯海角，我们今后很难相见了。你要小心地保护这座珊瑚山，以后在他乡看到这件物品，就像见到我一样。”说罢失声痛哭，泪流不止。西原也按捺不住，伤心地哭起来。我不停地劝慰说：“这次只是去拉萨，还会再见的。”第巴以及各位喇嘛知道我们要走后，都赶来送行，我一一同他们辞行。在向大家告辞以后，我就同西原动身走了。这时，大部队都已出发，只有新兵队随我一道走。

从德摩出发，在路上走了两天，才到脚木宗宿营。喇嘛寺的呼图克图以及加瓜营官彭错夫妇都赶来送行。我们在一起谈了很久，直到晚上他们才回去。第二天早晨出发时，他们又来了。呼图克图感谢我对他的关照，牵着我的手留恋不舍。彭错与我原本感情极好，今天看到我远去，惶惶不安，若有所失。他殷切而诚恳地给我敬酒，我虽然不善饮，也勉强喝了三杯。后来，彭错还带着他的妻子双双跪拜在我的马前，边哭边说："彭错已经老了，无力为您效力。您这次去了以后，不知哪一年才能再见。"他不停地哭泣，又拉着西原的手哭着说："你要好好地侍奉陈管带。"说罢随即送我一副藏佛捻珠。我和西原也强忍泪水与他们告别。后来，我听说达赖返回拉萨以后，将与汉族官员友好往来的藏族官民全部杀害了。彭错夫妇竟然被处以碎解肢体之刑而死，真是凄惨啊！

当天，我们到达甑巴宿营，范玉昆就住在这里。玉昆娶甑巴的一个藏女为妻，生了一个儿子，刚满百天。我约他同我们一道走，他因为怜爱自己的小儿子，担心他经受不了边疆的风霜雨雪而犹豫不决。我对他说："在这冰天雪地里，带着幼小的孩子随军远征，谁又受得了！但是恐怕我们大部队一走，藏军会把你当敌人看待，你的性命况且都保不住，又怎能保全你这小儿子呢？"我同他商量到半夜，他还是未下决心。第二天早晨出发时，我再次去催他，玉昆对我说："你们先走，想必到江达后你们还会停留几天，我带家眷随后就来。"于是，我同他在惆怅中告别了。

我在江达停留了三天，还是未等到玉昆。我先后两次写信去催，第一次他还回信，只是不作正面答复，第二次就如黄鹤一去，杳无音讯了。玉昆是贵阳人，家境贫寒，有年老的母亲和妻子，还有年方十四的儿子。玉昆最初是以地方官府办事员的身份分派至成都，正值我军进藏，他就毅然参军，担任营部的书记，也想以此做一番事业。他与我交谊甚厚，互相信任。

因年纪大了，他害怕行军打仗，所以每次要打仗了，我都把他留在后面，一切文书往来都由我自己去办。后来，张子青从西藏回来见我，我询问玉昆的情况，他说：“你离开大约两个月，他就被叛军杀了，他的藏族妻子及小儿子也同时被杀害。”近年来，我同贵州人交往得比较多，常常打听玉昆家属的情况。有人说，他儿子毕业于云南测绘学校，后来也不知到哪里去了。想到这件事，我内心十分痛苦，好朋友不在了，他留下的小孩也不知去向，真让人心酸流泪。

我部到达江达时，其他部队也还驻扎在这里，成天只见士兵们东游西荡，吵吵闹闹，不成体统。从拉萨来了很多人，我秘密地打听他们的意图，有主张革命的，都是一些官员、文职人员，以及少数部队；也有拥护钟颖的，基本都是哥老会的成员。这时，联豫刚由四川领来军饷白银三十万两，钟颖对联豫撤去他职务怀恨在心，暗地唆使士兵在乌斯江拦劫了军响。他利用这笔巨额资金，号召哥老会的成员去拉萨劫持统帅衙门，把联豫幽禁了起来。张子青去拉萨很长时间，却没有把那里的情况捎回只字片语告知于我，我对此感到很气愤。虽然革命派极力拥护我，但是他们的势力远远没有哥老会强大，何况钟颖已经劫持了联豫，又以哥老会的名义号召众人，而我又有革命派的嫌疑，若去拉萨，只会使局面变得更为复杂、动荡，让少数对抗国家统一的人钻空子，有百害而无一利。于是，我决定从昌都撤退，秘密地做准备，不让部队中的四川人知道。

我刚到江达的那天，江达的理事官石敏斋设宴为我洗尘，招待十分殷勤。在酒宴中，石敏斋突然向我跪下，要我宽恕他的罪过。我感到很惊异，不知道是什么意思，急忙把他扶起来。他自述以前的过错只是遣词用句的失误，并非恶意中伤。我才想起在工布清剿叛军时，石敏斋常常在往来的文件中找岔子、挑毛病，还在联帅面前说我的不是，在查抄厦札的家产时，石敏斋竟然诬陷我受贿少报。当时，我十分愤怒，曾对着他手下的办事人员大骂了一阵。那些话只不过是我在气头上说的，事情过后就忘记了。今天，石敏斋见西藏局势混乱，我又带着部队来这里，害怕我报过去之仇，所以胆颤心惊。我轻言细语地安慰他说："以前的那些事，是老兄受了别人的迷惑，以为我是一个不可相交的朋友，所以没和我往来。今天，我俩见面把话说清楚了，以诚相见，老兄应该愿意结交我这个朋友了！"说罢，两人举杯对饮，一笑了之。

我在江达驻扎了三天，看到形势恶化，已经没有办法挽救了，就决定回四川。因此，我邀孟林去郊外，盘脚共坐，秘密询问回川的情况。孟林对我说："昨夜赵帅送来了信，说藏军已经叛变，他已派遣三个营的兵力来这里驻防围堵。你若从昌都回川，则很可能产生误会，希望你慎重考虑。"我听了，也为此担心。但是，既不能前进，也不能后退，一再磋商，只有沿青海、甘肃一线比较安全，但这条路线孟林也不甚熟悉。听说有三条路可以到甘肃，东边和西边两条路，沿着两省界线走，沿路有不少居民，不过路程要远一些，需要三四个月才能到达；中间的那条路，沿途是沙漠，广阔无边，人迹罕至，只有青海、西藏的商人常常来往于此，骑马大约有六十马站，走四十天就可以到达柴达木盆地，那里就有居民和蒙古包了。从那儿经青海进入甘肃也不过十多天，沿途的居民就更加多了。

我回来就与兴武秘密商量，兴武极力主张去青海，他说："我们从波密出发，一人骑一匹马，还有一百多头随军驼牛，可以日夜行军，只要一个多月就可以到达柴达木盆地，不必绕道耗费时间。"我想边军即将到来，进退都不行，于是决定按兴武讲的这条路线撤退。我秘密地嘱咐兴武清查人员和粮秣储备，尽快做好一切准备，次日就出发。

到了晚上，兴武来见，密告于我："目前有一百一十五名湘西籍、云南籍和贵州籍士兵，剩下的四川人可以在临走时叫他们回拉萨。驼牛、马匹都已准备好了，只是仅剩糌粑四十多驼，按六十天的行程计算，缺口还很大，今晚恐怕来不及筹办了。"我计算了一下，现有粮食勉强可以维持一个月，从此到哈喇乌苏，沿路都可以采办，不足为虑。于是，我决定次日早晨出发，让兴武将这个决定秘密告诉随行的士兵，并要防止泄露风声。

第八章　入青海

第二天天刚亮，我们就起床集合部队出发。过桥后，四川籍士兵才知道我们要离去，他们聚集在桥边挽留，我反复陈说自己不能留在西藏的苦衷，大家仍然再三挽留。我只得辞别，匆忙离开，怕停留久了发生变故。

沿路的景色依旧，只是今天和往日的景况不同了，没有心思去欣赏。回想起波密之战，我部阵亡将士的遗骨还没有收殓，他们的魂魄仍羁留在这边远的荒凉之地。谁没有父母？谁没有妻子儿女？想起古诗“可怜无定河边骨，犹是春闺梦里人”，我不禁痛彻心扉，潸然泪下。

当天在凝多宿营，晚上清点人员，共有官兵一百一十一人，一人骑一匹马，我骑一匹枣骝马，西原骑的是黑骡子。除了西原外，跟随在我身边的只有马夫张敏，他的父亲是汉族，母亲是藏族，藏民叫他“采革娃”；和一个藏族男娃，是被杀的波密投降营官贡噪的儿子，都各自乘一匹马。全军共有一百一十五人，还有一百二十多头驼牛，驮着粮食和行李。

进入西藏两年以来，我的工资存了藏币（每枚值银三钱三分）六千多元，我都分别交给士兵们带着，也是担心钱多了惹祸。我还有麝香一百七十两，装了满满一背囊，叫护兵刘金声背着随我一道走。金声是四川成都人，时年十七岁，在四川时就跟随我，这次他表示不愿意去拉萨，所以我相信他不会有不轨行为。可是，哪里想到在我们从江达出发的第一天，到达凝多宿营时，他竟然没有来，不知道什么时候就背着麝香跑了。后来，张子青回到家乡，我俩见面谈到麝香时，他说："金声背着麝香逃跑后，被乌拉藏民知道了，他们就将金声杀死，抢走了麝香。孰不知这伙人夜晚路过江达时，被谢管带所部士兵知道了，这伙人又被士兵所杀，麝香落到了士兵手里。后来，又被谢管带知道了，他派一个排去追，把麝香夺回来，还杀死了十多人。后来，谢管带兵败，麝香再次落到藏人手中。藏人为了争夺这些麝香大打出手，先后死了几十个人。我想起古语说的"螳螂捕蝉，岂知黄雀在后"，如今黄雀与螳螂都一起死了，也是可悲可叹的一件事。

我们由凝多改道向北前进，沿路两旁的居民很多，不时可以看到帐房周围成群的牛羊。小山连绵起伏，道路平坦宽敞，慢慢接近沙漠。其时，鹅毛般的雪花漫天飞舞，天气变得特别寒冷。幸亏我们都骑马，一天走七八十里也不觉得辛苦。兴武凭借着哥老会首领的身份还能够很好地约束士兵，一路上我军秋毫无犯，与沿途居民都能和谐相处。我们每到一个地方宿营，都要向当地的长者询问去青海的道路。大家都说，这条路上往来的人很少，不熟悉沿途情况，只知道大概。这与孟林所讲的相同。我们走了七天，就到了哈喇乌苏。

哈喇乌苏有一条河，发源于"布喀集""达喀噶"等海子，湖水溢出，形成怒江上游的阿克河谷。河水向东流去，就汇入怒江北源之索克河。藏人称黑为"哈"，称山为"喇"或

"腊"，称河为"乌苏"。布喀集、达喀噶海子里的水都是黑色，又有很多流沙，大概就是《禹贡》一文中所说的"流沙黑水"吧！两条河相汇合，两岸崇山峻岭对峙，所以人们就用这两层意思称呼这条河，又以河名称呼这个地方。以往，这里是达赖的封地，设有地方官员进行管理，但田赋、税收却完全进入达赖腰包，西藏地方政府不能过问。这个地方的北面靠近蒙古，南边就是三十九族。西藏区界到此为止，而青藏牧民于此放牧时常越过界线，因为此地是蒙古、青海、新疆、甘肃进入西藏的总关口。

我要到达哈喇乌苏的时候，远远地望见平原中有六七百户人家，街坊繁荣，像个大城镇，又有一所大喇嘛寺，修建得雄伟华丽。我心中暗暗高兴，这里居民多、市场繁荣，可以宿营休息、补充粮食，再长途跋涉。当我们渐渐走近时，看到数百藏兵手持刀枪站在道路两旁，阵势森严。我感到十分诧异，就命令部队停止前进，派遣翻译前去打听，并向他们说明来意。

过了很久，翻译同一个喇嘛走来，叫我们马上离开，不准在此停留。这时，太阳已经下山，又没有帐篷可以宿营，实在没有办法，只得派人再去说明我们只是路过这里。经过多次磋商，他们才准我们在此住一个晚上，次日必须离开，并且只允许我们在指定的三间小房间内活动。同时，藏兵愈来愈多，包围了我们，不准我们出入。经过再次协商，他们方准我们派四个夫役去外面取水。可是，牛马没有食料，只得用糌粑饲养。我们托人用高价购买了一百包糌粑。在这种情况下，我们不得不通宵戒备。

天亮了，我们知道不能在此停留，就收拾行装出发。幸得昨夜取水的士兵找到了一个年老的喇嘛作向导与我们同行。我们走了十多里，突然看见有一千多名藏兵分两路跟在后面，我们走他们跟着走，我们停他们也停。士兵们十分气愤，想和他们开战。我急忙劝阻说：“我们既然已经通过这地方了，没有必要轻易引发事端，妨碍我们的行军计划。”大家又走了十多里，藏兵还是照样跟在后面。我就留心选择了一个有利于我方行动的地点停下来，藏兵也停下来了。我召集大家商量应对办法，说：“藏兵果真有袭击我们的企图，为什么昨天夜晚不行动？若是没有别的阴谋，而我们今天既然离开了，他们又为什么要紧紧地跟在后面？不过，藏兵历来都是反复无常的，令人难以揣测。昨夜大概是因为我部突然到来，他们来不及调兵，也害怕我部先发制人，所以不敢轻易行动。今天早晨，他们的大部队来了，才调集大量兵力追赶。但是，他们跟着我们走了二十多里，又没有逼近，肯定是别有企图，大概是想趁我们宿营后来夜袭。若果真如此，我们不及时击败他们，一旦到了晚上，他们四面包围，我们就全军覆没了。”大家一致同意我的意见，决定先发制人。

我将士兵分为三队，兴武率领一队从正面进攻，我带领一队从左侧袭击，剩下一队保护行李物资，并兼作后应。右侧的平地中有很多帐房，藏兵都下马进帐房休息。在兴武率队发起进攻后，藏兵都出来了，他们凭借一道矮墙作掩护迎战。兴武等人逐渐推进，逼近矮墙，藏兵顽强抵抗。这时，我带领士兵从藏兵的左侧发起猛攻。藏兵无所凭借，完全暴露在我军火力面前，难以支持，就骑马四散奔逃。我军两路人马会合，倾力猛追，乱枪扫射，藏兵纷纷坠马，溃不成军。我军追逐了三里多，藏兵已逃跑得很远了，我军不敢穷追，才收队回营。这次战斗，藏兵死伤三百多人，我军无一伤亡，可谓大获全胜。回来搜查藏兵帐房，已经空无一人，只剩下很多粮食。我们急忙把驼牛牵来，尽量把粮食捆载运走，然后整顿部队迅速离开，不敢久留。

我们一鼓作气行军四十多里，天色已晚，来到一个宿营之地。这里零星分布着十多个帐篷，还有一所小喇嘛寺，我们就决定在此休息。宿营后，我去见一个年老的喇嘛，与他交谈了很久，觉得他为人谦虚厚道，就问他："昨天我们路过哈喇乌苏时，藏兵为什么拒绝我们留宿呢？"喇嘛告诉我："想必他们认为你们是拉萨来的叛兵。前不久，活佛路过哈喇乌苏的时候，曾在这里封存了很多宝贝，怕你们来抢劫，所以调了很多士兵防备。"我说："如果真是防备我们，我们都已经离开了，又何必尾随几十里？恐怕他们还不只是防备我们。"喇嘛听了后笑着说："或许有其他的想法。他们见你们因畏惧而离开，便得寸进尺，想在晚上围歼你们，也不是不可能的。"接着，我又向他询问了前方的道路。喇嘛说："再向前走三天，就进入到杳无人烟的酱通大沙漠了。"我又问他："听说从此地到甘肃仅需一个多月，可信吗？"喇嘛说："这条路线上的人很少，只听说路程很远，一个月到甘肃是不可能的。"我听后颇感意外惊讶。

我回到营房后详细询问向导喇嘛，喇嘛说："我九岁到甘肃塔尔寺剃度，十八岁跟随商人进入西藏，距离去甘肃已经过去五十年了。前路茫茫，我难以详记，只依稀记得，昔日跟着商人走了两个多月才到达哈喇乌苏。可是，那时刚进入夏天，气候温和，通行还比较容易。现在天寒地冻，行走困难，究竟要走多少天，恐怕难以预计。"我听了后，心里顿时空落落的，彷徨无依。但既然已经到了这里，只能庆幸我们都骑着马，比步行要快，至多花两个月时间就一定可以到达甘肃。我再让兴武清查粮食，每人还有一百三十斤糌粑，可以供应九十天，我们仍可安心前进。从这里往前走了三天，未见居民，仅仅在第二天的路上看到右边山沟中有三四处帐房，其他地方都是一片黄沙，四周荒凉、寂静。

第三天，我们到了一个可宿营之处，时近黄昏。山谷中有十多处帐房，我们便要求借宿一晚，他们坚拒不肯。有士兵强行进入帐房，他们竟然拿刀来砍杀。士兵们大怒，就开枪打死了一个人，其他人就逃跑了。我听到枪声后去劝阻，但已来不及了，便告诫士兵们说："今后切莫动辄开枪，若是惹怒藏民，祸害就不小了！"当天晚上，我们鸠占鹊巢，暂时在帐房里躲避风雪。

第二天早晨出发，喇嘛说："从这里开始，就进入酱通大沙漠了。"我抬头远望，满目黄沙，风雪扑面，四野茫茫，草木不生，一片荒凉。有时，一两丈高的沙丘被风卷起，就隐约不见了，过了十多分钟，又见天空的尘沙随风盘旋，落在地上又成了一个小沙丘。我们初次碰到这种景象都很害怕，喇嘛对我们说："旋风速度很慢，如果马走的速度很快，就可以避免被掩埋。"沿路没有水源，我们只能融化雪水饮用，牛马只有啃咬枯草，人也只得睡在沙地上。大家风餐露宿，分不清东南西北，只能跟着喇嘛，早晨起来就走，天黑了就地休息。

这样走了十多天，每日大雪纷飞，平地积雪一尺多厚。牛马饥渴疲惫无法行走时，士兵常常用糌粑来喂它们。经过清点，原来可以支持三个月的粮食，如今已经消耗过半了。因此，我就劝诫士兵不要再用糌粑喂养牛马了，但始终制止不了。

我骑的枣骝马是从彝贡购买的，从卡掩出发，一直骑到现在。经过树枝、央噶、京中三座大山时，其他的马走一段就要停下休息，怎么鞭打也不动，唯有这匹马善于行走，叫它稍息一下都不肯。"路遥知马力"，至此，我才觉得它不同于一般的马。从江达出发进青海，我仍然骑这匹马，西原骑的是我原来的大黑骡。进入酱通大沙漠以后，既无水饮，又缺草料，所有的马匹都极度饥饿、疲惫，每登一座小山，士兵必须牵着马走，惟独这匹马上山时昂头阔步，拉紧缰绳也不能使它停下来。大家才发现此马的奇异不群，我也明白藏民称此马为龙驹确实不是吹牛。

有一天在行军路上，看到沙尘遮天蔽日，从远而近猛扑过来，大家都感到害怕，驻足不前。一会儿，沙尘渐渐逼近，隐隐约约地看见好像有什么东西直冲过来。喇嘛说："这是野牛。他们千百成群，在沙漠中横冲直撞，无所阻拦。大的重约八百多斤，小的也有三四百斤。每群牛都有领头的，牛群就跟着它跑，它往东，牛群就往东，它往西，牛群就往西，秩序井然。即使遇到悬崖峭壁，带头的牛坠下去了，群牛也会接二连三地跟着坠下去，从不后退。大沙漠的野牛很多，我们以后在途中还可以见到。野牛的性情温驯，不伤害人，不必害怕。不过，碰到独行的牛就要注意，那种牛性情凶猛，最好躲远点。"士兵们听了笑着说："假若碰到独行的牛，我有枪，怕什么！"喇嘛说："野牛的皮既厚又坚韧，除了两胁与腹部以外，恐怕不是你们的枪弹可以穿透的！"他的话音刚落，一大群野牛就从我们面前飞奔而过，与我们相距不过两里左右。经过十多分钟，他们才全部通过。看到这种场景，我又惊又惧。

进入酱通大沙漠以后，整天都是狂风怒号，冰封雪飘，士兵们大多数都受寒生病，有的脚冻肿裂，行走困难。因粮食日渐减少，大家互相劝说不要再用粮食饲养牛马了。每天宿营的时候，我们将牛马放在野外，用毛绳拴住后腿，让两腿相距六七寸，任其跛着脚去吃草，以防牛马走远跑掉。有一天早晨我起来收马，结果枣骝马不见了。放眼望去，沙漠茫茫无边，一点马的影子都没有。士兵们跑到很远的地方去寻找，都一无所获，我只能仰天叹息。西原就将她骑的黑骡让与我，她自己另骑一匹劣马前行。

六七天后，偶然碰到数百成群的野骡，我的枣骝马也在其中，我看见后十分高兴。野骡见人也不跑开，只是慢慢地向前走着，兴许它们以为我们是同类吧！此时，士兵们连发数十枪，打死了五头野骡，其余野骡听见枪声即快速逃走。我的枣骝马也随骡群奔去，眨眼就不见了。枣骝马进入骡群以后，悠游自在，诚得其所，而我却是孤凄一身，慢慢地在这路上行进，实在是比马都不如！我失望地站在那儿，望着骡群跑去的方向，内心十分伤感。

我们刚进入酱通大沙漠的时候，喇嘛还能够大概地指引前进的道路。若是碰到风沙迷路时，也可以根据太阳判定方向，向西北行走。后来，冰雪越来越大，天色愈来愈阴沉，他也分辨不出东西南北了。士兵们就不时地责骂喇嘛，我知道后多次劝诫士兵，担心若是把喇嘛骂走了，我们便完全没有问路的人了。因此，每次辨不清方向的时候，部队就停下来，喇嘛则到一个较高的地方眺望，判定方向后再走。可是常常走不远又会迷路了。也许开始向东而行，走了不远却发现走向了北面，只得往回走。面对歧路，喇嘛也是连连叹息，没有办法。于是士兵们越发愤怒，不断埋怨、斥责喇嘛，有的甚至用枪托、用拳打他，我也没有办法制止。

有一天宿营以后，我不慌不忙地问喇嘛："如今，沙漠浩瀚，路在何处？你既然从这里走过，应该记得一些可作为标志的山水，请你仔细地回忆一下。"喇嘛埋着头沉思了很久，说："从这里到通天河，再往前走几天，就可看到平地中间突起一座孤山，名叫'冈天削'。我曾在那里休息过两天。山高不过十多丈，前面有一条小河，还有很多树。沿着河岸再走八九天，就渐渐地可以看到蒙古包了。再向前走十多天就可到西宁，沿途的蒙古包就更多了。”我听了后，从多方面安慰喇嘛，同时又委婉地劝诫士兵要理解喇嘛的苦衷。

第二天，我们仍随喇嘛向前走，可是走了很多天，还是没找到路。这时粮食已吃光了，只能天天去猎杀野骡野牛，或者宰杀驼牛吃，但因常降大雪，沙漠被雪掩盖，野兽都躲进山谷中去了。面对如此状况，大家决定休息一天，专门研究后续行军事宜。经过再三讨论，大家决定由兴武清查人员和牛马情况。经过清点，得知除死亡的士兵外，还有七十三人；牛马除了宰杀与夜间走失的以外，还有五十多头，每天吃三头，仅可以供应半个月。大家认为，现在粮食快要吃完了，只有依靠宰杀牛马维持生机，因此，只要不是随身必需的行李，都须集中焚烧。于是，大家将行李堆放在一个地方用火烧了。我和西原仅留一个搭袋、一床薄被和一件皮褥。西原用薄被包好她母亲赠送的珊瑚塔，背在身上。她左肩挂着搭袋，右肩扛着薄被，腰里挎着连枪，我背着皮褥，佩带一把短刀。从那以后，我们白天在雪地上行走，夜晚就睡在雪地上，也没有水洗漱，头发蓬乱，满脸污垢，已经没有人样了。

每天夜里睡觉时，我先合衣躺在地上，用左手肘压紧衣襟边缘，再转过身子仰卧着，将头蒙在衣服里面，任凭雪溅风吹。第二天醒来时，全身盖满了雪花，约有几寸厚，只得先转身趴下，然后猛地起来，将衣服上的积雪抖落，以免雪沾着皮肤引起肿痛皲裂。幸好，沙漠里的积雪虽然很厚，但是将雪铲去，地上的枯草却像毡毯一样干燥柔软。

我们从江达出发时，共有官兵一百一十五人，牛马二百四十多头。这时，已经死亡四十二人，走失和宰杀牛马一百九十多头。粮食即将吃完，食盐也已断绝了。长时间不吃盐，也就渐渐习惯了。因为大沙漠中几乎天天都有冰雪，气候十分寒冷，从野兽身上割下来的肉，十分钟左右就会冻结成冰块，肉质又细又脆，若用刀削，就像削浮木一般。时间长了，不加盐也觉得很好吃，便不想吃盐了。在那里割生肉，也不像内地割生肉那样鲜血淋漓。

自从烧焚行李、宰杀牛马以后，由于道路迷失，我们整天在沙漠中漫无目的地往前走，不知走了多少路，也不知经过了些什么地方，更无标志性的山川风物，只有满天黄沙、遍地冰雪，每天下午三点钟就宿营了。我们把官兵分为六个小组，第一组负责敲挖冰块，融化后作饮用水；第二组负责捡拾牛马干粪，作为生火的燃料；第三组负责寻找石头，砌灶架锅；第四组负责铲平雪地，以便寝卧；第五组负责捕猎野兽，提供食物；第六组负责生火。大沙漠中的冰雪里有很多尘沙，不能直接拿来融化饮用，必须敲开冰层，取出里面的冰块来融化。由于冰冻时间较久，冰层有一二尺厚，十分坚硬，取冰很不容易，往往一组七八个人敲掘很久才能取得一两袋。把冰块取回后，全部倒在锅里，用牛马干粪作燃料，融成冷水饮用。幸得沙漠中遍地都有牛马干粪，只不过都被冰雪掩盖着，只要挖开一尺左右的冰雪，就可以取得，每天需要十多袋才能满足需要。砌灶架锅需要石头，而沙漠中没有石头，只能去山边寻找，因此要找六七个拳头大的石头需要很长时间。地上积雪一尺多厚，要宿营寝卧，先要把雪揉成一个球，然后几个人来回推动，雪球愈滚愈大，如此多次反复，雪被裹走后，沙地就露出来了。被积雪覆盖的沙地很干燥，我们就睡在上面。

在沙漠中，经常可以碰到数十成群的野牛，猎杀十分容易，尤其是野骡较为温驯，容易捕获。顺利时，出猎一次就可以捕杀几头，再不济也能捕获一头，不会空手回来。大家就靠这些野生动物活命，所以每次宿营后就要派很多人去打猎。这个组的人员必须身强力壮、枪法娴熟，需要拿枪佩刀前往。

我们刚进入大沙漠时都带有火柴，但因沿途消耗太多，到粮食吃光、杀牛宰马时，仅剩下二十多根了。大家知道后都很紧张，就将火柴交给我妥善保管。生火时，先将马骡干粪搓揉成细末，再从贴身衣服上撕下一块布，卷成一个小布条，八九个人顺着风向排成两行，相对而立，间距一二尺，头靠在一起，衣服敞开相接，不使风透进来。中间蹲着的那个人，小心谨慎地刮火柴，将布条点燃，然后站着的人慢慢让开一面，使微风吹进来，以助火势，再将点燃的布条放在地上，盖上干粪细末。不一会儿，火燃烟起后，人就慢慢地散开，风愈大，火愈旺，这时及时加堆干粪，堆到三四尺，遂成熊熊大火。于是，大家就围坐在火堆的四周，煮冰以代茶，烤肉而为食。吃完后，燃料也渐渐烧完，等火熄了，就将剩下来的火灰撒在地上，等到热度减轻后，大家就睡在上面。这样既可以除去湿气，又可以增加地上的温度。

长时间在冰天雪地里行军，士兵们经受不住寒气侵袭而脚肿，行走十分困难，天天都有死亡的。最初，人死了还掘土掩埋，一起鸣枪哀悼。后来，生病的人一天天增加，死亡的有增无减，活着的也自身难保，每每见到路边的遗体，大家只能凝望片刻，长长地叹息一声，便依旧低头前行。

我们从江达出发的时候，都穿短袄、大皮衫，头戴裘帽，脚穿藏靴，内着毛袜。在沙漠中长期行走，藏靴磨破了，就用毛毡把脚裹着走。这样走久了，毛毡又被磨烂了，脚就难免直接接触冰雪，一开始只觉得肿痛，后来渐渐地就溃烂了，寸步难行。而牛马都被当作食物吃了，没有代步的，路上又无法治疗，大家都是泥菩萨过河——自身难保，根本无法帮助别人，只能看着病人倒在路上，痛苦地翻来覆去，呻吟着死去，也无可奈何！

我有次过雪沟时稍不注意，右脚也沾上雪，不久就肿痛起来。西原就将牛油烘热涂抹患处，几天以后，竟然完全恢复了。这时，我清点了一下人数，在烧焚行李、宰杀牛马后，又有十三人因患病死去，十五人因脚肿痛不能行走死去，还有六七人跛着脚勉强地跟着大家走。

我们又走了几天，到了一个地方，天色已近黄昏，忽然看见一条大河。喇嘛告诉大家："这就是通天河。"这时是腊月三十，大家听了很高兴，以为这里距离冈天削已经不远了。由于次日是大年初一，大家便决定在这个地方休息一天，杀马为食，同时派人去捕猎野兽，补充食物。当天，我们就在河岸上宿营。

第二天早晨起来，我看到河床有二十多丈宽，既没有树木野竹可以作船作筏，又没有桥梁可以过河。幸好是岁末，天寒地冻，河水已经结冰，我们就踩冰过河。刚上河岸，就看见岸上立有一块界牌，大约有三尺高，一尺左右宽，上面刊刻着"驻藏办事大臣、青海办事大臣划界处"。喇嘛指着界牌说："沙漠没有石头，这块石碑是在江达开采的，两头牛驮运过来耗费了几百两金子。往日，我曾亲眼见到这块石碑经过哈喇乌苏。"

第九章　过通天河

通天河，也叫木鲁乌斯河，是长江的上游，发源于巴颜喀喇山，历来都是青海的要津。如今，则是一片黄沙，宽阔得望不到边，更无人烟。当天，我又问喇嘛："从这里到冈天削还需要几天？"喇嘛开始答复说只需要十天，接着又改口说需要半个月。大家认为他讲话前后矛盾，都责怪他。喇嘛只是低着头，一声不吭。兴武说："从这里到冈天削，料想也不会很远了。但是，如今牛已经杀完了，马也只够大家吃几天了，病员又多，行进缓慢，要是再走错了路，大家都不可能生还了。不如先选派几个身强体健的人先行探路，其余的人就留在这儿打猎，多储备一些野肉作为行军的粮食。这难道不是一个更为实在的办法吗？"大家听了，都极为赞同。于是，决定由兴武挑选十个人先走，我们留在后面等待消息，并约定在十天之内返回来报告情况。

当天晚上，兴武送我一把糌粑，大约有二两重。我立即把糌粑煮成两锅汤，分给大家一起喝，以庆祝大年三十。当时，想邀喇嘛一道来饮，可是喊了很久他也没来，我当时并没有起疑心。第二天早晨，兴武等人出发时去找喇嘛，已经找不到了，才知道他昨天晚上已悄悄逃离。在这广阔无边的沙漠中，他很难走远。我想，他可能是惧怕士兵打骂，乘夜逃跑了。在这多狼的荒野之地，他一个人单独行走，肯定会被狼群吃了。我再次为他的离去感叹不已。如今，我们既已身处绝境，又失去了向导，只有安心地等待兴武传回好消息了。

到达通天河时，我们又死亡十多人。兴武带人离开后，还剩下三十多人，我就每天分班派士兵外出打猎。这时，西原硬要随士兵出猎，希望能猎获一些野肉回来，以维持生命。我也听任她行动，可是她晚上归来，却两手空空，一无所得。西原对我说："近几天连续降大雪，野兽都躲藏在山谷中，我明日再去，必有收获。"我急忙劝阻她说："你不必去了。士兵们已分途出猎，假若捕获了野物，我可以分得一份，你何必再去冒险。"西原听了，流泪说："士兵们能分多少？如今命在旦夕，还怕什么！你若愿意，明天我俩一同出猎如何？"我看她执意要去，就同意了。

第二天早晨，士兵们还未醒来，西原就叫我一同出猎。我俩循着山路走了二里左右，进入山谷。西原在前面走得很快，我在后面跟着。我猛地听到"砰"地一声响，便赶上前去，看见西原竟然打死了一头野骡。她正在拔刀，要割取野骡腿上的肉，我劝阻说："这样能割取多少肉？不如把两条腿全部割下来，我们拖回去。"西原很赞同，我就把两条腿截下来，用一条绳系好，拖着往回走。半路上碰见出猎的士兵，我就叫他们快去山谷取回剩下的骡肉，以免被狼拖去。我们回到驻地时，西原已是汗流浃背。在叮嘱我留心看守后，她马上折身离开，很快背回一袋干牛粪。放下牛粪后，她就用刀将骡肉切成很多小方块，用通条串上，然后点燃牛粪，在火上烘烤。她对我说：

“这么多的干肉，可以够我们吃上十天了。”这一天，士兵们也猎获了很多山兔、野羊、野骡，他们都仿照西原的办法烘干储备。

第二天又下大雪，士兵们连日出猎，一无所得。从此以后，雪越下越大，地上积雪有两尺多厚，之前的野肉干，也快要吃完了，每天都有士兵死亡。转眼已过去十天，而兴武还没有传来消息。又过了一天，雪停了，天空放晴。我对大家说：“恐怕不能指望兴武他们传来好消息了，老是守在这里也没用，不如向前走。”大家都赞同。

第二天，我们再次出发了，一路上没见到野骡野牛的踪迹，偶尔碰到几只野兔在沙漠上奔跑，耗费了很多子弹也只能猎获四五只，真是杯水车薪啊！大家已经两天没有吃东西了，饿得头昏眼花。西原储存的干肉仅剩下一小块，她让给我，我吃了一半，另一半分给她吃。西原坚决不肯吃，我再三要她吃，她流着泪说：“我不怕饿，可以几天不吃东西，你不可一天不吃。况且我不远万里跟着你，可以没有我，不能没有你。你如果饿死了，我还能活下来吗？”我听后一阵酸楚，忍不住落泪。何曾想到，《三国演义》里面“天下可无洪（曹洪），不可无公（曹操）”这句话，我能再次从一个藏族女子的口中听到。此情此景，真叫人悲喜交加。

士兵们也饿到了极点，疲倦到走不动了。于是，我们相商就地休息一天。

第二天中午，我突然听到士兵吵闹的声音，就勉强支起身子去看。原来是士兵杨某昨天晚上死在路旁，今天大家饥饿难忍，就寻找他的尸体来吃。哪里知道，尸体昨晚就被狼吃光了，仅剩下两只手一只脚，大家取回来用火烘烤后因争抢而相互谩骂。我听到后不禁伤心流泪，不停地委婉劝说，但是他们饥疲难耐，根本听不进去，我只能谎称：“前方已经猎杀了一头野骡，何必在这里争这个?”我的话还未讲完，果然来了一个士兵报告已经猎杀了三头野牛。这时，众人都已饿得只剩一口气了，听见这个消息后，顿时来了精神，都站起来随着他走去。走到后发现一群狼正在争吃牛肉，已经吃去一半了。大家急忙开枪打死一条狼，将野牛和狼一起抬回去。大家饱餐一顿以后，还有多余的，就由几个人携带，以便第二天再吃。士兵们得了野牛，吃了饱饭，又继续往前走。连走两天都没有碰到野物，之前的牛肉已吃完，大家又恐慌起来了。中午刚过，就停下来宿营，仅仅猎杀了一只野羊，大家立即分食而尽，但人多肉少，还不够半饱。

有个姓刘的湖南人，已经五十多岁了，他原在江达任军粮府书记，仓促间跟随我们一道返川。这时天气一天比一天冷，士兵已经两天没吃东西了，四出打猎，都是空手而归。个个饥饿难耐，又想不出其他办法，于是大家就悄悄地商议，想杀死我身边的藏娃分食，以便维持生命。大家委托刘某来向我表达他们的想法，我说：“杀一个人来挽救很多人，我有什么顾念的。不过藏娃瘦得皮包骨头，煮熟后每人分不上一碗汤，白白伤害同伴，对我们也没有什么好处。”这样，他们才被劝住了。

当天晚上，大家趁月色明亮分途入山打猎，夜深才回来，猎获了四只野羊、七只野兔。回到住处后，大家就分着生吃了，仅能稍稍填填肚子。

第二天，我们又出发，除去沿途死亡的，仅剩下二十多人了。大家都十分饥饿疲惫，再加上受不了风吹沙袭，大多数人双眼红肿，看不清东西，我们每天只走三十多里就宿营了。

因为昨天夜里出猎回来很迟，今天早晨起来也较晚。在出发时，我因有事就让大家先行一步，我随后跟上。开始我还可以看见士兵们远远在前面走动，转过一个山丘后，就模模糊糊不见人影了；又向前走了十多里后，就完全看不见前面队伍的踪影了。马夫张敏与藏娃也同他们一道前行，如今也无影无踪，仅有西原跟着我，两个人孤零零地走着。如此又走了七八里路，天色已近黄昏，四周茫茫，看不到任何东西。我想，不能再向前走了，遂决定在一条沟中止宿。

我俩坐下不久，只听得北风怒吼，狼嚎急促，时远时近。西原害怕得身子发抖，快要哭出声了，极力要求离开这儿。我想，到了这个地步，恐怕难以活命了。我努力让自己镇定下来，并劝慰西原说："黑夜里四周模糊不清，也找不到路，我们往哪里去？恐怕我俩一行动，狼见人影晃动，一起扑过来，我俩就要死在这里了。不如安静地睡在这个沟里面，狼未必马上就来。假若我俩命中注定该被狼吃，又岂是人力能避免的？"说罢，我就将皮褥子铺在地上，拉西原坐在一起，身上盖着薄被子。西原手里拿着连枪，我握着短刀，做好了野狼到来的准备。我告诫西原说："野狼不距我俩十步以内，你千万不要开枪！"接着，风吼狼叫的声音越来越急，我隐隐约约地看见数十头狼渐渐地逼近，彼此相隔不过一丈多远。没过多久，狼群就向别处跑去了。此时，我和西原都已饥饿疲倦到了极点，不知什么时候，竟然双双进入了梦乡。

第二天早晨，西原把我叫醒。我看天色微亮，刀枪还在我俩手中，就笑着说："昨晚多么危险啊！"西原说："我昨晚梦见在家里的后山上被狼追赶，脚摔断了，老母亲又背着我跑，我因害怕之极而被惊醒了，在梦中我就像昨夜那么惊恐。"我说："这是心有所思，故有所梦。"于是，我俩同时起身，收拾被褥，走出沟，沿着原来的路向前走。只见前面茫茫一片，无边无际，不知路在何方。我俩只得硬着头皮走走停停，心中想着兴武等人去了以后没有回音，今天我和西原又与大家失散，只能孤凄地在这荒原中行走，除了一支连枪和一把短刀以外，别的什么东西也没有。即使幸运地碰上了野兽，凭我俩赤手空拳也很难捕获，若是再过一天还得不到东西吃，又不能和大家汇合，只有饿倒在这荒凉的沙漠里死去。西原看出了我的忧虑，也长长地叹气说："从此愈行愈远，前途漫无边际，四周见不到人烟，我俩不知道会死在什么地方啊！"我听了，内心十分伤感，但安慰她说："昨天才和他们分开，他们不会走得很远，还是容易找到的，你不要太忧虑了。"我刚说完，忽然看见路旁有一颗沾满泥沙的子弹，好像是很久以前落在这里的。我弯腰捡起来，对西原说："杨兴武必定经过了这条路，不然不会有这个东西。"西原听后也高兴起来。

我们继续向前走了一里多路，途中，西原时时回头，像是不愿意离开一样。忽然，她大声地呼喊："后面有人来了！"我回头看，但因眼睛红肿，未见人影。我停下看了很久，果然看见一个人慢慢地向我俩走来。他越走越近，我才认清原来是张敏，我不禁狂喜。张敏手里提着一个布袋，见了我就大哭着说："我们在行军路上碰到一百多头野骡，就一起追进山沟猎杀。我们等了很久也不见你俩来，就派几个人去寻找，但都没找到。今天早晨天刚微亮，我就来寻找你们。"说到这里，张敏因过分悲痛而哽咽。他把手伸进布袋，拿出一块重两三斤的熟骡肉，对我说："你俩快吃，吃完就一道回去。"我问他："大家现在哪里？"张敏指着左边山沟中有炊烟的地方说："就在那里。"我仔细观察了一下他指的地方，相距不过三里。我正饿得发慌，得了这块肉，就立即与西原分着吃，一会儿就吃光了。吃后，我俩就同他一道往回走。

到了驻地，大家正在忙着切肉炒食。他们看到我们来了，悲喜交加。我见地上摆着很多野肉，问他们才知道昨天猎杀了七头野骡，足够我们十天的口粮。我听后就同大家商量："这样多的骡肉，背着走很困难，不如在这里休息一天，把它们烘烤成干肉，那样一个人可以携带几天吃的。但沿路仍然要出猎，如果每天都能有所猎获，就将这些干肉留着，在不能出猎或猎获不得时再吃。"大家听了都同意。于是大家就出去搬运牛粪，生火烘烤骡肉，作为行军粮食。

第二天休息，晚上盘点，每个人大约有十斤干肉，于是大家决定明天继续往前走。好好地睡了一夜，第二天一早出发。大家在吃饱、休息好后，精神恢复了，不再像前段时间那样萎靡不振。

我们在沙漠中又迷迷糊糊地走了七八天，干肉即将吃完，又未猎获野兽。于是，大家又恐慌起来。我回忆起喇嘛说的话，过了通天河再走十多天就到冈天削。我天天想着这句话，每当看到一个小土丘，就以为是冈天削，走近一看却不是；或者见到一个小沙坡，又以为到了冈天削，走近细看，又不是。这样一天又一天，真叫人望眼欲穿。在内地，随地都可看到土坡、小山，但是在沙漠中要想见一个山一个坡，就像寻找蓬莱三岛、印度灵山那样，只可以想像，不可能见到，真叫人伤感！

我们又走了两天，忽然看见一座小山，大约有十多丈高，形状像一个手掌，山下有一渠清澈的泉水，绕山而流。水渠边生长着很多只有一尺多高的小树，叶子很细，树干较粗，葱茏丛生，惹人喜爱，当地人叫它为油渣子，可以做柴烧饭。我观察了很久，才知道这里又不是喇嘛所讲的冈天削，便感到很失望。但是我想这里既然有山有水，距离冈天削也不会很远了。我就同大家商量，决定在这儿宿营。

自从我们进入天寒地冻的酱通大沙漠以后，天天所见到的都是漫天黄沙、万年积雪，所听到的皆是风吼狼嚎，到了这里，才见到山水树木，好像到了另一个世界。我们就将山作屏障，靠近山边休息，一方面找柴来生火取暖，另一方面捕猎野兽充饥。这时，我们只有一根火柴了，士兵也仅剩下十七人，仍然分成三组，早晚出去打猎。大家都很饥饿，迫切想要吃东西，等到中午时分，才看见一个小组空手回来，一无所获。面对这种情形，大家都愁眉苦脸、哀声叹气。我就安慰大家说："还有两个小组没有回来，难道会一点收获也没有吗?"过了一会儿，其余两个小组先后回来了，仅猎获四只兔子。大家就分着生吃了，勉强地填了一下肚子。

第二天，大家仍分组出猎，只留士兵杨正奇在驻地看守行装。正奇见我一个人闭着眼睛坐在一旁不讲话，一副十分愁闷的样子，便含泪对我说："我们离长安还很远，与嘉峪关也相隔千万座山，如今大家饥疲不堪，犹如'盲人骑瞎马，夜半临深池'，处境十分危险，看来我们将很难逃过这场灾难。"我听后也不胜凄苦。西原看到后，就豪迈地对我俩说："现在已是春末夏初，天气渐渐地暖和起来，我们同行的人虽然死亡很多，但我们这些人还健在，这是苍天的保佑。何况三个月的路程走了五个月，如今只差最后一段路了。假若大家再加一把劲，就不难到达目的地。一个人的生死都是命里注定的，何必这样自暴自弃!"听了西原的话我感到非常惭愧，难道我还不如一个妇女吗?遂振作精神奋然而起，忽然觉得豁然开朗，烦恼愁闷消失得干干净净。当否极泰来之时，虽然还没有走上平坦大道，但好兆头已经隐隐约约地出现了。

到中午，出猎的人回来了，都一无所获。我一时没有办法，就登山远望，希望能够发现些什么，无奈腹中饥饿，四肢无力，迈不动步子。我勉强地登上山顶，观望了很久，隐约看到几里以外的平地中有一个物体，我怀疑是一头野兽，就急忙下山叫几个人去看个究竟。大家已极度饥饿疲倦，都不愿意去。我强令几个人去，他们艰难地走到那地方，见到一个冻僵了的很大的野牛头。这个野牛头高五尺左右，大小也与高差不多，不知死了多久。由于大沙漠中特别寒冷，动物尸体不论多长时间都不会腐烂，经过风吹日晒，就自行僵枯。狼的牙齿虽然锋利，也咬不动这金刚般坚硬的牛头，所以才能保存在这里。也许是苍天专门将它留在这里，以供我们在穷途末路时大吃一顿。如此高大笨重的牛头很不容易搬动，一时又没有办法分割。于是，我们十多个人用尽力气，将它推到山下，堆积柴草，用火烧烤，并不停地浇水。经过三个小时烧烤，牛头的唇皮才与骨头分离了一寸左右，其他部位仍然撕扯不动，又叫数人轮番敲打撕剥，才得到手掌大的八九块。经过大火烧烤两天两夜，牛头开始变得稍微柔软，方可用刀斧砍下唇肉。牛头的皮厚二寸左右，呈金黄色，因饥不择食，我们觉得这个牛头比鲜肉的味道还好。幸运的是，此后三天又先后猎获野牛、野马各一头，大家饱餐后还有剩下的。于是，将烤熟的牛唇肉保存起来，作为行军的粮食。第二天早晨，我们继续向前走。

第十章　遇蒙古喇嘛

我们又走了三天，携带的干肉又吃光了。大家饿得身乏脚软，在路上猎获了一头野牛，就剥皮生吃了。我们又跌跌撞撞地走了十多里，猛地看见大批人马从后面过来。大家又惊又怕，停住脚步仔细观察，原来是七个喇嘛骑着马款款而来，还有四头高大异常的动物随行，大家都不知是什么。喇嘛突然见到我们，也很紧张害怕。走近以后，我们就问他们的情况，他们都下马答话，讲的是蒙古语，不知道讲的是些什么。我们就用藏语来交流，才知道这几个喇嘛都是蒙古人，长期住在拉萨色拉寺。近来因为西藏发生兵变，达赖调动大军围攻拉萨，眼看就要爆发战争，所以他们要离开西藏回蒙古。于是，我们就同他们一道走，走了十多里后宿营。

喇嘛带有帐篷，到宿营地后，很快架设停当，并且还送我们两顶帐篷，又邀请我去他们帐篷内坐谈。当他们知道我等原都是西藏陆军，还带有武器，又是为了躲避战乱走到这里，便对我们十分敬重。当即摆设面食果饼等点心热情款待，又送我细糌粑一小袋、白糖一包、骆驼两头，还许诺赠送士兵两包糌粑。我不仅饱餐了一顿，而且今后又有骆驼代步，在陷入绝境时，得到了如此援助，真是菩萨怜悯爱护，我就像将要干死的鲫鱼可能不会因无水而困死在车轮下的泥坑内了。大家得知这个消息后，也认为这是死里逃生，个个欣喜若狂。士兵们要求在这儿休息两天再走，我与喇嘛商量，他们也同意了。

第二天，喇嘛到我的帐房内坐谈。我问他："我们一同走到哪里分路？"喇嘛说："与你一道再走四天，就分路了。你们从这里向前走，大约一个多月可到盐海。经过盐海后，沿路就可看到蒙古包了。再走七八天，就可到柴达木，那是西北一个大市镇。由柴达木到西宁，不过十多天，沿路两旁的蒙古包很多，并且在那儿做买卖的汉族人也很多。"我问："前面的路是否还是沙漠？有没有道路可走？"喇嘛说："前方都是平坦的草地，有时会遇到山岗，但不会像以前那样满目黄沙了。但是，你要牢牢记住，如遇到分岔的路，就向西北走，不要往东行，自然就不会走错。我在十年前曾去过一次西宁塔尔寺，沿路停留为藏人诵经念佛，所以还记得这条路。"我听了后，对他表示深深的感谢。

我生长在河流交错的南方，虽然听说过骆驼，但不知骆驼是什么样子，到了这里，才知道喇嘛乘坐的就是骆驼。往日读唐史，看到哥舒翰镇守西北边陲时声威远著，他曾派人骑着白色骆驼向朝廷报告情况，从西域到长安相距万里，只需要二十天左右就到了。我问喇嘛此事是否可信，喇嘛说："白色骆驼少见，只有灰色骆驼遍地都是。在沙漠里行路，没有骆驼不行。骆驼的脚掌很宽，踏在沙地上不容易陷落。它既能负重五六百斤，又能耐渴耐久。沙漠中十分缺水，人畜极渴时，就可以把骆驼杀死，将其胃中的水取出来救命。你们走到盐海以后，就必须骑骆驼才能前进。"

喇嘛们要回蒙古，我们要去甘肃，东西异途，只得分道而行，而我们还要走一个多月，才能到达有人烟的地方。想到前途茫茫，无所依凭，有可能像之前一样迷失道路，心里既忧愁又害怕，我便主动与喇嘛商量，请他们同我们一道走到盐海，再分开各自前行。喇嘛说："我们匆忙逃出西藏，携带的粮食不多，如今又分送你们不少，倘若绕道太远，半路上也买不到，就很危险了。"我觉得未来的路还很远，害怕又迷路，想再同喇嘛商量，忽然听到邻近帐房传来枪声，喇嘛十分吃惊地问我原因。我也感到惊讶和恐惧，不知出了什么事情，只能回答他："不用担心，不用担心！"说着就急忙走出帐房查看，原来是士兵严少武被同伴谢海舞开枪打死了。我也不敢深责，只得委婉地对大家说："我们万死一生才走到这里，幸好遇见了喇嘛，今后不会迷路了，大家又有足够的食粮。倘若因为一些小事互相残杀使喇嘛害怕，导致他们离开，我们就会像盲人骑瞎马，不啻于自找死路。"我说完这话，忍不住流泪，大家也默不作声。我又走回喇嘛帐内，掩饰说："刚才是士兵们擦枪不慎走火，击伤了一个人，幸亏受伤轻微，已经敷上了药，应该不会危及生命。"喇嘛听了才镇定下来。又谈了一会儿，我便告辞回帐。

突然，谢海舞带着刚才枪杀严少武的余威，气势汹汹地冲进来，悄悄对我说："我们口袋里仅剩下六百多元藏币，纵然能到西宁，可是回家之路漫漫，钱从哪里来？喇嘛携带的钱很多，不如将他们杀了，只留一个人给我们当向导。这样，我们不仅有骆驼可乘，而且也有钱回去了。你认为怎么样？"我听了他的话，好像晴天听到炸雷一样透不过气，好久讲不出话来。过了好一阵子，我才劝导他说："你考虑得很周全。但是喇嘛一行有七个人，个个都身强力壮，我们人数虽比他们多一倍，但已疲弱不堪，贸然行事，非但没有好处，危害却很大。至于你后面回家的资金，到达西宁以后，我可以努力去筹措，无需忧虑。”谢海舞听了后，默默地离开了。

从此以后，我坐卧不宁，担心发生意外，就秘密地把纪秉钺找来，将谢的话告诉他，并问他：“你知道这个事吗？”秉钺说：“这个事，我一点都没听说。”我叹息道：“喇嘛救了我们，使大家脱离险境，我们若是昧着良心去劫杀他们，假设世界上真有鬼神，会容忍我们吗？若是世界上没有鬼神，我们自己又怎么能忍心？你应该去劝导大家，千万不要干这种亏心事！”秉钺离开后很久没回来，我心神不定，睡不着觉，就走出帐房，听到士兵低声急促的说话声。我又担心他们对我不利，就急忙走进帐房，手持短刀，拥被而坐。过了很久，讲话的声音停止了，我也疲倦至极睡着了。

第二天，我们撤去帐篷后出发，大家都没说话。我刚在庆幸自己的劝告起了作用，大家已放弃劫杀喇嘛的念头，孰不知大约走了三四里后，忽然见谢海舞等六人向山边跑去，凭借土坎掩护，向着喇嘛猛烈射击。接着，后面的枪声也响起来了。当时喇嘛骑着骆驼在前面走，我和西原在最后面，士兵们在中间。喇嘛听见枪声，回过头大声地问我怎么回事，我害怕得答不上来。喇嘛就在骆驼鞍袋里取出十三响的连枪，朝着山边还击，他的随从也随即取出枪射击。他们的枪都已装好子弹，似乎早已做好准备。一时间，枪声大作，喇嘛被击中两弹，当即倒在地上死了，之后又有两个随从被打死。其余四个人用鞭子猛抽骆驼飞奔逃走，眨眼就不见踪影，其余的骆驼也跟着跑走了，仅有我和西原所骑的骆驼还在。喇嘛所有行李财物也随骆驼走了，喇嘛许诺送给我们二包糌粑，我们也得不到了。到了这个地步，实在是痛心啊！

这场战斗，仅仅缴获十三响连枪一支，而谢海舞等六人身负重伤，躺在地上痛苦地呻吟。于是，大家都坐在地上面面相觑，没有说一句话。我生气地说："怎么不继续追?"大家仍然默不作声，只是埋头叹息，想不出什么好办法，只得在山边宿营了。我责备秉钺没有制止他们，才造成这样惨烈的后果，结果什么都没有得到。自从兴武前去探路后，袍哥组织均交给秉钺负责。秉钺说："大家已经决定了，我也不敢多讲，也不便向你汇报。"我详细询问受伤人员的情况，结果都是昨天主张劫杀喇嘛最坚决、最激烈的人。我想，真是苍天有眼，不会让心术不正的人逃脱。

那天我们没有粮食了，只得把西原所骑的骆驼杀了分食，剩下的肉堆积在山沟里，晚上又被一群狼拖走了。当天晚上，只听到受伤的士兵整夜痛苦地哀嚎，还听到有人大声呼救，大家都颓废萎靡地睡着，不愿意起身。第二天，我起来查看，发现有两名伤兵在晚上被狼吃了，仅剩下一些残骸。

我们从江达出发时，有一百一十五人，除沿路死亡的及前去探路无音讯的兴武等十人外，如今还活着的只有耒阳人纪秉钺，云南人赵廷芳，贵州人滕学清，龙山人胡玉林，溆浦人陈学文、舒百川，乾城人曾纪仲，共七人而已。大家商量后，决定还是向前走。临走的时候还有四个受伤的士兵，其中一个受伤较轻的，就柱着拐棍同行，有两个气息微弱，即将死去，惟有谢海舞在地上翻来覆去，大声哭喊着："你们把我丢下就走了，怎忍心叫我死在这里?"大家只顾向前走，没有理会。他又大声地呼喊："你们既然不救我，我也忍受不了这样的折磨，何不给我一枪，让我快点解脱。"曾纪仲心中不忍而答应他说："好。"我急忙大声地喊道："杨兴武等人已先走了很久，怎知他们不会带来粮食、马匹来迎接我们?何况我们患难相从走到这里，怎么忍心自相残杀呀!”因为我虽然庆幸他没有在事发时死去，但也很希望他慢点死，受到作恶的报应。这时，大家都十分痛恨他为首挑起祸端，异口同声地嘲笑说：“你稍许等待，即刻就会有马匹来迎接的。”说完，我们就出发上路了。我们走了几里路，还可听见他悲呼救命的声音。

自从劫杀蒙古喇嘛以后，我们就没有了粮食，又迷失了道路，因为人员减少，捕猎更加艰难。大家困顿于路上，相互埋怨，每天走三四十里就宿营休息。这样走了七八天，沿路都是草地，小山坡比较多，只能捕获一些野兔、野羊来充饥。有一天，马夫张敏在路旁捡到一只死羊，大概是狼吃剩下来的，因为只剩一截头颈，大家分着吃，味道也很好。这时，已经很多天没降雪了，口渴了只得敲一块冰放在口里咀嚼。如此走了几天，碰见一头野羊跛着脚在沟中行走，大家捕获了这头羊，就在沟中宿营，共享美味，这也是十多天来的第一顿饱餐。西原取回已被丢弃的肠子、肚子，去掉秽物后，放进嘴里细细地嚼，对我说：“这个味道很好，可以吃。”我接过一些，细细地嚼了一下，也觉得非常脆甜，几乎把肠肚吃完了。晚间宿下后，肚子十分饥饿，又去吃剩下的肠肚。刚吃下去，只觉得满嘴黏糊糊的，用手一擦，才知道是没有清理干净的粪便。

又走了两天，忽然遇上大雪，冰风刺骨，大家更加疲惫，途中不但没有见到野牛、野骡，就连野兔也躲进土洞不出来了。我们支撑着勉强走了二十多里，才见到一座小山坡，可以稍微避一下大风，于是我们就在山边宿营。大家饥饿难耐，我就将自己骑的骆驼杀了分给大家吃。饱餐一顿后，还剩有很多肉，就派六个人轮流值班保护，防止野狼抢食，到了深夜，竟然还是被狼群拖走了两腿。看守的士兵赶上去抢夺，狼衔着不松口，士兵拉着不松手，拉来扯去地僵持着。大家听见了呼喊声，一齐赶来，开枪吓狼，但狼还是衔去了一条腿。过了一会儿，又来了十多条狼。这时，大家都拿着枪守在这里，一起开枪，那群狼才慢慢地离去；走了不远，仍站在山头上回头张望，似乎不甘心这样离开。由于大家十分疲乏，也不能去追赶它们了。

有一天晚上，我上山方便，距离住宿的地方只有一二十步远。西原持枪陪我一道去，忽然看见一团黑影在爬动，仔细一看，才发现是一只狼。西原大声吼它，狼仍然不动，直到西原开枪射击才转身逃跑。我们在这里停留了七天，狼群日夜都在周围活动，大家也日夜严防，如临大敌，不敢稍有疏忽。那几天连续下大雪，不能外出打猎 ，储存的肉已经不多了。大家商议后认为，困守在这里没有什么好处，决定次日冒雪前进。第二天早晨起来，雪停天晴，大家鼓起勇气前进。我因为休息了好几天，体力有所恢复，也能够健步如飞。

走了两天后，刚通过一个山沟，忽然看到前面地势开阔平坦，一望无际。再向前走一里多路，顺着平缓的地面往下走去，便见地上不时出现隐隐约约的牛马脚印，我惊异于地形景物的变化，就叫大家停下脚步仔细观察。

这时，太阳当空，天气很好，我们发现向东北方向的脚印很多，西北方向也隐隐约约有一条路。我回忆起蒙古喇嘛的话，就决定向西北走，大家也同意。走了七八里后，忽然看到前面有一块平地，细草柔嫩浓密，绿油油的，令人怜爱。旁边有一座小山，山前面有一条小溪，浅而清澈，流动时发出细碎的声音，溪面宽约两丈，水深不过二三尺，溪对岸的矮树林和人差不多高，这也是我们进入沙漠以来第一次见到这种景色。平地上有几处石堆，都有被烟薰火烤过的痕迹，好像是曾用来架锅做饭的。大家见了这些都十分欣喜，知道这里距离有人烟的地方不远了。虽然才下午两点，我们仍然决定在此宿营。

这里山青水秀，不再像之前的沙漠那样一片荒凉，大家也振作精神，趁天气晴朗进山打猎。没去多久，就猎获了两头肥壮的野羊，大家饱餐了一顿。太阳快下山了，可胡玉林还没回来。玉林素来身强力壮，双脚又没有伤，大家疑惑为什么天快黑了他还不回来，都很担心。玉林十分淳朴厚道，特别是手脚勤快，能吃苦耐劳。自从我们进入沙漠以来，每到住宿的地方，他都抢着去掘冰块、找石头、捡兽粪、宰割兽肉，始终任劳任怨，所以大家都喜欢他。这时，见他还未回来，都不忍心弃他而去。大家决定，明天在这里休息一天，分头去寻找。第二天，大家找了很久都未找到，怀疑他一个人在外野宿被狼吃了，众人只能相对叹息。

次日一早起来，大家认为这里一定距人居之地不远了，应该快点赶路。我心里默默地想，玉林虽然失踪，但未必就死了，倘若我们一走，他即使活着也难免一死。因此，内心惆怅不愿离开，但又没有好办法。正在犹豫时，大家又再三催促我动身，我猛然想起前天在分路的地方，还似乎看见玉林在后面跟着，相距不过二三里，或许是他误向东北方去了，走错了路。昨天大家虽四处寻找，但由于都很疲倦，恐怕也不会走太远去找，所以没找到。不过，玉林虽然走错了路，但也不会走得很远。这个地方既然有小山，若在山顶上鸣枪，枪声可以传至一二十里以外，玉林听见枪声，知道我们在这儿，一定会赶来。他若赶来，我们在山头上就可以看见。万一鸣枪很久以后仍然看不到他来，那他就一定被狼吃了，到时候我们再离开，内心也不会感到愧疚了。我把这个想法告诉大家，并且约好每人打十枪，鸣枪一个小时后不见他就出发。大家听了，勉强表示同意。

大家持枪登上山顶，我也跟着去了。大家举枪齐射，顿时枪声大作，响彻远近。枪声停止后，大家睁大眼睛四处眺望，大约过了十多分钟，果然看见有人骑马向我们飞奔而来，靠近后才看清是一个藏民抱着玉林坐在马上。大家见了，高兴得跳跃欢呼。玉林兴奋地跳下马，笑着同大家互致问候。

玉林说："我前天因脚痛走得较慢。开始还看到你们在前面走，我使劲赶，却总是赶不上，于是离你们越来越远，后来竟然看不到了。我往前走了很远，忽然看见山边有烟火，误以为你们在那里。我就使出全身力气艰难地走去，结果看见有四位藏族猎人坐在帐篷里熬茶。我顿时大吃一惊，以为是蒙古喇嘛的随从，自思命该没有了。猎人刚见到我时也很惊讶，后来见我是一个人，就请我进帐篷内坐。由于彼此言语不通，只能以手势表达意思。猎人知道我迷了路，且十分饥渴，就以面食和牛羊肉招待我，我已经在他们帐篷内饱饱地吃了三顿了。但不知你们在哪里，又不敢贸然出发，正在忧虑，便听见一阵枪声，猎人很惊疑。我知道是你们出猎到这里，就用手势告诉他们，然后一同骑马来，果然与你们相会了。"说完，大家既庆幸玉林能够活着回来，又庆幸有猎人作向导，都开心得不得了。

自蒙古喇嘛死了以后，我们在沙漠中迷了路，数度粮绝，几乎没有生还的希望。没有想到中流一壶，遇上了猎人，解救我们于迷途之中，真可说是苍天庇佑了。可是，若不是我因怜悯之心而想到这个办法，恐怕也不会有这个意料之外的好机缘。真是"铜山西崩，洛钟东应"，事物互相感应就像声影一样迅捷，也是十分奇妙啊！

第十一章　至柴达木

为了感谢藏民对玉林的厚待，我们送给他十元藏币，他十分高兴，再三表示感谢。他把伙伴找来，并带来了毡帐、牲畜和猎物，就地支起帐篷，做面食和牛羊肉来招待我们。他们的猎品中，有许多猞猁猻皮、狐皮、羚羊角，还有挂面、酥油、奶饼、牛羊肉等各种食品。挂面颜色白净，质地优良，听说是从西宁买来的。他们将面和牛羊肉和在一起蒸煮后给我们吃，十分鲜美可口，味道无以伦比。只是因为我们很久没有吃盐，现在吃有盐的食品，反而觉得喉咙干涩，咽不下去，所以面和肉仍没放盐。我们风餐露宿已经四个多月了，突然吃上面食，又住在帐篷里，就像过上了神仙的日子，不仅觉得藜草和豆叶胜过山珍海味，而且把刚认识的藏民当成亲朋旧友了。

这时，大家都身体虚弱，十分疲惫，就向藏民租牛乘行。青色的小牛，体格不大，却很有力气，与内地的小黄牛一样。我们不懂青海话，就用手势表示，谈了很久才达成协议：每头牛收银八两，并且由他们负责每天供应饲料。我们欣然同意，并先预付了五十元藏币。从这里出发到柴达木，还有十五天的行程。

第二天清晨出发，藏民们骑着牛在前面带路，我们骑着青牛跟着走，晚上就住在毡帐里，食物供应也很丰厚，大家都十分高兴。一路上过了二十多条河流，都没有桥梁和渡船，有的地方越走水越深，陆地上也没有明显的道路，假若没有路熟的藏民在前引路，我们根本不可能顺利前进。不然双脚冻坏了，一沾上生水，便肿痛不能走路，后果不堪设想。沿途树木郁郁葱葱，有一丈多高，道路蜿蜒曲折，很难辨认清楚。有时，要穿过森林，有时，又要渡过河流。气候虽然十分寒冷，但是四周景色清秀幽静，因此大家心情舒畅，放开缰绳任凭青牛徐徐前行。我们走了十六天到达柴达木，那里有无数蒙古包散布在广阔的平地上，居民也很多，真像内地的集市。

柴达木译音为“柴丹”，以往是青海王室的驻地，是内外蒙古和新疆进入西藏的重要道路。清代初期，岳钟琪就是在这里打败了罗卜藏丹津的十多万军队。由哈喇乌苏向北走有三条道路，中、东两条路可到达西宁，西边一条路先到柴达木，再往东走一千里左右才到西宁。西道绕行太远，并且要经过酱通大沙漠，几千里路无人烟，行走十分艰苦。中道气候恶劣，经常有瘴疫流行，史上魏、唐北伐，都因遇到瘴疫无法前进而返。东道则有石堡城，那是自然形成的一个险要之地，所以吐蕃王朝就依仗这个天险经常袭扰内地。各种史料都描述了这里的雄奇艰险，不过以我的亲身经历来看，此地比史料记载的更加险峻。

从柴达木到青海西宁有五百多里路，其中要经过三百多里的盐淖（含盐沼泽），需要改骑骆驼。于是，我们就在这儿小住了几天。第二天遇到一个喇嘛，我们相见后感到十分亲切。他说自己是甘肃北边大通人，在这个地方做喇嘛已经十年了，附近的藏民经常请他去诵经拜佛。当他知道我们都是汉族人，刚从西藏回来，就极度称赞达赖和班禅是天生的活菩萨。我实在是一点都不了解，姑且以托辞回应。喇嘛兴致颇高，邀请我去他住处喝酒，我就和西原一同去他所住的蒙古包。他请我俩坐下后，就送上奶茶糖饼，还宰杀肥羊，我无论怎样也劝阻不了他的热情。只见他解去外面的衣服，亲自动手，只用了一会儿工夫就把熟肉和面食送上来了。我尝了一下，味道极好。他又端上一碟我平日极喜欢的蒜辣。由于很久没有吃到这样美味可口的食物，因此吃得特别多。我十分感谢主人家的殷勤招待，也忘记了北来一路的饥饿疲倦。

第二天，我们又在此休息一天，购买了面食，并雇骆驼代步。喇嘛又带来一个丹噶尔厅的商人，他也是汉族人，很早就在这儿做生意。喇嘛说："这位先生明天要回丹噶尔，可以同你们一路走，不须另找向导带路了。"这个人姓周，别号瑶青，四十多岁，他说自己一直经商，往来青海已经二十多年了，对前面的道路十分熟悉。我听后大喜过望，约定次日早餐后会面出发。

第二天，我们正在进早餐时，喇嘛又特来送行，送给我一包蒜辣，我向他表示感谢后就告别上路。从这里向前走了四十里，就进入了盐淖之地，此处低湿泥泞，行走十分艰难。抬头四顾，只见平原茫茫无边，遍地生长着小草，既无人烟，也无牛马，更无河流。地上的土壤看起来似乎很坚硬实在，可是一脚踏下去就会下陷。我尝试用枪托插地，随手插进四五寸深，水跟着就冒上来了，所以经过盐淖地不骑骆驼是根本不行的。

盐淖地的水味咸而涩，含有毒素，不能饮用。但每走一两天总能找到淡水，有的来自盐淖中，有的出自大树旁，既找不到源头，也不见井眼，看起来与盐淖中的咸水没有什么区别，若不是经常来往于此的藏民不可能分辨得出来。所以凡是要路过这里的人，都必须用皮囊装满淡水，系在骆驼上带走。我看到和我们同行的藏民宰杀了两只羊，把肉去掉，用针线将羊皮缝合成一个皮囊，从咽喉部位灌水进去，装满水后带着，也十分方便。同行的商人说：“很久以前，回族人曾集中大量人马进攻青海，马陷在盐淖里，不能纵马急驰，结果大败而逃。而且有很多士兵误饮了咸水，回去就爆发了瘟疫，死亡几尽，未曾交战，就已损兵折将了。自从那次失败以后，他们再也不敢进犯青海了。”

我们走了五天才通过盐淖地，此后就是平坦的草地，沿路两旁的山也渐渐多了，道路仍蜿蜒曲折。有时，可以看到三五个蒙古包零散地架在山脚路旁。有一天，我们住在一座小喇嘛寺内，寺外有很多蒙古包，就像一个村庄。有很多甘肃商人在这里收购羊皮，藏民正拿着刀剖羊，他们身手轻快，在骨节空隙处运刀，只听见皮肉与骨头分离之声，大约一个小时，十多头羊全部剖解完毕，他们真有庖丁的神奇技术。

这里的居民都以游牧业为生，住的是帐篷，穿的是毛皮衣服，吃的是牛羊肉，出行骑骡马，逐水草而居，喜欢饮用马奶酒。假设一地没有了水草，他们就卷起帐篷到其他地方去，没有固定的住址，以拥有牛马数量的多少来判定贫富。富裕人家每一个帐篷，必定有牛羊骡马一千多头，贫穷的也有百余头，因为没有这么多的牛马就不能维持生活。

有一天，我们在路上见到一户居民搬迁，他们驱赶着数百头牛羊骡马，男女老幼都骑马、骡，粮食、衣物、锅帐、器皿都由牛马驮运，跟随着人走，无须驱赶。羊则三五成群，随地吃草，若是驱赶，就容易走散，若是听任不管，就边吃边走，速度极慢。年轻的当地姑娘袒露一边手臂，挥舞着长长的鞭子，慢慢地跟着它们走，不时地呼叫照料。还有十多条獒犬，身高三四尺，长得凶猛可怕，有时在前面走，有时在后跟着，随时监视着离群的羊，所以羊很怕它们。可是，犬来了羊就归队，犬离开羊又走出羊群，可见羊生性贪玩。

自从走进盐淖以后，就看不到野牛、野骡的踪迹了。有时，可见到成群的麋鹿在山上活动，见到人就逃跑。刚到青海西宁，山峦便渐渐多了起来，我们不断地涉过溪流。有一天，我们进入山谷，沿着溪流走，见一群鹿正在溪边饮水，它们发觉我们来了，就飞一样奔上山巅，一下子就跑到几里高的山顶，大家开枪射击已来不及了。又前进了十多里，道路曲折复杂，之后就是一个大平地，平地上横亘着一条银白色的河流，初看河面像是结冰了。商人似乎知道我心中的疑问，马上解释说："这就是青盐海。"

海宽仅一里左右，但长得望不到边。商人都下马卸去行李，在海边支起帐篷宿营。我看时间还早，便问为什么不走，商人回答说："我们必须在这里取盐，明天才走。"我同他们到河边，见冰层有几尺厚，坚硬得像石头一样。我们走进青盐海中，听见冰层下面有流水撞击的声音。我问："盐在什么地方？"商人说："吃完饭，你就会知道的。"我就同他们一同回到住的地方。

吃了晚饭后，商人们带着一条用皮革做的口袋和铁橛、铁杵走到海边。先用铁橛掘进冰层几寸深，再用铁杵凿洞，碎冰四溅，凿了很久，才凿成一个二三尺深的小孔，此时冰层已被贯穿，海水从冰眼中喷起几尺高。他们就用皮口袋罩在上面，用冰块压住四周，做完这些大家就回来了。我虽然看到了这个过程，但是仍然不知道盐在什么地方。

第二天，我一早就起来，随商人们去青盐海取盐。当我们走到时，只见昨天倒在地上的皮口袋，今天已经立起来了。将它推倒，发现皮口袋装满了像豆子大小的青盐，晶莹发光，颜色微青，这就是我们家乡药店里所卖的青盐了，它比精盐的味还要浓厚一些。这些天然出产的东西，经济又实用，如今弃置在这荒野里，实属可惜啊。

取好盐后，我们又出发，这时已经到了中午。这一天，我们走得不远，就住在蒙古包内，当地人待我们十分热情周到。还有穿汉族服装、讲汉话的商人听说我们是汉族人，又刚从西藏过来，便主动过来和我们打招呼，大家相谈甚欢。他们说："我们在这里已经很久了，到青海各地贩卖西宁的布匹、麦面、磁、铁器皿等，同时，收购皮革、鹿茸、麝香等土特产，很熟习这边的方言。"我们问前面的道路情况，他们回答的与周瑶卿所介绍的相同。分别时，他们赠我一听香烟，说："我素来不吸烟，这也是朋友送的，现转赠给先生。"我欢喜极了，就抽出一支来吸，吸后觉得头昏目眩受不了。大概是五个多月没吸香烟了，所以刚开始吸反觉得不适应。

我们又走了两天，沿路的居民渐渐地稠密起来，山峦也渐渐地多了。我们同商人结伴行走，一路谈笑风生，心情和精神愈发愉悦。我们走到一个地方住宿，这里有一百多户居民，散居在平原中，树木成林，清静幽雅，这也是走出荒漠后难得一见的景象。有一个老人前来见我们，他精神饱满，高大魁梧，带着五六个儿童。他自我介绍说是湖南湘阴人，已七十多岁了，年轻时跟随左宗棠出征，在新疆、甘肃一带征战，没有机会回乡，就在青海成家立业了，娶了当地的藏族女子为妻，生了儿子，儿子又生了孙子。我才知道，他所带的小孩都是他的孙子，旁边有个二十岁左右的青年，就是他的小儿子。由于他长期居住在青海，汉语已讲得不流利了，有些我还听不懂。他听说我们刚从西藏回来，又是老乡，因此谈得很高兴。

我向老人打听内地革命的情况，他只知道袁世凯做了大元帅，孙文是先锋，国号为“归命元年”。很显然，他也是道听途说的，而且将“民国”误称为“归命”了。谈话结束以后，他叫小儿子回家取来十多个鸡蛋送给我们。我也送给他四元藏币。他想多要点，便笑着说：“我想将这些钱分给孙子们，还少三元。”我听了后便如数给他，他于是高高兴兴地离去了。

第二天早晨，我们刚要出发时，他又亲自送来酒和肉，拉着我的手依依不舍。我问：“老人家，您哪一天回去？”他长长地叹息说：“家乡话都说不好，头发也白了，有的亲戚朋友已经死了，如今健在的老的老了，小的不认识，已有六十年没有联系，今天纵然变成白鹤飞回去，恐怕也物是人非。我的儿孙都在这里，相依为命。先生问我什么时候回去，我想已是不可能回去了！”说罢，我俩只能长长地叹息告别。

同老人分别以后，我们就沿着山谷走。在路上，商人兴奋地高唱秦腔，曲调慷慨激昂，在山谷中缭绕不停，这就是民间所说的梆子戏了。我们长久以来听的都是塞外之音，今天忽然听到内地的戏曲，不禁觉得心胸开阔、精神舒畅。古人说音乐能陶冶人的性情，确实如此啊！

我们在山谷中走了很久，见到一条宽六七尺的小沟，流水潺潺，有很多鱼在水中游来游去，大都有一二尺长，身圆体肥。大家下马用刀刺，抓了四五条，挂在骆驼上，宿营的时候煮着吃。由于既无豆酱，又无葱、辣椒，我和西原吃得很少，基本上只吃羊肉。其余的人吃了很多鱼，到了半夜，他们都呕吐不止，弄得地上到处都是。第二天早晨没走多远，我也略有呕吐，而西原竟然平安无事。我想，难道是因为鱼有毒不可以吃，所以才繁殖得那样多？或者因为鱼是吃人尸长大的，所以腥膻不可以吃？后来到了西宁，我见到一个医生，向他请教青海的鱼为什么不能吃。医生说：“凡是鱼，没有不可以吃的，只有‘鲲鲕’有毒，误吃了就会呕吐，先生没有听说过‘鱼禁鲲鲕’吗？”我才想起大家贪图味美，误吃了“鲲鲕”。从那以后我就不吃鱼了，至今已有四年。

第二天早晨起来，商人说：“今天就可以到青海了。”大家听后高兴极了，立即出发。开始在谷地走，不久就走入山沟中，走出山沟，就见到一个大平原。平原尽头是一个大海，烟波浩渺，横无际涯。商人说：“这就是青海了。”我们就在岸边住宿。我向商人仔细打听青海的风物景况，他说：“此海回环大约有两千多里，沿岸住着很多藏族百姓。海中间有两个岛，有五六百户居民，岛上盛产麝香、鹿茸，海里面出产鱼虾和发菜。每年农历九月海水结冰，人们就踏冰往来。到了五月间冰融雪消，由于没有舟船，也就没有人来往了。岛上有很多喇嘛，还有会异术的僧人。凡是要游览青海山岛的人，往往要带足一年的粮食，住一年才回去。”讲完以后，我就邀他走至岸边眺望。只见烟霞濛濛，水波荡漾，水天一色，无边无际，比洞庭、鄱阳等湖还要大。湖水都是四周高山冰雪融化后形成的，汇聚而不流动。这时，有同我们一道来观海的当地人，我问他们：“你们曾去过海岛游览吗？”他们说：“我们这里只有喇嘛去过那里。我们只知道这海非常宽广，骑马绕一圈需要二十八天，你就知道它有多大了！近来，在海的北边虽然修了多个夹坝，但也很少有行人。”

第二天，我们沿着海岸向南走，两天就到了海的尽头，再沿山冈前进。连续经过多个小山，走到一个地方，看到路左边一个小土山上有城墙，大约有一里左右，多半已经倒塌，但房屋的旧址还依稀可见。商人指着说：“这里就是某协（清军编制单位）驻扎的城池，好像是‘阜和协’，但由于时间过去很久，已记不清了。城内驻扎士兵千人，二十年前当地人起来造反，一个晚上士兵全被杀了。”

我们又往前走了很远，沿途有很多居民房舍和喇嘛寺，呈现出繁荣气象。这一天，我们就住在喇嘛寺外的民房里，食物充足。这里的居民很多都能讲汉语，我不像从前因无人聊天而感到寂寞了。我碰见一个能说一口流利汉语的当地人，同他谈起内地革命的事情，他只知道已经建立了新朝，而不知道是推翻帝制建立了共和国。

第二天，我们继续前进，走了十多里，我没看到张敏和藏娃跟上来，大家也不知道是什么原因。又走了几里，还是不见他俩追上。有人说：“昨晚他俩去喇嘛寺，与一个喇嘛谈了很久，夜深了都未见回来，必定是留在喇嘛寺不走了。”我听了后，禁不住叹气惋惜，既感念一起奔走万里，出生入死，今朝骤然别离，实觉心痛，又觉得他俩终究是藏族人，恐怕也很难适应与汉人一起生活，倘若得到喇嘛挽留在这里生活下去，也未尝不为他们找到归宿而感到欣慰。

从喇嘛寺出发，向前走了三十里就到了日月山。这座山高不过三四十丈，横亘在道路中间，山的北面有少量耕地，商人说：“这些土地曾经开垦过多次，都因为气候寒冷没有收获，就任其荒芜了。”我登上山顶眺望内地，只见遍地桑麻，人烟稠密，房舍鳞次栉比，行人往来如织。我们过了青海，就觉得气候逐渐暖和起来，冰雪在慢慢地消失。如今，刚刚过了日月山，更感觉天地顿时开阔明朗，好像到了另一个世界。居民都身着宽袍大袖的衣服，头戴斗笠，骑着黑驴，宛如古人的衣着打扮。当地人说“过了日月山，又是一重天”，这话一点不假。我们下山后又走了二十里，就住宿了。

第二天刚亮，我们又出发了。沿路都是汉族人，两旁屋宇较多，人也不少，有做买卖的，有在地里耕作的，还可以看到乡间的私塾学校，听到小孩们高声朗读课文的声音。看见这些景像，我心里十分高兴。在路上走了两天，到了丹噶尔厅，就是后来的湟源县，我们就找了一个旅店住下来。

第十二章　丹噶尔厅至兰州

我从江达出发是冬月十一日，到达丹噶尔厅已是第二年的六月二十四日了，长途行军历时一百九十三天。衣服长期没换洗，都变成了红褐色；头发板结成块，只能剃去，并不是因为改朝换代而剪去的；胡子有半寸长，也并不是因为年老而留蓄的，而是长时间没地方剃。幸好西北边疆出奇的寒冷，还没有汗臭。可是，我们以前闻到酥酪的气味觉得很香，现在却觉得腥臭，不愿意再闻了。我们几个人的这般模样，吸引了很多人来旅店询问围观。我们自己也觉得形象丑陋，于是立即洗澡更衣，去市场购买新衣服。

当地民风朴素，他们认为我们是南方人，又刚从西藏归来，妇女们一个传一个前来围观，商人们对我们肃然起敬。就像苏武返回汉朝、令威回归辽国，我们感慨世事变化巨大，而这里的人们却对我们的经历感到新鲜奇异，我当时真有点说不出的伤感。我们到商店买东西，商店老板都站起身以表敬意，并且以水果糕饼招待我们，让我们务必吃饱。

第二天早晨起来后，我走进一家布店，受到了店老板真情厚意的款待。他将我引进一个房间，土炕上铺着芦席，请我坐在炕上，又端来一个长方形的小木匣子，匣子分为很多小方格，分别放置着水烟袋、鸦片烟灯、酒壶、酒杯、棉烟、火柴、烟杆，他先给我敬酒，再将木匣子递给我。我接过后，略微吸了一口水烟，即将木匣子放在炕上，店老板仍殷情相劝，让我吸食鸦片。大概这个地方没有一家没有吸烟工具，也没有一个成年人不吸鸦片。

为了买布料做衣服，我们要在此地停留一个星期，闲暇时间比较多，我就注意观察了解当地的风土人情。经过询问，知道这条街的东西两头都是汉族人，其他地方都是各民族杂居。此地民风原始质朴，妇女还在缠足，双脚不到三寸，服饰古老，文化落后。旅店旁有一所私塾，我曾看到一个学生因背不出课文，被私塾老师罚跪，私塾老师将一个草圈罩在他头上，还频频加上砖石，让他跪着诵读。我看到后十分吃惊。

我住的这家旅店的老板已经六十多岁，是个满头白发的老年人。有一天，他穿着整齐去欢送一个厅官，回家后对家里人说："厅官哭得十分伤心，我们送别的人也不禁流泪。"我问其原因，店老板说：

"这位厅官年过六十，没有纳妾，夫妇相敬如宾，仅有一个儿子，上任时儿子只有十五六岁。他在这里当厅官两年多，儿子就在兰州中学读书，学校放寒假，厅官就派仆人去接。走到离城十五里的地方，仆人鸦片烟瘾犯了，就进店吸烟。公子在外面等了很久，由于归心似箭，未等仆人出来就单骑先走了。仆人出来后没看到公子，就快马加鞭回到衙门。厅官夫妇以为仆人接儿子回来了，高兴极了。他俩喊儿子，没有回音，就问仆人，仆人遮遮掩掩地说：'进城后，公子就先走了。'厅官夫妇听后，就派人四出寻找，但找遍了全城都未见到，才怀疑仆人说谎。他们责问仆人，仆人不敢说出实情。仆人素来忠实可靠，跟随厅官夫妇多年，他们知道仆人未说出隐情，就悬赏重金派差役暗查，但是好多天都没有音信。厅官夫妇日夜以泪洗面，并求神拜佛，祈求公子能平安回家。被派出查访的差役搜遍各处也没得到任何线索，又怕厅官追责，就到离城十里的寺庙求佛，祈求菩萨指点。差役爬山到寺庙后十分疲倦，就靠在神案后边打盹儿。过了一会儿，听到有人前来拜佛，开始没觉得有什么异常，后来听到拜佛人自言自语，似乎在忏悔。差役仔细听，才发现此人就是杀害公子的凶手。但差役担心自己一个人擒拿不住此人，就急忙从侧门溜出去，走到大路旁边，刚好碰到几个熟人，就把这个情况告诉他们。他们一同上山，将凶手拘捕。凶手被押解到衙门后，经过严刑逼供，如实交待了犯罪经过。

原来，罪犯是青海来的盗贼，他探知有一位富商年终去西宁收账归来，这天要从山下经过。他就邀集几个同党躲在半山的乱石堆里面，并搬来几个大石头，准备在富商经过时就推下石头，伤人夺财。山右边是悬崖峭壁，左边是一条河，仅有一条羊肠小道是往来行人必经之路。他们没等多久，果然看见一个人骑马疾驰而来，那马与富商的坐骑毛色相似，于是他们就把石头推下去砸死了那人。可是，搜遍死者的口袋也只有几本书，没见其他东西，再看他的相貌，又是一个翩翩少年，不是商人。发现杀错了人，他们大惊失色，就将尸体掩埋在石洞里面。知道误伤人命，他心里很后悔，这里的人信佛，于是他就上山去庙里拜佛乞求平安，根本没有想到抓捕他的人就睡在旁边。

厅官既悲痛自己的儿子惨死，又看到清朝走向覆亡，遂决定辞官归家，安度天年。这里的人因为厅官清正廉洁、仁慈厚道，所以都出来给他送行，沿路燃放炮火，一直送到郊外，最后大家流着泪告别。厅官只看到儿子出门，而没看到儿子回来，所以痛哭流涕，并非仅仅是为我们这些送他的老百姓流泪。”

店老板说完后一再叹息，我也感叹了很久。我认真地想了一下事件始末，冥冥中似乎是苍天有意安排的。清廉官吏的儿子横遭惨杀，这样看来似乎没有天理，但从厅官夫妇精诚感动上苍、差役虔诚祈祷而迅速找到盗贼来看，又像是有神灵在起作用。悲痛和仇恨交织在一起，害别人的人反过来也会害了自己。事实证明，多做善事的人会得到吉利，惯做坏事的人必然遭到灾祸，冥冥之中，自有天道，我们能不敬畏吗？

我们在丹噶尔厅住了七天，购置了衣服和日用物件以后，就乘骡车向西宁前进。沿途道路平坦，大约走了九十里，就到达了西宁。这里的城楼戒备森严，商店一家连着一家，行人摩肩接踵。在清代，西宁除设有总兵衙门外，还有道、府、县各级衙门，青海办事大臣的官署也设置于此，所以西宁是边疆的一个重要城镇。车夫引导我们住进一家旅店，听到店内各种管弦乐器声此起彼伏，其中还夹杂着参差不齐的歌声。我问店老板后知道，原来有一个剧团住在这里。旅店虽然很简陋，但店主接待照顾却热情周到，他知道我们是军人，带有枪支弹药，又是从边疆来这里的，对我们更加尊重客气。我们久在旅途，忽然听到管弦宛转清丽之音，兴致倍增。

第二天早晨，我刚起床，忽听说有客人来了。我很诧异地走出去迎接，见一人昂头挺胸走了进来，就势坐在炕上，十分傲慢，又看见很多武装士兵站在门外。他询问了我很久，才和颜悦色地说：“这里正在戒严，先生等人携带武器至此，为什么不向官厅申报登记？”我说：“昨天到这里时间已经不早了，没来得及办理。”我问清了此人的情况。他姓颜，湖南长沙人，现在担任城防营营长。他知道我们的来历后，又加上和我是老乡，才开始嘘寒问暖、随意交谈。忽然听说西宁陈某又来了，一见面就对我严加责问，我的回答仍同前面一样，又将所持枪弹交付予他。陈某接收毕，颜营长又在旁说明我们的来历，他的脸色才和缓，对我说："先生不讲清缘由，我差点误会了。"于是，他约我同去镇署衙门拜见张镇军。

张镇军在镇署大厅接见我，我详细讲述了援藏离藏的经过，以及路迷粮绝、士兵死亡的情况，慷慨激昂地谈了一个小时左右。张镇军听了，赞扬我们坚苦卓绝的精神，就请我坐下。他又详细询问了一些情况，也长长叹息道："我是安徽人，在这里为官已经三年了，什么东西也没得到。如今形势大变，我一家三十多口人想回去却回不了。现在正值国家多难，像先生这样的英才一定会有飞黄腾达的时候。如今，你回家没有旅费，我一定想办法为你筹措，请不要忧虑。"我表示感谢后就告辞出来，回了旅店。西原在旅店见我出去很久没有回来，害怕又出了什么事故，急得快要哭了，见我安全回到店里，才抹下鼻涕眼泪笑了起来。

不久，颜先生又来了，我俩谈起在西藏的经过，都深深地叹息。他又约我到知府衙门去见陈太守，汇报西藏兵变情况。陈太守听了后，问我："你在四川时，是否认识陈宧？"我说："陈宧就是二庵先生，我到四川时听说他已跟随大帅锡良去了云南。"颜说："二庵先生就是太守的嫡亲侄儿。"陈太守又说："先生南归一行七八个人，路上需要不少旅费。刚才，张镇军很赞赏你的才能，我俩商量后，计划写一份公文，将你推荐给甘肃总督赵惟熙。赵公喜爱有才能的人士，假若他接见了你，必然会有重用。先生也不要急着回南方去了。"我一再表示感谢。

我们在西宁住了三天才出发，我把随从滕学清、赵廷芳推荐到颜营长那里。张镇军、陈太守、颜营长等人送了我八十两银子，张镇军还派他的外甥孔某带着公文同我一道去兰州。我们乘坐骡车，走了六天才到兰州，住在炭市街旅店，店老板是山西太原人。我刚放下行李，看见店老板和店员在一旁轻声议论，神情很紧张。不久，就看到十多名武装士兵进来了，他们将马系在马柱子上，挨个检查客房，并高声问："这是谁的行李，为什么不收捡好？"还将行李一件一件地扔在庭院中。店老板见了，就请其中一个像头目的人走进房间，两人谈了一阵后才走出来。我隐约听到店老板对那个头目说："这一点小意思，请您包涵。"

没过多久，武装士兵都牵马离开了，店老板这才转身向旅客道歉。我惊诧地追问原因，店老板说："这是马司令从甘肃带来的马队，其士卒都凶狠暴戾，刚才送了二两银子才离开。他们借清查店内旅客之名，沿街索要钱财。每年都要来一两次，我们被他们害苦了。"我听了以后，只能不停地感慨叹息。

第二天，孔先生来约我同去总督衙门拜见赵总督。到了总督衙门，赵总督立即接见了我。他的态度和蔼亲切，我把西藏的情况和离藏经过讲完以后，赵督也再三感叹惋惜，并引用《孟子》"天降大任"一章来勉励我。他还说："近来接到四川来电说，达赖已调集大军包围拉萨，我军在万里以外孤军作战，内地支援很不容易。倘若再拖延时间，粮食与弹药都将耗尽，那时就更危险了。昨天，中央已给四川、云南、甘肃三省发了电报，命令积极筹备援藏事宜。这个事情做起来特别不容易，先生若能在这里稍等几天，一定有用武之地。"我听了以后，当即表示愿意效力，听从调遣。说完就告辞回店。

去年，我从工布回到江达，就不知周逊去了哪里，杨兴武等人曾四出寻找也没有结果，有人说他已经去昌都了。我到达兰州后不久，听说周逊也来了，我派人到处找都没找到。又过了几天，我会见督署衙门的巡捕胡立生先生，也是长沙人，他对我说："你的一位同乡周先生向督署衙门控告了你。"我感到很奇怪，后来仔细想了一下，这位周先生一定是周逊。因此，我与胡去总督衙门了解情况，发现果然是周逊，他说罗长裿被杀是我主使的。于是，我就去求见赵总督，详细地讲述了罗长裿被杀的始末。赵督说："在兵变骚乱之时，人的性命就像泥沙一样低贱，哪能把一件件命案理清楚？"他就嘱咐办事人员，召集在甘肃的湖南人出面调解。

第二天，十多个湖南老乡都到了会馆，周逊也来了。我向大家详细讲述了罗长裿被杀的经过，并且责问周逊："罗公被杀害，你有什么证据指认我是主谋？我们分别时，我解下自己身上的衣服给罗公穿，将自己的食物给罗公吃，这是你亲眼所见。半路上，他不肯与我们同行，也是你出的主意。为了罗公路上的安全，你在我部士兵中给他挑选卫兵。杀害罗公的人，是四川人赵本立，罗公被害的地方，离我的驻地德摩很远。罗公尚未捕杀哥老会的首领，西藏局势就发生了变化，罗公招致四川人的愤怒，造成了杀身之祸，这件事你也完全清楚，也是你们这些人促成的。你既误导、害死了罗公，如今又诬陷我，你怎么忍心做出这样的事？况且你进入西藏时只是一个普通士兵，后来由班长提升为文书，又推荐你在罗公身边工作，这是谁的功劳？"我一边数说一边责问。

周逊开始神色严肃，后来渐渐地感到惭愧脸色变红，只得勉强地挤出笑脸说："我呈递状文至总督署只是想讲述自己出藏的经过。我到这里时旅费已用光了，不能将罗公的遗骨送回乡，想借此请求赵督资助。"我指责他说："你没有旅费，为什么不同我商量，而诬陷我杀人？”周逊低下头默不作声。这时，大家在旁多方劝解，此事才勉强收场。

经过这件事，我在悲愤之余万念俱灰，原来的很多抱负都没有了，决定辞别赵督，返归湖南老家。赵督送我五十两银子作路费，我就将这些钱分给纪秉钺等人作为回家的旅费，他们走后，我即带着西原乘车南归。从此，我俩白天赶路，晚上投宿，受尽了艰难困苦。

一天来到邠州，已是农历八月十四日，第二天就是中秋节，我们决定休息一天。我买了一点酒肉，与西原共度佳节。西原说：“口袋里的钱快要用完了，回家的路还很远，这样大手大脚，如何才能回家？”我回答说：“你讲得很对。不过手上的钱不够，到达西安后，还是要给家里写信求款，等到汇款来了，才能起行，你不用担心！”我俩正在讲话的时候，忽然来了一位军官，他自我介绍说：“我姓乔，昨天我查阅旅店住宿登记簿，知道先生是从丹噶尔厅来的。我是丹噶尔厅的人，特来拜访。先生在丹噶尔厅时，是否听说有个叫乔子丹的人被政府枪毙了？”我问是什么原故。乔先生说：“我也是因为革命的事情败露，才逃到这里。乔子丹就是我的哥哥，他当时被捕了。在我逃到兰州时，听说我哥哥已被杀害了。”我回答说：“我们在丹噶尔厅住的时间很短，也没听说这个事。”我讲完后，他就告辞走了。

晚上，又有个湖南老乡王兆庆先生来找我，他仔细询问了我的姓名、籍贯，然后对我说：“我就是王瑞林的同胞哥哥，到这里已经四年了。之前多次接到他的来信，说是跟随先生进藏，而且因为堂兄王朴卿的原因，先生对他特别好。可是，已经很久没有他的音信了。听说入藏的军队已被藏军围攻缴械，不少人惨遭杀害，不知消息是否属实。刚才听到乔排长说，我有同乡陈某才从西藏归来，我怀疑是先生，到了这里一问，果然是。”原来，他的弟弟王瑞林由四川随我进入西藏，并担任司书，西藏兵变后，随我离开西藏去青海，在行军途中不幸害病死了。我把实情告诉了他。王先生听到这个消息后，顿时悲痛得说不出话来。恰好我的桌上放着一个墨盒，是瑞林的遗物，盒盖上还镌刻有瑞林的名号，我就拿给王先生看。王先生睹物思人，不禁泪流满面，沾湿了衣襟。我又谈起离开西藏的经过以及之后的情况。他坐了很久才告别。不久，王先生又给我送来了酒肉糖饼，并对我说：“先生到西安，要等到家里汇款来了才能走。可是，如今西安正在戒严，若是住旅店日夜都要接受盘查。我有个同乡童观察在城内洪铺街有一栋大房子，现今空着无人居住，只有一个叫戚兰生的人在那里守房子。我为先生写封介绍信，先生可暂时寄居那里，既省钱又省事。”我当即表示感谢。王先生在桌子上写了一封信交给我，就告辞回家了。

我们第二天清早乘车出发，走了七天到达西安，径直去洪铺街童家住宅见了戚先生。他是湖南宁乡人，看信后，就留我住下，并且说：“东头屋都是空着的，先生可以自己选择。”我就住在最里面一栋，前三进有十间空房，已经很久无人居住了。我和西原粗略打扫了下房间，去购买了柴米油盐等，自己做饭吃。又马上给家里写信，要求快点汇款来。我们所住的房间偏僻幽静，每天我和西原相依为命，半步不离。

转眼间，又到了初冬，气候渐渐寒冷起来，本应添置冬天的衣服和御寒物品，可是钱快没有了，而家中汇款没有两个月到不了。久住西安，用度太大，实在不易。又过了二十多天，钱已用光了，西原说：“家中汇款还需要一段时间才能到，我俩不能饿着肚子等。现在迫不得已，何不将珊瑚山卖了？”这个珊瑚山在路上已经被压断了。此时，我也没有办法，只能同意将珊瑚山带到市场上售卖。我俩在市场上走了两天，竟然没有一个人问。后来，到一个古董店才卖得十二两银子。西原高兴地说："有这个钱，便可慢慢等家里汇款，无须受冻挨饿了！"

我在这里闲暇时间比较多，时常与戚先生闲谈。从他谈话中，我知道隔壁有位董禹麓先生，是湘西永顺人，长期在西安，现在担任某中学的校长，又兼任督署衙门的一等副官，为人慷慨豪侠、仗义疏财，深得同乡们的尊重和信任。第二天，我去他家拜访，没有碰上，只见到与他住同一栋房子的张慕尹先生。张是湘西麻阳人，同他交谈，我感到特别亲切融洽。没过多久，禹麓先生回来，请我到客厅坐，他深沉稳重，不爱言语，但精通中西文化，性情纯朴耿直，令我十分敬重。自此以后，我经常与慕尹来往，禹麓先生事情多，也无暇再见。

在西安住到冬月上旬，还未接到家里的来信，而钱又用完了。当时，我们仅剩一个望远镜，不得已又拿去卖了，只得六两银子。我十分焦急忧虑。我俩住的房间在最里面，每次外出，西原都要送我出门，然后坐在门前等候。

有一天，我回来稍迟一点，西原开门接我，我见她脸很红，就吃惊地问她怎么回事，她说："自你出门以后，我就发烧，头痛不止，本想去躺一下，又怕你回来无人开门，所以一直在这里等候。"这天晚上，西原躺在床上不能起身。第二天，她又不吃东西。我问她想吃点什么，她说："很想喝牛奶。"我就去市场买回新鲜牛奶给她喝，她只喝了一口，就不再喝了。我看到这种情况，就急忙去请医生。医生查问了病情后说："这是阴寒在体内引起的，最好用药清解。"可是，一副药未吃完，她身上忽然出现了天花。我见了大惊失色，想起往日在四川成都时，听说藏女在内地住的时间长了，没有不得天花而死的，一百个当中，一个生还的也没有。于是，我就急忙去咨询医生。医生说："无需太担心这个病。"医生给她另开了一个药方，但我始终不放心。从此，服药未见效果，病情却一天天恶化。

一天早晨醒来，她哭着对我说："我的命不长了！"我听后惊讶地问她为什么这样说，她说："昨天晚上，我梦到回到家里，母亲给我送上一杯糖水，又要我饮酒。我们的风俗，凡是梦见这个情景，就必死无疑。"说完后，她低声地哭了起来。我用多种方法安慰鼓励她，却始终劝解不了。

这天晚上，天花忽然枯陷了，变成紫黑色，我知道已经不可救了，只能暗自流泪。当晚四更，西原猛地把我叫醒，泣不成声地对我说："我不远万里跟着你，期望与你白头偕老，不料现在病得无药可治，我俩半路上就要永别了。但是，只要你能走出困境，我死了也没有遗憾了。家里的来信很快就要到了，希望你在回家的路上自己保重，不要挂念我。"她说完这些话后，长长地呼了一口气，便闭上了眼睛。那是冬月□□日。

我拥抚着她的身体痛哭，几次昏倒，后来勉强地站起来，查看了口袋里的钱，仅仅剩下票钱一千五百文了。眼看西原躺在床上，无法装殓安葬，我不禁又伤心地痛哭起来。我想如今已穷得无路可走，能够典卖的东西也没有了，即使简单收殓，花的钱也不会少。我在这里的熟人，只有董禹麓先生慷慨大方，愿意帮助人，我只得上门求援。

这时，东方渐白，天色微亮，我就开门出去，见天还未亮，这时去未免太莽撞了，又转身回来。当我看到西原无声无息长眠在床上，顿时觉得五脏六腑疼痛欲裂，禁不住又悲嚎起来。

过了一会儿，天色明亮了，我就急忙去禹麓家，敲了很久的门，才有人出来开门，来开门的正是禹麓先生。他看我匆忙慌张地上门，就请我进屋坐下，并问：“先生怎么来的这样早？”我吞吞吐吐很久才讲出实情。禹麓吃惊地问：“先生现有多少钱？”我还掩饰说：“只有五串钱。”禹麓听了，皱着眉头说：“像这样子，该怎么办?!”他略微沉思了一下，就起身走进房内。不久，他拿出一包银子给我，说：“这里大约有二三十两银子，可拿去作为丧葬费。”接着，又叫来他的亲戚罗渊波协助我办理丧事。我也来不及表示感谢，就同渊波急忙回去了。

在路上，渊波告诉我说：“禹麓实际上也没有钱，送给你的钱本是他的族弟卖羊所得，寄存在他这里的。”我只能答应着，也不知道如何表达感激。接着，渊波为我去市场上购买丧服、棺木，又雇请女工为西原洗澡换衣。我称了禹麓给我的银子，共计三十七两，可见禹麓先生仗义疏财的高尚品格。我还请了僧侣为西原诵经念佛。中午以后，装殓完毕，就暂时将棺木停放在城外雁塔寺内。我既为死去的人伤心，也为自己的遭遇悲痛，不禁抚棺痛哭，悲痛到了极点。

渊波想尽办法劝导安慰，我才强忍眼泪回来。当我走进室内，西原已不可复见，屋中冷清，帐中空空，苍天啊，为什么不怜悯我这苦心之人，使我一再遭受灾难，竟然困厄到了这个地步！想到这里，我又不禁放声大哭，直到眼泪流干，声音嘶哑。写到这里，我已肝肠寸断，这本书也从此搁笔了。

附　篇

（一）亡姬西原、琼林合葬墓志

夫人西原是西藏人。藏俗，没有姓氏，人们皆以名相称。夫人出生在凯浪，同我在德摩结婚，逝世于陕西西安，安葬在湖南凤凰。她是在与我结婚三年后去世的，死后十四年才得以安葬。她因长期劳累、忧伤患病，不治身亡。与她葬在一起的还有龙琼林，她也是我的夫人，去世于湖南保靖。她俩逝世时间虽不同，但如今同葬在一个墓地。

崇尚骑射，乃藏地习俗，西原能在疾驰的骏马上俯身拔起一尺高的木竿上的球，还能在百步之外射中靶心。清宣统二年（1910），我从军入藏，西原与我结婚，待我恭谨有礼。第二年，我作为策应之师在八浪登、纳衣当噶征战，在这两次战斗中，有赖西原的帮助，我才脱离危险。

辛亥革命时，我计划组织士兵在西藏响应，因为多种原因没有成功，便在十一月十一日率领士兵一百一十五人，携带两个月的粮食进入青海。进入戈壁后，却迷失了道路，眼望黄沙漫天，风雪呼啸，即使纠纠武夫也胆寒心惊，以为必死，惟独西原用豪言壮语来鼓励安慰大家。后来，粮食吃完了，只能杀掉马匹、烧掉行李，再后来连火种也没有了，只得生吃野牛、野羊。士兵们由于寒湿侵袭，死亡的人一天比一天多，而西原却独自肩披被褥拥我御寒。

有一天，我俩在行军中与大部队走散了，当晚睡在沙地上，饥饿与疲惫交加。西原从口袋中拿出仅剩的干肉给我，我分一半给她吃，她流着泪说："我不顾安危万里相随，你若饿死了，我孑然一身能去哪里？而且，这个世界不能没有你！"她坚持不吃。我听了这话后泣不成声，眼泪直流。

第二年的六月二十四日，我们终于走出荒野，到达兰州，同行的士兵死亡殆尽，活着回来的仅有七个人。九月份到达西安，西原因为长期劳累生病去世，时年仅十九岁。在生命垂危时，她还拉着我的手哭着说："只要你能够脱离困境，平安回家，我死了也就没有什么遗憾了。"如今想起来真是痛心啊！西原历经千辛万苦，能够面对令壮夫健男都胆寒却步的艰难险阻，从容不迫地保护我，而我却不能带她回家享受一天的安定生活。说到这里，我已肝肠寸断，说不出话了。

西原去世时，我正穷困潦倒，无法将其灵柩扶运回乡，只能暂时安放在西安城外的雁塔寺。十年后，我的挚友董禹麓先生将她的遗骨护送到保靖，当时我忙于军务无暇操办安葬事宜。又过了四年，才将她与琼林合葬在凤凰城西陈家墓地。

琼林去世时十七岁，她美丽柔顺却享年不永，所生的小孩也随之同去。为什么女人的寿命如此短暂，她俩都有同样悲惨的命运！我安葬好二位夫人后，就为她俩撰写墓志，以寄托郁结心中的悲伤，也是自伤衰老。置身于局势混乱的当下，我茫然不知归宿在哪里。如今我的西原、琼林已安然永睡在幽深的地宫里，虽然可悲，但也是可喜的。

（二）林修梅之雅谑

半年去四川拜见赵尔丰时，与我同行的有四人，戴德滋、黄汉章是我同乡，王邦吉是宁乡人，林修梅是临澧人。大家都是同学，又同乘一只船，船走得慢，彼此相交不深，话也很少。德滋喜欢安静，汉章比较固执任性，邦吉性情粗莽，只有修梅较为狡黠，有辨才，善以诙谐戏弄人。当时正值年终，汉章成天躺在被窝取暖，仅在吃饭时坐起来。

一天，有人请修梅讲个笑话来解闷。修梅说："我讲可以，但怕不太讨人喜欢，请大家不要怪罪，我才敢放开来说。"大家都表示同意。于是，修梅坐正了身子，不紧不慢地说：

水族中的蟹、虾、鲤、龟四个精怪拜老君为师，学了很多年道行，因为厌烦被约束，都苦苦企求离开。老君知道它们的道行不高，坚持不准。四个精怪再三恳求，老君就说："测试合格的才可以离开。"于是，就叫它们各自显露自己的本事。

蟹精就走上前去，张钳舞爪，左劈右刺，使尽了浑身解数。老君看后大喜道："你外黑里黄，上壳似天，下壳像地，给你赐个名号叫‘天地玄黄’，以使名实相符，修炼好法宝，你全身都是甲胄，无人能够抵挡。”蟹精听了很高兴，表示感谢后退下了。接着，虾精伸脚扬须，上窜下跳，体态轻盈，腿脚灵便。老君看了也嘉奖它说：“你身材小巧，上下跳跃，腾云驾雾，天庭水府你都可以随意来去，赐你个名号叫‘倬彼云汉’，因材施教，修炼好法宝，特立空中，坚定不摇。”虾精听了后表示感谢，高兴地退下了。鲤精则鼓动四翅，抖动胡须，昂头摆尾地上场。老君看到后说：“鲤鱼跃龙门时，需雷电烧其尾才可以变化成龙，但你现在的道行不深，还很难变化。不过你身上金鳞闪闪发光，极像锦绣上的花纹，顾名思义，也赐你个名号叫‘斐然成章’，修炼好法宝，遍体金光，偶尔碰上妖魔鬼怪，它们会认为你是天上的菩萨，就可以以假乱真了。”鲤精也表示感谢，高兴地退下。只有龟精缩着脑袋不愿上前，老君督促它应试，结果他一无所长，老君大发脾气，把它赶下去，也不给它法宝。龟精流着泪再三恳求，其他的三个精怪也帮它向老君求情。老君说：“既然你们同学情谊深厚，就应该每个人都分一件法宝给它。”于是，蟹分“黄”，虾分“汉”，鲤分“章”。老君就对龟精说：“你成天藏头缩颈躲在壳中，今天同学赠你法宝，我即赐你个名号叫‘黄汉章’吧。”

修梅说这话时，眼睛望着汉章并用手指着他。大家听了，都笑得前俯后仰。汉章听了大发脾气，顺手抓起装菜的盒子向修梅打去，虽没打中，但舱小人多，舱内都是卧具，菜盒子里的菜汁肉汤洒得满舱都是，我们的卧具都被弄脏了，大家不欢而散。

林修梅喜欢说笑话，张口说来即有妙味，且耐人寻味，但不知避讳，有如箭在弦上不得不发，致使好朋友间生出隔阂，也使旁人无故受害。古今一理，这与王渔洋和汪钝翁、李克用和朱全忠，因嘲讽戏谑而产生嫌隙一样。修梅心肠刻薄，性情执拗，待人不诚，我早就知道他不会成就什么大事业。汉章在民国十四年（1925）任里耶盐局办事员，正遇上龙山神兵造反，汉章夫妇躲避在乡下，因仇人举报，被神兵捉拿，夫妇俩同时被杀害。邦吉后来也失意潦倒而死，惟独德滋身体和名誉均很好。我回忆起过去的旧识相，不禁感慨万千！

（三）罗长裿死事经过

罗长裿被害有其原因，并且凶手赵本立等人仍在四川。最初，周逊向甘肃总督赵惟熙控告，说我是主谋，因为证据不足而撤销了。后来，周逊又恃护送罗长裿遗骨回乡的功劳，利用罗家有钱，将罗长裿十多岁的小儿子带到北京，向法院再次控告我。这个案件被法院搁置很久，后来他听说联豫在北京，就上门求助。当时，联豫非常痛恨钟颖，遂控告钟颖曾主使谋杀罗长裿。联豫与那桐是亲戚，就请那桐转诉这个案子至袁世凯大总统处。袁在清朝时曾依附那桐，现得到那桐的嘱托，就立即逮捕钟颖，押解到北京刑讯。钟颖推诿不知情，而将罪过推卸到我的身上，说赵本立是我部的司务长。这时，我刚担任湘西镇守使衙门的参谋，又被逮捕解送到北京，关在陆军监狱。不久，高等军事裁判处三次开庭审讯，钟颖最初多方抵赖，后来联豫到庭当面对质，并且拿出他主谋的证据，说："你既然指认赵本立是凶犯，为什么他到拉萨后，你又提拔他当营长？"钟颖无言以对，于是，此案便审定了。钟颖被处死，我被宣告无罪，仍回湘西镇守使衙门担任原来的参谋职务。这是民国三年（1914）春发生的事情。

（四）赵尔丰轶事

清朝政府对边疆少数民族地区主要采取笼络牵制的办法，这是他们实行了两百多年的传统政策。我部平定工布后，考虑到英国人急于侵占西藏，就向上级提出在西藏建立行省的建议，但始终没有回音。

第二年，左参赞罗长裿从拉萨调来统率川军，我就向他打听缘由。长裿说："你的报告，联帅再三夸赞，但也只能空叹而已。"我问原因，长裿说："联帅刚进入西藏时，也有设立行省的建议，请求拨银四百万两。这个奏折到了朝廷就被搁置下来，没有回音。第二年，联帅的弟弟改任潮州知府，去北京见皇帝，联帅就嘱托他顺便拜见那桐，询问究竟是什么原因。联帅是那桐的舅舅，关系十分亲密。联帅的弟弟到北京问那桐：'我大哥改设行省的奏折，既不交议也不批复是什么缘故？'那桐听了，皱皱眉毛说：'数百年来，朝廷一直不重视蒙古、西藏，还谈什么建设。请你代我告诉大舅，做好现在的事，明年调出西藏以后，可望去担任更好的职务。人的一生青春短暂，不要自找苦吃。’”听了这话，我才猛然醒悟，清朝已不可能有所作为了。

此后，国家形势一天不如一天，西方列强的侵略也日甚一日。清末，英国人谋划侵占云南片马地区，清政府却如梦游，昏聩无知。四川总督锡良采用赵尔丰的建议，将西康改建为行省，以杜绝列强暗中图谋之心。尔丰又提出平定西康的三项建议，开辟土地三千多里，凡是有关政治、经济、文化、交通等大政，莫不纲领明确，条理清晰，各项措施也很恰当。英国人见了不敢再作他想，达赖也被吓得逃出西藏……后来去川边任职的官员，脚还未迈出打箭炉，就耗费掉国家六七百万两银子，并且还要带几十个随员，运一个穿衣镜到打箭炉也要花费数千两白银。这些官员同赵尔丰比，真有天壤之别。我很仰慕前贤们遗留下来的风尚，于是追述往事，把他们的事迹告诉大家……

赵尔丰，号季和，满洲汉军旗人。有四个兄弟，尔丰最幼，与他哥哥尔巽都是清末地方长官中的佼佼者。尔丰性情耿直，清正廉洁，吃苦耐劳，精通兵法，特别擅长文艺。他刚开始担任议叙盐大使被派去广东，当时广东总督是张之洞。尔丰每次参加督署会议，发言都有理有据，条理清晰。张之洞十分看重，推荐他升任知县。尔丰被改派去山西后，又得到山西巡抚锡良赏识。后来锡良调任河督、汴抚、热河都统，都奏请朝廷将尔丰带在身边。锡良离开河南开封时，西方列强派人到北京要求清廷留任他。锡良打电报给清廷说：“封疆大吏关系到一个省的治乱兴衰，其留任与调离的权力岂可授予他人？希望不要听从西方列强的要求去决定封疆大吏的去留，以免小错变成大害，就像不能把宝剑送人而受其协迫一样。”大家都赞同他的意见。

这个奏折实际出自尔丰之手。

锡良未至福建、浙江总督任，便改任四川总督。这时，尔丰已升为二品衔，担任军机处存记道，随锡良到四川，掌管核心机构，规划全面周到，遂实授建昌道台。不久锡良又想促成川汉铁路的建设，就奏请朝廷免去尔丰建昌道台一职，给三品卿衔，任命他做川汉铁路督办。朝廷讨论后不同意，尔丰只得去担任新职。这时，叙永哥老会气焰嚣张，甚至控制了地方政府，在乡间横行霸道，尔丰立即捕杀了几百人，叙永哥老会才消声匿迹，人民始有了安定的生活环境，因杀人太多，遂有人将赵尔丰称为“赵屠夫”。现在，叙永满目荒芜，人民还经常提起尔丰给他们带来的安宁。

锡良见国家危机加深，西藏事务一天比一天棘手，就采纳了尔丰平定西康的三项方略。

首先，派官员治理西藏与内地相连的三边彝族地区。三边地区居住的都是少数民族，那里与越嶲、宁远接界，居民们都住在高山荒野，历来没有部落首领，他们经常出去抢劫，边地人民深受其害。不过，该地自然资源丰富，盛产药材。三边一旦平定下来，那么越嶲、宁远也可以陆续设立官府进行治理，使整个地区都归顺朝廷，这是平定西康的第一个方略。

按照惯例，驻藏大臣及六诏台员，每次出关都要在打箭炉奏报某月某日从南门或北门进入藏区。英国人常常以这些奏报为借口，说打箭炉以西都是西藏管辖的地区。我们与他们交涉，常常因理由不足而辨驳无力，同时辖区界限牵连混杂，致使腹地洞开。因此，尔丰极力主张将西康改为行省，废除土司，由中央委派官员治理，在省以下设置郡、县两级地方政府，以丹达为界划定辖区，以巩固国家西边的疆域。这是平定西康的第二个方略。

四川、西藏辖地万里，与英属殖民地印度接壤，山重岭叠，资源丰富。尔丰主张首先应该开发西康，大力发展教育，进行经济建设，稳固四川，安抚西藏、新疆，等有能力管理拉萨，就能掌握整个西藏，便可将四川督署衙门迁移到巴塘，而在四川、拉萨分别设置巡抚，仿照东北三省设置西三省总督，从而杜绝英国人的非分之想，也可以制止达赖依附外国。这是平定西康的第三个方略。

锡良很欣赏平康三策，就上报朝廷，朝廷也认可这项建议。尔丰到川边，要办的事情很多，需要大量资金。川边地瘠民贫，筹集资金很难，于是尔丰就请求锡良将四川省的糖、油、烟、酒四项税收划归为西征经费，并且从四川选调了一批文武官员协助管理。这样，实施平康三策，就既有充足的经费又有众多的人才。恰逢打箭炉知府刘廷恕请求开采泰宁寺金矿，喇嘛出面阻挠，刘就调泰宁营都司卢某前去镇摄，不想竟被杀害。锡良马上调来提督马维骐带兵征剿。马是云南人，久经战阵，一举平定了乱局，当地人因畏惧而服从。但是，凯旋之师刚刚回到康定，巴塘又发生了变乱。

巴塘是西康的中心，气候温和，土地肥沃。清廷委任凤苤为驻藏帮办大臣并加副都统衔，凤苤奉命赴任，看到东西洛俄地方适宜耕种，巴塘水草丰美，特别适合开荒种粮，就与四川总督商议，请求移民至此开垦土地。于是，他驻扎在巴塘运筹规划，把全部精力都放在这个事情上。这时，七村沟的百姓受丁零寺喇嘛的唆使，派代表去对凤苤说："这是神山，不可触犯，请不要开采。"凤苤性情暴烈，竟然拷打责罚代表，于是激起了民变。各地骚乱之民众，将凤苤围困在大木司寨内。凤苤所带士兵很少，不敢应战，寨内水源断绝，掘井也找不到水源，士兵们又饥又渴，凤苤就派人飞马送信求援。这时，马提督驻在泰宁，正在处理平定后的工作，认为百姓起哄没有什么可怕的，便没有立即派兵支援。民众见没有来兵解围，对凤荃的围攻更加猛烈。

巴塘军粮府和都司都劝凤荃撤到打箭炉以避其锋芒，等到马提督的援兵到了再一同回来。凤荃同意了这个建议，但怕藏民半路拦截，就对他们说：“我们可以回去，但你们不能阻拦。”藏民表面上同意，暗地里却埋伏士兵在距离巴塘不到两里的红亭子山后边，等到凤荃等人到来，伏兵两面夹击，杀光了凤荃及其卫士、随员。这个惊天噩耗传到成都，尔丰极力主张趁这个机会出兵征剿，为建立行省奠定基础。他洋洋洒洒写了数千字，都切中要害。锡良同意了这个主张，向清廷报告要求委任尔丰为军务督办，命令马提督率兵直接进攻巴塘、里塘。这个消息传出后，乡城首先发难，举兵抗拒，接着七村沟、丁零寺、泰宁寺等地百姓也先后响应，从此战事就扩大了。

乡城在里化（理塘）的南面，朝廷很早就在此实行了统一管理。可是，这里的民风彪悍，又凭恃道路险阻，杀人劫财被看作是平常的事。四川总督不停地发文催办凶案，他们根本不以为然。于是，四川总督就命令乍丫守备李相福前往，会同桑披寺喇嘛审查此事。李相福竟然被他们杀害了，还将其剥皮实草悬挂在高处示威。提督夏毓秀带领士兵前去征剿，无功而返，其部下石某被俘后，也像李相福一样被剥皮示众。

乡城叛乱时，尔丰不动声色，暗地筹运粮食、枪械、弹药进驻巴安。然后，分兵由稻坝、喇嘛垭两路进攻。喇嘛垭一路士兵攻破大竹箱，叛兵退到冷龙沟后又被击溃，于是两路部队合力围攻桑披寺。

桑披寺在一座大山的山腰上，四周都是悬崖峭壁，寺内有源源不断的泉水，其右边和前面地势很高，居高俯视，眼前都是平地。寺外有很多碉堡，像珍珠般串连在一起，还有坚固的围墙环绕，寺内屯积的粮食很多。叛军打了败仗，就退入寺内坚守不出。我军登城肉搏，伤亡巨大，对峙半年毫无进展。这样，守的一方以逸待劳，攻的一方则劳师远征，且弹尽粮绝，兵心涣散。

四川总督指责尔丰让军队日渐疲惫，姑息纵容叛军。尔丰受到指责后焦急不安，不到三天头发胡子都白了。他只能采取长期围困的方法，切断他们取水的通道，然后设计攻取。

又围困了一个多月，藏兵却从寺内抛出来三四斤重的活鱼，表示他们食物充足，可以从容应敌。尔丰见此状况，更加恐惧不安。他想，围寺已久，敌军仍不缺水，寺中一定是有水源，就命令士兵分途上山寻找。又过了半个月，一个士兵在山上脚陷进一个土坑，土坑凹陷得很深。士兵感到奇怪，就动手去挖，挖了约一尺，便听见有淙淙的流水声。再往下挖，看到一个陶质管道，将陶管打破，即见清泉喷涌而出。尔丰听到这个消息后亲自上山，仔细观察了很久，认为这就是寺中的水源。他命人将麦麸倒进陶管内，然后派人去山下水沟查看，果然见麦麸流出，才坚信不疑，便立即命令士兵阻塞管道，把泉水引向别处。于是，寺内水源断绝。

又经过一个多月，虽然部队日夜进攻桑披寺，但还是没能攻下来。有一天夜里，尔丰忽然看见寺门开了一条缝，有一个黑影在地上匍匐前行，将其击毙，才知道是下山取水的人。尔丰知道寺内已经没水了非常高兴，就鼓励士兵趁夜将土袋子放在寺门前作横墙。从那以后，经常有少数叛兵企图趁夜逃出，但都被打退。有一个晚上，寺内一百多名叛兵分三路冲出来，我军开枪猛烈射击，打死数十人，俘虏两人，其余的退回寺内。从两个俘虏身上搜到一份用藏文写的信，译成汉语后一看，原来是向泰宁、丁零各寺求援的。信中词意极为迫切，说：“寺里已经绝水十天了，若不马上来救援，我们只有一死。我们死了，这个寺就保不住，也必然会给你们带来灾难。请在两日内来救援，千万不要袖手旁观。”

尔丰得到这封信后十分高兴，就让一个排的士兵穿着叛兵的服装，手里拿着火把，鸣枪呐喊，簇拥而上，而包围该寺的军队半伏半退。寺内叛兵以为援兵到了，就打开寺门，蜂拥冲出门。由于口渴难耐，他们都跑至寺外沟中饮水，也顾不得伤亡，六百多人被当场击毙。入寺清查，发现池子里已经没有水了，而仓库还储存了一千多担粮食，为首的喇嘛香孜普忠在三天前已经自缢身亡了。李相福和石某二人的皮仍悬挂在寺内，于是尔丰带人将二人合葬于冷龙沟山脚，修建了双忠祠祭祀他们。

围攻桑披寺的时间太长，弹药不足，尔丰于是严禁士兵随意开枪，并下令每次打仗发多少子弹，就必须交验多少人头，违令者就要杀头。因为这一项禁令，赵尔丰就杀了很多官兵。围困将近半年，官兵都感到十分疲劳，难免懈怠。尔丰曾深更半夜出去巡查岗哨，发现有打瞌睡的官兵即就地斩杀。由于死亡的士兵一天比一天多，士兵们越发不安，军心动摇。在攻破该寺的夜里，就有一哨士兵携枪叛逃，但没走多远就听见响彻云霄的激烈枪声，有个后面赶来的士兵说：“桑披寺已被攻破了！”大家听后，就折身回去。攻破桑披寺三天后，尔丰召集全体官兵训话，士兵们站着等了很久，还未见他出来。因天下着小雨，士兵们就摘树叶盖在头上遮雨。过了一会儿，尔丰走过来，见到这情景便严厉训斥他们，士兵们立即丢掉树叶，肃然而立。随后，尔丰就向大家宣布前天晚上潜逃官兵的罪状，并一一点名从队伍中拉出来，共有七十多人，全部斩首。大家都吓得不敢出气，更不敢作声，可想而知他的威严凶狠。

乡城被攻破后，远近各地都受到震慑，于是，“改土归流”顺利推行，令行禁止。这就是尔丰平定西康的第二项方略。但三岩、瞻对两地顽固坚持原来的制度，不接受“改土归流”。瞻对原来属于川康，金矿藏量丰富，可是清廷认为那是个不毛之地，就让达赖治理。管理此地的官员常常纵容藏民肆意抢劫，川督知道后派人去责问，他们的回答傲慢无礼。清代嘉庆年间，此地曾举兵叛乱，四川总督派罗思举去征剿，带着粮食深入其地，炸毁碉堡，全歼叛军。光绪时叛乱又起，四川总督派遣周万顺去征剿，叛兵凭借城墙高大坚实，顽抗死守。清军就运来大木斜靠在城墙上，士兵躲在木下挖隧道埋炸药，最终将城墙炸平。当时，瞻对及其匪患还是没有引起四川大员的重视，时间一久，此地仍然为达赖管辖。尔丰在平定乡城以后，乘胜追击，兵临瞻对，叛兵畏服军威，投降归顺。于是，尔丰就派遣官员进行治理，将其地治权收归川康所有。达赖也被尔丰的声威震慑，从此不敢再争夺此地之治权了。

三岩民风粗犷凶悍，西康境内的土匪以三岩最为猖獗，藏民深以为苦。四川总督曾经派遣夏提督率军征剿，因为不熟悉地形，竟然被土匪包围，只得与之谈判，分别委任上中下三岩的土匪头子为千总，并约定每年向三岩输纳钱物，才得以返还。

自此以后，三岩土匪更加猖狂，附近的藏民深受其害。这时，乍丫、昌都还没有进行改革，尔丰所至之地，藏民们无不哭诉三岩土匪之残暴。尔丰听后，就秘密商议征剿事宜。经过半年左右的准备，尔丰下令限定三岩千总七天内投诚。三岩千总接到命令后，不但不买账，反而刺激尔丰，限他三天之内前去商议输纳钱款的数量。尔丰知道安抚不能解决问题，就兵分四路进行征剿：一路从白玉向大金江进军，二路从帮喜孟喜挺进，三路从牛谷渡喜松进攻，尔丰亲率第四路由乍丫向西挺进，居中指挥调度，四路大军在熊松会师。不久，四路大军突然出现在三岩，抢先占领各处险要，土匪来不及调集兵力，各个村寨只得仓忙应战，不到十天，三岩全境就被平定了。尔丰诛杀土匪头子，另行委派官员治理，至此，远近各处望风归降，再也不敢违抗政令了。

尔丰所在的川滇边务大臣署仍然采用原来的制度，分设文案、收支、巡捕、监印、校对、收发、差官、戈什哈等，量才录用，各尽其职。“改土归流”之初，各地设置设治委员，等到各方面筹备就绪后，就改为府、厅、州、县，其长官都在设治委员中择优试用委任。原有的六诏粮务员，仍然按照惯例兼任设治委员，都由康定府统管。将巴安升为首府，与康定级别相同。川藏两地驻军的军火粮饷，历来都是由四川成都解送交纳，经康定府转发各粮台衙门。因此，康定同知过去虽然是雅安派驻出去的，却统辖六个粮台衙门，兼理民间事务，实际上是边军经理军粮的总机构，所以称为军粮府。

尔丰治理川藏边地，以军威震摄，先设置郡县，然后兴办教育，振兴实业，如经济、交通、屯垦等事业皆依次推进，一切皆全力以赴。他根据各地情况推进治理，一张一驰，边地经济富足的同时，教育事业的发展速度更超过了大家的想像。最初，他在巴安设立学务处，聘请井研吴嘉谟为负责人，统筹规划西康的教育事业；同时，又开办师范养成所，招收天质聪颖、熟悉西藏浅易文字的青年入所学习，半年后毕业，再到各学校担任教师。尔丰又因为所买的小学课本不适用于藏族地区，就根据张之洞“中体西用”的宗旨，重新编订三册课本，要求各个学校统一采用。巴安开办了男女小学各一所，半年以后，就向各地推广。这样逐年推广，计划四年后普及全西藏。在办学过程中，他一方面采取多种办法奖励入校学习的男女学生，另一方面又把办学业绩列入官员考核标准。半年后，尔丰亲自去各地视察，大加表扬办学成绩优秀的炉霍屯粮员吴粹安，撤销那些办学不积极者的职务。

尔丰到巴安视察时，女校学生排成队出来欢迎。该地电报局长的哥哥见到后，就用藏语调戏女学生，引起学生群情激愤。尔丰知道后十分愤怒，立即将此人抓来，要当场斩首示众。大家苦苦哀求，尔丰才将他狠狠打一顿，并让他向女学生挨个道歉，才放了他。尔丰每到一个地方，都要奖赏、接见学校中名列前茅的学生，并令他们的父兄到场。他与学生们坐谈，和颜悦色，而其父兄则站在旁边，以表示对学生的宠爱。本来，藏民求见朝廷派来的官员，无论尊卑都要跪在地上拜见，没有敢站着说话的。一年以后，尔丰又去各地视察，看到学生们的考试成绩都很优秀，怀疑是教员替人答题，就亲自到学校出题考试。结果，能用汉字撰写数百字文章且字句通顺、条理清晰的有七十多人。尔丰喜出望外，便从成都选聘了很多教员，“每属以一人主持之”，试图全面推广。一时，入学读书就像风吹草低一样，很快成为社会风尚，藏民们的子女都以能进学校读书为荣。我想，假若不是辛亥革命后边疆局势发生巨变，那么，经过二十年的时间，西藏青少年受文化教育的程度就应同内地一样了。

西康设置郡县以后，尔丰公布并实施了六项政策：一是肃清盗匪，二是平息诉讼，三是爱岗敬业，四是讲究卫生，五是崇尚伦常，六是勤服公役，都是针对藏民的习俗采取的治理措施。他通知各地官员必须扎扎实实地贯彻执行，并规定地方官员每月必须有二十二天巡视各乡村，每到一个地方要召集藏民开会，详细讲解“六要政”的内容，要求官员只能有八天在衙门办公，完全废除衙门日常上报的文书表册。同时，他鼓励地方官员勤政爱民。他曾召集地方官员开会，对大家说：“粮员就如同县长，是全县人民的父母，掌管一县的事情就是掌管人民的事情。所以勤政爱民，就是爱护人民而勤奋工作，决不是勤奋工作是一回事，而爱护人民又是另一回事。人民生活中有困苦，而地方官不去了解、不去救助，这种官员就是害民的人。”他又命令各地官员：“民间诉讼最好在乡村就地了结。地方衙门积案十件未办的，就要扣发官员薪俸以示警戒。”

尔丰曾在外出途中借宿乡村，看见一家三口没有第二天的口粮，而粮员对此一无所知。尔丰就斥责他说：“人民穷困到没有粮食吃了，你还糊里糊涂，人民的父母官怎能这样？”于是，尔丰下令严厉惩办该粮员，并通报各地。尔丰生性嗜杀，曾杀几百人不眨眼，有人背地里指责他，尔丰知道后说：“我并不是不知道要以宽容恩惠收买人心，可是西康长期以来无人治理，人民不知道法律是什么，所以不能不用严刑峻法，执法越严，功效越大。乱世要用重刑，这也是不得已而为之，并非我喜欢杀人。”如今，藏民既惧怕他的威严，又怀念他的恩德，将尔丰奉为天人，各个喇嘛寺都用酥油将尔丰的像塑在柱子上，相貌极其狞狰凶恶，口里含着一个奴隶，两手各抓一个奴隶，两脚各踏着一个奴隶，在藏俗中，这是表示崇敬的意思。往日，只有年羹尧的塑像是这样，今天，尔丰的塑像已经遍及西康，可见他威震川藏，使藏民畏服。

康藏地区山重岭叠，交通不便，官兵们汇款回家，都要等到委派人员去四川请领军饷时，才能托便寄回。可是，每年只有一两次，每次从汇款到收讫都需要四五个月，至于活跃金融市场，发展建设事业，就更谈不上了。尔丰下决心振兴康藏地区经济，谋虑极其深远，他考察经济，精心筹划，在拉萨、巴安、康定三个地方设立了宝丰隆银行，资本为一百万元，股东有四川布政使许涧度、浙江布政使荣铨之弟荣鳞成、绵州道台沈秉堃、宝丰银号股东乔荫圃等。因为康藏风气闭塞，人民朴实，骤然听说银行招股集资，没有人愿意投资。设立银行后，尔丰进一步计划开采十三处金矿，并组织所属地区造林与开垦荒地，都是官督民办。这些项目所需资金，都由宝丰隆银行贷款。在川藏贸易方面，藏商将麝香、兽皮、兽毛、药材等土特产品由打箭炉运到成都交易，内商则将砖茶、布匹、杂货运到打箭炉出售。过去，藏商赚回的钱不足以支付买回货物的价款，每年还需要携带白银一百多万两到打箭炉购买茶叶、转卖布匹。由于交通不便，土匪又多，藏商们深感痛苦。在银行成立后，只要携带一纸汇票，一个人去就可以了，商人们都认为十分方便。至于边防官兵汇兑，那就更加便利与及时了。

西康的山虽然很高大，但起伏平缓，很少有悬崖绝壁，若与打箭炉、雅州间的大相岭、飞越岭、乌鸦岭相比，则远远不及其险要。但西康的河流都发源于金沙江，水中含有金矿的微量元素，喝了以后容易引发气喘，尽管山路不像打箭炉、雅安之间的山岭那样陡峻难行，但往往在登山时还是令人喘不过气来。尔丰最初令各地修筑公路，由藏民分段负责用牛拉着压路。半年以后，山间小路变成了康庄大道，来往行人都称方便。过去，由打箭炉到拉萨沿途还设有接待站，文书往来都由驿马传递，每天行走一百多里。尔丰严格整顿驿站，制发“雷牌”，持“雷牌”的人传递文书，风雪无阻，白天可行三百里，昼夜兼行，就是六百里了。

河口在雅龙江的下游，是由打箭炉进入西藏的必经关口，有上中下三个渡口，河口居中。雅龙江从东北往南流，经过河口时，水流急且深，河内乱石杂陈。西边河岸上的群山整齐得像一个屏障，沿河向下延伸；东边河岸上有一座山，也沿着河流向下延伸，山上有一条小溪从东北来，经过山麓注入雅龙江。越过小溪，又见一座山横列在前，与河平行，河口的县城依山而建，面临河流。过去，藏民们过河靠皮船，清初进军西藏，就调千总带兵专门守护这个渡口，并建造了一只极大的木船，可以容纳一百多人，由护守渡口的士兵充当水手，专门运送来往行人。从此以后，两岸行人来往都顺利多了。

尔丰治理康藏，首先发展交通，他聘请比利时专家测量河水流速流量，然后在渡口之上河面较窄的地方修建铁桥。河的东岸必须凿山开洞，工程浩大，“费款百余万金”才建成，这也是康藏地区一项宏大的建筑工程，直到清宣统末年才完工。后来，川军陈凤翔营长率兵在乡城叛变，为防止追击，便将桥毁坏，到现在还未修复。前人苦心经营的成果，后人任其废弃而不顾，实在令人扼腕叹息。

西康山多平原少，一出打箭炉温度就明显降低，雪也下得早，只宜种青稞麦子，更没有水田可以种稻谷。藏民们以放牧为生，凡是没有开垦的地方，都是放牧的场所。尔丰很清楚边地寒冷，要想开垦荒地，必须先发展交通，由内地移民到此垦荒，使气候逐渐转变，才便于耕种。尔丰移民屯垦的举措，是从北道的霍尔章谷开始的。当初锡良任四川总督时，正值霍尔章谷土司死后没有继承人，朱窝土司想凭借姻亲关系兼并霍尔章谷，而当地藏民不服，就向打箭炉同知提起诉讼，打箭炉同知转呈尔丰批示。尔丰知道霍尔章谷土地肥沃，气候温暖，适宜种植，就打算设屯开垦，作为治理四川边地的突破口。他将这个想法向锡良汇报后，得到了许可。于是，尔丰就上报将霍尔章谷改为炉霍屯，把打箭炉同知提升为直隶同知，以炉霍屯隶属于直隶同知，委任吴粹安为炉霍屯粮员。吴粹安德才兼备，决心在霍尔章谷垦荒。一年以后，这个地方阡陌相连，放眼望去，就像内地农村一样。

西康虽然寒冷，但是大、小金沙江流域气候较为温暖。霍尔章谷属于小金沙江流域，绿树成阴，桑麻遍野，地广土肥，特别利于耕种；山上植被茂秀，泉水充足，保证了灌溉水源。在邻近霍尔章谷的道坞、甘孜也是这样，只是两地的河水大多来自融化的冰雪，水性比较阴寒而已。这个地方垦殖取得显著成效后，就推广到巴安。巴安也属于大金沙江流域，是西康气候最温和的地方，地势也很平坦。尔丰因为军务繁忙，只得请四川矿务局委员试办。尔丰仍然承担督办的全部责任，于是召集三曲宗的僧人和百姓，讲清垦殖的道理和利益。大家听了，都画押同意。于是制定了有关规章制度，由四川组织人员去开垦，政府发给种牛、籽种、口粮等生活生产资料，鼓励人们去巴安从事开垦事业。

尔丰关注边务，跟锡良到四川以后，看到边务一天比一天棘手，英国、俄国又在旁窥伺，待机而入，于是，他就建议锡良由四川提供资金组建三个镇的部队作为常备军，一个镇保卫西藏，一个镇屯驻西康，一个镇留守四川。三年交接，相互轮换，只需九年时间，各镇都能轮流到边地历练一次。这些部队经过艰苦的磨练，退下来就作为后备军，又重新召募训练三个镇的部队，来增强边防力量。锡良接受了尔丰的建议，可惜不久锡良被调去担任云贵总督。接任的岑西林，因为受到皇亲国戚的嫉妒，就推荐尔丰担任四川总督。岑任山西巡抚时，尔丰也在山西，他深知尔丰是一个极有才干的能吏。尔丰上任以后，就精心筹划准备，在九眼桥创办了一个兵工厂，又在中和场办起了一个白药厂，并将旧机器局改为造币厂，规模很大，直到现在，四川人仍从中获益。

不久，清廷任命尔丰的哥哥赵尔巽担任四川总督，授尔丰内阁尚书衔，担任驻藏大臣兼川滇边务大臣。达赖惧怕尔丰的贤能果敢，就向清廷呈上毁谤尔丰的奏章，尔丰只得辞去驻藏大臣一职。清廷当时正想安抚笼络达赖，就任命联豫去接替尔丰担任驻藏大臣，尔丰则专门负责川滇边务工作，率西军八营进驻巴安。后来，他又陆续招募四个营的士兵，号称新军，共有六千三百人。尔丰的部队能吃苦耐劳，善于野战，随身配备九子枪，一天行军一百四十里不以为苦。藏民吃糌粑必须用热茶调和，尔丰的士兵冬天可以吃用冷水调和的糌粑，他们坚苦卓绝的精神，藏民们都十分敬重。

我跟随军队进入西藏，途经昌都。尔丰认为我们都是一些未经过实战的陆军，官长都是学生，又是初次进入西藏，不熟悉藏俗民情，因此召集全旅军官训了很久的话。我还记得尔丰的口诀有二十多条，都是平定边地经验的总结，可惜时间太久，大多已经忘记，仅记得“逢岩莫跳，逢拐莫行，深林密菁放火，中途半夜劫营”等条。后来，我部进军波密，刘队官死于跳岩中弹就是明证。

尔丰的胆略和勇气不是一般人可比拟的。在乡城那一场战斗中，为了抢占一个山头，尔丰亲自上前线指挥。在伤亡几十个士兵后，其余的都退了回来。尔丰督战更加急切，有个管带刚登上关口，敌人的枪弹像雨点般倾注而来，他就负伤被背回来了。大家面面相觑，都不敢前进。尔丰大怒，就亲自带领十多个士兵冲锋在前，竟然都没有受伤。大家见此，便跟着冲上去，占领了这个山头。这时，尔丰已经七十岁高龄了，还手拿九子枪，身带五十发子弹，腰间挎着手枪、水瓶，冒着如雨的枪弹，快步登上山顶，各营管带都赶不上。他很喜爱一只猫，不管行走或休息都带着它。每当构思文章时，他就蹲下来抚摸猫的尾巴，构思完成后就起身奋笔疾书。

藏族人最害怕天花，患上这种病的人，就要被送进荒山野寺，只提供饮食，任其生死。病人死了几天以后，才将尸体抛于荒山，听凭野兽啃食。他们不知道看医生，只相信僧人和巫术，所以患上天花不能得到治疗而白白死去的人每年不知有多少。尔丰知道后，就去成都牛痘局请医生到川边设立种痘所。初次种痘时，藏民们不敢接种，尔丰就让官兵先种，官兵们欣然接受，再在学生中推广，学生们因为畏服尔丰所以接种了。藏民们见学生们接种后都没有得天花，才相信种牛痘的好处。于是，没有患天花的人，大多数都来求种，已经得病的也来求医，医生们每天应接无暇，而乡里来求医求种的人更是连绵不绝。尔丰就在部队中挑选脑筋灵活又能识字的士兵，由医生教他们种牛痘的方法，学习一个月以后分派到各地种痘。从此以后，西康地区天花患者逐渐减少，种牛痘在藏地广为流行。

西康不产棉花，藏民的衣服都是羊毛织品。藏族姑娘左手拿羊毛，用细线相接，线头系着一个纺锤吊在下面，右手用纺锤搓线，旋转不已，然后慢慢松动左手，即成为一缕缕的丝线，就像内地人纺纱一样。尔丰提倡种棉花，从湖北雇请一百多个农民，携带棉花种子到巴安种棉，沿途逃跑了四十多人。到巴安以后，因为不能忍受风寒，无法适应藏地饮食，又死了几个人，仅留下四十人。他们在巴安种棉，忙了六七个月，棉苗长得比人还高，花开得像手掌一般，结的棉桃像橘子般大。可惜八月霜降以后就枯萎了，没有来得及长成棉花。

尔丰长期驻扎昌都，他见两江环抱，两岸山色如黛，景色宜人，就经常在江边观水。尔丰生平喜欢收藏石头，一次见水中一石大如禽卵，晶莹可爱，就叫随从拾起来。石为浅绿色，上有白色的纹路，隐约成字；转动石头仔细辨认，字字相接，竟然成文，再三推敲琢磨，共凑成一百一十余字，兼有汉、满、蒙、藏四种文字。尔丰得到这个石头后异常高兴，于是叫人把水抽光，又得到了几个石头。其中有一个石头也是白色纹路，石上用钟鼎文写有“赵大人，宜侯王，子孙昌”九个字。赵尔丰更加高兴，又叫人全面搜索，再获石一枚，上面有“赵尔丰”三字，书法与刘石庵（刘墉，清代书法家）的风格极像。大家见了，都感到惊讶，随从也很兴奋，于是天天下水寻找石头，得到有字体或写篆书的石头一百多个，而牵强附会的就更多了。尔丰就用双钩法临摩，寄到上海石印，并撰写了《灵石记》记述事情原委。国内的一些知名人士都纷纷赞和，尔丰又把这些赞和的文章诗词汇编成册，刻印成书，遍赠友好。民国五年（1916）我再去成都时，曾得到一本《灵石记》和一枚石头，可惜在回来的路上丢了。